ANDREAS BÖHM

TEUFLISCHE SCHATTEN

ZWEI FRAUEN GEGEN DIE
MARA SALVATRUCHA

Umschlaggestaltung: Till Kaposty-Bliss, Dorothee Wolters
Layout: Burkhard Kehl

Bitte fordern Sie unser Gesamtverzeichnis an
Horlemann Verlag
Sybelstr. 46
10629 Berlin
Telefax 030 / 857 405 83
E-Mail: info@horlemann-verlag.de
www.horlemann.info
Gedruckt in der EU
ISBN: 978-3-89502-317-0

VORWORT
VON ANDREAS BOUEKE

Zu Beginn des Buches lesen sich die Erinnerungen der jungen Frau Sandra wie das Tagebuch eines humorvollen, klugen Mädchens, das ihren Alltag in Armut beschreibt. Ab und zu wecken die Schläge ihrer Mutter oder das plötzliche Auftauchen einer Pistole eine Vorahnung auf die Eskalation der Gewalt, zu der es einige Seiten weiter kommen wird. Aus dem Kind, das die Vorschule liebt, wird eine junge Frau, deren Leben außer Kontrolle gerät.

Sandra ist ein bescheidener Mensch. Sicher hätte sie es sich nie auszumalen gewagt, dass eines Tages ein Buch mit ihrer Lebensgeschichte in Europa viele Menschen anrühren würde. Es ist ein außerordentliches Verdienst des Autors Andreas Böhm, dass er als geduldiger Zuhörer und dann als talentierter Textgestalter die Geschichte dieser Frau einem größeren Publikum näher bringt.

Ich selbst recherchiere seit über zwanzig Jahren als freier Journalist auf dem amerikanischen Kontinent. Vieles von dem, was Sandra beschreibt, habe ich oft beobachten können. Aber der Horizont des Buches reicht weit über die trostlose Atmosphäre in ihrem kleinen Geburtsort Palencia hinaus. Das Nachwort von Andreas Böhm macht deutlich, dass es in dem Buch nicht nur um lokale Ereignisse geht, sondern auch um die Konsequenzen einer Globalisierung des Verbrechens, die bis heute durch verfehlte Politik gefördert wird.

Als Nebenfigur in Sandras Bericht taucht ein junger Mann auf, Lee-Vice. Als dieser noch ein kleiner Junge war, brachten ihn seine Eltern aus Guatemala in die USA. In den Straßen von Los Angeles geriet er auf die schiefe Bahn un d schloss sich der Mara Salvatrucha an. Nach einem Gefängnisaufenthalt wurde er von der US-amerikanischen Migrationsbehörde zurück nach Guatemala deportiert.

Die Figur von Lee-Vice zeigt, wie kurzsichtig die US-amerikanische Abschiebepraxis ist. Sie hat die Bandenkultur in die mittelamerikanischen Länder El Salvador, Honduras und Guatemala exportiert. Straßengangs haben in Städten wie Los Angeles, Chicago oder New York eine Tradition, die bis ins vorletzte Jahrhundert zurückreicht. In Mittelamerika aber gab es bis vor kurzem noch keine solchen gut organisierten Jugendbanden.

In den achtziger Jahren haben sich mittelamerikanische Jugendliche, die mit ihren Familien vor den Bürgerkriegen in ihren Geburtsländern geflohen sind, in den USA zusammengetan, um sich dort gegen die Gewalt anderer ethnischer Gruppen schützen zu können. So ist auch die Mara Salvatrucha entstanden. Erst auf den Höfen der US-amerikanischen Gefängnisse entstand die Hierarchie der Bandenmitglieder. Sie haben keine Fürsprecher in den USA. Kaum ein Politiker würde es wagen, sich für die Rechte von straffällig gewordenen Mittelamerikanern einzusetzen. So können die Behörden sie ungehindert in ihre Herkunftsländer abschieben.

Auf dem Flughafen von Guatemala-Stadt werden jede Woche Dutzende oder Hunderte Deportierte aus Flugzeugen gespuckt. Viele von ihnen haben kein Geld, keine Kontakte, keine Skrupel. Von der guatemaltekischen Regierung bekommen sie nichts geboten, keine Arbeitsplätze, keine Ausbildungschancen und keine Umschulungsprogramme. Welche Alternativen haben sie? Natürlich schließen sich viele einer Bande an, in der sie Freundschaft und Unterstützung finden. Sie kommen in verarmte Stadtteile und versuchen, dort das Modell der Bandenkultur zu kopieren, das sie in den USA kennengelernt haben. Dabei treffen sie auf eine durch und durch korrumpierte Polizei, die die Verbreitung von Drogen und Waffen häufig unterstützt, anstatt sie zu begrenzen. Zeitweise übernehmen die Banden die Kontrolle über ganze Wohngegenden, so dass sich immer mehr rechtschaffene Menschen entschließen, vor der alltäglichen Gewalt zu fliehen. Viele versuchen, illegal in die USA zu gelangen. Es ist ein tragischer Zyklus.

Tagtäglich kann man in Mittelamerika und in den USA Artikel lesen, in denen die Mitglieder der Mara Salvatrucha als tätowierte Monster beschrieben werden. Aber auch diese Kriminellen haben anrührende Lebensgeschichten. In Sandras Bericht wird deutlich, wie aus liebenswerten kleinen Bengeln, die in Armut aufwachsen, gewalttätige Männer werden, die alle Skrupel abgelegt haben. In diesem Entwicklungsprozess verlieren sie ihre Hoffnung auf ein wenig Glück.

Teile der kleinen, wohlhabenden Schicht der guatemaltekischen Gesellschaft schotten sich ab von dieser Realität. Sie leben in Häusern hinter hohen Mauern, bewacht von privatem Sicherheitspersonal. Orte wie Palencia würden sie nie besuchen. Manche kennen ihr Land überhaupt nicht, dafür umso besser die Strände der mexikanischen Touristenhochburg Cancún oder Disney World bei Miami. Sie glauben nicht mehr an eine bessere Zukunft für ihr Land und interessieren sich nicht für das Schicksal der Bevölkerungsmehrheit.

Auch Sandra scheint resigniert zu haben. Aber sie kann es sich natürlich nicht leisten, in einem schicken Haus hinter hohen Mauern zu leben. Sie ist nach Palencia zurückgezogen, trotz der Lebensgefahr, der sie dort ausgesetzt ist. Andreas Böhm sorgt sich, dass er sie nicht wiedersehen wird, dass auch sie ermordet wird, genau wie so viele ihrer Familienangehörigen zuvor. Vielleicht wird dieses Buch ja in Europa zu einem solch großen Erfolg, dass man auch in Guatemala davon erfährt. Für Sandra könnte das einen Schutz bedeuten – und Mittel, mit denen sie für sich und ihre Kinder ein neues Leben beginnen könnte. Sie hätten es verdient.

Sandra mit ihrer Mutter Bernarda

JUNI 2007
ERSTER BESUCH

Ein mulmiges Gefühl überkommt mich, als ich neben dem Grundstück vorfahre, das durch einen improvisierten Zaun aus verrosteten Wellblechstücken abgeschirmt wird. Hier also wohnt Sandra. Erst vor knapp einer Woche habe ich sie kennengelernt, am Sitz der Stiftung Sobrevivientes in Guatemala-Stadt, wo man ihr juristischen und moralischen Beistand leistet für das Gerichtsverfahren gegen den Mörder ihrer Mutter. Bis zur Urteilsverkündung sind es noch wenige Tage. Beim Tor, das von zwei ungleich hohen Holzpfosten markiert wird, empfängt sie mich freundlich lächelnd. Langsam gehen wir einen der schmalen Pfade entlang, die das leicht abfallende, mit Pflanzen überwucherte Gelände durchziehen. Ihre fensterlose Hütte liegt ganz unten. Es weht ein frischer Wind. Sie bittet mich in den engen Vorraum, dessen Wände aus Wellblech bestehen. Dort darf ich an einem kleinen Holztisch Platz nehmen, der mit einer geblümten Plastikfolie bedeckt ist. Ich stelle mein Aufnahmegerät darauf und schalte es ein. Sandra sieht plötzlich bedrückt aus, als sie sich mir gegenüber hinsetzt. Ganz so, als laste ein schweres Gewicht auf ihren Schultern. Wo denn der Polizist sei, den sie zu ihrem Schutz habe, frage ich. Er heiße Amílcar, erklärt sie mit einem tiefen Seufzer, aber er sei irgendwo hingegangen, so wie jeden Morgen. Er verschwinde einfach, ohne jegliche Begründung und ohne vorher ihre Erlaubnis einzuholen. Ja, sie halte es sogar für möglich, dass er irgendwelchen krummen Geschäften nachgehe. Ein Polizist verdiene nur mickrige 2.500 Quetzales (etwa 250 Euro) monatlich und sei daher auf zusätzliche Einnahmequellen angewiesen. Er komme aber sicher bald wieder, denn er habe noch nicht einmal gefrühstückt. Ein solches Verhalten sei doch völlig verantwortungslos, wie so etwas möglich sei, will ich verwundert wissen. Schließlich gehe es nicht nur um ihr eigenes Leben, sondern auch um das ihrer Familienmitglieder, die doch alle in akuter Gefahr schwebten. Sie lächelt gequält. Ja, das stimme, pflichtet sie mir bei. Deswegen habe sie sich auch schon bei Amílcars Vorgesetzten beschwert, aber bisher habe das noch rein gar nichts bewirkt. Allergrößte Sorge bereite ihr momentan vor allem Gato, wie sie den berüchtigten Chef der Mara Salvatrucha hier in Palencia nennen. Er sei es gewesen, der die Ermordung ihrer Mutter angeordnet habe. Ein abscheulicher Kerl! Kalt und gewissenlos. Für den sei das Töten eines Menschen das Normalste auf der Welt. Momentan sitze er zwar im Gefängnis, doch da nicht genügend Beweise gegen ihn vorlägen, werde er sicherlich bald wieder freikommen. Vor diesem Tag graue es ihr schon heute. Und überhaupt befänden sich viele seiner Kumpane noch in Freiheit. Ich stelle eine Frage nach der anderen. Zu Beginn unseres Gesprächs spüre ich noch ein gewisses Misstrauen. Bald aber werden die Antworten fließender, ausführlicher und persönlicher. Zwischendurch steht sie auf, geht zur Kochecke und rührt in einer Pfanne mit schwarzen pürierten Bohnen – dem Frühstück.

»Kommen Sie«, fordert sie mich plötzlich auf. Ich folge ihr in den türlosen Raum gleich nebenan. »Hier haben sie unsere Mama getötet«, sagt sie mit zittriger Stimme und zeigt auf ein breites Bett mit mehreren bunten Kissen. Ihre Augen füllen sich mit Tränen. Auf dem rundlichen, weißen Bettrücken sind deutlich Einschusslöcher zu sehen. Der einzige Schmuck an der unverputzten Wand aus groben Zementbausteinen dahinter ist ein ovales Bild mit einer farbigen Abbildung der Jungfrau von Guadalupe. Etwas seitlich steht ein altmodischer, nussbrauner Kleiderschrank mit einem länglichen Spiegel.

»Ich habe alles so belassen, wie es war. Wir schlafen alle im anderen Zimmer«, raunt sie noch, bevor wir uns wieder zurück an den Tisch begeben. María-José, ihre elfjährige Schwester, serviert mir einen Kaffee. Das lauwarme Getränk in der blauen Plastiktasse schmeckt eher nach Zuckerwasser. Ich lasse mir nichts anmerken. Die Sonne erhebt sich weiter über die nahen Bergkuppen, ihre wärmenden Strahlen fallen durch die offene Haustür, vertreiben die Reste nächtlicher Kälte und erfüllen den düsteren Raum mit einem weißlich-goldenen Gelb. Unvermittelt tritt ein Mann mittleren Alters zu uns hinein. Grußlos. In seinem aufgedunsenen Mondgesicht steckt ein durchtriebenes Augenpaar, und über der Oberlippe wuchert ein ungepflegter, leicht ergrauter Schnauz. Am dickbäuchigen Oberkörper hängen ein schludriges, viel zu weites T-Shirt und darunter, am Gürtel befestigt, gut sichtbar eine Pistole. Das muss er also sein, dieser Amílcar. Mir wirft er nur einige misstrauische Blicke zu. Sandra reicht ihm einen Plastikteller mit einem Häufchen schwarzer Bohnen und frischen, noch heißen Mais-Tortillas. Diese benutzt er wie eine Schaufel, mit der er die Bohnen vom Teller kratzt, um dann beides in seinen Mund zu stopfen und schmatzend hinunterzuschlingen. Mir vergeht schon beim Zusehen der Appetit. Nicht so der erst zweieinhalbjährigen Jennifer Diana. Energisch zerrt sie an der Jeanshose ihrer Mutter und verlangt: »Mami, ich hab auch Hunger, nun mach schon!« Sandra geht sogleich auf die Forderung ihrer Tochter ein. »Sonst haben wir keine Ruhe«, sagt sie mit einem kurzen Lachen. Anders die etwas ältere Jacqueline: seit meiner Ankunft spielt das Mädchen in sich gekehrt neben uns auf dem nackten Zementboden. Vor ihr liegen zwei Spielzeugautos ihres Bruders, eine

zerlumpte Barbiepuppe, Löffel, Gabeln, Plastikteller und eine leere Cola-Flasche. Beim Spielen hüpfen ihre langen Haarzöpfe auf und ab. Ihr Glück besteht offenbar darin, von niemandem gestört zu werden. Sandras drittes Kind, der neunjährige Anthony, hat es sich im anderen Nebenzimmer vor einem kleinen Schwarzweiß-Fernseher gemütlich gemacht. Ein hübscher Junge mit schokoladenfarbener Haut, glänzend-schwarzen Haaren und dunkelbraunen, knopfartigen Augen. Hypnotisiert schaut er sich »Chespirito« an, eine mexikanische Kindersendung mit allerlei Klamauk. Ich versuche Sandra klarzumachen, dass es viele Monate dauern wird, ihre Erinnerungen detailgenau niederzuschreiben. Beide würden wir sehr viel Zeit und Geduld aufbringen müssen. Sie geht nicht gleich darauf ein, sondern erwidert, das abgrundtief Böse sei gerade dabei, sie und ihre Familie zu verschlingen und zu vernichten. Für sie gebe es daher kein Morgen, nur das Jetzt und Heute. Sie habe ja keine Ahnung, welche grauenvollen Ereignisse noch auf sie zukommen könnten. Eigentlich sehne sie sich nur nach einer stinknormalen, vollkommen ruhigen Existenz. Obwohl erst 26 Jahre alt, fühle sie sich manchmal schon verbraucht, ausgelaugt und unattraktiv. Zu lange sei sie dumm und naiv gewesen, was die Dinge des Lebens, insbesondere aber jene der Liebe anbelangt. Ob dies nun die Quittung dafür sei? Für einige Momente herrscht Stille. Doch, ja, fährt sie dann leise und traurig fort, sie wolle mir diese Geschichte erzählen. Sie werde es tun, zum Vermächtnis ihrer Mutter, María-Bernarda, aber auch für all jene Frauen und Männer, die mutig für ein bisschen mehr Gerechtigkeit auf dieser Welt kämpfen, selbst wenn sie dafür einen hohen Preis bezahlen müssen.

1982 – 1988
SPIELE, MILCH MIT ZUCKER UND VIELE MÜTTER

Unsere Familie lebt schon seit Generationen in Palencia, keine dreißig Kilometer nordöstlich von Guatemala-Stadt gelegen, ein 10.000-Seelen-Städtchen, das jedoch eher einem großen Dorf gleicht. Es liegt inmitten einer fruchtbaren Pflanzenwelt, und auf den Feldern werden Kartoffeln, Yucca, Jocote-Pflaumen, Kaffee, Zuckerrohr, Bohnen, Kürbisse, Avocados, Mais, Bananen, Tomaten und vieles mehr angebaut. Mit Ausnahme der Hauptgasse, die sich über einen flachen Hügelkamm erstreckt und als einzige etwas dichter bebaut ist, macht es bis zum heutigen Tag einen eher ländlichen Eindruck, da die meisten Bewohner auf großzügigen Grundstücken leben, die stellenweise auch landwirtschaftlich genutzt werden. Das Grundstück meiner Großeltern ist schätzungsweise hundert Meter lang und vierzig breit. Mittlerweile ist Palencia fast zu einer Vorstadt der ausufernden Hauptstadt geworden, aber vor fünfundzwanzig Jahren tickten die Uhren hier noch anders. Da waren Autos und Busse die Ausnahme; über die staubigen, ungepflasterten Gassen und Wege trotteten vor allem abgemagerte, schwer beladene Pferde oder Esel. Begegnete man sich auf der Straße, so wurde höflich gegrüßt, selbst wenn man sich nicht kannte. Die meisten Leute waren bescheiden und begnügten sich mit dem Wenigen, das sie hatten. Es waren andere Zeiten, an die sich die Großeltern heute gern und mit Wehmut erinnern. Vor über zwanzig Jahren, als Großvater Pedro noch kräftig war, arbeitete er auf dem Gehöft eines wohlhabenden Bauern, wo er der Mann für alles war, den alten Chevrolet seines Chefs fuhr und sich als Handwerker betätigte, wenn es etwas zu reparieren gab. Zuhause hatte er das letzte Wort, war aber auch der ruhige Pol, der seinen Kindern mit Geduld gut zuredete, sie aber nur selten schlug. Ganz anders als meine damals fünfzigjährige Großmutter Mariana. Diese zähe, autoritäre Frau ließ nur wenig Raum für Sentimentalitäten zu. Ihre Wutausbrüche sind noch heute gefürchtet wie ein schlimmes Naturereignis. Dabei macht sie von einem gut gefüllten Köcher an Schimpfworten Gebrauch, die selbst Bauarbeiter vor Scham erröten lassen würden. Als strenge Lenkerin ihrer acht Kinder lastete die gesamte Schufterei, die ein Hausfrauenleben im dörflichen Mittelamerika mit sich brachte, auf ihren Schultern. Feuerholz besorgen, Wasser heranschleppen, zu Fuß zum

Markt gehen, kochen, Tortillas backen, von Hand Berge schmutziger Kleider schrubben, sich um den Nachwuchs kümmern und vieles mehr. Sobald meine Mutter und ihre vier Schwestern kräftig genug waren, mussten sie natürlich mit anpacken. Der Schulbesuch hatte, gerade für Mädchen, keine Priorität. Gleichwohl durften sie einige Jahre lang in einer heruntergekommenen öffentlichen Schule die Schulbank drücken. Für eine junge Frau in diesem ärmlichen Landstrich lag die Hoffnung auf eine bessere Zukunft vor allem darin, sich so schnell wie möglich eine gute Partie zu angeln; einen Mann also, der einen einfachen Beruf ausübte oder ein Stück Land sein Eigen nannte, um ihr und der zu erwartenden Kinderschar einen erträglichen Lebensstandard zu garantieren. War er auch noch hübsch und verliebte man sich wirklich, so war das Glück perfekt. Leider waren wirkliches Glück und wirkliche Liebe auch schon damals ein äußerst seltenes Gut. Vielleicht auch deshalb, weil Palencia immer schon die Heimat der eigensinnigen Machos gewesen ist, die niemals daran zweifeln würden, ihren Frauen gegenüber natürliche Vorrechte zu besitzen.

Über die ersten Lebensjahre meiner Mutter ist mir nicht viel bekannt. Als Kind hätte ich mich nie getraut, ihr Fragen nach ihrer und damit auch meiner eigenen Vergangenheit zu stellen. Mit dieser Geschichte hatte sie abgeschlossen, damit wollte sie nicht mehr belästigt werden, und auf entsprechende Nachfragen konnte sie extrem allergisch reagieren. Erst als ich älter wurde, gelang es mir, ihr einiges zu entlocken, das ich mit den Erzählungen meiner Großeltern kombinierte. Mit neunzehn Jahren war María-Bernarda eine entschlossene Frau, spindeldürr und mit glatten, rußschwarzen Haaren, die ihr bis zum Gesäß hinunter reichten. Ihre aufgeweckten, kastanienbraunen Augen hatten schon damals eine ungewöhnliche Strenge. Wie in bäuerlichen Gegenden üblich, trug sie einfache, einfarbige, einteilige Kleider, die ihr weit übers Knie reichten. Nur zu speziellen Anlässen oder wenn sie in die Hauptstadt fuhr, bevorzugte sie Blusen mit steifen Kragen und lange dunkle Röcke.

Der Mann, der sie eroberte, hatte ein ausgesprochen maskulines Auftreten. Ob es sich um echte Liebe handelte, weiß nur sie allein, doch zweifelsohne war von ihrer Seite so etwas wie jugendlich-ignorantes Verliebtsein mit im Spiel. Dieser Luis, der aus einem kleinen Dorf in der Umgebung stammte, wurde zu meinem Vater. Großmutter war außer sich vor Wut und drohte ihrer Tochter mit dem achtkantigen Rausschmiss. Meine Geburt am 25. August 1982 – auf einem harten Metallgitterbett mit Strohmatratze und betreut von einer Hebamme – war daher auch kein freudiges Ereignis. Zu allem Übel wurde María-Bernarda von Luis kurz darauf wie ein fauler Apfel fallen gelassen. Der Grund dafür war, wie sich schnell herausstellte, dass dieser Kerl noch eine andere Frau hatte, mit der er schon fleißig zwei Kinder gezeugt hatte. Sich mit dieser bitteren Realität abzufinden, dazu war Mutter nicht bereit. Noch nicht. Krank vor Eifersucht spürte sie ihre Konkurrentin auf. Dabei muss es zu Handgreiflichkeiten gekommen sein, jedenfalls stattete ihr diese tags darauf einen Gegenbesuch ab, erpicht auf Vergeltung. Es war Tante Patricia, die sich schützend vor ihre jüngere Schwester stellte, der fremden Frau einen Plastikschlauch um die Ohren klatschte und sie damit in die Flucht schlug. Das Ganze hatte jedoch ein Nachspiel: Mutter wurde verhaftet und zum lokalen Polizeiposten geführt. Es lag eine Anzeige wegen Körperverletzung gegen sie vor.

»Mein Gott, sogar im Knast warst du meinetwegen«, erinnerte sie sich viele Jahre später mit einem bitteren Lächeln an diese Episode, »aber ich konnte dich doch nicht alleine zurücklassen, wo du kleines Würmchen ständig geplärrt hast und an meiner Brust saugen wolltest! Fünf Tage mussten wir dort ausharren, bis mich diese Scheißbullen endlich laufen ließen!« Es war gleichzeitig auch das Ende ihrer unrühmlichen Verbindung zu Luis, meinem Erzeuger. Während meiner gesamten Kindheit habe ich ihn nie gesehen. Auch meine Mutter war oft weg. Schon als Kleinkind musste ich mich daran gewöhnen. Bis zu einer ganzen Woche konnte sie wegbleiben. Gelegentlich arbeitete sie in jener großen Stadt, welche die Erwachsenen einfach nur »die Hauptstadt« oder »Guate« nannten. Die meiste Zeit verbrachte ich daher in der Obhut meiner Großmutter und deren ältester Tochter, der 35-jährigen Emilia. Ein Unfall in ihrer Kindheit hatte sie taubstumm werden lassen, sodass es ihr nie vergönnt gewesen war, einen Freund, geschweige denn einen Geliebten zu haben. Ihr Alltag, ihre gesamte Existenz war auf uns, ihre Familie, ausgerichtet. Für mich wurde sie zu einem Mutterersatz, der mir Zärtlichkeit, Geduld und Verständnis schenkte. Die Nächte verbrachte ich überwiegend in ihrem Zimmer, in ihrem Bett, wo ich mich in den kalten Nächten an sie kuscheln durfte. Ihr Zimmer befand sich im Haus der Großeltern, das schönste auf dem gesamten Areal, mit glatt verputzten, beige und hellblau gestrichenen Wänden innen wie außen und kieselgrauen Fliesen auf den immer sauberen Fußböden. Da es über ein flaches Zementdach verfügte, blieb es innen schon kühl, selbst wenn draußen die Sonne die Temperatur auf über dreißig Grad trieb. Mutter hingegen bewohnte eine separate, noch im traditionellen Baustil errichtete Hütte aus braunen Adobe-Bausteinen (einer Mixtur aus Stroh und sandigem Lehm) und einem Schrägdach aus rötlichen Ziegeln. Diese uralte Konstruktion hatte nur zwei enge Zimmerchen und stand etwa zwanzig Meter vom Haus ihrer Eltern entfernt. Die Hütte war düster, beengt und nicht besonders behaglich. Weiter unten auf dem abschüssigen Gelände gab es noch zwei weitere Behausungen, die aus unverputzten, grauen, innen hohlen Zementbausteinen bestanden. Als Flachdächer dienten ihnen hauchdünne Wellblechplanen. Darin hausten meine Tanten Patricia, Anita und Martina mit ihren Familien, ebenso Onkel Ramiro mit seiner Frau Evelyn. Alle Häuschen waren durch schmale Pfade verbunden. Die Türen standen immer offen – man konnte überall hineinspazieren. Für uns Kinder war das toll, da wir auf einem echten Abenteuerspielplatz lebten, mit genügend freien Flächen zum Herumtollen. Immer waren Spielkameraden da oder jemand, der sich um einen kümmerte. Langeweile war daher ein Fremdwort für mich.

Kurz vor meinem vierten Geburtstag nistete sich ein neues Wort in meinem Kopf ein: Kindergarten. Cousine Erika, die zwei Jahre älter war als ich, durfte schon dorthin gehen. Und als genieße sie es, mich weinen zu sehen, hörte sie nicht auf, mir von diesem magischen Ort vorzuschwärmen, an dem man singen, spielen und malen durfte. Mutter musste sich dann ausgedehnte Heulkonzerte von mir anhören, die jeweils erst durch eine halbherzige Zusage ihrerseits ein Ende fanden. Das klang dann etwa so: »Du blöder Schreihals, gib doch endlich Ruhe! Hab ich dir nicht schon tausend Mal gesagt, dass du noch viel zu klein bist für diesen Scheißkindergarten? Aber mal sehen, vielleicht nehmen sie dich nächstes Jahr ja trotzdem. Und nun hör schon auf zu flennen, hurenverdammt noch mal, sonst kleb ich dir eine!« So wie ihre eigene Mutter benutzte auch sie einen ausgesprochen vulgären Wortschatz. Wörter wie *Hure, Arsch* und noch einige mehr waren gang und gäbe. Für mich Winzling blieb sie ein unbegreiflicher, unnahbarer Riese, der erst Beleidigungen und Aggressionen von sich gab, um dann Minuten später wieder unglaublich zärtlich zu sein. Sie war wie ein rauchender Vulkan: jederzeit bereit zum Ausbruch. Leider wusste man nie genau, wann. Und sie liebte feuchtfröhliche Feste. Ihr Lachen war ansteckend, wenn sie ungezwungen mit Geschwistern oder Freundinnen herumalberte. Die Konflikte zwischen ihr und meiner Großmutter hingegen waren oft geräuschvoll, was wenig erstaunlich war, da beide Frauen sich charakterlich stark ähnelten. Wie ich diese Streitereien doch hasste! Jedes Mal brüllten sie und warfen sich die schlimmsten Beleidigungen an den Kopf, die man sich vorstellen kann. In diesen Momenten drohte meine kleine, einigermaßen geordnete Welt aus den Fugen zu geraten. Also verkroch ich mich in irgendeine Ecke und hielt mir die Ohren zu, bis sich alles wieder beruhigt hatte.

Unverhofft war es eines Morgens dann wirklich so weit: Ich durfte in den Kindergarten! Das frühe Aufstehen bereitete mir noch etwas Mühe. Ich klammerte mich fest an die kräftige mütterliche Hand, und los ging es. Mit dabei waren Tante Anita und deren kleine Tochter Erika. Ich steckte in einem gelben, mit weißen Rüschen verzierten Kleid und schwarzen Lackschuhen mit weißen Söckchen. Meine lange, tiefschwarze Haarpracht wurde seitlich von zwei gelben Haarspangen gebändigt. Richtig niedlich muss ich ausgesehen haben! Der Weg führte uns hinab in eine etwa zweihundert Meter lange Bodensenke. Die Abhänge links und rechts waren mit Gestrüpp überwuchert. Auf der anderen Seite tauchten die ersten Hütten auf. Aber erst, als wir auf die Hauptgasse Palencias einschwenkten, bildeten die vorwiegend einstöckigen Häuser eine geschlossene Front. Vor einer breiten weißen Fassade herrschte Gewimmel. Wir traten in einen Innenhof voller Kinder, von denen die meisten schmucke Uniformen trugen. Ängstlich hielt ich mich eng an Erika geklammert, die aber zu meiner großen Enttäuschung einer anderen Gruppe zugeteilt wurde. Ohne zu wissen, wie mir geschah, fand ich mich in einem Raum voller fremder Gesichter wieder. Dort hieß uns eine junge Frau so liebenswürdig willkommen, dass augenblicklich sämtliche Spannung von mir abfiel. Mein Interesse galt nur noch den Spielkameraden sowie all den bunten Zeichnungen an der Wand. Ich wusste es noch nicht, aber ich befand mich in einer erst kürzlich von christlich-fundamentalistischen Missionaren aus Nordamerika gegründeten Einrichtung. Im selben Gebäude gab es auch eine Primarschule, daher die vielen Schüler in schmucken Uniformen. Das Instituto Evangélico América Latina, das seinen Hauptsitz in Guatemala-Stadt hat, bot einen Unterricht von guter Qualität zu erschwinglichen Gebühren. Es war nicht nur der einzige Kindergarten in Palencia, sondern auch die einzige Privatschule weit und breit. Das Hauptmotiv vieler katholischer Familien wie auch meiner eigenen, ihre Sprösslinge hierher zu schicken, lag darin, dass den wenigen öffentlichen Schulen ein miserabler Ruf anhaftete. Einige glichen heruntergekommenen Bruchbuden mit löchrigen Blechdächern, durch die es nicht selten hineinregnete. Zudem waren die Klassenräume völlig überfüllt, und es mangelte oft sogar an Pulten und Stühlen, sodass viele Schüler den Unterricht vom Boden aus verfolgten. Manche Eltern waren daher bereit – sofern sie es sich irgendwie leisten konnten – etwas mehr auszugeben, um ihren Kindern diese Zustände zu ersparen.

Von klein auf hatte ich mich daran gewöhnt, immer eine Babyflasche aus Plastik mit mir herumzutragen. Emilia füllte sie mir jeden Morgen mit warmer Milch und gab einige Löffel grobkörnigen Zucker hinzu. Somit war ich bestmöglich gegen Hungerattacken gewappnet. Es beruhigte mich, dieses Fläschchen immer griffbereit zu haben, und ich hatte nicht die Absicht, im Kindergarten auf diese praktische Zwischenmahlzeit zu verzichten. Mein Fläschchen musste jeden Morgen mit, da konnte mich Mutter aufziehen, soviel sie wollte. »Mein Gott Kind, schämst du dich denn nicht, du bist doch kein kleines Baby mehr! Oder siehst du dort noch andere Mädchen mit einem solchen Ding herumlaufen?« Nein, ich war die Einzige, aber das war mir gleichgültig. Fast. Um etwas weniger aufzufallen, verstaute ich das Fläschchen tief in meiner kleinen Stofftasche und genehmigte mir nur in den Pausen verstohlen einige Schlucke. Erst zwei ältere Jungs, die spottend über mich herzogen, schafften es, mir diese Gewohnheit ein für alle Mal zu verleiden.

Ich liebte den Kindergarten. Morgens stimmte unsere Betreuerin immer als erstes ein christliches Lied an, das ich aus voller Kehle mitsang. Ich entdeckte auch meine Passion fürs Zeichnen. Mit Farbstiften zwischen den Fingern kam mir jedes Zeitgefühl abhanden. Wir malten ausschließlich biblische Inhalte. Persönlichkeiten wie Adam, Eva, Noah, Moses, Josef und die Könige David und Salomo waren mir bald vertraut. Besonders gefiel mir Jesus mit seinen dunkelblonden, gewellten Haaren und diesem warmen, immer freundlichen Blick. Meistens wurden Erika und ich gegen Mittag von einer meiner Tanten abgeholt. Auf dem Heimweg tauchte als erstes das Haus der Großeltern auf, dessen Rückwand gleich an den Weg grenzte. Schon von weitem sah man Rauch gegen den Himmel steigen, denn Großmutter entfachte täglich im Freien ein Feuer, um darüber für die gesamte Familie Tortillas zu backen. Wenn mein Hunger allzu groß war, stibitze ich ihr noch vor dem eigentlichen Essen einen der Maisfladen. Heiß, außen goldknusprig und innen zart, schmecken sie selbst nur mit etwas Salz sehr lecker.

Mutter sah ich nur unregelmäßig. Einen Tag war sie da, dann wieder ein paar Tage nicht. Sie gab mir das unschöne Gefühl, es gebe viel wichtigere Dinge in ihrem Leben als mich. Im Rückblick glaube ich, dass sie fast alles gegeben hätte, schnellstmöglich für immer von zuhause und damit von ihren Eltern wegzukommen. Vielleicht war das auch einer der Gründe, weshalb sie sich bald wieder einem neuen Mann zuwandte. Davon bekam ich nur am Rande etwas mit, und auch nur, weil ihr anschwellender Bauch selbst für mich unübersehbar wurde. Zwischen ihr und Großmama kam es wieder zu unschönen Szenen. »Verdammt, noch ein uneheliches Kind! Welch eine Schande!«, hielt diese ihrer Tochter vor. Der Vater war ein gewisser Margarito, an den ich mich beim besten Willen nicht mehr erinnern kann. Vielleicht, weil er sich lange vor der Geburt seines Kindes davonmachte. Ohne, dass ich gewusst hätte wie oder woher, trug Mutter eines Tages ein mumienartiges Bündel auf ihren Armen. »Sandra, nun komm schon her und sag deinem Bruder Pedro Hallo!« Langsam näherte ich mich diesem fast vollständig verhüllten Zwerg, von dem nur das schrumpelige Gesicht zu sehen war. Mit ihm würde ich also von nun an die spärliche mütterliche Zuneigung teilen müssen, wurde mir sofort klar. Um diese Zeit sah ich zum ersten Mal, wie sie ihr Geld verdiente. Aus einer ihrer Launen heraus nahm sie mich mit zu einem imposanten zweistöckigen Haus irgendwo in Palencia. Es war mit feinen Möbeln ausgestattet. Eine elegant gekleidete Dame mit gelockten, halblangen Haaren führte uns in einen Raum, wo sie auf mehrere Kessel voller eingeweichter Wäsche deutete. Gleich daneben stand ein großer, mit Wasser gefüllter Zementtrog. Es duftete herrlich nach Weichspüler. Während ich noch neugierig alles musterte, machte sich Mutter mit einem Stück Seife und einer Bürste daran, auf der gerillten Oberfläche neben dem Trog ein erstes Kleidungsstück kräftig durchzuschrubben. Jetzt verstand ich auch, warum sie derart muskulöse Oberarme hatte.

Nach zwei Jahren entspannter Kindergarten-Idylle war ich nach Meinung der Erwachsenen immer noch zu jung für die Primarschule. Auch meine Cousinen Mercy, Lincy sowie Cousin Joel gingen nun auf das Instituto Evangélico América Latina. Den zwanzigminütigen Weg dorthin legten wir daher meistens gemeinsam zurück. Mercy hatte eine fünfzehnjährige Schwester. Myrna, die die öffentliche Schule besuchte, liebte es, für uns kleinen Kinder die überstrenge Lehrerin zu mimen. Neben Onkel Ramiros Hütte standen einige Mauerreste, die wir als Klassenraum nutzten. Mit Ziegelsteinen und Brettern bastelten wir Pulte und Bänke. An den Nachmittagen paukten wir dort die Buchstaben des Alphabets, malten und sangen. Alle durften mitmachen. Myrna war klein gewachsen, feingliedrig, hellhäutig und hatte schmale, gescheite Augen. Ihre Rolle als Lehrerin nahm sie sehr ernst, wie auch die scharfen Rüffel zeigten, die bewirkten, dass ab und zu einer der Schüler weinend davonlief, nur um bei nächster Gelegenheit wieder dabei zu sein.

Mein Leben plätscherte vor sich hin, ausgefüllt mit Essen und Spielen, und nur gelegentlich durch kleinere familiäre Krisen beeinträchtigt. Nie hätte ich mir vorstellen können, es könne sich daran je etwas ändern. Einen Vorgeschmack erhielt ich eines frühen Morgens, als sich in das übliche Krähen der

Hähne und das Kläffen der Hunde entferntes Stimmengewirr mischte. Ich schlug die Augen auf und bemerkte, dass Emilia schon nicht mehr neben mir im Bett lag. Das war zunächst nichts Außergewöhnliches – meine fleißige Tante stand immer früher auf als ich. Barfuß lief ich in den Wohn- und Essbereich, doch dort war kein Mensch zu sehen. Über dem Gasherd dampften ein verrußter Wassertopf und eine Pfanne mit pürierten Bohnen, deren herrlicher Duft sogleich mein Hungergefühl weckte. Auf dem Tisch stapelten sich mehrere frische Weißbrote. An Essen war jetzt aber nicht zu denken, denn irgendetwas stimmte nicht. Wo waren denn alle? Etwas besorgt ging ich hinaus ins Freie. Vor Tante Martinas Häuschen erblickte ich eine Menschenansammlung, darunter meine Großeltern und meine Mutter. Es wurde wild diskutiert und gestikuliert. »Oh Gott!« und »Warum nur?« war herauszuhören. Langsam näherte ich mich. Bald begriff ich: Martina hatte sich im Morgengrauen davongeschlichen, um in die Vereinigten Staaten von Amerika zu reisen. Auf dem Zettel, den sie zurückgelassen hatte, bat sie ihre Kinder und ihren Mann, ihr zu verzeihen. Ihr Mann indes kauerte mit zerknitterter Miene da und presste sich die Handflächen gegen die Schläfen. Ihre Töchter Myrna und Mercy hockten auf dem Boden und heulten. Ich setzte mich zu ihnen und tat es ihnen gleich, auch wenn ich die Umstände dessen, was da passiert war, nicht wirklich verstand.

Die Vereinigten Staaten, die USA? Welch merkwürdiger Ort musste dies sein, wenn Martina bereit war, dafür ihre Liebsten zu verlassen? Erst als ich älter wurde, sollte ich begreifen, welche Gründe sie zu diesem radikalen Schritt veranlasst hatten. Sie war des entbehrungsreichen Lebens in Guatemala überdrüssig geworden und wollte nun in der Ferne eine lebenswertere Zukunft aufbauen, für sich und ihre Familie. Aber welch hohes Opfer wurde ihr dafür abverlangt! Denn um dieses Ziel zu erreichen, hatte sie nun ebendiese Familie zurücklassen müssen, ohne zu wissen für wie lange. Die Reise ins vermeintlich Gelobte Land des Nordens war vor allem für Frauen extrem gefährlich. Ohne gültige Reisepapiere war Martina dem Strom Millionen anderer Mojados vor ihr gefolgt, den »Nassen«, wie man sie nennt, denn auf ihrer abenteuerlichen Reise müssen sie selbst durch Flüsse waten. Unterwegs riskieren sie, von mexikanischen Grenzpolizisten oder kriminellen Banden überfallen, beraubt, vergewaltigt, ja sogar ermordet zu werden.

Die Großeltern übernahmen nun die Fürsorge für Mercy und Myrna. Damit lebten wir unter einem Dach und waren so etwas wie Schwestern. Ihr Vater zog in die Hauptstadt und besuchte sie nur sporadisch. Viele Wochen verstrichen, bis endlich ein erstes Lebenszeichen von Martina eintraf und auch Großmutter ihren Frohmut wiederentdeckte. Ihre zweitälteste Tochter hatte sich zu einer kleinen Stadt im Bundesstaat Texas durchgeschlagen, wo sie auch schon einen Job ergattert hatte. Bald würde sie etwas Geld schicken.

1989 – 1990

DIE SCHULE

Ganze drei Jahre durfte ich den Kindergarten besuchen, und von mir aus hätte es auch noch ein Jahr mehr sein dürfen. Gleichwohl freute ich mich am ersten Schultag über meine Uniform, die ich nicht ohne Stolz zur Schau trug. Ein marineblaues Hemd mit einer dunkelblauen Krawatte sowie ein knielanger, karierter Faltenrock in derselben Farbkombination, dazu schwarze Lackschuhe mit blauen Baumwollsocken. Besonders freute mich, dass meine Mutter sie mir gekauft hatte. Ich war ihr also doch wichtig! Der schwere Rucksack mit den vielen Heften, Büchern und anderen Utensilien, die jeder Schüler schon zu Schulbeginn vollständig dabeihaben musste, drückte kräftig gegen meinen Rücken. Etwas aufgeregt war ich schon. Auf dem Schulhof wohnten wir einer kleinen Zeremonie bei. Der Direktor, ein älterer Herr, dessen Haare eine starke Ähnlichkeit mit jenen von Maiskolben hatten, gab eine mit Bibelsprüchen durchsetzte Ansprache zum Besten. Sein ausgeprägter Gringo-Akzent löste Kichern bei uns Schülern aus. Dann wurden wir von unserer neuen Lehrerin in den Klassenraum geführt. María-Carmen war ihr Vorname. Die Fünfzig hatte sie noch nicht überschritten, doch mir kam sie uralt vor. Beim Sprechen faltete sich die Haut um ihre Augen wie ein vertrocknetes Bananenblatt. Sie schminkte sich nicht einmal. Nach dem gemeinsamen Gebet stimmte sie ein christliches Lied an, das ich lautstark mitsang. Danach redete sie minutenlang wie ein Wasserfall – wir durften zuhören. »Ich will, dass jeder von euch still und ruhig bleibt, bis er etwas gefragt wird«, gab sie uns sogleich zu verstehen. Erika, die schon die zweite Klasse besuchte, hatte Mercy, Joel und mich, die Schulanfänger, vorgewarnt, dass von nun an ein rauerer Wind wehen würde. Da saßen wir, zu Salzsäulen erstarrt, und trauerten unserer Kindergartenzeit nach. Jeder von uns hatte ein einfaches, aber separates Pult. Zu meiner Linken saß Cousine Mercy. Sie war pummelig und auch etwas kleiner als ich. Ihr rundliches Gesicht wirkte oft ziemlich trübselig. Auch für Erikas Bruder Joel, den man einer anderen Klasse zugeteilt hatte, war es das erste Schuljahr. Nur die kleine Lincy ging noch in den Kindergarten. Punkt zwölf Uhr dreißig war der Unterricht zu Ende. Mein erster Schultag hatte gemischte Gefühle bei mir ausgelöst, aber meiner Mutter versicherte ich, es habe mir toll gefallen.

Bald durften wir den Heimweg ohne die Begleitung eines Erwachsenen bewältigen. Daher hatten wir es auch selten eilig. Es gab ja so viele interessante Dinge zu bestaunen. Keine hundert Meter neben unserer Schule liegt der kleine Park Palencias. Genau genommen ist es nicht mehr als ein länglicher, zubetonierter Platz mit einem bepflanzten Mittelstreifen, dessen mit Ziergittern versehene Ränder die einzigen Sitzmöglichkeiten bieten. Um ihn herum befinden sich bis heute alle wichtigen staatlichen und privaten Einrichtungen; so das hellgrüne Gemeindehaus, die Polizeistation, das Amt für Telekommunikation und eine Bank. Fast alle Gebäude sind nur einstöckig. Nicht zu vergessen die heruntergekommene öffentliche Primarschule, die schon Jahrzehnte auf dem Buckel hat. Die Fensterscheiben der länglichen Vorderfront lagen in Scherben – ein wenig einladender Anblick. Seitlich auf einer niedrigen Anhöhe thront die katholische Kirche. Anders als die Kirchen mit den breiten Türmen in der landesüblichen Kolonialarchitektur, gleicht diese hier eher einem Segelschiff auf hoher See. Über einem Unterbau mit lukenartigen Fenstern erhebt sich ein unproportionierter, dreieckiger Dachaufbau aus rötlichem Wellblech. Als Kinder hatten wir aber kaum Augen für solche Details. Uns zog es vielmehr zu einem kleinen Laden auf der rechten Seite des Parks, in dem Mango-Eiscremes und gefrorene Bananen mit Schokoladenüberzug für nur fünf Cents das Stück zu haben waren. Einfach köstlich! Lutschend und tratschend trödelten wir dann durch die Hauptgasse, die als einzige gepflastert war. Hier reihte sich Geschäft an Geschäft. Ein Eisenwarenhandel, eine Reparaturwerkstatt für Elektrogeräte, zwei winzige Kleidergeschäfte, zwei Apotheken, mehrere einfache Esslokale, aber auch einige eher zwielichtige Etablissements, in denen Alkohol ausgeschenkt wurde. Gut vertreten waren Bäckereien, die hauptsächlich drei verschiedene Brotsorten verkauften: recht geschmacksarmes Französisches Brot, gewöhnliches Toastbrot und Süßbrot genannte gezuckerte Rundbrötchen. Nicht fehlen durften einige Tiendas de Abarrotes, kleine Geschäfte mit einer Auswahl an wichtigen Produkten des täglichen Bedarfs. Diese winzigen Kramläden sind meist Familienbetriebe und in Guatemala an fast jeder Ecke zu finden. Mutter spendierte mir hin und wieder eine 25-Cent-Münze oder, ganz selten, auch einen ganzen Quetzal. Davon leistete ich mir eine Soda und eine Tüte Tortilla-Chips. Vor allem die mit rotem Chilipulver hatten es mir angetan. Da Gehsteige unbekannt waren, mussten wir gut auf die Busse Acht geben, die in schwarze Abgasschwaden und Staubwolken gehüllt neben uns vorbeidonnerten. Unser Herumtrödeln brachte Großmutter wiederholt zur Weißglut.

»Verdammte Saubande, wo zum Teufel wart ihr? Die Schule ist schon seit über einer Stunde zu Ende!«, schimpfte sie. Manchmal blieb es bei einer Schelte, häufiger jedoch ernteten Mercy und ich heftige Hiebe auf den Hintern. Dazu benutzte Großmutter einen von Großvaters Ledergurten. Ich kreischte immer, so laut ich konnte, damit sie schneller wieder aufhörte. Zunehmend hatten wir auch im Haus zu helfen, wie etwa die Fußböden wischen oder Geschirr spülen. Und ich musste bisweilen auf mein Brüderchen Pedro aufpassen, wenn Mutter nicht da war, was, wie gesagt, häufig der Fall war.

Bei ihr drehte sich das Beziehungskarussell inzwischen munter weiter. Ein wildfremder Schönling machte ihr vor unser aller Augen den Hof. Vor ihm war sie wie ausgetauscht, strahlte über beide Wangen und machte eine lachende Faxe nach der nächsten. Der Angehimmelte war Techniker, wie man unschwer an seinem ledernen Werkzeuggürtel erkennen konnte, den er um die Hüfte trug und an dem verschiedene Zangen, Schlüssel, Schraubenzieher und Ähnliches baumelten. Dieser Flavio ist mir vor allem deshalb gut in Erinnerung geblieben, weil er stets ein paar Cent für mich übrig hatte. »Da nimm, Kleine, geh und kauf dir was!«, pflegte er zu sagen, wohl um mich loszuwerden, denn wann immer er kam, hockte ich mich in seine Nähe und beschaute ihn neugierig. Angestellt war er bei der staatlichen Elektrizitätsgesellschaft, die Reparaturarbeiten an den Pfosten der oberirdischen Stromleitungen in Palencia durchführte. Neben einem sonnengebräunten, gut gebauten Körper, konnte er mit markant männlichen Gesichtszügen, strahlend weißen Zähnen und einem adrett gestutzten Schnurrbart aufwarten. Mit besonderer Eitelkeit machte sich Mutter nun jeden Morgen vor dem Spiegel an ihrer Schranktür zurecht. Sie schminkte dezent Wangen, Augenlider und Lippen, während eine Kassette mit Liebesliedern des mexikanischen Ranchero-Sängers Vicente Fernández lief. Ihre Haare trug sie nun etwas kürzer und leicht gewellt. Die Affäre mit Flavio nahm immer ernsthaftere Züge an. Immer öfter blieb er die Nacht über bei ihr und zeigte sich freigiebig mit Geschenken wie Parfums, Frottiertüchern oder Modeschmuck.

Großmutter gefiel überhaupt nicht, was sie da mitbekam. »Verdammt, Bernarda, was für ein Weib bist du eigentlich? Zwei Kinder hast du schon, aber keines kennt seinen Vater, und nun lässt du dich schon wieder mit einem anderen Kerl ein! So benimmt sich doch höchstens eine wertlose Nutte!«, hielt sie ihrer Tochter vor. Ich wusste nicht genau, was eine Nutte war, ahnte aber, dass es etwas Unanständiges sein musste. »Scheiße, halt deine Klappe, lass mich gefälligst so leben, wie ich will!«, gab Mutter gewohnt respektlos zurück. Wenig fehlte, und es wären die Fetzen geflogen. All diese gegenseitigen Anfeindungen führten zu nichts. Als sei er ihre Sonne, drehte sich alles bei ihr nur noch um Flavio. Sehnsüchtig wartete sie auf sein Kommen, hielt für ihn das Essen warm, wusch und bügelte sorgsam seine Kleider. Das ging einige Monate so. Eines Tages war Großmutter allerdings besonders außer sich, und bald wussten alle warum: Mutter war wieder schwanger! Verbittert sprach sie davon, sich mit ihrem Geliebten eine andere Bleibe zu suchen. Aber dazu kam es nicht mehr, weil dieser sich immer seltener bei ihr zeigte. Angeblich hatte ihn seine Arbeit in einen anderen Landesteil geführt, weit weg von Palencia. Kam er abends nicht, durfte ich zuweilen bei ihr übernachten. Dann konnte ich die Trauer spüren, die wie ein schwerer Bleideckel auf ihrem Gemüt lastete. Ein Kind zu erwarten von einem Mann, den man liebt, der einen aber im Stich lässt, das musste verdammt hart sein. Vor allem auch deshalb, weil es nicht das erste Mal war. »Dieser Schweinehund hat eine andere«, hörte ich sie irgendwann murmeln. Doch schon bald raffte sie sich wieder auf und tröstete sich mit Sätzen wie: »Was dich nicht umbringt, macht dich nur stärker.« So schnell, wie Flavio in unser Leben getreten war, so schnell gehörte er auch wieder der Vergangenheit an.

Pedro war noch keine drei Jahre alt, da teilte mir Großmutter knapp mit: »Sandra, du hast ein zweites Brüderchen bekommen. Deine Mama ist im Krankenhaus.« Deren Abwesenheit war mir nicht einmal aufgefallen. Als sie wieder da war, machte sie einen völlig ausgelaugten Eindruck. Um ihren Kopf trug sie ein weißes Tuch, wie dies üblich ist bei Frauen, die gerade entbunden haben. Meine Augen suchten angestrengt nach einem Baby. Da war keines. Es habe in der Klinik bleiben müssen, klärte sie uns auf, denn seine Lungen seien noch nicht stark genug entwickelt, um alleine atmen zu können. Jeden Tag fuhr sie nun in die Hauptstadt zu Marlon, so der Name meines Bruders. Nach zwei Wochen konnten wir ihn endlich zuhause begrüßen. Klitzeklein war er und wirkte so zerbrechlich! Auch litt er, wie sich bald herausstellte, an epileptischen Anfällen, die mir jedes Mal den Schrecken in die Knochen jagten. Ohne Vorwarnung beschleunigte sich seine Atmung, er weinte, und sein kleiner Körper verkrampfte sich. Hatte er sich wieder beruhigt, lag er mit geschlossenen Augen da, fast so, als sei er tot. Nicht einmal der kleine Brustkorb bewegte sich noch. Emilia oder Mama, je nachdem, wer gerade in der Nähe war, hielten ihm dann eine Flüssigkeit unter die Nase, die aus einer Heilpflanze namens Weinraute gewonnen wird. Innerhalb weniger Sekunden öffnete Marlon seine Äuglein, als habe man ihn aus einem bösen Traum erweckt.

Alle Lehrer an meiner Schule waren fundamentalistische Christen. Die Art und Weise, wie sie im Klassenraum für Disziplin sorgten, unterschied sich aber beträchtlich. Mit María-Carmen hatten wir ein besonders schlechtes Los gezogen. Sie machte es mir schwer, wirklich Gefallen am Lernen zu finden. Hinter ihrem mechanischen Lächeln verbarg sich eine zutiefst humorlose Person, mit einem bedenklichen Hang zu gebieterischer Pingeligkeit. Um ihre herrischen Verhaltensregeln durchzusetzen, lag stets ein hölzernes Lineal mit scharfen Kanten auf dem Lehrerpult bereit, mit dem sie selbst kleinste Verfehlungen unbarmherzig ahndete. Eine weitere beliebte Methode aus ihrer Folterküche war das »Bücher-Stemmen«. Der vermeintliche Übeltäter musste sich gegen die Wand stellen, wo er mit senkrecht ausgestreckten Armen zu verharren hatte. Doch damit nicht genug: Auf die Handflächen stapelte sie ihm überdies noch einige dicke Bücher. Gewöhnlich dauerte es keine drei Minuten, bis sich das Gesicht des zu Bestrafenden zu verzerren begann. Sichtlich erfreut über die Wirksamkeit ihrer nicht sehr christlichen Erziehungsmethode, konnte unsere Lehrerin dann sogar Gnade walten lassen: »Genug, du darfst dich wieder hinsetzen.« Fast immer traf es Jungs, die aus irgendeinem Grund zappeliger waren als wir Mädchen. Ich war bisher nur mündlich verwarnt worden. Dann aber wagte ich es während eines Spanisch-Tests, eine Mitschülerin per Handzeichen um einen Radiergummi zu bitten. Noch bevor ich mir diesen geangelt hatte, spürte ich einen stechenden Schmerz am linken Ohr. Lange, unlackierte Fingernägel bohrten sich wie eine Klammer tief in das zarte Fleisch meines Ohrläppchens. Mit einem Aufschrei und einer ruckartigen Bewegung befreite ich mich, und meine Hand schnellte hinauf zur schmerzenden Stelle. Als ich sie wieder herunternahm, klebte etwas Rotes an meinen Fingern. Blut! María-Carmens Ausdruck wechselte von verärgert auf betreten. Jaulend lief ich aus dem Klassenzimmer und weiter auf die Straße. Wie ein Häufchen Elend traf ich zwanzig Minuten später daheim ein. Erst jetzt bemerkte ich, dass mein blaues Hemd mit Blutflecken gesprenkelt war. Sollte dies mein vorzeitiges Ende sein? Würde ich verbluten? Meine Panik entlud sich in wildem Kreischen. Durch den Lärm nach draußen gelockt, packte mich Großmutter unsanft an den Schultern und wollte wissen, was mit mir los war. Auch Mutter kam hinzu und rüttelte kräftig an mir herum.

»Sandra, was ist los, nun spuck schon aus, wie ist das passiert?« Stockend, Wort für Wort, begann ich zu erzählen, was mir gerade widerfahren war. Emilia hielt mir einen feuchten Stofffetzen gegen die Blessur. Noch bevor ich fertig war, ergriff Mutter mein Handgelenk und zog mich hinter sich her. Mit der freien Hand presste ich mir das Stück Stoff fest ans Ohr. Bei der Schule angekommen, gingen wir schnurstracks zu meinem Klassenzimmer. Unser Erscheinen ließ María-Carmen verstummen. Die Klassenkameraden betrachteten mich mit einer Mischung aus Staunen und Anerkennung. Mutters Hände umfassten meinen Kopf, kippten und drehten ihn leicht, bevor sie fragte: »Können Sie mir sagen, wer das zu verantworten hat?« Die Lehrerin stammelte etwas von einem Missgeschick, aber die Vorwürfe prasselten wie Geschosse auf sie ein. Ich kann mich noch an die Worte »Barbarin« und »unfähig« erinnern, aber auch einige nicht jugendfreie Ausdrücke waren darunter. Danach war der gelbhaarige Schuldirektor an der Reihe. Dieser bekam eine abgeschwächte Version zu hören, die freilich in der Androhung gipfelte, die Polizei einzuschalten, falls nicht umgehend Konsequenzen gezogen würden.

María-Carmen sah ich nie wieder, und fast fühlte ich mich ein wenig mitschuldig. Hatte sie diesen Rauswurf wirklich verdient? Doch ich war auch stolz auf meine Mama, die mich verteidigt hatte wie eine Löwin ihr Junges. Meine Klasse durfte sich auf eine neue Lehrerin freuen: Señorita Elvira, ein junges Mauerblümchen ohne große Berufserfahrung, das aber mit umso größerer christlicher Menschenfreundlichkeit auf uns einging. Besonders das allmorgendliche Singen machte mir viel Spaß, wobei ich mich immer anstrengte, die einzige Rassel in die Hände zu bekommen, die Elvira an einen von uns Schülern abgab. Es faszinierte mich, dieses Musikinstrument im Takt mitzuschwingen. Es hatte fast etwas Hypnotisierendes. Endlich konnte ich die Schule durch und durch genießen.

1991 – 1993
FAHNENFLUCHT

Zuhause blieben Konflikte zwischen den zahlreichen Mitgliedern meiner Familie nie ganz aus. Wer konnte, der zog weg, so auch Tante Anita mit ihrem Ehemann Oscar und ihren Sprösslingen Erika, Joel und Juan Luis. Aber sie gingen nicht weit, nur auf ein etwa 500 Meter entferntes Stück Land, das wir Kinder den »Urwald« nannten, weil man dort vor lauter Bäumen ihr Haus kaum sehen konnte. Von den Cousinen in meinem Alter verblieben somit nur noch Mercy und Lincy in unmittelbarer Nähe. Lincy, die Tochter von Tante Patricia, war ein dürres, extrem scheues Mädchen. Ihre Mutter war, so wie meine eigene auch, eine alleinstehende Frau. Um sich und ihre Tochter durchzubringen, schuftete sie als Köchin in einem einfachen Esslokal in Guatemala-Stadt. Und kochen konnte sie wirklich spitzenmäßig. In ihrer Freizeit zauberte sie manchmal Köstlichkeiten für uns alle auf den Tisch. Etwa chinesisches Chao-Mein, dünne Nudeln mit Gemüse und Fleischstückchen, oder Pepian, eine typisch guatemaltekische Spezialität, deren Basis eine mit reichlich Chilipfeffer gewürzte Tomatensoße ist, die mit einer Portion Fleisch, gedämpften Kartoffeln und Kürbissen serviert wird.

So wie jedes Jahr erwachte auch im Jahr 1990 Mitte März das sonst eher verschlafene Palencia, um sich auf Ostern, die »Heilige Woche«, vorzubereiten. Jeden Tag bevölkerten mehr Menschen die Hauptgasse und den Park. Die Bauern aus den umliegenden Dörfern konnte man an ihren langen Macheten erkennen, die manche in reich verzierten Lederscheiden an ihren Gürteln mit sich führten. Die Wohlhabenderen trugen Lederstiefel, die Ärmeren schwarze Plastikstiefel. Ältere Männer schmückten sich vorwiegend mit breiten Cowboy-Hüten, jüngere zogen moderne Baseball-Kappen vor. Mercy, Lincy, Erika und ich machten uns nach Schulschluss auf Erkundungstour. Cousin Joel schloss sich uns an. Er war einer der wenigen Jungs, die ich wirklich mochte. Ich weiß nicht genau warum, aber er kam mir weit weniger töricht vor als die meisten seiner männlichen Altersgenossen, die nichts als hinterlistigen Schwachsinn im Kopf hatten. Er war stets aufrichtig zu uns, gut gelaunt und voller Humor. Der Park sowie der benachbarte Basketball-Platz waren bereits mit Verkaufsbuden übersät, die den Händlerfamilien gleichzeitig als Nachtquartier dienten. Von Lastwagen entlud man kistenweise

Getränke, vor allem Bier der Marken Gallo und Moza. In riesengroßen Bratpfannen brutzelten Kochbananen in einem Meer aus Öl. Serviert wurden sie mit einer sahnigen Creme und reichlich Zucker. Da lief einem das Wasser im Mund zusammen! Gleich daneben schmorten Chuchitos in großen Kochtöpfen – faustgroße, gekochte Klumpen aus Maismasse, mit einem Kern aus Hähnchenfleisch und etwas Tomatensoße. Hatte man Pech, bestand dieser Kern mehr aus Knochen denn aus Fleisch. Leisten konnten wir uns lediglich zwei Enchiladas, knusprig gebackene Maistortillas mit Rüben-, Tomaten- und Zwiebelstückchen, auf die Knoblauch, Petersilie und geriebener Käse gestreut wird. Joel blieb wie angewurzelt vor einer Schießbude stehen und bestaunte die Preise: Plüschtiere, Plastikspielzeug, Tassen und Krüge. Beim nächsten Stand konnte man Billard und Tischfußball spielen. Leider kostete all dies Geld, und wir hatten alles ausgegeben. Um uns einen besseren Überblick zu verschaffen, rannten wir um die Wette die Treppen zur Kirche hinauf. Natürlich war Joel schon da, als wir Mädchen keuchend die oberste Stufe erreichten. Von dort aus hatte man einen prachtvollen Blick auf den Rummel unten im Park und auf die wolkenverhangenen, rundlichen Berge, die östlich fast bis an Palencia heranreichen. Nur der höchste von ihnen, der Tomastepeque, hatte fast die Form einer Pyramide. Immer noch schnaufend, traten wir kurz ins Innere der Kirche, in der Totenstille herrschte. Hierher kam ich oft mit Großmutter, um den verschiedenen Heiligenfiguren zu huldigen. Im rechten Seitenflügel schaute Benedict von Palermo, der Stadtpatron Palencias, streng auf uns Sünder herab. Und hinter dem Altar, mit entrücktem Gesichtsausdruck und an ein schwarzes Kreuz genagelt, hing Jesus. Seitlich davon stand eine wehleidige Jungfrau Maria auf einem kleinen Podest. Mir kamen diese Figuren immer etwas unheimlich vor. Manchmal malte ich mir aus, wie es wäre, wenn sie unverhofft lebendig würden, um mir meine Sünden vorzuhalten.

Am ersten Aprilfreitag näherten sich die Feierlichkeiten ihrem Höhepunkt. Öffentliche Busse verkehrten kaum noch, die Schule fiel aus, und das gesamte Land stand still. Selbst die Evangelikalen mussten sich zähneknirschend daran halten. Unsere Lehrerin hatte uns vorsichtig, aber bestimmt gewarnt, bei diesen Bräuchen handle es sich um schlimmste Götzenanbetung, die den Zorn Jehovas auslösten. Ich wusste nicht so recht, was ich von dieser Aussage halten sollte. Jedenfalls freute ich mich auf die kommenden Festlichkeiten. In den besten Kleidern machte sich ein guter Teil meiner Familie frühmorgens auf den Weg. Auch Mutter ging gut gelaunt mit. Sie bewahrte zwar eine gewisse Distanz zu diesen Traditionen, hatte aber gleichwohl eine Lieblingsheilige, nämlich die mexikanische Jungfrau von Guadalupe, deren Heiligtum sich in Mexiko-Stadt befindet. Gern wäre sie einmal in ihrem Leben dorthin gereist. Meine Cousinen und ich bildeten ein eigenes, schwätzendes und kicherndes Grüppchen. Den kleinen Pedro führte ich an meiner Hand mit. Die feierliche Atmosphäre war überall zu spüren und zu sehen: Entlang der Hauptgasse waren ganze Familien damit beschäftigt, farbenprächtige Teppiche anzufertigen. Dazu verwendeten sie gefärbtes Sägemehl, Blütenblätter und eine mannigfaltige Auswahl an Früchten oder Gemüse. Geometrische Formen, Blumen, Tauben und weitere Tiere aus der Bibelgeschichte entstanden wie von Geisterhand. Manche benutzten dazu auch Schablonen, die sie Jahr für Jahr wiederverwendeten. Wie auch immer, es waren Kunstwerke, die da aus dem Nichts entstanden. Viele Fassaden waren mit lilafarbenen Bändern geschmückt. Je näher wir der Prozession kamen, desto dichter wurde das Gedränge. Eine Musikkapelle gab mit melancholischer Begräbnismusik den Laufschritt vor. Auf einer wankenden Holz-Trage näherte sich die Figur des gekreuzigten Jesus, der man einen reich verzierten, goldbestickten Umhang umgelegt hatte. Es folgte Maria auf einer separaten Trage. Die schweren Gestelle wurden auf jeder Seite von einem Dutzend Cucuruchos getragen – in lila Kutten gehüllten Männern. Nachdem der Haupttross an uns vorübergezogen war, schlossen wir uns dem Zug an. Unter Tausenden von Schuhen zerfielen die prunkvollen Teppiche in Sekundenschnelle zu bunten Abfallhäufchen. Vorwärts ging es nur im Schneckentempo, die starke Aprilsonne brannte auf meinem Gesicht. Es dauerte Stunden, bis die Heiligenfiguren wieder zurück in der Kirche waren. Zur Belohnung für die Strapazen wartete zuhause ein Festmahl auf uns. Gegen Abend durften Lincy und ich mit unseren Müttern noch einmal ins Zentrum spazieren. Alles war wie verwandelt. Die Holzbuden waren nun hell erleuchtet, es wurde ausgiebig gegessen, Alkohol getrunken, gespielt und sogar getanzt. Eine eigenartige Mischung aus religiöser Inbrunst und weltlichen Vergnügungen. Lincy, Pedro und ich bestiegen das Riesenrad, das hinter dem Basketball-Platz errichtet worden war. Herrlich, dieser Höhenrausch! Jedes Mal, wenn wir ganz oben waren, jauchzte ich vergnügt. Nur mein kleiner Bruder, eingeklemmt zwischen meinen Oberschenkeln, weinte voller Panik und verlangte wieder festen Boden unter seine Füße zu bekommen. Mutter und Patricia genehmigten sich unterdessen ein kühles Bier.

Es war ein Morgen wie viele andere auch, nur dass ich ausnahmsweise bei Mutter hatte übernachten dürfen. Mit halb geöffneten Augen beobachtete ich, wie sie sich vor dem Spiegel etwas Schminke auftrug, dann näher kam und mich sanft stupste. Neben mir im Bett dösten meine zwei Brüder. Auf der runden Plastikuhr, die an einem rostigen Nagel an der Wand hing, konnte ich sehen, dass es genau sieben Uhr war. »Sandra, ich muss heute in die Hauptstadt wegen einer neuen Arbeit. Trödle nach der Schule nicht wieder herum, hast du verstanden? Ich hab keinen Bock, mir andauernd die Klagen deiner Oma anzuhören«, sprach Mutter mit kräftiger Stimme. Ich rieb mir die Augen. »Und wenn du von der Schule kommst, bade Pedro, der hat es bitter nötig«, trug sie mir noch auf, bevor sie ging. Natürlich liebte ich unsere Mutter. Sehr sogar. Aber ihr herrischer Charakter machte mir zu schaffen. Er bildete eine unsichtbare Barriere, die ein vertrauensvolles Verhältnis zwischen uns unmöglich machte. Vor ihr stand ich wie vor einem turmhohen Baum, dessen Krone ich niemals richtig einsehen konnte. Ich versuchte, mich damit abzufinden.

Ich stand auf, zog mir meine Schuluniform an, weckte meine Brüder und half Marlon, der noch keine zwei Jahre alt war, sich ebenfalls anzukleiden. Danach gingen wir hinauf zu den Großeltern. Bei der Kochstelle hantierte Emilia am Gasherd herum. Ich setzte mich an den großen, hölzernen Esstisch und schenkte mir aus dem Kocher heißen Kaffee in einen Plastikbecher. In diesen gab ich fünf volle Löffel Zucker. Bei dieser morgendlichen Kälte war es eine Wohltat, etwas Warmes im Magen zu haben. Zum Kaffee verzehrte ich ein gezuckertes Brötchen. »Es gibt noch etwas schwarze Bohnen von gestern, wenn du möchtest«, sagte Großmama. Auch Mercy nahm einige Bissen zu sich, dann machten wir uns gemeinsam mit Lincy auf den Schulweg.

Am Nachmittag, wieder zurück, half mir Emilia, über dem Holzfeuer Wasser zu erwärmen, um damit Pedro zu baden. Das war nicht einfach, da mein Bruder wasserscheu war und ich selber noch klein und wenig kräftig. Mit einer Hand musste ich ihn festhalten, damit er mir nicht davonlief, mit der anderen leerte ich ihm schalenweise das lauwarme Wasser über den Körper. Nachdem dies geschafft war, erledigte ich mit Mercy die Schulaufgaben. Wir besuchten nun schon die dritte Klasse. Kaum waren wir damit fertig, schickte uns Großmutter mit einer Schüssel voller Mais zu einem Haus in der Nachbarschaft, wo es eine kleine Mühle gab. Dort wurden die Maiskörner zu einer gelb-weißlichen Masse gemahlen, die dann zur Herstellung der Tortillas diente.

Den Abend verbrachten wir vor dem Fernseher. Wir Frauen und Mädchen hätten am liebsten eine Telenovela auf Kanal 11 angeschaut, aber wie immer war es Großvater, der entschied, was auf den Bildschirm kam. Und so mussten wir uns mit einem Actionfilm mit Chuck Norris in der Hauptrolle zufrieden geben. Um Punkt neun Uhr war es wie immer Zeit für die Abendnachrichten mit aktuellen Meldungen aus der nahen Hauptstadt. Verstörende Bilder wurden einem da geboten, etwa Nahaufnahmen von erschossenen, erwürgten oder manchmal auch zerstückelten Menschen. Es gruselte mich ein wenig, war aber auch irgendwie spannend. Ich kann mich noch gut an eine Szene erinnern, in der Polizisten bizarr aussehende Jugendliche auf die Ladefläche eines Wagens verfrachteten. Viele hatten glatt rasierte Schädel und nackte Oberkörper, die mit seltsamen Zeichen bedeckt waren. Herausfordernd grinsend hielten sie ihre Hände der Filmkamera entgegen und vollführten absonderliche Fingerübungen. Gegen zehn weckte ich meine Brüder, die neben mir auf dem alten Sofa eingeschlafen waren. Es war abzusehen, dass Mutter heute wegbleiben würde, also legten wir uns in alter Gewohnheit bei Emilia schlafen.

»Sandra, hat dir deine Mutter nicht gesagt, wohin sie gegangen ist oder wann sie zurückkommt?«, fragte mich Großmutter nach drei relativ sorglosen Tagen. »In der Regel gibt sie mir immer Bescheid, wenn sie länger wegzubleiben gedenkt.« Ich sagte ihr, was ich wusste, und machte mir zum ersten Mal ernstlich Gedanken. Wo konnte Mutter nur abgeblieben sein? Auch Großmutter zeigte sich nun etwas beunruhigt. Großvater aber blieb gelassen: »Ach was, du weißt doch, wie Bernarda ist, die kommt schon wieder.«

Weitere Tage zogen ins Land, und meine anfängliche Gelassenheit wurde zu Kummer. Selbst meine Brüder, obschon an die häufige Abwesenheit unserer Mutter gewöhnt, verlangten nun in Tränen aufgelöst nach ihr. Ich war verzweifelt und fühlte mich hilflos. Marlon war ein kränklicher Junge, den sie noch stillte, und speziell für ihn fühlte ich mich mitverantwortlich. Was konnte ich den beiden Knirpsen schon sagen? Ich konnte nur lügen und sie vertrösten. Ich war ja selber erst ein neunjähriges Mädchen, das jetzt viel Beistand brauchte. Nachforschungen bei Verwandten, Freunden, der Polizei und in Krankenhäusern ergaben keine neuen Anhaltspunkte. Sollte Mutter wirklich etwas zugestoßen sein? Angstvoll lauschte ich den Gesprächen der Erwachsenen. »Es ist doch nicht ihre Art, einfach so abzuhauen«, fand Patricia. »Ich mache mir wirklich Sorgen um sie, denn die Hauptstadt ist ein verdammt gefährliches Pflaster. Erst letzte Woche, nur wenige Meter neben meiner Arbeitsstelle, wurde jemand von Dieben angeschossen, nur um ihm die Geldbörse zu klauen.«

»Ja, es ist nicht mehr auszuhalten, der Präsident sollte endlich etwas unternehmen«, sagte Tante Anita. Und sie hatte Benedikt von Palermo gebeten, schützend seine Hand über ihre Schwester zu halten. In diesen Heiligen, von dem sie in ihrem Haus eine Miniaturfigur besaß, setzte sie ihr ganzes Vertrauen. Oft hatte ich beobachten können, wie sie inbrünstig auf den Knien zu ihm betete. Großmutter hatte ich noch nie so bekümmert erlebt wie in diesen Tagen und Wochen. »Oh Jesus, wie soll ich euch nur alle durchbringen?«, jammerte sie.

Aus Wochen wurden Monate. Zwangsläufig stellten meine Brüder und ich uns auf diese neue Situation ein. Ich ging zur Schule und funktionierte. Aber dieser Schicksalsschlag hatte klaffende Wunden in meiner Gefühlswelt hinterlassen. Wie hatte uns Mutter nur einfach so im Stich lassen können, von einer Minute zur anderen? Immer wieder musste ich an jenen Morgen denken, an dem ich sie zum letzten Mal gesehen hatte. Dabei versuchte ich, mich an jedes Detail zu erinnern, an ihren Gesichtsausdruck oder den Ton ihrer Stimme. Hatte sie in diesem Moment schon gewusst, dass sie uns verlassen würde? Oder war ihr wirklich etwas Schlimmes zugestoßen? Noch enger hielten wir uns an Emilia, die sich mit wahrlich hingebungsvoller Liebe und Geduld um uns kümmerte. Meine Brüder und ich teilten uns nun ein Bett in ihrem Zimmer. Da Marlon Angst vor der Dunkelheit hatte, ließ Emilia nachts immer eine Kerze für ihn brennen, bis er eingeschlafen war. Auch Pedro war ein ängstliches Kind, das immerzu an den Rockzipfeln von uns Mädchen oder Frauen hing. Mit anderen Jungs spielte er kaum. Sie machten sich daher über ihn lustig und nannten ihn einen Hueco, einen Schwulen. Meine eigene Schüchternheit hingegen löste sich nach und nach auf. Mercy und ich unternahmen oft kurze Ausflüge zu Nachbarn oder Verwandten. Besonders gerne gingen wir zu Erika und Joel in den *Urwald*. Der Weg dorthin führte uns an der Hütte einer älteren Frau vorbei, die ein wohltätiges Herz für uns hatte. *Mama Concha*, wie wir sie liebevoll nannten, wohnte dort zusammen mit ihrer erwachsenen Tochter. Sie sparte nicht mit bemutternden Ratschlägen und tischte uns dabei immer etwas zum Naschen auf. Natürlich sah Großmutter unserem Herumstreunen nicht tatenlos zu, sondern war bestrebt, es zu unterbinden, wenn nötig durch körperliche Züchtigung. Ihre Strenge erstreckte sich auch auf andere Gebiete. So bemängelte sie meinen ihrem Dafürhalten nach ungeheuerlichen Schuhverschleiß. Da ich immer nur ein einziges Paar besaß, blieb es nicht aus, dass sich schon nach wenigen Monaten die Sohlen lösten oder sich seitlich erste Risse bildeten. Mit diesem defekten Schuhwerk an den Füßen musste ich auch zur Schule gehen. Wäre da nicht Emilia gewesen, die mir diskret etwas Geld für den Schuhflicker zusteckte, hätte ich mehr als einmal barfuß herumlaufen müssen.

Mercy, Lincy und ich beschlossen, uns ein Hobby zuzulegen: Kochen. Da keine der Frauen unserer Familie die Geduld aufbrachte, uns anzuleiten, brachten wir es uns eben selber bei. In einem abgelegenen Winkel des Geländes errichteten wir eine Feuerstelle aus Ziegelsteinen, über die wir ein Metallgitter legten. Brennholz lag genug herum, aber wo sollten wir die nötigen Zutaten hernehmen? Eier konnten wir den gackernden Hennen unter den Hintern wegklauen. Aber alles andere? Wie es der Zufall wollte, hatte Großmutter kürzlich einen kleinen Kramladen im Haus eingerichtet. Das Sortiment war eher bescheiden: Frittierte Snacks, Leckereien wie Schokoladenriegel oder Kekse, Weißbrot, Bananen, Avocados, Tomaten, Zwiebeln, Mangos, schwarze Bohnen, Reis, Teigwaren, Speiseöl, Salz, Würstchen, Milch, Getränke, Zigaretten und Streichhölzer. Die Kundschaft wurde durch ein Fenster zum Weg hin bedient. Emilia, die nie eine Schulbank gedrückt hatte und weder lesen noch schreiben konnte, war für die Buchhaltung zuständig. Sie war wie ein wandelndes Inventarbuch, hatte alles im Kopf und wusste immer haargenau, wie viel von einem bestimmten Produkt noch vorhanden war. Wir mussten unsere gutmütige Tante als Verbündete gewinnen, so viel war klar. Das gelang uns auch relativ schnell. Emilia zwackte immer nur kleinste Mengen ab, damit Großmutter auch ja nichts merkte. Neben einfachen Gerichten aus Nudeln, Reis oder Gemüse experimentierten wir auch mit recht eigenwilligen Kreationen. Mein Lieblingsgericht war jedoch Rührei mit Tomaten und Wurststückchen. Einfach lecker! Zu jeder richtigen Mahlzeit gehörten natürlich auch Tortillas. Großmutter stellte zweimal täglich einen ganzen Korb voll von diesen Fladen her.

Alle paar Wochen suchte Großmutter mit Myrna und Mercy die staatliche Telefongesellschaft beim Park auf, um dort auf den Anruf ihrer Tochter zu warten. An einem Sonntagvormittag durfte ich mit. Vor einem holzvertäfelten Schalter nahmen wir Platz und warteten. Martina lebte nun schon seit einigen Jahren in den USA, als Illegale und in permanenter Angst davor, ausgewiesen zu werden. Monatlich überwies sie Großmutter einen Betrag in US-Dollar, hauptsächlich natürlich für Mercy und Myrna. Letztere war nun volljährig, hatte einen Verlobten und machte gerade eine Ausbildung zur Primarschullehrerin. Sie war eben schon immer ein gescheites Köpfchen gewesen. Aber auch an mich dachte Martina. Obwohl das Instituto Evangélico América Latina eine vergleichsweise günstige Privatschule war, stellten die Gebühren dennoch eine schwere Bürde für meine Mutter dar. An den Unkosten beteiligte sich daher auch meine entfernte Tante.

»Doña López, Ihr Ferngespräch, in Kabine drei!«, tönte es nach zwanzig Minuten. Großmutter blühte richtiggehend auf beim Reden und vergaß natürlich auch nicht, Martina die vielen Kümmernisse aufzulisten, die ihre Kinder und wir, die Enkelkinder, ihr bereiteten. Dann war die Reihe an Mercy, und schlussendlich übergab Myrna mir den Hörer. Meine Tante tröstete mich wegen meiner verschollenen Mutter und wollte wissen, wie es mir in der Schule ging.

»Dort gefällt es mir gut, vielen Dank für deine Hilfe«, sagte ich etwas geknickt. »Ich hoffe, du kommst uns bald besuchen.« Sie versprach es.

Über ein Jahr war vergangen, als uns endlich ein Hinweis über Mutters möglichen Verbleib erreichte. Eine Freundin Patricias behauptete, ihr in Guatemala-Stadt begegnet zu sein, und glaubte auch, ihren genauen Aufenthaltsort zu kennen. In meinem Kopf führten Freude, Ungläubigkeit und Wut einen verwirrenden Tanz auf. Patricia und Anita gingen dem Tipp unverzüglich nach. Dann hatten wir die freudige Gewissheit. Sie hatten ihre Schwester tatsächlich aufgespürt!

»Bernarda geht es gut, sie lebt mit einem Mann dort in der Zone 18«, berichtete Patricia erleichtert, »und stellt euch vor, sie hat ein Baby!« Auf Großmutters Gesicht war nicht die geringste Spur von Freude festzustellen. Eine gute Viertelstunde lang ließ sie ihrer Verbitterung freien Lauf. Es schmerzte mich, diese Schimpftirade mit anhören zu müssen. Obwohl ich über Mutters Verhalten auch verwirrt und wütend war, sehnte ich mich danach, ihre Umarmung zu spüren und sie so schnell wie möglich wiederzusehen. Aber Großmutter dachte nicht daran, ihrer Tochter zu vergeben. Meinen Wunsch, zu ihr fahren zu dürfen, schmetterte sie zornig ab: »Sei still! Was redest du da für einen verdammten Müll? Bernarda hatte in all dieser Zeit vergessen, dass sie Kinder hat, wo doch selbst Tiermütter ihre Jungen nicht einfach so allein zurücklassen. Nein, diese Frau ist es definitiv nicht wert, eure Mutter zu sein, am besten vergisst du sie!« Meine Mutter vergessen, wie sollte das möglich sein? Enorm viele Bitten und Tränen waren vonnöten, bis sich Großmutter nach weiteren Wochen endlich erweichen ließ. Patricia, die den Weg in die Zone 18 kannte, würde Pedro und mich begleiten. Marlon musste auf Großmutters Geheiß zurückbleiben.

Kurz nach Mittag liefen wir zur Hauptgasse, zu jener Stelle, wo die holprige Piste nach Guatemala-Stadt abzweigte. Der blau-weiß bemalte Bus war erst halb voll. Ich wählte einen Fensterplatz und hievte Pedro auf meinen Schoß – so konnten wir uns das Fahrgeld für den Kleinen sparen. In rasantem Tempo schlängelte sich das Gefährt durch die hügelige Landschaft. Unsere Körper rutschten dabei auf den Sitzen hin und her. Neugierig linste ich durch die verschmutzten, herunterklappbaren Fensterscheiben, denn bisher war ich kaum aus Palencia herausgekommen. Der jugendliche Fahrer drehte die Musikanlage auf volle Lautstärke, und mexikanische Volksmusik ließ unsere Trommelfelle erzittern. Gleichzeitig unterhielt er sich lauthals mit seinem zerlumpten Gehilfen. Das mit Kraftausdrücken gespickte Gefasel handelte von der lästigen Konkurrenz anderer Busse, von Mädchen und Geld. Über die Frontscheibe des Vehikels zogen sich lange vertikale Risse, die man nur notdürftig mit Klebeband geflickt hatte. Davor, an einer Schnur aufgehängt, pendelte ein hölzernes Kruzifix. Auf einem großen, gelben Abziehbild über einem Seitenfenster stand: »Möge Jehova diesen Bus und seine Passagiere beschützen.« Nach vielleicht zwanzig Minuten erreichten wir eine stark befahrene, asphaltierte Hauptstraße, auf der sich in beiden Richtungen eine qualmende Blechlawine vorwärts wälzte. Nun waren wir eingekeilt zwischen einem anderen Bus und dem Heck eines Lastwagens, der schwarze Abgaswolken von sich gab, die penetrant nach faulen Eiern stanken. Die ersten armseligen Vorstädte, aber auch Fabriken und Lagerhallen tauchten auf. Der Gehilfe des Busfahrers lehnte sich weit aus der geöffneten Vordertür, und seine linke Hand umklammerte fest den Türrahmen, während er mit der Rechten wild gestikulierend nach weiteren Fahrgästen am Straßenrand suchte. »Nach Guate!… Guate! Guate!«, johlte er unaufhörlich, so als wolle er den höllischen Lärm um uns herum übertönen. Kaum hatte er einen Passagier ausgemacht, bremste der Bus abrupt am Straßenrand. Die Sitzplätze waren für je zwei Personen gedacht, doch auf jeden zwängten sich nun drei, und auch der schmale Zwischengang füllte sich mehr und mehr. Nur gut, dass wir nicht bis ins Stadtzentrum hinein mussten.

Als Signal zum Aussteigen gab mir Patricia einen Schubs. Wir quetschten uns durch bis zum Ausgang und hopsten hinaus. Vor uns lag eine stark befahrene Kreuzung, von der aus uns ein Stadtbus weiterbringen würde. Tatsächlich mussten wir nicht lange warten, schon brauste ein feuerroter Bus heran, der im hinteren Teil noch freie Sitze hatte. Diese bestanden aus Holzbrettern, die man an Metallverstrebungen festgeschraubt hatte. Wann immer wir über eines der armtiefen Schlaglöcher im Straßenbelag rollten, schwebten unsere Hintern einen Sekundenbruchteil lang in der Luft, bevor sie wieder auf der harten Unterlage landeten. Die lockeren Fensterrahmen und die blecherne Karosserie ratterten im Takt mit. Neben mir sah ich ein Meer aus flachen Blechdächern – man glaubte einen metallenen, etwas angerosteten Teppich vor sich zu haben, der sich über das wellige Terrain spannte.

Anders als in Palencia standen die maroden Buden hier buchstäblich Wand an Wand, und es gab praktisch keine Vegetation. Als Leerräume waren nur die dünnen Linien der engen Gässchen erkennbar. Dann wurde die Qualität der Häuser etwas besser, und meine Gedanken reisten wieder zum bevorstehenden Treffen mit unserer Mutter. Wie würde sie uns empfangen? Seit Pedro wusste, dass er sie wiedersehen würde, hatte er von nichts anderem mehr geredet. Nun aber hockte der Siebenjährige stumm da. Wir stiegen aus. Noch ein kurzer Fußmarsch, und wir standen vor einem schmucklosen, bläulich getünchten Häuschen.

Nach kurzem Anklopfen ging die Metalltür auf. Mama! Mit einem leisen Seufzer nahm sie mich und meinen Bruder in ihre Arme – wir schluchzten laut los. Als sie uns losließ, hatte auch sie Tränen in den Augen. Wir betraten ein enges Zimmer mit einem Bett, auf dem ein Säugling strampelte. »Das ist Salvador, euer Brüderchen«, sagte sie. Mir kam das alles äußerst befremdlich vor. Ich brachte nichts heraus, sondern starrte sie nur an. Trug sie ihre Haare nicht etwas kürzer als früher, war ihr Gesicht nicht etwas molliger? Zuerst herrschte ein beklemmendes allgemeines Schweigen, dann kam so etwas wie ein Entschuldigungsversuch. Sie liebe uns doch, es sei nie ihre Absicht gewesen, sich von uns zu trennen. Aber was geschehen sei, sei nun mal geschehen. Mich befriedigte diese Erklärung nicht. Wie denn auch? Sie hatte uns ja aus freien Stücken verlassen, eines Mannsbildes wegen! Warum hatte sie uns nicht wenigstens wissen lassen, dass es ihr gut ging? Wie hatte sie es übers Herz bringen können, uns all diese Monate in dieser furchtbaren Ungewissheit zu lassen? Doch keine dieser Fragen kam über meine Lippen. Sie plauderte mit ihrer Schwester, ich saß ruhelos auf einem Stuhl und spielte verlegen mit einer halbleeren Cola-Flasche.

»Guten Tag!«, ertönte eine raue Stimme, und ein Fremder kam zu uns in den Raum. Etwas in mir zerbrach. Dieser unsympathische Schnauzbartträger war der Anlass für ihren Verrat an uns gewesen? Mein Magen zog sich bei dieser bitteren Erkenntnis zusammen. »Lass uns doch gehen, Tante«, entfuhr es mir. »Ja, Sandra, wir gehen ja gleich, es ist schon spät«, erwiderte diese. Mit der Abmachung, uns nun regelmäßig treffen zu wollen, verabschiedeten wir uns. Die Sonne war bereits dabei, hinter dem Horizont zu verschwinden. Zurück an der Hauptstraße galt es, den richtigen Überlandbus abzupassen. Eine Flut von Autos, Bussen und Lastwagen quälte sich an uns vorbei. Feste Bushaltestellen gab es keine, man musste dem Fahrer einen Wink geben, damit er anhielt. Der blendenden Scheinwerferlichter wegen konnte man aber erst in der allerletzten Sekunde erkennen, wohin genau ein Bus fuhr. »Da kommt einer!«, rief Patricia und winkte mit ausgestrecktem Arm. Rumpelnd hielt das Ungetüm einige Meter hinter uns am Straßenrand. Aber fanden wir überhaupt noch Platz? Am Türrahmen hing eine Traube Jünglinge – mehr draußen als drinnen. »Schnell, schnell!«, hetzte der Helfer. Die Jungen an der Tür stiegen für einige Sekunden herab, damit wir uns an ihnen vorbei ins düstere Innere zwängen konnten, das nur vom Licht der vorbeifahrenden Fahrzeuge erhellt wurde. Überall müde Gesichter, es stank nach Schweiß, billigen Parfums und Schmutz. Keiner sprach ein Wort. Stehend trug Patricia die gesamte Fahrt über Pedro auf ihrem Arm. Eingequetscht zwischen warmen Körperteilen fiel ich in einen Dämmerzustand. Völlig erledigt erreichten wir unser Zuhause, und Großmutter wollte sofort wissen, wie alles abgelaufen war. Ich war verwirrt und hatte keine Lust, viel zu erzählen. Noch lange grübelte ich im Bett vor mich hin. Es galt, die Eindrücke dieses Tages zu verdauen. Natürlich war ich glücklich, doch gleichzeitig machten sich die noch nicht verheilten Wunden an meiner Seele wieder bemerkbar.

Weitere Besuche bei Mutter folgten. Erick, ihr neuer Mann, nahm mich kaum wahr, was mir mehr als recht war. Er arbeitete beim staatlichen Institut für Soziale Sicherheit in der Hauptstadt, als Türsteher und Krankenwagenfahrer. Auch mit bestem Willen konnte ich nichts Liebenswertes an diesem Kerl finden. Was konnte es nur sein, das sie so unwiderstehlich an ihm fand? Nach weiteren Monaten rang sie sich endlich dazu durch, vor ihre Eltern zu treten. Das Wiedersehen ging erwartungsgemäß frostig und spannungsgeladen über die Bühne. Großmutter konnte nicht anders, sie musste ihren angestauten Frust loswerden. Mit leicht gesenktem Haupt hörte sich Mutter alles an. Da gab es nichts, was sie zu ihrer Entlastung hätte vorbringen können. Von diesem Tag an kam sie wieder öfter zu uns, leider immer mit ihrem neuen Mann im Schlepptau. Dieser bemühte sich redlich, bei seiner neuen »Schwiegermutter« Pluspunkte zu sammeln. So trug er ihr seine Hilfe dabei an, neben ihrem Haus eine kleine Backstube einzurichten. Durch den Verkauf von selbstgebackenem Brot würde sie Umsatz und Gewinn ihres Lädchens bedeutend steigern können, meinte er. Großmutter ging auf das Angebot ein und revanchierte sich mit folgender Offerte: »Ist es nicht unsinnig, dass ihr Miete bezahlt, dort wo ihr jetzt seid, obwohl ihr doch hier bei uns umsonst wohnen könntet? Das Adobe-Häuschen, in dem Bernarda gelebt hat, steht ja leer.« Mutter war nicht gerade begeistert von diesem Vorschlag, aber Erick akzeptierte ihn sofort. Also bezogen sie das schon bedenklich baufällige Gemäuer. Die morschen Stützbalken des Ziegeldachs verstärkte Erick mit zusätzlichen Balken. Für mich und meine Brüder änderte sich nicht viel. Wie eh und je schliefen wir bei Emilia. Ja, wir hatten unsere Mutter wieder in Reichweite, nur leider war sie uns noch fremder geworden. Immerhin kochte sie nun jeden Tag für uns. Zeit dazu hatte sie ja genug, denn ihr neuer Freund verbot ihr, arbeiten zu gehen.

An meiner Schule unterrichteten auch ausländische Lehrer. In der Mehrzahl waren es hellhäutige Hünen, fast alle Nordamerikaner, die als christliche Freiwillige nach Guatemala gekommen waren und nur einige Monate lang blieben. Diese Gringos waren die reinsten Engel. Sie umhegten uns mit einer Herzlichkeit, die wir von den einheimischen Lehrkräften nicht kannten. Ausländer wirkten ebenso im schuleigenen Gesundheitsdienst mit, der allen Schülern kostenlos zu Verfügung stand. Einer von ihnen trat eines Tages vor unsere Klasse. Ein Mann mit rötlicher Haut, kurzen weißen Haaren und einer Brille mit dickem Rand. Sein kaum verständliches Spanisch ließ uns Schüler unterdrückt kichern. Er redete zuerst von Jesus, wechselte dann aber zu einem Projekt, welches bedürftige Familien beim Bau einer eigenen Unterkunft unterstützte. Voraussetzung sei es, arm zu sein, aber dennoch über etwas eigenen Grundbesitz zu verfügen, so viel verstand ich. Als ich Mutter davon erzählte, reichte sie sofort einen Antrag auf Unterstützung ein. Die Großeltern waren einverstanden, ihr gegebenenfalls ein Stück von ihrem Land zu überlassen. Kurz darauf erhielten wir Besuch von einer Gruppe freundlicher Ausländer, die sich neugierig bei uns auf dem Gelände umsahen. Dem Gesuch wurde verblüffend rasch stattgegeben. Ganze 5.000 Quetzales standen Mutter und Erick zur Verfügung. Und nicht in bar, sondern in Gestalt von Bausteinen, Zementsäcken, Sand und einigen Wellblech-Planen. Viel war das nicht. Selbst in Guatemala kostete ein einfaches aber ordentliches Haus gut das Dreißigfache. Doch es sollte reichen, um zwei kleine Räume zu errichten, ohne Verputz an den Wänden oder irgendeine Inneneinrichtung. Das Stück Boden, das Großmutter ihnen zugewiesen hatte, hätte ungünstiger nicht liegen können, etwas unterhalb des Häuschens von Onkel Ramiro und seiner Frau Evelyn, in einer sanften Bodenvertiefung, wo sich in jeder Regenzeit Morast bildete. Es war nicht das erste Mal, dass Mutter glaubte, von ihren eigenen Eltern ungerecht behandelt zu werden. Sie verkniff sich offene Kritik, da sie das gerade neu gekittete Verhältnis zu ihren Eltern nicht schon wieder aufs Spiel setzen wollte. Das Baumaterial wurde angeliefert, und auch ich trug einige Ziegel vom Lastwagen bis zur Baustelle. Erick übernahm die Durchführung der Arbeiten und opferte dafür seine freien Wochenenden. Meine Mutter warf sich alte Kleider über, rührte den Mörtel an, reichte ihm Bausteine oder Erfrischungsgetränke. Nach fünf Wochen standen die Wände der beiden Räume – Fenster waren keine vorgesehen. Über das Ganze legte Erick Holzbalken, die das Flachdach tragen sollten. Zum Schluss installierte er noch die Anschlüsse für Strom und Wasser. Das nagelneue Domizil war bezugsbereit. Mutter machte sich sofort daran, es möglichst gemütlich einzurichten. In einem der Zimmer befanden sich die Kochnische mit dem dreiflammigen, tragbaren Gaskocher sowie ein Plastik-Tisch mit Stühlen. Im anderen ein Bett, die Krippe meines Halbbruders Salvador und ein Schrank. Mitte Mai, nach den ersten Wolkenbrüchen der Regenzeit, hatte sich der Vorhof in einen Sumpf verwandelt. Mutter fluchte wie eine Tomatenverkäuferin, während ich ihr half, mit Steinbrocken und Brettern eine Brücke zu improvisieren. Nur meinen Brüdern bereitete es ungeheuren Spaß, über dieses wackelige Gebilde zu balancieren und sich wenn möglich auch noch gegenseitig zu schubsen. Entsprechend verschmutzt sah dann auch der Zementboden in den Räumen aus, der mehrmals täglich mit einem feuchten Lappen gereinigt werden musste.

In dieser Zeit lernte Tante Patricia einen Mann kennen. Bisher hatte sie sich als alleinstehende Frau durchs Leben schlagen müssen. Ihr Job als Köchin in der Hauptstadt hatte sie und ihre Tochter Lincy mehr schlecht als recht ernährt, und es war ein stetiger Kampf. Hoch beglückt erzählte sie ihrer Schwester von dem Verehrer: »Du, Bernarda, da ist so ein Typ, der kommt jeden Mittag ins Lokal und ständig quatscht er mich an. Heute hat er mich sogar ins Kino eingeladen!« Es dauerte nicht lange und meine 32-jährige Tante erwartete ein Kind von diesem Cesar. Diese unliebsame Überraschung nahmen meine Großeltern für ihre Verhältnisse ziemlich ruhig auf. Bei Mutter verstärkte dies nur die lang gehegte Überzeugung, ihren Geschwistern würde immer eine Vorzugsbehandlung zuteil. Denn damals, als sie von Flavio schwanger geworden war, hatte Großmutter sie um ein Haar vom Gelände gejagt. Bald lernten wir Patricias neuen Mann kennen. Er trug einen eleganten Schnauzbart, und Heiterkeit schien sein auffälligster Charakterzug zu sein. Mir war er auf Anhieb sympathisch. Seine Brötchen verdiente er buchstäblich in einer industriellen Großbäckerei in Chimaltenango, einem kleinen Ort östlich von Guatemala-Stadt. Stets kam er mit Säcken daher, die mit Broten und allerlei süßen Backwaren gefüllt waren, die er an uns alle verteilte. Uns Kinder interessierten besonders die Sammelbilder der Comic-Figuren, die in manchen Fruchtschnitten zu finden waren. Onkel Cesar, wie wir ihn nannten, verstand sich auch bestens mit Lincy. Bald schon zog er in das Haus seiner neuen Familie ein. Dieses lag etwas oberhalb vom Haus meiner Mutter. Auf Cesars Veranlassung hin gab Patricia ihre langjährige Anstellung als Köchin auf. Ein paar Monate später gebar sie ein Mädchen, dem sie den religiösen Namen Guadalupe gab. Leider zeigten sich bei ihrem neuen Mann bald erste Risse im Zuckerguss. Aus irgendeinem Grund blieb er wochenlang weg, und Patricia war untröstlich. Dann war er unversehens wieder da, und die beiden taten so, als sei nie etwas gewesen. Funktionierte so etwa die Liebe?

Meine Abneigung gegen Erick erhärtete sich. Männer waren absonderliche Wesen, das wusste ich schon, aber dieses Exemplar legte ein besonders unausstehliches Pascha-Verhalten an den Tag. Mutter bemühte sich nach Kräften, etwa indem sie ihm sofort ein reichhaltiges Gericht mit heißem Kaffee oder Fruchtsäften servierte, sobald er nach Hause kam. Und auch sonst überhäufte sie ihn mit Liebesbekundungen. Für ihn konnte diese wilde Löwin, als die wir sie oft erlebten, zu einer willigen Miezekatze werden. Aber den Ansprüchen dieses Herrn zu genügen, war oft unmöglich. Einmal hatte sie es gewagt, Würstchen in Großmutters Kühlschrank aufzubewahren, da sie selber ja keinen besaß. »Bernarda, wo sind die Würste, die ich gestern mitgebracht und hierher gelegt habe?«, wollte Erick gereizt wissen. »Schatz, du weißt doch, wie schnell die verderben können, ich habe sie in den Kühler meiner Mama bringen lassen. Aber wenn du willst, lasse ich sie dir gleich holen«, sprach sie besänftigend. Er aber antwortete undankbar: »Ach Quatsch! Glaubst du denn, ich bringe diesen Scheiß mit, um dann noch lange danach suchen zu müssen?«

Zu Streitereien um solche Nichtigkeiten kam es oft. Zugegebenermaßen hatte Erick auch einige positiven Seiten. So legte er ihr zum Beispiel jeden Samstag pünktlich das Haushaltsgeld auf den Tisch. Und zwischendurch genossen beide auch einträchtige Momente: »Meine süße Schwarze, willst du heute auch ein Bierchen haben?« Und Mutter, die einem Schluck Alkohol nie abgeneigt war, sagte gespielt ernsthaft: »Ja klar, mein Liebling, aber nur wenn du mich einlädst.« Einträchtig leerten sie ein Glas nach dem anderen, aßen, hörten Musik, schwatzten wohlgemut oder schauten sich einen Film an. Brauchten sie noch einen weiteren Liter Bier, schickten sie Pedro nach mir, da ich mich ja vorwiegend oben bei den Großeltern aufhielt. Erick zog dann seinen schwarzen Geldbeutel aus der hinteren Hosentasche, öffnete ihn, blätterte umständlich und wichtigtuerisch an den zahlreichen Geldscheinen herum, um mir einen davon hinzustrecken. Damit Großmutter nichts von diesen Saufgelagen mitbekam, musste ich auf einem Umweg zu einem Nachbarladen rennen. Meistens durfte ich etwas vom Wechselgeld behalten, daher erledigte ich diese kleinen Geheimaufträge auch ganz gerne. Pedro folgte mir jedes Mal in der Hoffnung, dass auch einige Münzen für ihn abfielen.

Bald machte ich jedoch eine schreckliche Entdeckung: Erick behandelte unsere Mama nicht nur oft schlecht, sondern er schlug sie auch! Da ich nicht bei ihnen wohnte, bekam ich zwar nur fetzenhaft etwas davon mit, und uns Kindern gegenüber verlor sie nie ein einziges Wort der Klage, aber die blau-grünen Flecken auf ihren Armen und am Hals sprachen eine deutliche Sprache. Ich konnte einfach nicht begreifen, wie sie es an der Seite eines solchen Grobians aushalten konnte. Nun verabscheute ich ihn noch mehr. Sollte ich einmal einen Mann haben, dann einen, der mich liebte und achtete. Das nahm ich mir fest vor.

1994 – 1996
VERWIRRT UND REBELLISCH

Seit zwei Jahren hatte ich meine Mutter nun wieder. Doch aus meiner Hoffnung, mit ihr zumindest wieder dort anknüpfen zu können, wo vor ihrem Verschwinden alles aufgehört hatte, war nichts geworden. Ich konnte einfach nicht vergessen, was sie mir angetan hatte. Tief in mir sprossen die Samen eines bitteren Grolls, immer häufiger beschlich mich ein unbändiger Impuls, ihr offen zu widersprechen, ja sie direkt herauszufordern. Nicht, dass ich sie nicht mehr geliebt hätte, aber zwischen uns gab es offene Rechnungen, die auf jeden Fall beglichen werden mussten. Bei mir zeigten sich erste Spuren der Orientierungslosigkeit, ich wurde starrköpfig, und immer häufiger missachtete ich die Anweisungen der Erwachsenen. Nach Schulschluss ging ich oft ohne Erlaubnis zu Freundinnen nach Hause, um dort stundenlang zu spielen. Besondere Freude bereiteten uns Rollenspiele, bei denen wir abwechselnd Krankenschwestern, Hausfrauen oder Polizistinnen nachahmten. Mehrfach stahl ich mich dazu sogar vorzeitig aus dem Unterricht davon. Zweimal alarmierte die Schulleitung deswegen meine Mutter, die dann bei Freunden und Verwandten nach mir suchte. Danach erwartete mich immer eine schmerzvolle Abrechnung mit einem scharfkantigen Stück Holz. Ihr gehorchen zu müssen, von ihr gemaßregelt und geschlagen zu werden, empfand ich immer mehr als ungerechte Zumutung. »Das geht dich nichts an, lass mich doch in Ruhe!«, bekam sie oft von mir zu hören. »Du verkommene Göre, ich werd dir gleich eine kleben, respektier mich gefälligst, ich bin deine Mutter!« »Ach, sei still, du warst ja nie da, wenn ich dich gebraucht habe!« Wurde es wirklich brenzlig, flüchtete ich mich hinüber zu meiner Tante Evelyn oder hinauf zu den Großeltern. »Bernarda, was beklagst du dich jetzt über deine Tochter?«, konnte sich Großmutter je nach Lage der Dinge sogar für mich engagieren. »Ist das nicht der gerechte Lohn dafür, dass du dich wie eine Rabenmutter benommen hast?«

An einem Nachmittag, ich war gerade von der Schule zurückgekommen, trug ich einen offenen, ungefähr zwanzig Liter fassenden Behälter mit Wasser zu Mutters Klo-Häuschen. In dieser frei stehenden Konstruktion aus Holzlatten und Plastikfolien, die wenige Meter neben ihrem Wohnhaus stand, konnte man auch hervorragend duschen, geschützt vor neugierigen Blicken.

Ich entblößte mich bis auf die Unterwäsche, die restlichen Kleider ließ ich einfach zu Boden rutschen. Mit einem suppentellerartigen Plastikgefäß schöpfte ich Wasser und goss es mir über den Kopf, um dann mit einem klobigen Stück Seife – mit dem wir auch unsere Wäsche wuschen – meinen Körper und meine Haare einzureiben. Das restliche Wasser diente zum Ausspülen. Eingehüllt in ein trockenes Frottiertuch hoppelte ich auf Zehenspitzen zurück ins Haus, wo ich mich ankleidete, vor den Spiegel stellte und meine nassen Strähnen kämmte. Ich liebte meine langen schwarzen Haare, sie waren mein ganzer Stolz. Früher hatte Mutter sie mir manchmal zu Zöpfen geflochten, aber nun trug ich sie immer offen. »Du Schlampe, wie oft hab ich dir schon gesagt, du sollst deine nassen Klamotten nicht einfach so rumliegen lassen!«, riss mich meine Mutter aus meinen Tagträumereien. »Du glaubst wohl, alles tun und lassen zu können, was dir in den Kram passt? Aus dir wird nie eine ordentliche Frau werden, das kann ich dir jetzt schon sagen!« »Ist ja gut, ich werd sie dann schon aufheben«, entgegnete ich mit bockigem Unwillen, ohne mich ablenken zu lassen. Ein solches Affentheater wegen ein bisschen nasser Kleidung, nicht zu glauben! War das wirklich so tragisch? Aus den Augenwinkeln sah ich, wie etwas direkt auf mich zugeschossen kam – zum Ausweichen war es schon zu spät. Laut krachte es auf meinen Rücken, und Mutter hielt den Stil eines zerbrochenen Palmzweig-Besens in ihren Händen. Mir hatte dieser dumpfe Schlag nicht einmal wehgetan, weshalb ich laut lachen musste, was sie noch mehr in Rage brachte. »An die Schläge hast du dich wohl schon gewöhnt, du dreckiges Luder? Aber wart's nur ab, ich schlag dich ja nie ins Gesicht, aber es wird der Tag kommen, an dem ein Mann es tun wird, denk an meine Worte!« Mit einem Satz durch die offene Haustür rettete ich mich ins Freie. Beim Hühnergehege stand Emilia, die mich fragend ansah. »Ach nichts, Mama spinnt wieder mal«, sagte ich. Doch dann, ohne dass ich es hätte verhindern können, heulte ich laut los. Mein plötzliches Leiden war nicht körperlich, sondern seelisch. Was hatte Mutter da gerade gesagt? Ich sei eine Schlampe und würde nie eine rechtschaffene Frau werden? Wenn meine eigene Mutter schon so von mir dachte, dann musste doch etwas Wahres dran sein.

Im Oktober des Jahres 1994 legte ich mich noch einmal ins Zeug für die Abschlussprüfungen des sechsten Schuljahres. Ich erzielte durchweg gute Noten. Mit sichtlichem Hochgefühl erschienen Mutter und Großmutter zur Abschlussfeier. Auch meine schulpflichtigen Cousins und Cousinen waren jeweils eine Stufe weitergekommen. In unseren Uniformen mussten wir uns im Hof aufreihen und einer langatmigen Rede des Direktors beiwohnen. Er ermahnte uns, den Wegen Gottes treu zu bleiben. Nichts anderes hatte ich vor. Und im nächsten Jahr wollte ich unbedingt weiter zur Schule gehen. Für die Sekundarschule würde ich allerdings teure Schulbücher und eine neue Uniform brauchen. Mutter konnte mir finanziell nur sehr begrenzt helfen, jetzt, da sie nicht mehr arbeitete und somit über kein eigenes Geld mehr verfügte. Dass ich trotzdem weiterlernen konnte, verdankte ich Tante Martina, die die Bedeutung von Bildung erkannt hatte und mich weiterhin mit ihren Dollars unterstützte.

Das Gebäude der Sekundarschule lag ganz in der Nähe, ebenfalls an der Hauptgasse. Neue Fächer standen auf dem Lehrplan, so etwa Englisch oder speziell für uns Mädchen Hauswirtschaftsunterricht. Vom Nähen, Stricken, Bügeln bis hin zum Kochen bekamen wir alles beigebracht. Joel holte Mercy und mich immer um sieben Uhr zuhause ab. Alle drei hatten wir das zwölfte Lebensjahr erreicht. Unser Cousin saß nun in derselben Klasse wie wir. Für uns war er Freund, Vertrauter und Beschützer zugleich. Aus ihm war ein hübscher Junge geworden, der schon eine auffällige Schwäche für das weibliche Geschlecht zeigte. Auch bei uns Mädchen machte sich die beginnende Pubertät mit einem völlig neuen Körpergefühl bemerkbar. Männliche Blicke hatten auf einmal eine ganz neue Dimension. Ich persönlich nahm sie, je nach Situation, mit Behagen oder einem Hauch Unwohlsein wahr. Der Schulweg führte uns an einer Bar vorbei. Eigentlich war es eher eine der schäbigen Kneipen, die typisch sind für die ländlichen Gegenden, mit rustikalen Sitzbänken, in der billiger Fusel der Marken La India oder La Quetzalteca ausgeschenkt wird. Dieses schmuddelige Lokal hatte etwas Ekelerregendes, aber auch den Reiz des Verbotenen an sich. Zeitweilig präsentierten sich blutjunge Frauen mit viel zu engen Miniröcken kokettierend im Türrahmen und riefen den vorbeilaufenden Männern und Jungs Anzüglichkeiten zu. Bei Joel und seinen Freunden lösten sie damit ein spontanes Gekicher aus. Wir Mädchen aber beschleunigten nur peinlich berührt unsere Schritte.

Meine beste Schulfreundin hieß Clara. Sie und ihre gesamte Familie waren fundamentalistische Christen, die an eine wortgetreue Auslegung der Bibel glaubten. Zwar besuchte auch ich den sonntäglichen Religionsunterricht im Instituto Evangélico América Latina, sah das alles aber nicht ganz so eng. Ich glaubte an einen guten Gott, und das genügte mir. Und da ich mit dem Klang obszönster Schimpfwörter im Ohr aufgewachsen war, benutzte ich diese nun selber auch bedenkenlos. »So solltest du nicht reden, Sandra«, tadelte mich Clara manchmal verständnisvoll lächelnd, wenn mir einer dieser Ausdrücke entfuhr. »Warum denn nicht, was ist so Schlimmes daran?«, tat ich naiv. »Nun, es geht mich ja nichts an, aber es hört sich einfach nicht schön an, wenn ein hübsches Mädchen wie du solche Worte in den Mund nimmt«, erklärte sie mir. Wir waren wirklich sehr verschieden. Gleichwohl hatte ich sie sehr gern. Oft teilten wir sogar unsere mitgebrachten Pausenbrote.

Neben Emilia, Patricia, Anita und Martina hatte ich noch eine fünfte Tante: die 40-jährige Juana. Sie bewohnte mit ihrer Familie den zweiten Stock eines einfachen Häuschens im Zentrum Palencias. Sie hatte einige bereits erwachsene Kinder, aber eine ihrer Töchter, Beba, war ein knappes Jahr jünger als ich. Anders als ich ging sie auf die staatliche Schule gleich beim Park. Nicht nur äußerlich glichen wir uns, sondern auch was die rebellische Art anbelangte. Sie wurde immer wichtiger für mich. Nach dem Unterricht holte ich sie fast täglich von der Schule ab, dann gingen wir zu ihr nach Hause, wo ich mich der Schulsachen entledigte, etwas trank und aß. Oft waren auch Mercy, Joel oder Erika mit von der Partie, aber eher selten die zurückhaltende Lincy. Frisch gestärkt spazierten wir danach hinüber zum Basketball-Platz, der etwas unterhalb der katholischen Kirche lag. An den Wochenenden fanden hier Basketball-Turniere statt. Es gab sogar ein Mädchen-Team. Immer herrschte eine ausgelassene Stimmung. Auf einer Seite säumte eine Tribüne aus Zement den Platz. Am oberen Rand reckte sich ein gigantischer Ceiba-Baum gegen den Himmel und bot etwas Schatten. Unter diesem Riesen stand eine mit farbenfroher Werbung tapezierte Holzhütte, die als Kiosk diente. Zeitungen suchte man vergebens, dafür gab es reichlich Bier, Schnaps, Zigaretten und das übliche Knabberzeug. Für uns Jugendliche war dieser Platz einer der wenigen Treffpunkte in Palencia. Beim Tratschen zerronnen die Stunden im Flug. Gesprächsthemen gab es ja genug: Jungs, die Schule, unsere verständnislosen Eltern, unsere unendlichen Träumereien und Schwärmereien. Das Erwachen folgte jeweils erst, wenn wir daheim eintrafen. Je mehr wir uns verspäteten, desto bitterer wurden die Konsequenzen. Großmama versohlte Mercy und mir oft den Hintern. Aber nach einigen Tagen hatte sich die abschreckende Wirkung wieder verflüchtigt. Anders als bei meiner Mutter hätte ich es nie gewagt, dieser rabiaten Frau offen zu widersprechen. Lieber verlegte ich mich darauf, sie anzuflehen, wenn ich ihre Einwilligung zu irgendetwas erzielen wollte. »Aber Oma, die Schularbeiten habe ich schon gemacht, und auch das Geschirr ist sauber gespült. Bitte, bitte, darf ich für eine Stunde zu Beba gehen, nur für eine Stunde?« Fast immer erhielt ich eine herbe Abfuhr. »Zum Teufel, nein! Hier gibt es noch viel zu tun! Warum kümmerst du dich nicht lieber um deine Brüder oder fütterst die Hühner?«

Nützte alles Betteln nichts, so blieb als Alternative noch ein staubiger Platz, gleich hinter Mutters Behausung, der von uns Kindern und Jugendlichen aus der Nachbarschaft als Treffpunkt oder Fußballfeld genutzt wurde. Hier war zwar nicht halb so viel los wie beim Basketball-Platz, doch wir konnten herumlümmeln und blieben dennoch in Rufweite der Erwachsenen. Auch Joel zog es oft hier her. »Schaut nur, was ich hier habe!«, rief er eines Spätnachmittages heimlichtuerisch und zog den linken Zipfel seines T-Shirts etwas nach oben. Eingeklemmt zwischen Hose und Bauch steckte ein flaches Fläschchen aus weißlichem Glas. »Das ist *Venado Especial*, 38-prozentiger Schnaps, wollt ihr mal kosten?« »Okay, aber woher hast du dieses Gesöff, doch nicht etwa deinem Alten geklaut, oder?«, neckte ich ihn. »Mädchen, ich habe da so meine Quellen«, grinste er. »Wir brauchen noch etwas zum Verdünnen.« Mercy beschaffte eine halbvolle Flasche Orangensaft, ich entwendete einige Becher aus Mutters Küche, und ein Nachbarjunge beteiligte sich mit einem ganzen Liter Pepsi. Nur Lincy, ängstlich wie immer, wollte nicht mitmachen. Verschwörern gleich, machten wir es uns hinter einigen dichten Sträuchern bequem. Der verführerische Duft des Verbotenen lockte. Joel schraubte den Verschluss auf, füllte einen der Becher zu einem Drittel und reichte ihn Mercy. Diese roch daran und gab etwas Pepsi hinzu. Nach dem ersten Schlückchen verzerrte sich ihr molliges Gesicht. Wir mussten alle laut lachen. Als Nächste war ich dran. Ein Schütteln durchfuhr mich. Oh Gott, war das scheußlich! »Ihr müsst es nur schnell runterschlucken«, belehrte uns der Nachbarjunge. »Ist doch saustark, oder?« Brummend signalisierte ich Zustimmung und setzte zum nächsten Schluck an. Mit jedem weiteren wurde das Gesöff angenehmer und weniger herb. Eine herrliche Unbeschwertheit durchdrang uns und stimulierte unsere Phantasie. Es wurde dunkel und unser Geplauder immer überschäumender. Von einer großen Familie und einem Mann, der ihr immer treu war, träumte Mercy. Ich phantasierte davon, einmal Künstlerin zu werden. Joel palaverte, er werde bald in die USA gehen und von dort mit Dollars beladen wiederkommen. »Dann werde ich ein klasse Geschäft eröffnen, einen CD-Laden, eine Bäckerei oder vielleicht ein saufeines Restaurant.« In diesen Momenten schien die Welt für uns alle weit offen zu stehen. Wir waren jung und voller hoffnungsvoller Ideen.

Plötzlich ein Rascheln – hinter uns hörten wir eine sanfte Knabenstimme: »Oma sagt, ihr sollt euch sputen, es ist schon spät!«, sagte Pedro zu mir und Mercy. »Okay, ist ja schon gut, verdammt noch mal, wir kommen ja gleich«, antwortete ich ihm genervt. »Aber wehe, du verpetzt uns, dann werde ich ihr sagen, dass du dich heute wieder wie eine Tunte benommen hast!« Er rannte davon. So ganz fair war es nicht gewesen, was ich meinem achtjährigen Bruder da gerade gesagt hatte, aber er benahm sich tatsächlich oft äußerst anormal. Anstatt mit gleichaltrigen Jungs Fußball oder sonst etwas zu spielen, hielt er sich immer noch mit Vorliebe bei uns Frauen und Mädchen auf. Auch liebte er es, die Lieder des berühmten mexikanischen Schnulzensängers Juan Gabriel nachzuträllern, von dem jedermann wusste, dass er schwul war. Und dabei imitierte er mit der allergrößten Natürlichkeit dessen weibische Hüftbewegungen. War mein Bruder etwa homosexuell? Schimpfend und mit beißendem Spott hatten Mutter und Großmama versucht, ihm dieses Verhalten auszutreiben, bislang aber ohne feststellbaren Erfolg. Nach einer halben Stunde stand Pedro erneut vor uns. Falls wir nicht innerhalb von fünf Minuten im Bett lägen, komme uns Oma mit dem Gurt holen, kündigte er an. Plötzlich hatten wir es sehr eilig. Joel verschwand mit dem Nachbarjungen im nächtlichen Dunkel. Mir war es, als würde eine Horde Zwerge an meinen Kleidern zerren, und selbst die Sterne am Himmel wackelten. Mercy hatte sich beim Trinken wohlweislich zurückgehalten. Auf sie und Pedro gestützt torkelte ich den Pfad hinauf. Zum Glück hatten sich die Großeltern schon schlafen gelegt, und alle Lichter waren gelöscht. Mercy tastete sich ins Zimmer, das sie noch immer mit ihrer Schwester Myrna teilte. Pedro und ich huschten auf leisen Sohlen zu Emilia, wo wir nach wie vor mit Marlon zu dritt in einem Bett schliefen.

Joel teilte meine Faszination fürs Malen. Nicht selten verbrachten wir den halben Nachmittag damit, unsere Phantasien auf ein Blatt Papier zu bringen. Manchmal konnte er dabei auf reichlich ausgefallene Einfälle kommen. »Wie wär's, wenn wir diese Tonnen dort drüben bemalen?«, fragte er und zeigte auf die zwei Regenfässer unter Mutters Vordach. »Du bist wohl nicht ganz dicht, ich will doch keinen Zoff mit meiner Alten!«, lehnte ich ab. »Ach was, sei doch kein Angsthase, wir werden diesen Dingern nur einen coolen Anstrich verpassen!« Er gab sich noch nicht geschlagen. »Schau mal, was ich gefunden habe, das ist doch genial, gefällt es dir nicht?«, fragte er und zeigte mir den bunten Schnipsel einer Heftseite, auf der eine drachenähnliche Bestie zu sehen war, die zwei Köpfe, feurige Augen, Flügel, Stachel, riesige Ohren und Mäuler voller spitzer Zähne hatte. Ich fand das echt toll, er hatte mich überredet. Auch Mercy konnten wir für diesen Plan begeistern. Genau um fünf vor elf des folgenden Abends schlich ich mich aus dem Bett und weiter vors Haus. Endlich kam auch Mercy heraus. Da sich bei den Großeltern die Latrine ebenfalls in einem Holzverschlag neben dem Haus befand, wunderte sich selbst zu so später Stunde niemand über das Knacken der Tür. Wir geisterten durch die sternenlose Nacht, bis wir einen menschlichen Schatten sahen, den wir Sekunden später erleichtert als Joel identifizierten. Er hatte zwei Pinsel und drei kleine Büchsen mit Acrylfarben besorgt. Mutters Unterkunft lag ruhig und finster da, dennoch mussten wir uns sehr leise ans Werk machen. Jesus, war das spannend! Mercy sorgte mit einer Taschenlampe für etwas Licht. Ich kniete mich vor eine der eng beieinander stehenden Tonnen, Joel vor die andere. Auf jeder sollte nur ein einzelner Drachenkopf entstehen, das Ganze aber wie eine Einheit wirken. Auch wenn wir nur die Vorderseiten bemalten, so war dies auf der porösen Oberfläche weit schwieriger als gedacht. Was mein Pinsel da entstehen ließ, glich eher einer zahnlosen Hundefratze. Nach gut zehn Minuten störte ein plätscherndes Geräusch unsere Konzentration. Die Hauswand entlang regnete Wasser auf uns herab, das oben aus dem gut drei Zentimeter breiten Spalt zwischen dem Blechdach und der Wand quoll. Auch Licht war dort zu sehen. »Scheiße, die haben was gerochen, lasst uns abhauen!«, entwich es Joel. Weibliches Gelächter war zu hören, ebenso lautes Fluchen, das sicherlich von Erick stammte. Wir ließen alles stehen und liegen und hechteten ins Dunkel. Ich warf mich hinter einem Busch auf den Boden und rührte mich nicht, meine Komplizen verlor ich dabei aus den Augen. Nach einigen Minuten war bis auf das Zirpen der Grillen nichts mehr zu hören. Also beeilte ich mich, zurück in mein Bett zu kommen.

Am folgenden Tag, gerade zurück aus der Schule, testete ich unten bei Mutter die Stimmungslage. Sie ließ sich nichts anmerken, sondern setzte mir das Mittagessen vor. Dann fragte sie wie beiläufig: »Übrigens, hast du schon die Kunstwerke hinten auf den Tonnen gesehen?« »Kunstwerke… welche Kunstwerke?«, nuschelte ich verlegen. Meine Gegenfrage überhörend redete sie weiter: »Leider sind sie noch nicht ganz fertig, scheinbar sind die Künstler bei ihrer Arbeit vom Regen überrascht worden, wirklich zu schade.« Während sie dies sagte, wurde aus ihren Worten ein gackerndes Lachen, welches auch mich ansteckte. Sie hatte also von unserem Vorhaben Wind bekommen und uns eine nasse Falle gestellt! Nachdem sie sich wieder beruhigt hatte, betätschelte sie mit der rechten Hand ihren flachen Bauch. »Übrigens, du wirst noch ein Geschwisterchen bekommen«, verkündete sie und genoss sichtlich meine Verblüffung. »Ja freust du dich denn nicht, möchtest du nicht noch ein Schwesterlein haben?« Ich überlegte kurz. »Ja, eine Schwester schon, nur Brüder habe ich jetzt genug«, sagte ich wenig begeistert. Sie schmunzelte amüsiert.

Doch war das wirklich eine kluge Idee, noch ein Kind von Erick zu bekommen? Das Zusammenleben mit ihm war ein richtiges Martyrium. Es gab kaum einen Samstagnachmittag, an dem er nicht betrunken nach Hause kam. Der Alkohol lockerte seine giftige Zunge und verleitete ihn zu beleidigenden Tiraden gegen uns alle. Wir seien faule Schmarotzer, ihm hätten wir alles zu verdanken, selbst das Dach über dem Kopf und jede lausige Bohne auf unseren Tellern. Dass dies pure Lügen und Halbwahrheiten waren, störte ihn nicht. Meine älteren Brüder und ich aßen ja häufig bei den Großeltern, denn das Geld, welches er Mutter gab, reichte hinten und vorne nicht. Am liebsten wäre sie wieder arbeiten gegangen, so wie früher. Aber dies verwehrte er ihr mit machohaften Ausreden. Was war nur mit diesem Kerl los, warum diese Unzufriedenheit, warum diese ewigen Nörgeleien? Er hatte doch einen Job und damit auch ein regelmäßiges Einkommen. Wenn es ihm bei uns nicht gefiel, warum konnte er nicht einfach fortgehen und uns in Frieden lassen? Das Schlimmste aber war die physische Gewalt. Mehr als einmal platzte ich mitten in eine dieser abscheulichen Auseinandersetzungen, bei denen er rücksichtslos auf Mutter eindrosch, sie mit Schuhen oder Fäusten traktierte oder Gegenstände nach ihr warf. Uns Kinder belastete all dies schwer, wenngleich Mutter ihr Möglichstes tat, ihr Leiden vor uns zu verbergen. Einmal stellte ich mich schützend vor sie und fing mir dabei eine schallende Ohrfeige von Erick ein. Großmutter wusste genau, was sich da abspielte, doch ihr einziger Kommentar lautete: »Bernarda hat es so gewollt. Nie hat sie auf mich gehört, also mische ich mich da nicht ein, das bringt nur Ärger.« Mutter dachte nicht daran, so schnell alles verloren zu geben. Die mittlerweile Dreißigjährige hielt sich an eines ihrer Lieblingsmottos, das besagte: »Sitzt du nun einmal auf dem Stier, dann mach gefälligst das Beste daraus.« Leider hatte sie sich ein sehr wildes Biest ausgesucht, um ihren Durchhaltewillen zu beweisen.

Trotz vieler auch heiterer Momente war ich selbst oft launisch und unzufrieden. In mir gärten wachsende Unruhe und Unzufriedenheit, mich dürstete es nach wirklicher Freiheit und wahrer Liebe, ohne eine konkrete Vorstellung zu haben, wie beides genau aussehen könnte oder müsste. Gott würde mich auf dieser Suche lenken, da war ich zuversichtlich. Wirklich frei und zufrieden fühlte ich mich nur noch, wenn ich mit meinen Freundinnen und Cousinen allein sein konnte. So auch an jenem regnerischen Nachmittag, an dem graue Wolken über die nahen Hügel zogen und es zwischendurch leicht nieselte. Ich saß mit Beba und zwei Schulfreundinnen auf einer der Stufen am Basketball-Platz. Vor uns übten einige Jünglinge, Körbe zu werfen. Eigentlich hätte ich schon längst zuhause sein sollen, doch was meine Cousine da von sich gab, war einfach zu spannend. Sie hatte schon einen richtigen Freund und wurde nicht müde, uns von ihm vorzuschwärmen. »Es ist komisch, aber wenn Luis bei mir ist, dann kann ich mein Glück fast mit den Händen berühren. Und er ist verdammt eifersüchtig. Stellt euch vor, gestern hat er so einen Idioten verkloppt, nur weil der es gewagt hat, mich dumm anzuquatschen! Der wird sich hüten, das noch einmal zu versuchen. Und übrigens, Mädels, morgen steigt eine tolle Fete, wollt ihr auch …« Jäh geriet sie ins Stocken, und ihr Ellbogen versetzte mir einen sanften Stoß in die Hüfte. »Sandra, guck mal, wer da kommt«, sagte sie noch.

Es war unsere Großmama, die ein Stück Schlauch in ihrer rechten Hand hielt, dessen Bestimmung keine Zweifel zuließ. Wie von Taranteln gestochen hüpfte ich auf die oberste Stufe. »Hab ich dich erwischt, du verdorbene Göre!«, hallte es über den Platz. »Tausendmal habe ich dir schon befohlen, dich nicht herumzutreiben wie eine läufige Hündin!« Die Jungs hörten auf zu spielen, alle Anwesenden schauten auf mich. Großmutter richtete das Wort auch kurz an Beba: »Und du, du verkommenes Weibsbild, weiß deine Mutter, dass du dich nur dem Streunen widmest?« Dann nahm sie wieder mich ins Visier und holte zu einem ersten Hieb aus. Ich aber war flinker. Ich schlug einen Haken wie ein Hase, sprintete die Stufen hinunter und weiter zur Hauptgasse. Völlig außer Atem traf ich daheim ein, warf die Zimmertür hinter mir zu und schob den Riegel vor. Welch eine Schande, alle hatten diesen öffentlichen Anschiss mit angehört! Nur allzu gut konnte ich mir die saublöden Sprüche ausmalen, die mich nun erwarteten. Heftiges Hämmern an der Tür erinnerte mich daran, dass ich im Moment weit dringendere Probleme hatte.

»Mach die Scheißtür auf, sonst vergesse ich mich!«, dröhnte Großmutter durch die Ritzen der Holzlatten. »Ich hab die Schnauze voll von deinem Zigeunerleben, nun mach schon auf!« Ich dachte nicht daran. »Nein, denn du willst mich ja hauen«, ließ ich piepsend verlauten, warf mich aufs Bett und hielt mir die Ohren zu. Erstmal abwarten, bis sich die Wellen ein wenig geglättet haben, dachte ich. Etwas leid taten mir Emilia, Marlon und Pedro, deren Zimmer dies ja auch war. Für diese Nacht würden sie sich eine andere Schlafstelle suchen müssen. Mein Magen knurrte. Gut, dass ich noch einen Schokoriegel zwischen meinen Kleidern aufbewahrt hatte. Lange konnte ich nicht einschlafen. Ununterbrochen musste ich an Beba denken. Wie ich sie doch beneidete! Ihr Freund Luis hatte ihr einen echten Zungenkuss gegeben! Und während ich noch mit altmodischen Röcken herumlaufen musste, durfte sie moderne, enge Jeans tragen. Ja, sie schminkte sich sogar, freilich ohne dass ihre Mutter Juana etwas davon gemerkt hätte. Vor dem Nachhausegehen wischte sie sich das Make-up immer aus dem Gesicht. So wie meine

Cousine wollte ich auch sein! Frech, frei, modern, einfach anders und vor allem zusammen mit einem Jungen, der mich liebte und beschützte.

Am frühen nächsten Morgen beendete heftiges Poltern meinen unruhigen Schlaf. Ich verspürte ein unaufschiebbares Verlangen, meine Blase zu erleichtern. Als der Krach vorüber war, wagte ich es, behutsam die Tür zu öffnen. Da niemand zu sehen war, ging ich weiter zur Küche. Am Tisch, mit dem Rücken zu mir, saß Mercy und links von ihr Großvater, der bedächtig Bohnen aus einem Teller löffelte. »Komm her, Sandra«, befahl er mir. Großvater schaltete sich nur selten in etwas ein, aber wenn er dies tat, dann wäre es mir nie in den Sinn gekommen, mich seiner Autorität zu entziehen. An seiner Seite musste ich nun abwarten, bis Großmutter den Raum betrat. Unter einem Feuerwerk bitterböser Worte malträtierte sie meine Arme und Beine mit einem Ledergurt. Ich schrie, bis mir die Lunge wehtat. »Das reicht jetzt, Mama!«, klang es plötzlich aus dem Hintergrund. Es war meine Mutter. »Verdammt, Bernarda, wenn du schon nicht fähig bist, diese Hurengöre richtig zu erziehen, dann misch dich gefälligst nicht ein, wenn ich es tue!«, wurde sie zurechtgewiesen. »Ja, Mama, ist ja in Ordnung, sie hat es sicherlich verdient. Aber ich werde sie mir auch noch mal vornehmen, darauf kannst du dich verlassen!« Missmutig ließ Großmutter von mir ab. Ich folgte meiner Mutter wie ein Sträfling auf dem Weg zur Hinrichtung hinunter zu ihrem Häuschen. Ich solle keine Angst haben, sie würde mich nicht mehr hauen, lispelte sie mir zu. Für mich völlig überraschend gestand sie mir dann, es sei viel schief gelaufen zwischen uns, und sie wünsche sich sehr, ich könne wieder mehr Zutrauen zu ihr haben. Ich wusste nicht, wie ich auf dieses Eingeständnis reagieren sollte. Es war nun schon das zweite oder dritte Mal innerhalb kurzer Zeit, dass sie mich mit Nachsicht behandelte. Offensichtlich wollte sie bei mir etwas gutmachen oder es quälte sie ihr schlechtes Gewissen.

Den Bogen bei Großmutter hatte ich nun endgültig überspannt. »Am besten du ziehst zu deiner Mutter! Soll die doch selber sehen, wie sie mit dir zurechtkommt, ich habe getan, was ich konnte«, eröffnete sie mir knapp und deutlich, als ich es wagte, wieder zu ihr hinaufzukommen. Emilia stand betrübt daneben. Dieser Rauswurf kam nicht ganz unerwartet, trotzdem traf er mich mitten ins Mark. Eigentlich gab es bei Mutter gar keinen Platz mehr für mich – sie aber zögerte keine Sekunde. »Sandra, wenn die da oben dich nicht mehr haben wollen, dann kommst du eben zu uns. Verdammt, irgendwie wird das schon gehen!« Pedro half mir, meine wenige Habe zu transportieren. Ich musste nun im engen Bettchen meines kleinen Bruders Salvador schlafen. Gleich gegenüber stand das Bett von Erick und Mutter. »Das hast du dir selber eingebrockt, du dummes Stück Vieh«, schimpfte ich mit mir selber, während mich Ericks lautes Schnarchen am Einschlafen hinderte.

Der unfreiwillige Umzug verschaffte mir allerdings auch mehr Freiräume. »Spätestens um achtzehn Uhr will ich dich hier wiedersehen«, trug mir Mutter jedes Mal auf, ansonsten ließ sie mich mehr oder weniger gewähren. Über immer längere Zeiträume hinweg blieb ich bei Beba, ja übernachtete manchmal sogar bei ihr. Tante Juana und ihr Mann Fernando behandelten mich wie ihre eigene Tochter. Diesen einfachen Bauarbeiter erlebte ich immer gut gelaunt und nie grantig. Das Schimpfen überließ er Juana. Sie war eine strenge, aber insgesamt doch leutselige Frau, die sich etwas Geld als Kindermädchen dazuverdiente.

Beba und ich verbrachten fast unsere gesamte Freizeit beim Basketball-Platz, wo wir immer auf ihren siebzehnjährigen Freund Luis stießen. Das selbstbewusste Auftreten dieses muskulösen Jünglings imponierte mir sehr. Alle nannten ihn Pelón, den »Kahlkopf«. Und tatsächlich hatte er nur millimeterkurze Stoppeln auf seinem Schädel. Nie war er alleine, stets umgaben ihn andere Jungs seines Alters. Einige von ihnen kannte ich gut, denn sie gingen auf die gleiche Schule wie ich. Untereinander begrüßten sie sich mit eigentümlichen Hand- und Fingerzeichen. Auch kleideten sie sich ähnlich, mit Turnschuhen der Marke Domba, überweiten Dickies-Hosen und Hemden voller quadratischer Muster. Sie wussten, was sie wollten, sie fürchteten sich vor nichts und niemandem. Mir gefiel es bei diesen Jungs und ihren Freundinnen. Sie nahmen mich so, wie ich war, bei ihnen konnte ich einige Stunden lang meine Alltagssorgen weit von mir wegschieben. Es war eine Gemeinschaft, in der viel geteilt wurde, etwa Essen, Zigaretten oder Alkohol.

Mercy, die immer noch unter Großmutters Fuchtel lebte, konnte sich uns nur sehr selten anschließen. Öfter mit dabei waren Joel und seine Schwester Erika. Ihr kräftiger, aber dennoch schlanker Körper hatte schon deutliche weibliche Formen entwickelt. Das seidig-schwarze Haar reichte ihr bis zu den Schultern, an den Ohrläppchen baumelten silberne Ohrringe in Herzform. Von ihr kam die Anregung, uns dem Mädchen-Basketball-Team anzuschließen. Auch Beba hätte gerne mitgemacht, doch ihr übereifersüchtiger Freund verbot es ihr. Chef und Trainer des Teams war Danilo, ein ungefähr fünfzigjähriger Mann, Besitzer einer kleinen Kaffee-Farm, der ganz offensichtlich einen Mordsspaß daran hatte, pubertierende Mädchen zu sponsern. Von ihm erhielten wir rote Turnhosen und weiße T-Shirts als Trikots. Die Spiele wurden jeweils am Sonntagnachmittag ausgetragen, immer gegen Teams aus der nahen Hauptstadt. Schon am ersten Spieltag kamen Erika und ich ohne

Vorbereitung zum Einsatz. Ich gab mein Bestes, selbst wenn ich mit meinen 1,58 Metern nicht gerade prädestiniert für dieses Ballspiel war. Aber die meisten meiner Mitspielerinnen waren auch nicht viel größer. Kaum hatte ich den Ball in den Händen, presste ich ihn gegen meinen Körper und rannte los, als würden wir American Football spielen. Dabei rammte ich auch glatt eine Gegnerin und wurde vom Schiedsrichter verwarnt. Endlich gelang es mir, mich dem Korb zu nähern, wagte aber keinen Wurf. Und noch bevor ich den Ball weitergeben konnte, schlug ihn mir eine gegnerische Spielerin aus den Händen. Erika, die mich um einige Zentimeter überragte, machte es besser, und ihr gelangen zwei erfolgreiche Würfe. Danilo feuerte uns von der Seitenlinie an. »Gar nicht so schlecht fürs erste Mal«, ermutigte er uns nach dem mit 32 zu 66 haushoch verlorenen Match. Trotz dieses Ergebnisses und meines schmerzenden Knies hatte es mir riesigen Spaß gemacht. Von nun an gehörte jeder Sonntagnachmittag dem Basketballspiel. Und bald schaffte auch ich es, den Ball in den Korb zu befördern.

Es war Mai 1996, und von meinem vierzehnten Geburtstag trennten mich nur noch drei Monate. »Nur mit der Ruhe, Bernarda, atme tief durch, er wird bestimmt gleich kommen«, redete Patricia auf ihre Schwester ein, die sich mit schmerzverzerrter Miene an ihren drallen Bauch fasste. Erick hatte sich aufgemacht, um ein Auto zu organisieren, in dem er die Hochschwangere dann zu einer IGGS-eigenen Klinik in Guatemala-Stadt fuhr. Als Frau eines dort Beschäftigten hatte sie Anrecht auf unentgeltliche Behandlung. Mir hatte Mutter noch aufgetragen, während ihrer Abwesenheit auf meine Brüder aufzupassen und die hölzerne Kinderkrippe zu säubern, in der schon Salvador gelegen hatte.

Nach zwei stressigen Tagen war sie wieder da. »Hab ich es euch nicht gesagt, nun habt ihr ein Schwesterlein«, sprach sie voller Stolz. Ich trat näher, wich aber sogleich mit Grausen zurück. Dieses behaarte Lebewesen glich einem Äffchen! Arme und Hals, ja der gesamte Körper waren mit einer flaumigen Schicht dunkler Haare bedeckt. »Komm, trag sie doch einen Moment«, ermunterte mich Mutter. Ich bemühte mich, meinen Ekel zu überwinden, und nahm dieses hässliche Geschöpf auf meinen Arm, nur um es Sekunden später wieder zurückzureichen. So etwas konnte doch schwerlich meine Schwester sein, einfach abstoßend! »Bist du sicher, dass man sie im Krankenhaus nicht vertauscht hat?«, fragte ich. »Aber nein, Sandra, was redest du da für einen Unsinn, sie wird schon noch hübscher werden, wart's nur ab«, antwortete Mutter leicht verstimmt. Auch bei Erick waren keinerlei Anzeichen von Freude zu entdecken. Im Gegenteil, seine Stimmung wäre für eine Beisetzung passender gewesen. Die unappetitlichen Haare am Körper von María-José, so der klangvolle Name meines Schwesterleins, bildeten sich bald vollständig zurück, und meine anfängliche Abscheu wandelte sich zu liebevoller Zuneigung.

Allerdings verbrachte ich mittlerweile immer mehr Zeit bei Beba. Bald war es soweit, dass ich praktisch von zuhause ausgezogen war. Selbst alle meine Klamotten lagen nun in einer Truhe in Bebas Zimmer. Im selben Haus wohnte im oberen Stock eine weitere Familie, deren Tochter Ingrid auch im Basketball-Team mitspielte. Auch sie lungerte täglich mit uns herum. Aber selbst bei Tante Juana, die fast den ganzen Tag weg war, hatte ich mich an gewisse Regeln zu halten. Also machte ich mich nach der Schule im Haushalt nützlich und half Beba, das Geschirr zu spülen oder die Zimmer aufzuräumen und sauber zu machen. Erst danach gingen wir wieder auf die Straße. Meine Stippvisiten bei Mutter und den Großeltern wurden immer seltener. Ich hatte schlicht keine Lust auf maulige Gesichter und tadelnde Worte. Parallel zu den Freiheiten, die ich mir herausnahm, stieg auch mein Alkoholkonsum. Fast immer war jemand da, der uns Mädchen einlud, oder fand irgendwo eine Geburtstagsparty oder ein anderes Fest statt, wo wir uns umsonst vergnügen konnten. Mein armes geschundenes Gehirn. Immerfort musste es neue, spannende und verwirrende Dinge verarbeiten. Ich ließ mich treiben, wie ein Floß auf rauer See, in der Hoffnung, auf eine Schatzinsel zu stoßen. Der Kick des Rauschs wurde zu einer ständigen Begierde. Bisher war es mir gelungen, meinen schleichenden Alkoholismus vor den Erwachsenen geheim zu halten. Dazu hatte ich so meine Tricks auf Lager. Etwa, indem ich das Bier aus der Flasche in eine Plastiktüte schüttete und es dann mit einem Strohhalm trank. Dies war weit verbreitet, zwar nicht mit Bier, aber mit alkoholfreien Getränken.

Jeden Sonntagnachmittag gab es im schmucklosen Gemeindesaal hinter der katholischen Kirche eine Tanzveranstaltung. Manchmal gingen wir nach dem Basketball dorthin. Englische und spanische Popmusik, Salsa, Merengue, Ritmo Tropical, Bachata und Reggaeton, für jeden Geschmack war etwas dabei. Es war befreiend, mich von diesen Rhythmen berauschen zu lassen. Ich tanzte, aber nur mit meinen Freundinnen oder Cousinen. Bei einem dieser Anlässe sprang mir ein Junge ins Auge, der mich sofort in seinen Bann zog. Er war nicht besonders attraktiv, klein von Gestalt, mit einem Bürstenhaarschnitt und einem unschuldigen Antlitz, aus dem eine breite Nase, zwei schmale, schwarze Augen sowie ein Mund mit einer dicken Unterlippe hervorstachen. Er trug stahlblaue, extrem weite Hosen – drei oder vier Nummern zu groß. Sein Gang war markant breitbeinig. Ohne mich zu beachten plauderte er mit Pelón, Bebas Freund. Danach sah ich ihn mehr als eine Woche nicht, konnte aber nicht aufhören, an ihn zu denken. Das zweite Mal sichtete ich ihn auf einer der Betonstufen beim Platz. Wieder war er inmitten seiner Freunde, rauchte lässig eine Zigarette, redete wenig und lachte noch seltener. Mein Pulsschlag raste, ich versank in einen undefinierbaren Zustand der Verzückung. Beba, der dies nicht entgangen war, neckte mich: »Soso, der Kleine gefällt dir also?« »Ach was«, sagte ich verlegen, »ich finde ihn einfach nur interessant.« Von ihr vernahm ich, dass man ihn »Deli« nannte, obwohl sein richtiger Name Clementino oder kurz Tino lautete. Er war ein Jahr jünger als ich, also noch keine vierzehn. Leider erwiderte er meine Gefühle offenbar nicht, ja er beachtete mich nicht einmal. Ich bin nicht sein Typ, dachte ich betrübt. Bebas Vorschlag, ihn mir vorzustellen, wies ich unwillig und beschämt zurück.

1996 – 1997

LIEBELEIEN

Willkommene Ablenkung kam bald in Gestalt eines Verehrers, der immer spätnachmittags beim Kiosk herumstand. Ein junger Mann mit einem adrett getrimmten Oberlippenbart. Eine Flasche Coca-Cola in einer Hand, fingerte er mit der anderen in einer Tüte Maischips herum und äugte auffällig zu uns Mädchen herüber. »Gar nicht mal so übel, der Kerl, rede doch mit ihm«, ermutigten mich Beba und Ingrid. Nun, so ganz unattraktiv war er nicht, aber wenn er etwas von mir wollte, dann sollte er gefälligst den ersten Schritt tun. Und genau das geschah dann auch. »Hallo, ihr Süßen, ich bin Mario. Darf ich mich zu euch setzen?« »Okay, wenn du willst«, gaben wir uns distanziert und uninteressiert. Irgendwoher kenne er mich, sagte er, ob ich nicht eine Freundin von Joel sei. Ja, er sei mein Cousin, erklärte ich ihm. Dann wollte er mein Alter wissen. Vierzehn, das sei cool, meinte er. Bei diesem Austausch unserer Personalien erfuhren wir, dass er schon achtundzwanzig Jahre alt war und als Bushelfer arbeitete. Der Ruf dieser Berufsgattung war mehr als zweifelhaft, doch dieser Mario schien mir ein ganz angenehmer Zeitgenosse zu sein. Kaum hatte er erfahren, dass ich noch zu haben war, gab er sich spendabel. »Mädels, ihr habt doch sicherlich Durst und Hunger?« Bei einem mobilen Verkaufswagen, der gleich beim Park stand, kaufte er uns einige Stücke heiße Pizza, zu einem Quetzal das Stück, dazu zwei Flaschen 7UP zum Hinunterspülen.

Für mein kränkelndes Ego war es wohltuend, von jemandem umworben zu werden. Endlich hatte auch ich etwas, womit ich vor meinen Freundinnen und Cousinen prahlen konnte. Einen Verehrer zu haben, schraubte mein Selbstbewusstsein in die Höhe, es war interessantes Neuland. Wir hielten bald einmal diskret Händchen, hinter dem großen Ceiba-Baum, wo uns niemand sehen konnte. Er versicherte mir, wie sehr ich ihm gefalle und wie speziell ich doch sei. Eben anders als all die Mädchen, die er bisher kennengelernt habe. Solche Lobhudeleien hörte ich natürlich gern, auch wenn es mir instinktiv schwer fiel, sie ganz ernst zu nehmen. Fast täglich hielt er nach mir Ausschau und war immer spendierfreudig. Das ging einige Wochen so, bis er mir eines Tages vorschlug, mit ihm in die Hauptstadt zu fahren, um im Kino einen tollen Film anzuschauen. Danach wollte er mich »näher kennenlernen«, wie er sich ausdrückte. Er kenne da ein kleines, diskretes Hotel, sagte er mit einem verschmitzten Lächeln. Erst da wurde mir so richtig klar, dass er Sex mit mir wollte. Aber dafür war ich noch nicht bereit. Ich genoss schlicht die Aufmerksamkeit, die er mir schenkte, mehr nicht. »Diese Woche kann ich aber nicht, vielleicht nächste«, hielt ich ihn hin. Ob ich ihn denn nicht liebe, fragte er. »Natürlich mag ich dich, aber diese Woche kann ich wirklich nicht.« Von Tag zu Tag wurde er ungeduldiger. Bei abendlicher Dunkelheit und in einem seltenen Moment der Zweisamkeit bat er mich fast aufdringlich um einen Zungenkuss. Ich sagte nein und hielt ihn auf Distanz. Im Halbschatten, deutlicher als sonst, zeichneten sich kleine Fältchen um seine Augen ab. »Dieser Mann ist doch viel zu alt für dich«, ging es mir durch Kopf. Es war aber Joel, der unserem Techtelmechtel einige Tage später den endgültigen Gnadenstoß versetzte, indem er mir verriet, Mario verdrehe noch anderen Mädchen den Kopf. Erbost, aber dennoch erstaunlich gefasst, stellte ich meinen verlogenen Liebesanwärter zur Rede und sprach ihm die fristlose Kündigung aus. Meine Wut hielt nicht lange an. Sahen wir uns zufällig, so redete ich bald wieder mit ihm, freilich nur noch auf der Basis einer simplen Bekanntschaft. Wieder hatte ich etwas fürs Leben gelernt. Männern durfte man nicht trauen!

Es war eine schöne Zeit, voller Unbekümmertheit. Wäre da nur nicht Tante Juana gewesen, die mir und ihrer Tochter in zunehmendem Maße Stress bereitete. »Ich schufte mich halb krumm, und ihr Vagabunden hängt den halben Tag auf der Straße herum«, schimpfte sie übellaunig, wenn wir allzu spät heimkehrten. Nicht selten war das nach zehn Uhr abends. Und plötzlich hieß es, ich hätte einen schlechten Einfluss auf Beba. Auch hier wollte man mich also nicht mehr haben. Wie konnte ich da noch länger bleiben? Den Gedanken, meine Narrenfreiheit einzubüßen, empfand ich als höchst deprimierend. Nur war weit und breit keine andere Lösung in Sicht. Ich musste zurück zu meiner Mutter. Bevor sie mich wieder bei sich aufnahm, las sie mir gründlich die Leviten und machte mir klar, mit meiner Herumtreiberei müsse nun ein für alle Mal Schluss sein. Ihr wieder gehorchen zu müssen, ging mir gewaltig gegen den Strich, doch nach außen hin gelobte ich Besserung. Am meisten zuwider war mir, erneut diesen Erick ertragen zu müssen. Solange er an den Abenden friedlich in die Glotzte starrte oder auf seinem Bett schnarchte, war er ja noch halbwegs zu ertragen. Leider kam es – vor allem an den Wochenenden – immer noch häufig zu handgreiflichen Konfrontationen zwischen ihm und Mutter. Manchmal waren die blau-grünen Schandmale einer Prügelorgie auf ihrem Körper noch nicht ganz verheilt, da trug sie schon wieder neue. Einige dieser Blutergüsse mutierten zu richtigen

Geschwülsten, die gefährliche Ausmaße annahmen. Ein Arzt warnte sie vor schwersten gesundheitlichen Folgen. Um diesen Streitereien aus dem Weg zu gehen, verbrachte ich die Abende gewöhnlich bei den Großeltern, mit denen ich mich wieder halbwegs versöhnt hatte, und ging dann erst zum Schlafen hinunter zu Mama.

Und als ob das Kreuz, das sie mit Erick zu tragen hatte, nicht schon schwer genug wäre, ließ Mutter sich auch noch in eine unsinnige Reiberei mit Patricia hineinziehen. Es war nicht das erste Mal, dass die zwei heftig stritten. Aber was wir an jenem Dienstagabend geboten bekamen, übertraf alles bisherige. Im Freien standen sich die Schwestern gegenüber und tauschten widerwärtige Bosheiten aus. Mit María-José auf dem Arm eilte ich, durch das Gezeter angelockt, herbei. Pfeilschnell verpasste Mutter Patricia eine klatschende Ohrfeige, dann flogen Fäuste hin und her. Sie rissen sich gegenseitig an den Haaren, dann zerrten sie sich zu Boden, wo sie sich schließlich ineinander verkeilt wälzten. Schon preschte Großmutter heran und befahl ihnen, die Rauferei sofort einzustellen. Vergeblich. Erst Onkel Ramiro gelang es schließlich, die Streithähne gewaltsam zu trennen. Mit Kratzspuren, zerzaustem Haar und verlaufener Schminke standen sie da, wie unartige Schulmädchen vor ihrer Lehrerin. Großmutter bebte vor Erregung. »Das ist doch die Höhe, Bernarda! Wie kannst du dich als erwachsene Frau nur so benehmen, es ist…!« »Ach, Scheiße, ich will nichts hören!«, brüllte Mutter schwer schnaubend dazwischen. »Warum stehe ich denn schon als Schuldige fest? Aber leider war das ja schon immer so!« Großmutter stemmte ihre Fäuste in die Hüften, ihre Worte schossen heraus wie Kanonenkugeln: »Bernarda, dir und deinem Erick steht es frei, euch von hier fortzuscheren! Einen Gefallen haben wir euch getan, als wir euch ein Stück Land überlassen haben, und das ist nun wohl der Dank dafür!?« Die Keifereien gingen noch einige Minuten weiter, dann stampften Patricia und Großmutter davon. Den genauen Grund dieses Gefechts habe ich nie ganz verstanden, aber innerlich solidarisierte ich mich mit meiner Mutter. Fast ein Jahr musste vergehen, bis sie und ihre Schwester das Kriegsbeil begruben und wieder miteinander redeten.

Verzweifelt suchte ich nach Wegen, meine Freiräume wieder etwas zu vergrößern. Wie gerufen kam da, was mir Mercy vorzuschlagen hatte. »Weißt du eigentlich, was Taekwondo ist?« »Hmm…, das hört sich ja fast so an wie ein chinesisches Gericht, wie Wan-Tan«, scherzte ich. »Aber nein, das ist eine asiatische Kampfsportart!«, befreite sie mich gackernd von meinem Unwissen. »Das ist so was wie Karate, davon hast du doch sicherlich schon gehört?« »Ja klar, Mann, ich bin doch nicht blöd«, antwortete ich leicht pikiert. Sie erzählte mir, unsere Großmutter habe ihr gestattet, einen Taekwondo-Kurs zu absolvieren. Irgend so ein Typ habe im Zentrum eine Akademie eröffnet, gleich neben dem Laden von Don Efrain. »Komm doch auch mit, du brauchst ja bloß zuzuschauen«, drängte sie mich. »Ich hab einfach keinen Bock, alleine zu gehen.« Ich willigte ein und sie half mir, meiner Mutter die entsprechende Ausgeherlaubnis abzuringen.

Gegen achtzehn Uhr standen wir vor dem schlichten Haus, in dem die Kurse stattfanden. Drinnen, in einem großen Raum mit Postern an den Wänden, tummelten sich Grüppchen weiß gekleideter Personen. Ein Mann hieß uns willkommen. Seine Haut schimmerte bräunlich, die halblangen schwarzen Haare hatte er sich, durch einen Mittelscheitel getrennt, nach hinten gekämmt. Er war nicht sehr groß, hatte aber einen quadratischen, perfekt durchtrainierten Oberkörper. Nun wusste ich, wo für Mercy der Reiz dieser Sportart lag: Bei Hugo, dem Inhaber und Lehrer dieser Sportschule. »Mach doch auch mit, Kleine!«, animierte er mich. »Ich habe keine Sportsachen mitgebracht«, suchte ich nach einer Ausflucht. Das sei kein Problem, er könne mir etwas leihen. Ich hatte keine Wahl. In einem Nebenraum zogen wir uns um. Wie wir gleich feststellten, waren wir die einzigen Mädchen der Klasse, ja der gesamten Akademie. Die anderen, vielleicht zwanzig Schüler, waren jüngere Männer und quirlige Knaben. Die kurzen Aufwärmübungen brachten mich sogleich an den Rand meiner körperlichen Leistungsfähigkeit. Und auch Mercy, der ihre üppige Körperfülle zu schaffen machte, keuchte laut. Alsdann durften wir zwei Mädchen uns an einfachsten Übungen versuchen. Ich merkte gleich: Beim Taekwondo geht es vor allem ums Treten. Mit einer Engelsgeduld machte Hugo jede Pose vor und assistierte uns bei der Übung. Wir verbrauchten allerdings weit mehr Energie durch albernes Glucksen als durch die physischen Anstrengungen. Nach einer Stunde hatten wir es überstanden, meine Muskeln brannten wie Feuer.

So unbedingt mein Ding war das ja nicht, doch Hugo hatte mich überzeugt: Nun wollte ich Taekwondo lernen. Wegen der Bezahlung der monatlichen Beiträge solle ich mir keine Gedanken machen, beruhigte er mich.

Mutter konnte ich mit dem Argument überzeugen, noch etwas mehr gesunder Sport neben dem Basketball könne sich doch nur positiv auf eine rastlose Seele wie mich auswirken. »Wie findest du ihn denn?«, wollte Mercy nach der zweiten Trainingsstunde von mir wissen. »Wen denn?«, spielte ich die Unschuldige. »Na wen schon, Hugo!« »Och den, nun ja, eigentlich ganz nett«, sagte ich. Ich hatte ja gar nicht vor, ihr die Beute streitig zu machen. Training hatten wir jeweils dienstags und freitags. Eines Abends bestand

Hugo darauf, uns nach Hause zu begleiten. Zu dieser späten Stunde sollten wir nicht mehr alleine auf der Straße sein, befand er. Wir hatten nichts dagegen einzuwenden. Während wir durch das nächtliche Palencia schlenderten, belehrte er uns über die Philosophie des Taekwondo. Der Name stehe für »Fuß«, »Hand« und »Weg« und sei weit mehr als nur ein simpler Kampfsport. Taekwondo vermittle nicht nur körperliche Kraft, sondern auch die Einsicht zu diszipliniertem Denken. Dadurch werde es möglich, das nötige Selbstvertrauen und die nötige Gelassenheit zur Selbstverteidigung zu erlangen. Selbstvertrauen wiederum sei die Voraussetzung für Bescheidenheit und Toleranz. Auch über seine Jahre in den USA, wo er zu einem eingefleischten Elvis-Presley-Fan geworden war, durften wir etwas erfahren. Er besitze all seine Platten, und wenn es uns interessiere, könne er sie uns gerne einmal zeigen und vorspielen. Elvis Presley? Irgendwo hatte ich diesen Namen schon gehört. Hugo war zweifellos ein Mann, der schon weit herumgekommen war auf dieser Welt. Der Vierundzwanzigjährige war beileibe keine umwerfende Schönheit, dennoch ging eine natürliche Anziehungskraft von ihm aus, die wohl auch mit seinen guten Manieren zu tun hatte. Stets war er zuvorkommend, und er verwendete kaum Schimpfwörter. Ein solches Exemplar von einem Mann war mir wahrlich noch nie untergekommen. Schnell fiel mir auf, dass ich weit mehr Beachtung von ihm erhielt als Mercy. Ich fühlte mich geschmeichelt. Und Mercy fügte sich wohl oder übel in diese Entwicklung: »Sandra, wenn dir Hugo gefällt, dann ist das okay für mich, mich interessiert der doch gar nicht.« »Aber mich doch auch nicht«, sagte ich, so als müsse ich mich rechtfertigen, »ich finde ihn einfach nur sympathisch.«

Mein Körper nahm langsam deutlich weibliche Züge an. Auch die erste Monatsblutung hatte ich schon hinter mir. Mutter hatte mich damit beruhigt, diese Menstruation sei etwas ganz Natürliches und würde jeweils schnell wieder vorübergehen. Mehr über die menschliche Sexualität erfuhr ich aber nicht von ihr. Wesentlich auskunftsfreudiger war Beba, die sich auf diesem Gebiet schon sehr gut auskannte. Sie und Pelón hatten längst regelmäßig Intimverkehr. Mit bunten Beschreibungen belehrte sie mich, was man sich unter Sex so alles vorstellen durfte. Auch mich reizte es, es einmal mit jemandem auszuprobieren zu können. Aber mit wem?

Ich wusste nicht wie, aber irgendwie hatte Mutter von meinem Verehrer Wind bekommen. »Sag diesem Hugo, er soll beim nächsten Mal, wenn er euch hierher begleitet, doch kurz zu mir herunterkommen. Ich muss doch wissen, was das für ein Kerl ist«, wies sie mich eines Tages an. Als er dann an meiner Seite das Grundstück betrat, begaffte ihn Großmutter, als handle es sich um ein Raubtier, das nur darauf aus war, ihre Enkeltochter zu verschlingen. Mutter gab sich etwas freundlicher, offerierte ihm einen Stuhl und sogar etwas zu trinken. Aber sie redete nicht lange um den heißen Brei herum. »Wie Sie wissen, ist meine Tochter noch minderjährig und wird erst nächstes Jahr fünfzehn. Ich kann daher nicht zulassen, dass ihr etwas zustößt. Sie verstehen doch, was ich damit meine, oder?«

»Ja natürlich, Señora, da können Sie ganz unbesorgt sein«, sagte Hugo und versicherte ihr mit demselben Atemzug, wie sehr er mich möge, aber auch immer in allem respektiert habe. Diese Zusicherung genügte ihr freilich nicht. Er musste hoch und heilig geloben, mich sexuell nicht zu belästigen. Als Gegenleistung erhielt er die offizielle Genehmigung, mit mir freundschaftlichen Umgang pflegen zu dürfen. Sobald er gegangen war, machte mir Mutter indes klar: »Hör mir gut zu, Fräulein, du stellst mir ja keine Dummheiten mit diesem Mannsbild an! Ist das klar? Dafür bist du noch viel zu jung!« »Aber Mama, Hugo und ich sind doch nur gute Freunde. Er ist aufrichtig und nicht wie andere Männer.« Mit einer ärgerlichen Geste wischte sie meine Argumente beiseite. »Ach papperlapapp, was zum Teufel weißt du schon von Männern? Du wirst mir alles erzählen, was da zwischen euch läuft, verstanden?« Für mich war dies ein übertriebenes und völlig unnötiges Affentheater. Nur dem Hausfrieden zuliebe stimmte ich zu.

An einem Freitag musste Mercy wegen einer starken Erkältung das Bett hüten, und ich ging alleine zum Taekwondo. Nach dem Kurs schlenderte Hugo mit mir durch die Gassen. Die Rollläden der Geschäfte waren längst heruntergelassen. Eine ungewohnte Nervosität war ihm anzumerken. Mit der Liebe habe er schon gewaltige Reinfälle erlitten, sagte er, aber trotzdem glaube er immer noch fest an sie. Dann laberte er etwas von einem Mädchen, dort in den USA, die er blind geliebt habe. Leider sei ihm diese »Gringa« nicht treu gewesen. Das sei eben so mit diesen Nordamerikanerinnen, bei denen herrsche eine andere Kultur, alles sei viel freizügiger. Er aber suche eine feste Beziehung, eine Frau, mit der er sein Leben teilen könne. Ich hörte zu und schwieg. Das Thema Liebe war zwischen uns noch nie direkt zur Sprache gekommen. Es brachte mich in Verlegenheit. Liebte ich Hugo wirklich, oder mochte ich ihn einfach nur? Sicher wusste ich nur, dass mich seine Zuneigung froh machte. Fast wortlos durchquerten wir die in der Finsternis liegende Bodensenke. Er fragte nur, ob es mir nichts ausmache, hier nachts alleine durchzulaufen. Ich verneinte gelassen. Oben konnte man schon das Licht der zwei nackten Glühbirnen am Haus meiner Großeltern ausmachen. Er aber wollte die Verabschiedung noch ein wenig hinauszuzögern und steuerte einen Laden auf der anderen Seite des Weges an. Der schummrige Raum wurde von dünnen Eisenstangen in zwei Hälften unterteilt. Der Abstand zwischen den einzelnen Stangen betrug etwa fünfzehn Zentimeter. An einigen war Knabberzeug in bunten Plastiktüten befestigt. Gleich dahinter, auf der hölzernen Ladentheke, türmte sich die kunterbunte Ware. Hierher schickte mich Mutter oft, um etwas einzukaufen, denn das Sortiment in Großmamas Lädchen war wesentlich bescheidener. Ich wollte gar nichts haben, doch Hugo kaufte mir für fast zehn Quetzales eine große Tüte frittierter Kartoffel-Chips mit Chilipulver und eine Dose Mangosaft. Bedient wurden wir von Señor Jacinto. Kritisch musterte er den fremden Mann neben mir. Vor dem Eingang verweilten wir noch etwas. Ich schob mir einen Chip in den Mund, Hugo zeigte auf den halbvollen Mond, der sich glasklar vom sternenbehangenen Nachthimmel abhob. »Schau, Sandra, denk mal an all die Verliebten, die sich diese weiße Scheibe genau in diesem Moment betrachten.« Sein Arm streifte kurz den meinen und löste damit ein sonderbares Kribbeln in mir aus. Ich hatte den dringenden Wunsch, nun endlich zu gehen. »Es ist schon spät, ich muss jetzt gehen«, sagte ich knapp und lief davon. Auch wenn mir das Ganze etwas Panik verursacht hatte, so galoppierte doch mein Puls vor lauter Glückseligkeit. Hugo war immer so lieb zu mir, er nahm mich ernst und vermittelte mir das Gefühl, wichtig zu sein. »Was grinst du so dumm?«, wollte Mutter wissen, kaum war ich durch die Tür gekommen. »Ach nichts, warum?«, erwiderte ich und legte mich gleich schlafen.

Taekwondo mochte ich noch immer nicht besonders, aber Hugo zuliebe strengte ich mich jedes Mal an, wenn ich eine neue Kampfstellung erlernte. Selbst auf meinen Suchtmittelkonsum hatte dieses noch unschuldige Liebesabenteuer positive Auswirkungen. Hugo selber rührte nach eigener Aussage keinen Tropfen an und belehrte mich über die schädlichen Auswirkungen von Alkohol und Zigaretten. Beim Zechen mit Beba und ihren Freunden hielt ich mich nun etwas zurück. Es waren glückliche Monate. Allerdings gab es Züge an Hugo, die mich verunsicherten. Er hatte kaum Zeit für mich. Meistens nur an den zwei Kurstagen, und selbst dann höchstens für zwei oder drei Stunden. Beständig gab er vor, beschäftigt zu sein, auch wenn er neben seiner Mini-Akademie keiner weiteren Betätigung nachging. Soviel ich wusste, erhielt er für seinen Lebensunterhalt Geld von seiner Mutter, die in den USA arbeitete. Überraschenderweise war es ihm auch nicht mehr möglich, mich und Mercy nach dem Unterricht heimzubringen. Diese Aufgabe übertrug er an seine zwei besten Kumpel. Einer von ihnen, Byron, wurde zu meinem Schatten. Er holte mich von Zuhause ab und geleitete mich auch wieder dorthin zurück, oft sogar, wenn ich gar kein Training hatte. Liebte mich Hugo wirklich so sehr, dass er mich derart behüten, ja fast überwachen ließ? Wann immer wir uns sahen, präsentierte er sich von seiner Schokoladenseite und machte mir kleine Geschenke. Einen Silberring, Plüschtiere und bunte Karten mit Herzen. Eines Abends, in einer dunklen Seitengasse, überließ ich mich seinen starken Armen. Er zog mich an sich und presste mir seine Lippen auf den Mund. Seine Zunge fuhrwerkte in meiner Mundhöhle herum, es kitzelte angenehm, und ich ließ es geschehen. Ich musste ihm schwören, meiner Mutter nichts davon zu sagen. Er liebe mich, versicherte er mir. Für mich war das alles so aufregend neu!

Erstmals fühlte ich mich wie eine junge Frau, nicht mehr wie ein kleines Mädchen. Nach diesem Kuss konnte mir Hugo auch die Bitte nicht mehr abschlagen, mit mir zur Schönheitskönigin-Wahl zu gehen, die jedes Jahr als Teil der Feiern für den Heiligen Benedikt von Palermo stattfand. Zögernd sagte er zu. Am besagten Tag stand ich mit Joel, Erika und Mercy neben dem Eingang des Gemeindezentrums gleich hinter der katholischen Kirche. Unser Geplauder kreiste um Mercy, die gerade hatte durchblicken lassen, sich heimlich mit einem Jüngling zu treffen. Das Zentrum Palencias glich wieder einem Jahrmarkt, und hunderte von Menschen umlagerten die zahlreichen Buden. Auch Mutter musste irgendwo dort zwischen all den Leuten stecken. Sie kritisierte mich zwar immer, war aber selber eine richtige Festnudel. Nervös schielte ich auf das mit roten Herzchen verzierte Zifferblatt meiner Armbanduhr – ein Geschenk von Hugo. Es zeigte elf Uhr sieben. Er hätte schon seit sieben Minuten hier sein sollen. Drinnen hatte die Veranstaltung schon begonnen. Als Beba kam, gingen wir hinein. Der kleine Saal war zum Bersten gefüllt, also blieben wir im hinteren Teil stehen. Eine nach der anderen trippelten die übertrieben lächelnden Kandidatinnen in langen Kleidern über den improvisierten Laufsteg; die meisten kannte ich wenigstens vom Sehen. Im Publikum wurde gescherzt, aber noch viel mehr gelästert. »Himmel, diese dicken Pfosten! Ist das nicht die Tochter von Doña Claudia? Ich würde mich schämen, mit solchen Beinen aufzutreten.« Meine Gedanken waren woanders. Mit jeder Minute, die verrann, steigerte sich meine Wut auf Hugo. Wo war er nur? Hatte er mir nicht fest versprochen, pünktlich zu sein? Jemand grapschte mir an die Schulter. Es war Byron. Hugo habe dringend etwas anderes erledigen gehen müssen und könne daher leider nicht kommen, richtete er mir aus. Wenn ich aber wolle, könne er, Byron, bei mir bleiben. »Das ist nicht nötig«, kaschierte ich meine Verstimmung gar nicht erst, »aber wenn du unbedingt willst.« Geistesabwesend wohnte ich wenig später draußen dem Festumzug bei. Auf einer mit farbigem Papierschmuck überdeckten Karosse zog die frisch gekrönte Schönheitskönigin winkend an uns vorüber, gefolgt von einer schmetternden Musikkapelle. Ich war nicht in Feststimmung. Wie auch? Hugos widersprüchliche Verhaltensweisen verunsicherten mich maßlos. Ich musste dringend mit ihm reden!

Noch bevor ich meinen Vorsatz in die Tat umsetzen konnte, hatte meine Mutter beim Abendessen eine niederschmetternde Neuigkeit für mich parat. »Tochter, schlag dir diesen Hugo aus deiner Rübe, diese Kanaille ist mit einer anderen Frau liiert. Der spielt doch nur mit dir und deinen Gefühlen?« Gerade hatte ich ein Stück von einer mit pürierten Bohnen bestrichenen Tortilla abgebissen – nun vergaß ich vor lauter Fassungslosigkeit, es hinunterzuschlucken. »Wie?«, drang es aus meinem vollen Mund. »Ja, glaub es mir doch, ich weiß es genau, du verschwendest nur deine Zeit mit diesem Kerl.« Ich rang mit den Tränen, suchte nach klaren Gedanken und sauste ins anliegende Zimmer, wo ich mich aufs Bett schmiss. Brüderchen Marlon trat tröstend an mich heran. »Verdammt, lass mich in Ruhe!«, scheuchte ich ihn weg. Wie konnte ein einziger Gedanke solche Qualen in einem auslösen? Mein Hugo sollte noch eine andere Frau haben? Jede einzelne meiner Hirnzellen sträubte sich, diese Möglichkeit auch nur in Betracht zu ziehen. Hatte er mir nicht geschworen, nur mich alleine zu lieben? Nein, das alles ergab einfach keinen Sinn. Ja, in letzter Zeit hatte er sich etwas komisch benommen, dafür gab es aber gewiss andere Erklärungen. War Mutter einer Lüge aufgesessen oder gönnte sie mir mein Liebesglück nicht? Das musste es sein! Nach quälenden Stunden des Grübelns fand ich etwas Schlaf. Innerlich hatte ich mich aber schon entschieden: Ich wollte an Hugo glauben. Allerdings nicht, ohne vorher mit ihm geredet zu haben.

Obschon er mich ausdrücklich gebeten hatte, nie unangemeldet bei ihm zu erscheinen, ging ich am folgenden Tag direkt nach Schulschluss zur Akademie, wo er auch gleich wohnte. Er öffnete mir die Tür. »Was ist los, ist etwas passiert?«, wollte er wissen, während er gleichzeitig nach Fassung rang. »Ich muss mit dir reden, Hugo, jetzt, es ist superwichtig!« Er bat mich herein. »Sag mir die Wahrheit! Bist du verheiratet?«, fragte ich tränenvoll. Mit der rechten Hand strich er sich durch sein mit Gel getränktes Haar. »Aber Süße, wer hat dir denn so etwas erzählt? Du weißt doch genau, wie sehr ich dich liebe.« Er berührte meine rechte Wange und legte dann seine Arme um meine Hüften. Ich war kurz davor loszuheulen. »Du, Kleine«, sagte er auf einmal, »bitte sei mir nicht böse, aber du musst jetzt gehen, wir sehen uns ja übermorgen beim Training.« Meine Bedenken waren nicht restlos ausgeräumt worden, doch ich klammerte mich an seine Beteuerungen wie ein Ertrinkender an einen Rettungsring.

Eineinhalb Monate später organisierte er eine Taekwondo-Show, durch die er sich erhoffte, noch mehr Schüler für seine kleine Akademie gewinnen zu können. Auch Mercy und ich waren eingeladen. Wie gewöhnlich kam uns Byron abholen. Hugo sprach nur kurz mit uns, dann widmete er sich wieder dem Publikum. Byron wich mir nicht von der Seite. Es war nicht viel los, daher wollten wir schon wieder gehen. Da baute sich eine junge Frau vor mir auf. »Du schmierige Nutte, wag es nicht noch einmal, meinen Mann auch nur anzusehen!«, schrie sie mich an. Die Rundung unter ihrer weiten Bluse zeugte von einer fortgeschrittenen Schwangerschaft. Ich glaubte, sie würde sich jeden Augenblick auf mich stürzen. Es war wie in einer billigen Telenovela. Mercy zog an meinem Arm. »Sandra, nun komm schon, lass uns von hier verduften!« Widerwillig ließ ich mich aus der Gefahrenzone bringen. Meine Emotionen und Gedanken überschlugen sich wie auf einer Achterbahn. Es war, als hätte mir jemand einen schweren Knüppel vor den Schädel gerammt. Warum, warum nur? Hatte mir Mutter die Wahrheit nicht klar und deutlich unter die Nase gerieben? Wie konnte ich nur so kreuzdumm sein? Und wie konnte es Menschen geben, die sich so gut aufs Heucheln und Lügen verstanden? Diese Frau hatte ich schon einige Male kurz in der Akademie gesehen, aber angenommen, es handle sich um die Freundin irgendeines Schülers.

Einige Tage lang weigerte ich mich, in die Schule zu gehen, und weinte oft. Mutter redete auf mich ein, mal tadelnd, mal aufmunternd. Ich war kaum ansprechbar. Hugo hatte mich zutiefst gedemütigt. Erst Mercy und Lincy schafften es mit vereinten Kräften, mich aus meiner Depression zu holen. »Sandra, reiß dich zusammen! Oder soll dieses Arschloch jetzt denken, du würdest seinetwegen leiden, doch wohl nicht, oder?« Sie hatten ja völlig recht! Und ist Verliebtsein nicht auch immer viel Selbstverliebtheit? Eine Weisheit, die mir damals leider noch nicht ganz bewusst war. Als beste Heilsalbe erwies sich wie immer die Zeit. Mein Herzbluten ließ nach, Stück für Stück nahm ich meine gewohnten Aktivitäten wieder auf. Noch galt es aber einige Prüfungen zu bestehen. Zum Beispiel, als ich auf dem Weg zu Beba war und beim Park Hugo auf mich zukommen sah. Ich versuchte ihm auszuweichen – vergeblich. »Sandra, Sandra, kann ich mit dir reden? Nur kurz, bitte, bitte!« Erst als er sich direkt vor mich stellte, blieb ich stehen. »Wirklich, ich bedaure das alles so sehr«, setzte er an. »Ich weiß, jetzt ist es zu spät, aber glaub mir, ich habe nicht gewollt, dass es so kommt!« »Nein, natürlich nicht«, entgegnete ich kühl, »denn dann hättest du dein fieses Spielchen noch weiterspielen können, nicht wahr?« Er runzelte die Stirn. »Nein Süße, so stimmt das nicht, aber das Leben ist leider nicht so simpel, wie du dir das vielleicht vorstellst. Ich liebe dich wirklich, auch wenn du mir das nun nicht mehr glauben wirst.« Ich hatte genug: »Hugo, sorry, aber ich will nichts mehr von dir wissen! Ich wünsche dir einfach alles Gute!« Ich stelzte davon.

Später fand ich heraus, wie es ihm möglich gewesen war, mich über Monate an der Nase herumzuführen. Um sich mit mir abzugeben, hatte er skrupellos den Umstand ausgenutzt, dass seine Frau tagsüber immer bei ihrer Mutter weilte, in einem Dorf unweit von Palencia. Und um sich doppelt abzusichern, hatte er ihr weisgemacht, ich sei die Verlobte seines Kumpels Byron. Was für eine ausgekochte Strategie!

»Mercy ist mit einem Jungen durchgebrannt!« Wie eine Bombe schlug die Nachricht bei uns ein. Großmutters Entrüstung kannte keine Grenzen. Als Erste wurde ich ausgequetscht. Meine fünfzehnjährige Cousine hatte mir ihren heimlichen Freund zwar kurz vorgestellt, mich aber sonst nicht weiter in ihre Pläne eingeweiht. Schnell wurde klar, warum sie das Weite gesucht hatte: Sie war schwanger! Keine vierzig Tage fehlten bis zum Ende des zweiten Jahres der Sekundarschule, nun aber schmiss sie alles hin.

Kurz entschlossen tat ich es ihr gleich. Ich solle doch wenigstens noch dieses Jahr zu Ende bringen, wollte mich Mutter umstimmen. Aber störrisch wie immer, hatte ich mich bereits festgelegt. Einerseits hing mein Schulbesuch immer noch vom Wohlwollen Tante Martinas ab. Jetzt aber, da ihre eigene Tochter sich von der Schule verabschiedet hatte, wie konnte ich weiter ihre finanzielle Unterstützung annehmen? Das schien mir nicht korrekt. Andererseits war ich des Lernens in letzter Zeit immer überdrüssiger geworden. Außerdem brauchte ich jetzt erst einmal eine Auszeit. Zuallererst würde ich mir eine Arbeit suchen, um so an etwas Geld zu kommen, denn mit Hugo hatte ich die einzige Person eingebüßt, die mir manchmal Geschenke gemacht hatte. Für Mutter war es ohnehin schwierig genug, mich und meine Brüder durchzufüttern. Für andere Dinge, etwa Kleider oder Schuhe, reichte es da kaum. Mit der Schule weitermachen könnte ich später immer noch, dachte ich. Auch meine Mutter fügte sich schließlich meiner Entscheidung.

Dank Erika hatte ich Ende November meinen ersten Job. Eine ihrer Bekannten benötigte flinke Hände für die Fertigung farbiger Geschenkschleifen. Einfachste Idiotenarbeit. Drei Wochen lang, jeden Vormittag, klebten wir rote, blaue und goldgelbe Bänder zu der immer gleichen Schleifenform zusammen. Pro Schachtel zahlte man uns zwei Quetzales fünfzig. Da in jeder Schachtel genau 24 Schlaufen Platz fanden, und jede von uns zwischen acht und zehn Schachteln pro Tag schaffte, kamen wir auf einen Verdienst von zwanzig bis fünfundzwanzig Quetzales. Nicht schlecht, das war in etwa der Tageslohn eines Bauarbeiters. Endlich hatte ich etwas Geld, selbst verdientes noch dazu.

In dieser Zeit lief mir noch einmal Hugo über den Weg. Er meinte doch allen Ernstes, »wir könnten Freunde bleiben«. Ich gab mich so kühl wie nur möglich. Irgendjemand hatte ihm erzählt, dass ich einen Job hatte. »Schade, dass du nun arbeiten gehen musst, Süße. Dafür bist du doch noch viel zu jung«, gab er sich als fürsorglichen Vertrauten. »Ach, so ist das. Zum Arbeiten bin ich noch zu jung, aber um deine Geliebte zu sein wohl nicht?« Das hatte gesessen! Danach war ich sogar etwas stolz auf mich selber. War es mir doch gelungen, meine Empfindungen für diesen Mann zu zügeln. War es jemals Liebe gewesen, die ich für ihn empfunden hatte? Das Leben, die Gefühle, das alles war wirklich eine verzwickte Sache. Was heute rot leuchtete, konnte schon morgen grün erscheinen und umgekehrt.

Dann war Heiligabend. In einer Ecke des Wohnraumes hatte Großmutter die selbst gebastelte Weihnachtskrippe aufgestellt, mit aus Holz geschnitzten, bunt bemalten Figuren und einem kleinen Stall aus Holzrinde. Es duftete angenehm, denn dem Brauch entsprechend waren alle Böden im Haus mit einem grünen Teppich aus Fichten-Nadeln bedeckt. Ich hoffte auf friedliche und abwechslungsreiche Stunden. Patricia und Mutter, die nach einem Jahr des gegenseitigen Ignorierens wieder Frieden geschlossen hatten, waren zu früher Stunde auf einem Markt in der Hauptstadt gewesen, um Äpfel, Trauben, Nüsse und noch vieles mehr einzukaufen. Palencia selber besaß keinen Straßenmarkt, nur eine Art Markthalle beim Park mit einer eher bescheidenen Auswahl an frischen Früchten, Salat und Gemüse zu überhöhten Preisen. Nun machten sich die beiden Schwestern daran, einige unserer Hühner zu schlachten. Etwas gruselig war das schon. Das Fleisch wurde für die traditionellen Tamales benötigt. Hundertfünfzig Stück davon galt es herzustellen. Auch Lincy und ich mussten mithelfen. In quadratisch geschnittene, dunkelgrüne Bananenblätter gaben wir je eine Portion einer Masse aus Mais und Schweinefett, in die wir mit den Fingern eine kleine Vertiefung bohrten. Dort hinein kamen ein Stück rohes Hähnchenfleisch, etwas Tomatensoße und eine halbe Chilischote. Dann verteilten wir noch einige Oliven und Rosinen in der Masse, bevor wir die Blätter mit sandgelben Naturriemen über Kreuz zu rechteckigen Paketen schnürten. So kamen sie in den riesigen Topf über dem Holzfeuer, in dem das Wasser schon brodelte. Danach bereiteten wir literweise Ponche zu, einen Fruchtpunsch, der heiß aufgekocht und als Getränk serviert wird. Manche Erwachsene geben noch etwas Schnaps dazu. Während wir Frauen und Mädchen uns beim Kochen abmühten, zündeten die Jungs die ersten Böller. Ihnen bereitete es besonderes Vergnügen, uns diese nicht ungefährlichen Sprengkörper direkt vor die Füße zu werfen, um sich dann über unser Fluchen zu amüsieren. Typisch Mann eben! Selbst Pedro machte mit.

Je später es wurde, desto mehr Angehörige unserer Familie trafen ein. Myrna, die vor einem Jahr geheiratet hatte, war mit ihrem Ehemann und dem gemeinsamen Kind aus der Hauptstadt angereist, wo sie nun lebten. Freudig ließ sie uns wissen, sie habe gestern mit Martina, ihrer Mutter, gesprochen, und diese habe ihr versichert, sie komme bald nach Guatemala. Martina lebte nun schon seit über zehn Jahren in den USA. Ihr Versprechen, »bald einmal zu kommen«, hatte sich bisher noch nicht bewahrheitet. Auch Mercy und der Vater ihres noch ungeborenen Kindes waren da. Sie wohnten bei dessen Eltern, etwas außerhalb Palencias. Großmutter hatte ihr noch nicht ganz verziehen, doch an der Sachlage konnte selbst sie nichts mehr ändern.

Als es dunkel wurde, rief Mutter mich und meine Geschwister in ihre Hütte, wo sie jedem von uns ein hübsch verpacktes Geschenk aushändigte. Das war ungewöhnlich, umso mehr freute es mich. Unter dem roten Glitzerpapier entdecke ich ein melonenfarbiges Frottiertuch, meine Brüder hielten Stoffhosen, T-Shirts und Socken in ihren Händen. Im Raum nebenan haute Erick derweil mit zwei Freunden auf den Putz. Vor ihnen auf dem Tisch stand eine Schnapsflasche, die Lautstärke ihrer Unterhaltung konkurrierte mit der schmetternden Ranchero-Musik aus einem Kassettenrekorder. Das konnte ja noch heiter werden! Ich ging lieber wieder hinauf zum Haus der Großeltern. Auch dort erheiterte der Alkohol schon einige Gemüter, und ehrlich gesagt gelüstete es auch mich gewaltig danach, doch ich musste mich mit einem Becher Fruchtpunsch begnügen. Zu vorgerückter Stunde spazierte ich mit Lincy zum Häuschen von Mama Concha. Sie tischte uns ihre leckeren, selbstgemachten Tamales auf. Ihre waren spezieller als unsere, denn sie waren mit feinem Truthahnfleisch gefüllt. Diesen Schmaus spülten wir mit einer Tasse heißer Schokolade hinunter. Weiter ging es in den »Urwald« zu Tante Anita, wo Erika und Joel sich uns zu einem Streifzug durch die Nachbarschaft anschlossen. Auf den finsteren Wegen, die sonst zu dieser Stunde kaum bevölkert waren, flanierten viele Menschen. Überall kauerten Grüppchen kleiner und großer Jungs, die mit ihrem Feuerwerk hantierten. An den Fassaden vieler Häuser, selbst an den einfachsten Verschlägen, blinkten farbige, aus China importierte Lichterketten, die man in der Hauptstadt für lediglich fünfzehn Quetzales kaufen konnte. Pünktlich um Mitternacht stiegen unter einem gewaltigen Getöse weiße Rauchwolken in den schwarzen Nachthimmel empor – penetranter Pulvergeruch setzte sich in meinen Nasenhöhlen fest. Von allen Umstehenden gab es Umarmungen, selbst von Leuten, die ich kaum kannte. Es muss schon nach drei gewesen sein, als ich todmüde wieder beim Häuschen meiner Mutter ankam.

1997

MEIN GROSSER TAG

Voll energiegeladener Verbitterung rieb ich mit der Bürste über die Bluse auf der gerillten Oberfläche vor mir. Mein rechter Arm schmerzte schon gewaltig, doch die Wut und der Frust, die ich seit Tagen in mir trug, mussten irgendwie heraus. Pedro kam ins Haus gerannt, mit verdreckten Stiefeln an seinen Füßen. »Scheiße, du Blödmann! Glaubst du eigentlich, ich genieße es, hier ständig sauber machen zu müssen?«, geiferte ich und warf ihm die Bürste hinterher. Es war zum verrückt werden. Gerade erst hatte ich den Zementboden mit einem feuchten Lappen gewischt, und das schon zum dritten Mal an diesem Tag! Der strömende Regen der letzten Nacht hatte die Pfade auf dem Gelände zu schlammigen Pisten werden lassen. Entsprechend schlimm sah es nun bei uns drinnen aus, denn fast niemand hatte die Angewohnheit, seine dreckigen Schuhe auszuziehen. Mutter legte trotz der Schlichtheit unserer Behausung großen Wert auf Reinlichkeit und Ordnung. Dreckige Böden, herumliegende Kleidung oder schmutziges Geschirr konnten sie zur Weißglut treiben. Auch die bunten Decken auf den Betten mussten immer sauber und perfekt gestreckt sein, und die von ihr handbestickten Kissen hatten sich ordentlich am Kopfende zu befinden. Arm zu sein bedeute nicht, unreinlich oder unordentlich zu sein, war ihre Devise, und ich hatte ihr dabei zu helfen.

Pedro war jetzt elf Jahre alt. Seine frühere Affektiertheit hatte er abgelegt, dafür war er umso schweigsamer und eigenbrötlerisch geworden. Die Schule hatte er abgebrochen, um arbeiten gehen zu können. So wie viele seiner Altersgenossen wollte er sich endlich etwas leisten können. Es war nicht leicht, in Armut zu leben und oft selbst auf die notwendigsten Dinge verzichten zu müssen. Zuerst hatte er einem Bauern bei der Kürbis-Ernte geholfen, danach hatte er sich für einige Wochen als Baugehilfe verdingt. Von seinem ersten Lohn hatte er sich moderne Turnschuhe gekauft, mit denen er die ersten Tage herumstolziert war, als bestünden sie aus purem Gold. Ich konnte es ihm gut nachempfinden, mir war es ähnlich ergangen, als ich die Schule hingeschmissen hatte.

Die Ursache meines immensen Frusts jener Tage hatte aber nichts mit dem ständigen Saubermachen zu tun. Sie lag in meinem bevorstehenden fünfzehnten Geburtstag, der für ein guatemaltekisches Mädchen eines der wichtigsten Ereignisse seines Lebens darstellt. An diesem Tag wird sie zur Frau und sollte – wenigstens theoretisch – bereit für den Hafen der Ehe und das Kinderkriegen sein. Jeder Vater wird daher alles in seiner Macht stehende tun, um für seine Tochter eine möglichst pompöse Feier auszurichten. Dazu gehören viele Gäste, Unmengen von Essen und Getränken und Musik, am besten eine Band, oder wenigstens eine potente Stereoanlage. Und nicht zu vergessen: für das Geburtstagskind muss ein kostspieliges Festkleid angeschafft werden, welches Ähnlichkeit mit einem Brautkleid hat. Noch gut waren mir die Feiern zum Fünfzehnten meiner Cousinen in Erinnerung. Erikas Vater etwa hatte sich nicht lumpen lassen und im »Urwald« eine Riesenparty mit über hundert Gästen auf die Beine gestellt. Und vor etwas mehr als einem halben Jahr hatte Martina den Großeltern zusätzliche Dollars überwiesen, mit denen sie für Mercy eine opulente Feier organisiert hatten. Aber was nützte es mir zu träumen? Ich hatte keinen Vater, Mutter konnte mir nichts bieten, und von Erick durfte ich mir nichts erhoffen.

Endlich hatte ich es geschafft. Die Wäsche lag sauber und frisch duftend vor mir. Vorsichtig balancierte ich das Becken auf dem Kopf bis zur Wäscheleine, die zwischen dem Haus und einem dürren Zypressenbaum aufgespannt war. Der Himmel war bewölkt, und ich fragte mich, ob heute noch alles trocken werden würde. Da erblickte ich Mutter, die den Pfad entlang auf mich zukam. Ein älterer Mann folgte ihr. Mit ihrem Mienenspiel stimmte etwas nicht. Und warum glotzte mich dieser Fremde derart zudringlich an? Ohne mir Zeit zu lassen, mein geistiges Rätselraten zu beenden, beschied sie mir knapp: »Sandra, das ist dein Vater, bitte begrüß ihn!« Ihre Worte schlugen in mich ein wie Raketen mit defekten Zündköpfen. So rasch konnte ich das Gehörte nicht auf die Reihe kriegen. Mein was? Von meinem Vater wusste ich nur, dass er eine erbärmliche Gestalt sein musste, die sich nach meiner Geburt feige aus dem Staub gemacht hatte. Zweifelnd blickte ich in die matten Augen dieses unbekannten Mannes. Er trug ein weißliches Hemd mit vergilbten, grauen Streifen und einem schmutzigen Kragen. Eine grünblaue Baseball-Mütze saß wie aufgepfropft auf seinem schütteren, weißlichen Haar. Über sein hohlwangiges, runzeliges Gesicht zog sich ein angestrengtes Lächeln. Er streckte mir seine Hand entgegen. »Sandra, es freut mich, dich zu sehen. Wie geht es dir?« »Gut«, antwortete ich leise, unsere Hände berührten sich kurz. »Du wirst ja nun bald fünfzehn Jahre alt, nicht wahr?« Ich nickte. »Brauchst du etwas, dann sag es mir nur.« Ich schwieg. Eine solche Frage nach all diesen Jahren! Kam sie nicht genau fünfzehn Jahre zu spät, in denen er vergessen hatte, eine Tochter mit dem Namen Sandra zu haben? Mutter schien meine Gedanken zu teilen. »Luis, was fällt dir ein, hier einfach so anzukommen und so zu tun, als sei nichts geschehen«, entgegnete sie ihm aufgebracht. »Gott sei Dank geht es Sandra ausgezeichnet, sie braucht nichts!«

Hier wurden alte Wunden wieder aufgerissen. Mir wurde es zu ungemütlich, also verzog ich mich ins Haus. Nach einer Weile hörte ich Mutter durch die offene Tür sagen: »Also gut, Luis, wenn du deiner Tochter wirklich etwas schenken willst, dann gehst du am besten mit ihr zur Hauptgasse. Aber ich komme mit, sonst kauft ihr nur irgendein unnützes Zeug.« Ihr war eingefallen, wie dringend ich sehr wohl viele Sachen benötigte, die sie mir nicht kaufen konnte. Es war höchst skurril, beide Elternteile an meiner Seite zu haben. Wortlos gingen sie neben mir her. Selbst nach so vielen Jahren hatten sie sich nichts zu sagen. In einem Geschäft an der Hauptgasse kaufte mir der Mann Strümpfe und ein halbes Dutzend Unterhosen. Dann versprach er noch, die Kosten für meine Geburtstagsfeier in drei Wochen übernehmen zu wollen. Und weg war er, wie eine Fata Morgana in der Wüste. Ich solle mich nur ja keinen allzu großen Illusionen hingeben, dämpfte Mutter meine aufkeimende Hoffnung. Ich gab mir Mühe, ihrem Rat zu folgen, was mir nur halbwegs gelang.

Die Tage kamen und gingen. Ich versuchte, an etwas anderes zu denken. Willkommene Abwechslung boten da kolumbianische oder brasilianische Telenovelas. Bildschöne Menschen, Liebe, Hass und Verrat, es war fast wie im wirklichen Leben, nur eben alles viel überspitzter. So war es auch an einem eintönigen Nachmittag. »Ah, was für ein Fiesling!«, entrüstete ich mich. »Fernando hat gerade zugegeben, er habe Julia gar nie geliebt, es sei ihm immer nur um die Knete gegangen!« »Das war von Anfang an klar«, kommentierte Mutter aus dem Nebenraum, wo sie gerade ein *Caldo de Res*, eine Rindfleischsuppe, kochte. Schlagartig wurde der Bildschirm schwarz. »Scheiße, schon wieder ein Stromausfall«, fluchte ich. Leider kam es fast wöchentlich zu solchen Unterbrechungen. Aber dieses Mal war die Ursache hausgemacht. »Opa hat euch den Strom gekappt«, informierte uns Marlon. Aufgebracht jagte Mutter hinauf zu ihren Eltern und ich hinterher. »Verflucht noch mal, was soll das?«, verlangte sie eine Stellungnahme. »Bernarda, wenn dein Alter genug Kröten zum Saufen hat, dann kann er gefälligst auch den Strom bezahlen, den ihr verbraucht«, stellte Großmutter sogleich den Sachverhalt klar. Die übelsten Beleidigungen wurden ausgetauscht, aber Strom hatten wir dadurch immer noch nicht. Im Grunde genommen war Großmutter ja im Recht. Erick war tatsächlich seit Monaten mit der Zahlung unseres

Teils der Stromrechnung in Verzug. Andererseits verstand ich auch Mutter. Das wenige Geld, welches ihr zur Verfügung stand, reichte nicht einmal, um die notwendigsten Ausgaben zu bestreiten. Unzählige Male hatte sie Erick daher schon gebeten, wieder arbeiten gehen zu dürfen, um etwas eigenes Geld dazuzuverdienen. Aber immer hatte er ihr eine Abfuhr erteilt. Dass nun aber ihre eigene Mutter uns einfach so den Strom abstellte, fasste sie als eine übertriebene Gemeinheit auf. Am Abend, bei Kerzenlicht, harrten wir des kommenden Donnerwetters. Erick bekam einen seiner Tobsuchtsanfälle und verfluchte Großmutter, bevor er die Beschimpfungen auf meine Mutter lenkte. Sie könne nicht mit dem Zaster umgehen, sei eine Verschwenderin und noch vieles mehr. Ich hätte diesen Idioten eigenhändig erwürgen können! Aber nun nützte sein ganzes Fluchen nichts. Wollte er wieder Strom haben, so musste er das fehlende Geld herausrücken. Mit dem ersten Hahnenschrei überbrachte ich Großmutter den geschuldeten Betrag.

Dann war mein gefürchteter Tag da. Gleich beim Wachwerden befiel mich ein heftiger Kummer, denn wie zu erwarten hatte mein so genannter Vater nicht Wort gehalten. Er hatte sich nicht mehr blicken lassen. Somit hatte ich kein Festkleid, und es würde auch kein Fest geben. Mutter hatte angekündigt, sie würde für den engeren Familienkreis ein schmackhaftes Essen zubereiten. Mehr konnte sie nicht tun. Ich überlegte mir, ob es nicht besser sei, den Tag im Bett zu verbringen und eine Krankheit vorzugaukeln. Ich drehte mich zur anderen Seite, um noch etwas weiterzudösen. »Sandra, steh auf! Da ist jemand, der will mit dir sprechen«, riss mich Pedro aus meinem schläfrigen Selbstmitleid. Ich schlug die Augen auf. »Nun mach schon!«, trieb er mich an. Ich erhob mich, zog mir eine Strickjacke über und trat, noch etwas schlaftrunken, vors Haus. Hugo! Auf seinen Armen balancierte er eine Schachtel, auf der ein roter Blumenstrauß und eine blaue Karte lagen. Ich nahm alles entgegen und gab ein schwaches, verdattertes »Dankeschön« von mir. Mein Gefühlszustand musste mir anzusehen sein, jedenfalls fragte er, ob mit mir etwas nicht stimme. In wenigen Sätzen legte ich ihm meine missliche Lage dar. »Komm, Kleine, ich kauf dir dieses Kleid«, sagte er, ohne lange zu überlegen. Behaglich war mir nicht dabei, auf sein Angebot einzugehen, da ich keine falschen Erwartungen in ihm wecken wollte. Doch meine Hoffnungslosigkeit war einfach stärker. Mutter war dazu gekommen, hielt sich aber zurück. In Palencia gab es solch spezielle Festkleider nur in einem einzigen Geschäft zu kaufen. Ich wählte etwas Billiges, Schlichtes, aus himmelblauem Stoff, versehen mit weißen Stickereien und Rüschen. Hugo war wieder einmal in Eile. Gerne würde er noch etwas bei mir bleiben, meinte er, aber leider gehe das nicht. Das sei schon okay, ich würde ihm nie vergessen, was er für mich getan habe, bedankte ich mich.

Zuhause zog ich mir das Gewand gleich über. »Wow, du siehst phänomenal aus, wie eine echte Prinzessin«, lobte Lincy. Auch Guadalupe, ihre fünfjährige Schwester, bestaunte mich mit ihren großen, dunklen Augen. Großmutter hatte Lebensmittel gespendet, Mutter, Patricia, Emilia und Tante Evelyn machten sich daran, einen Festschmaus aus Rindfleisch, Reis und russischem Salat zu zaubern. Konnte mein großer Tag doch noch gerettet werden?

Vor dem Haus der Großeltern standen Tische, Bänke und Stühle. Ich setzte mich und nahm María-José auf meinen Schoß. Mein Schwesterchen hatte sich in ein niedliches Mädchen verwandelt, das ich gern mit mir herumtrug. Neben mir saß Evelyn, die das Fleisch beigesteuert hatte. Mit dieser gutmütigen Frau verstand ich mich vortrefflich. Ihre Beziehung zu Onkel Ramiro war kurz davor zu scheitern, weil sie ihm bisher keine Kinder hatte schenken können, obwohl sie sich doch nichts sehnlicher wünschte als Mutter zu werden. Endlich war das Essen fertig. Ich verspürte einen riesigen Hunger und langte kräftig zu. Weitere Familienangehörige, Freunde und Nachbarn trafen ein. Fast alle brachten Geschenke mit – durchweg nützliche Dinge wie Duftseifen, Fläschchen mit Riechwasser, Tassen, Notizhefte oder reizend verpackte Süßigkeiten. Auch Mercy war da. Ihre Schwangerschaft hatte sie noch kugelrunder werden lassen. Bei ihr und ihrem Freund schien alles gut zu laufen, jedenfalls war sie bester Laune. Etwas später kamen auch noch Beba und Ingrid. Pedro stellte seinen neuen Kassettenrekorder auf, den er sich mit den Gelegenheitsjobs zusammengespart hatte, und legte eine Kassette der mexikanischen Band Los Tigres del Norte ein. Jemand hatte auch für Schnaps gesorgt. Mutter bediente sich reichlich. Besorgt sah ich, wie sie das Hochprozentige in sich hineinschüttete, als handle es sich um Mineralwasser. Sie hatte schwere Wochen hinter sich, das war ihr anzusehen. Auch Oma und Opa genehmigten sich einige Gläschen. Es wurde geschwätzt und viel gelacht. Wer wollte, der tanzte. Gegen neun Uhr abends hatte sich ein Großteil der Gäste wieder verabschiedet. Müde, aber insgesamt zufrieden mit dem Verlauf des Tages wollte ich der lauten Musik entkommen und schlenderte zum Rand des Grundstücks. Doch ich musste auch an meinen so genannten Vater denken. Nicht einmal an diesem für mich so besonderen Tag hatte er genügend Anstand aufgebracht, seine Versprechungen einzuhalten. Welch ein Jammerlappen! Von mir aus konnte er bleiben, wo der Pfeffer wächst!

Ein Geräusch holte mich aus meinen Grübeleien. Auf unsicheren Beinen kam Mutter auf mich zugewankt. »Du bist an allem schuld, du blöde Göre, du alleine«, lallte sie. »Mama, du hast zu viel getrunken, es ist besser, wenn du dich schlafen legst«, empfahl ich ihr. »Halt dein saufreches Maul, du hast mir nichts vorzuschreiben, rein gar nichts!«, schnaubte sie wie eine Irre. »Los, hau ab, mach, dass du wegkommst, ich will dich nie wieder sehen!« Ich traute meinen Ohren nicht. »Aber Mama, was ist denn los mit dir, was redest du da?« In ihrer Hand hielt sie eine fast leere Schnapsflasche. »Verschwinde… verschwinde!«, wiederholte sie krakeelend ihre Aufforderung und warf mit der Flasche nach mir, die knapp neben mir zerschellte. »Danke, dass du mir einen so schönen Tag bescherst!«, rief ich ihr noch zu und trollte mich. Unfähig zu glauben, was sich da soeben ereignet hatte, folgte ich ziellos dem dunklen Weg vor mir. Ich schwitzte, obwohl es frisch war. Bald klebte das Kleid an meinem Körper. Wie konnte Mutter mir das antun, ausgerechnet an meinem fünfzehnten Geburtstag, und nachdem dieser schon gerettet schien? Was ging nur in ihrem Kopf vor, wie konnte sie mir die gesamte Schuld an ihren Problemen anlasten?

Ich näherte mich einer hell erleuchteten Bar, in der Billard gespielt wurde. Beim Eingang hielt sich eine Gruppe Jugendlicher auf. Sie starrten mich an, als sähen sie ein Gespenst auf sich zu kommen. Einer von ihnen wollte wissen, ob alles in Ordnung sei. Es war Byron. Ich stammelte etwas von »Zoff zuhause«. Er gebe Hugo Bescheid, solange solle ich mich hinsetzen und nicht vom Fleck rühren, sagte er. Nach einer guten Viertelstunde war Hugo da. Aufmerksam hörte er sich meine bemitleidenswerte Geschichte an, dann forderte er mich auf, ihm zu folgen. Schon zum zweiten Mal an diesem Tag wurde er zu meinem Retter in der Not. Wie ein Kind ließ ich mich führen. Wir betraten einen Bau mit schattenhaften Figuren und Tischen voller Bierflaschen. Aus einer Rockola, wie man die Jukebox bei uns nennt, schallte Ranchero-Musik. Hugo tuschelte mit einer älteren Frau, die er Liz nannte. Sie lotste uns in einen ungepflegten Innenhof. In einem Rundgang mit Ziegeldach reihten sich zahlreiche Holztüren aneinander. Sie öffnete eine davon. »Hier kann die Kleine erst einmal bleiben«, sagte sie. Ich hatte keine Energie mehr, um die Geschehnisse noch irgendwie zu beeinflussen. Der Raum war mit Kisten vollgestellt, die Hugo zur Seite schob. Er werde morgen nach mir schauen, es würde alles wieder gut werden, sagte er und eilte davon. Liz gab mir eine hauchdünne Stoffdecke, die ich auf dem kalten Steinboden ausbreitete. Geräuschvoll ging die Tür zu. Die Einsamkeit nahm mich fest in ihren Würgegriff. In diesem Augenblick glaubte ich, das unglücklichste Mädchen auf Erden zu sein. Hätte ich die Wahl gehabt, für immer einzuschlafen, so hätte ich ohne Bedenken ja gesagt. Verstoßen von meiner eigenen Mutter, lag ich an meinem 15. Geburtstag im vergammelten Hinterzimmer einer verruchten Bar. Durch eine scheibenlose, mit etwas Maschendraht abgedeckte Luke, strömte kalte Nachtluft zu mir herein, um sich mit der Kälte in meinem Inneren zu verbünden. In Fötus-Stellung lag ich in die Decke eingewickelt da und sehnte mich nach Schlaf. Stunde um Stunde, vergeblich. Rücken, Schultern und Ellbogen taten weh, ständig musste ich mich auf dem harten Untergrund umdrehen.

Irgendwann muss ich dann doch eingedöst sein, denn ein sanftes Klopfen weckte mich, und wärmende Sonnenstrahlen fielen durch die kleine Öffnung direkt auf meine Beine. »Guten Morgen«, sagte Hugo lächelnd und zog gezuckerte Brötchen samt einer Flasche Orangensaft aus einer Papiertüte hervor. Ich wollte nichts davon anrühren, also legte er alles auf eine Kiste. »Kleine, deine Familie sucht schon nach dir«, sprach er voller Ernst. »Dein Bruder Pedro ist heute früh bei mir aufgetaucht und hat nach dir gefragt. Logischerweise habe ich abgestritten, etwas von dir zu wissen. Aber wäre es nicht besser, du würdest bald wieder nach Hause gehen?« »Nein, niemals!«, schrie ich hysterisch. »Ich habe keine Mutter und keine Familie mehr! Verstehst du das denn nicht?« »Nun beruhig dich doch, Kleine. Ich würde dich ja mit in mein Haus nehmen, aber wie du weißt, ist das unmöglich.« Ich fasste mich wieder etwas und sagte, er solle sich um mich keine Sorgen machen. Ratlos zauderte er einige Sekunden lang, bevor er mit dem Versprechen ging, am folgenden Tag wieder nach mir zu schauen. Ich heulte los. Alles war so hoffnungslos. Wenn ich doch wenigstens noch etwas Liebe für diesen Mann verspürt hätte, vielleicht wäre mir das ein kleiner Trost gewesen. Aber dem war nicht so. Ich war Hugo einfach nur dankbar, mehr auch nicht.

Zum Mittagessen servierte mir Liz einige Tortillas mit einem großzügigen Brocken Fleisch. Wieder ließ ich alles stehen. Einzig um die Gemeinschaftstoilette im Hof aufzusuchen, verließ ich meinen selbstgewählten Kerker kurz. Nachmittags trank ich etwas Kaffee und aß ein kartoffelgroßes süßes Brötchen. Die Hausherrin hatte mir bisher keinerlei Fragen gestellt. Was sie wohl von mir dachte? In den Nachbarzimmern gingen hin und wieder Leute ein und aus. Es polterte einige Minuten lang, dann war wieder alles still. Für die zweite Nacht erbat ich mir eine Wolldecke und ein Kissen. Ich schlief so tief und fest wie noch selten. So tief, dass mich Hugo am Morgen wachrütteln musste. Wie man ihm ansehen konnte, brannte er auf eine Entscheidung. »Süße, du kannst doch nicht ewig hier bleiben! Deine Mutter fahndet wie verrückt nach dir, vielleicht hat sie auch schon die Polizei verständigt! Bitte rede doch mit ihr!« Er flehte mich geradezu an. Ich rieb mir die Augen. Mein

Wunsch zu sterben war von einem Heißhunger verdrängt worden. Und auch sonst hatte mir der Schlaf etwas Lebensmut zurückgegeben. Ich zierte mich eine Weile eher künstlich, dann lenkte ich ein. Hugo begleitete mich noch einige hundert Meter, dann trennten sich unsere Wege. Zuerst würde ich zu den Großeltern gehen, um dort alles Weitere abzuwarten.

Vor dem Fenster von Großmutters Laden standen einige Nachbarskinder, die von Emilia bedient wurden. Sobald ich im Haus war, ertönte Großmutters kräftige Stimme. »Wo zum Teufel warst du? Wir haben überall nach dir gesucht!« Sofort war ich wieder den Tränen nahe. »Ich war bei einer Freundin«, schwindelte ich wimmernd. »Mama hat mich doch davongejagt, was hätte ich denn tun sollen?« »Ich weiß, Sandra, die Schuld liegt nicht bei dir allein«, sprach sie schon etwas verhaltener, »nichtsdestotrotz hättest du zu mir kommen sollen, verdammt noch mal. Aber nun setz dich hin, du bist sicher hungrig.« Genüsslich machte ich mich über ein Teller mit Reis und Gemüse her, danach half ich Emilia mit dem Abwasch. Da flog die Haustür auf und Mutter kam hereingestürmt – ihr grimmiges Gesicht ließ nichts Gutes erahnen. »Du unverbesserliches Weibsstück, zu Tode geängstigt haben wir uns deinetwegen!«, fuhr sie mich an. »Wo hast du nur gesteckt?« Sofort suchte ich Großmutters Nähe, die sich ihrer Tochter in den Weg stellte und ihr befahl, mich nicht anzurühren. Mutter aber blieb starrköpfig: »Man muss diesem Luder doch eine Lektion erteilen! Wie konnte sie nur so lange wegbleiben?« »Aber du bist es doch gewesen, die mich fortgejagt hat«, verteidigte ich mich nun selbst. »Mein Gott, Sandra, ich war doch stockbesoffen! Wie kannst du nur auf jemanden hören, der in einem solchen Zustand ist?« Und wieder erhielt ich Schützenhilfe von Großmutter: »Red keinen Schwachsinn, Bernarda, deine Tochter hat ganz recht! Sollte sie mal auf die schiefe Bahn geraten, dann trägst du die Schuld daran, du alleine! Welch jämmerliches Beispiel lebst du ihr denn vor?«

Der bittere Nachgeschmack dieser Tage sollte mich noch lange verfolgen. Mutter fand bald heraus, wer mir geholfen hatte, mich zu verstecken. Folglich verbot sie mir strengstens jeglichen weiteren Kontakt zu Hugo. Sie ging nun wieder arbeiten, klammheimlich, damit Erick nichts davon mitbekam. Die angespannten Finanzen hatten sie dazu gezwungen. Wie früher wusch, bügelte und putzte sie für fremde Leute. In dieser Zeit musste ich auf Salvador und María-José aufpassen. Auch Großmutter steckte wieder vermehrt ihre Nase in meine Angelegenheiten. Wie ich das alles hasste! Es musste sich etwas ändern an meinem trostlosen Dasein, und zwar bald!

1997–1998

MIT GANZEM HERZEN

Gelegentlich, wenn ich es einrichten konnte, ging ich ins Zentrum zu Beba und ihrer Clique. Dabei sah ich auch jenen Jungen wieder, der mich bereits vor einem Jahr verzaubert hatte. Tino. Und er tat es immer noch. In seiner Gegenwart gehörte mein ganzes Denken und Sehnen nur ihm alleine. Angespannt lugte ich immer wieder zu ihm hinüber und hoffte auf ein Zeichen. Irgendetwas, ein Blick, ein Augenzwinkern, eine Geste. Aber auf mein allzu offensichtliches Interesse an ihm zeigte er keinerlei Reaktion.

Mitte März befand sich Palencia mitten im Trubel der Heiligen Woche. Feierliche Prozessionen und profane Jahrmarktstimmung gingen miteinander einher. Mutter unternahm mit mir und meinen Geschwistern einen Rundgang durch Palencia. Eigentlich wäre ich lieber allein gegangen, doch ich musste mich fügen. Auch in diesem Jahr hatte man auf einem Feld hinter dem Basketball-Platz ein Riesenrad aufgestellt. Bei den Verkaufsbuden ringsherum herrschte ein gewaltiger Andrang. Zuckerwatte schleckend flanierten wir umher und genossen das festliche Ambiente. Aus der Menschenmenge vor uns tauchten Beba und Pelón auf. Mutter kannte ihn und auch seine Familie. Wir blieben stehen und kamen ins Plaudern. »Du, Sandra«, sagte Pelón plötzlich, »da hinten ist Tino, er möchte mit dir quatschen. Hast du kurz Zeit? Komm, ich zeige dir, wo er ist.« Ich blickte zu meiner Mutter. Sie schwieg, also lief ich Pelón hinterher. In Wahrheit hatte Tino gar nicht nach mir gefragt, es handelte sich um eine Finte, die Beba eingefädelt hatte, um uns bekannt zu machen. Mit einigen seiner Kumpanen stand er vor einer Schießbude. Pelón trat zu ihm hin und machte ihn auf mich aufmerksam. Mein Herz, ja meine gesamten Innereien bebten vor Aufregung. Er kam auf mich zu. »Hallo, Kleine, was geht ab?«, fragte er. »Och, alles okay«, antworte ich – mehr brachte ich nicht heraus. Er wollte noch wissen, wo ich wohne, dann ging er wieder zu seinen Begleitern. Am liebsten hätte ich ihn umarmt und nie mehr losgelassen! Hinter dieser etwas schroffen Hülle verbarg sich etwas Verletzbares, glaubte ich zu spüren.

Wieder zurück, blaffte mich Mutter an: »Verdammte Scheiße, mit diesem hässlichen Schwarzen redest du mir nicht noch einmal! Hast du das kapiert?« Nein, nichts hatte ich verstanden. Vor den Kopf gestoßen, blieb ich vorerst stumm. Was hatte sie nur gegen Tino? »Hässlicher Schwarzer« hatte sie ihn genannt, obwohl ihr eigener Teint und auch der meine nur unwesentlich heller waren. Wie ich wusste, mochte sie Menschen mit allzu dunkler Hautfarbe nicht besonders. Für sie waren das »Indios«. Dazu muss man wissen, dass Palencia im Osten Guatemalas liegt, der von Mestizen besiedelt wird und wo fast ausschließlich Kastellanisch gesprochen wird. Im Gegensatz dazu herrschen im mehrheitlich von Maya-Indianern bevölkerten westlichen Hochland indianische Dialekte vor. Bei uns jemanden als »Schwarzen« oder »Indio« zu bezeichnen, kommt einer echten Beleidigung gleich. Dieser Rassismus ist leider auch heute noch weit verbreitet. Aber war Tinos kaum merklich dunklere Hautfarbe wirklich der Grund, weshalb ihn Mutter derart virulent ablehnte? Ich wusste es nicht, und es war mir auch ziemlich egal, denn ich dachte nicht im Traum daran, mich an ihre Anweisungen zu halten. Ob weiß oder braun, für mich war er eine Droge, die mich glücklich machte und nach der ich mich nun täglich sehnte.

Leider konnte ich nie sicher sein, ob er beim Basketball-Platz erscheinen würde oder nicht. Auch wurde es immer schwieriger, Mutter die Erlaubnis abzuringen, ins Zentrum zu gehen. Und ging ich, ohne zu fragen, riskierte ich eine gewaltige Tracht Prügel. Oft maulte ich und stellte auf stur, und manchmal kam es vor, dass sie mich entnervt ziehen ließ. Nur an den Sonntagen, für das jeweilige Basketball-Match, durfte ich mit Erika ohne größere Probleme gehen. Sahen wir uns, grüßte mich Tino. Der Funke seinerseits wollte aber nicht so recht überspringen. Es bedurfte der erneuten Intervention durch Pelón. »Du, Alter, nimm doch Sandra zu deiner Braut. Das wäre voll geil, dann könnten wir immer alle zusammen ausgehen«, empfahl er ihm in meiner Gegenwart. Tino überlegte einige Sekunden. »Okay, warum nicht?!«, sagte er trocken. Mein Herz wollte mir aus der Brust springen.

Wir sahen uns nicht sehr oft, höchstens ein oder zwei Mal pro Woche, und immer waren seine Kumpels mit dabei. Selbst mit denen redete er nicht viel, mit mir aber noch viel weniger. Ich übernahm das Sprechen, er brummelte ab und zu ein Wort oder einen halben Satz dazwischen. Auch Zeit hatte er nie viel für mich, doch jeder Moment seiner Gegenwart versetzte mich in einen süßlichen Schwebezustand. Allein schon die Gedanken an ihn gaben mir Kraft und verliehen mir Flügel. Im Vergleich mit seinen Küssen erschienen mir jene von Hugo jetzt belanglos und schlecht. »Mädchen, du gefällst mir«, sagte er, und ich konnte mein Glück kaum fassen. Endlich hatte meine orientierungslose Existenz eine klare Richtung erhalten. Ich konzentrierte mich vollkommen auf die Augenblicke mit Tino. Er lebte mit seiner Familie im Ojo de Agua, einem der vier Bezirke, in die Palencia eingeteilt ist. Ojo de Agua bedeutet soviel wie »Wasserauge«. Meine eigene Familie war im Rincón de la Piedra beheimatet, in der »Steinernen Ecke«. Es gibt auch noch El Pueblo, »das Dorf«, womit das Dorfzentrum gemeint ist, sowie einen Agua Tibia (»Lauwarmes Wasser«). Tinos Mutter arbeitete auf einem Markt in Guatemala-Stadt, wo er ihr manchmal aushelfen ging. Obwohl noch ein halbes Kind, strahlte Tino eine rätselhafte Ernsthaftigkeit aus, die nicht seinem Alter entsprach. Keiner seiner Freunde trug Klamotten in solchen Übergrößen wie er. Und lief ich mit ihm durch die Gassen, drehten sich die »normalen Leute« missbilligend nach uns um. Einfach toll! Er nahm mich mit zu Privatfeiern, auf denen englischsprachige Musik aus übergroßen Boxen krachte. Unwissentlich lernte ich so die bevorzugte Musik der Maras kennen, Satans-Musik von Gruppen wie Immortal oder Marduk. Mir gefiel dieser Lärm nicht besonders. Brachte er mich nach Hause, dann auf versteckten Seitenpfaden, damit uns niemand aus meiner Familie sehen konnte. Um die Alkoholfahne zu kaschieren, lutschte ich Menthol-Bonbons. Mutter kam mir nie auf die Schliche, obwohl ich nun mehrmals pro Woche Alkohol trank. Eigentlich immer, wenn sich mir eine Möglichkeit dazu bot. Auch Tino war schon ein routinierter Trinker, doch oft ging selbst ihm meine Sauferei zu weit.

»Was ziehst du da für ne Show ab, Alte?«, motzte er dann. »Du hast jetzt genug gesoffen, gib mir diese verfickte Flasche!« Von ihm in die Schranken gewiesen zu werden, gefiel mir. Es zeigte mir, dass er mich wirklich wahrnahm.

Wie sehr ich verliebt war, wollte ich am liebsten laut herausposaunen. Und so wuchs das Bedürfnis, noch einmal meine Mutter damit zu konfrontieren. Würde sie meinen Freund erst einmal besser kennenlernen, dann musste sie ihre Meinung über ihn revidieren, das hoffte ich zumindest. Eine günstige Gelegenheit dazu bot sich auf einer Sportveranstaltung der Schule, die auf dem Basketball-Platz stattfand und bei der mein Bruder Marlon mitmachte. Auch Tino war unter den vielen Zuschauern. »Du, Mama, da drüben auf der anderen Seite ist wieder der Junge, der mit dem blau-schwarzen Hemd. Was hast du denn gegen ihn?«, fragte ich so unschuldig wie möglich. Ihr Blick wanderte kurz hinüber zu ihm und bohrte sich dann in mich. »Scheiße, hab ich dir nicht deutlich genug klargemacht, dich von diesem Abschaum fernzuhalten? Mit diesen Leuten gibt man sich am besten gar nicht erst ab!« Was sie da faselte, war mir schleierhaft. »Aber Mama, er gefällt mir doch«, wurde ich noch deutlicher. »Du störrische Gans, kapierst du das nicht?«, kanzelte sie mich ab. »Ich weiß schon, warum ich dir das sage, und damit basta!« Groll kochte in mir hoch. Ihre brüske Antwort war die reinste Provokation für meine Ohren, aber vor allem für mein Herz. Wenn sie glaubte, mich meiner großen Liebe berauben zu können, dann hatte sie sich getäuscht! Ich gab vor, ein Getränk kaufen gehen zu wollen, und schlug einen Halbbogen durch die Zuschauer, bis ich bei Tino angelangt war. Das Manöver blieb nicht unbemerkt. Kaum hatte ich ihn angesprochen, zog auch schon jemand grob an meinem Unterarm.

»Du kommst sofort mit nach Hause, du Flittchen! Wird's bald, oder muss ich nachhelfen?« Wären die vielen Menschen um uns herum nicht gewesen, hätte mir Mutter gleich an Ort und Stelle eine Abreibung verpasst. Wie ein Stück entlaufenes Vieh trieb sie mich vor sich her. Ich kochte vor Wut. »Ich mache sowieso, was ich will«, blieb ich den ganzen Weg über widerborstig, »ich werde ihn wiedersehen, du wirst schon sehen, denn ich liebe ihn.« Die Bestrafung mit dem Elektrokabel ertrug ich mit fest zusammengepressten Lippen. Einige Tage lang stand ich unter Hausarrest, schmollte und leistete passiven Widerstand. Ja, ich dachte darüber nach abzuhauen. Für immer. Dann dämmerte mir, dass es womöglich am gescheitesten und einfachsten wäre, Einsicht vorzutäuschen. Nur so konnte ich meine »Ausflüge« mehr oder weniger problemlos wieder aufnehmen.

Im Basketball-Team spielten Erika und ich nur noch unregelmäßig mit, bis ich ganz damit aufhörte, weil Tino es nicht gerne sah. Er war sehr eifersüchtig, was mich mit Stolz erfüllte. Pelón und seine Freunde versammelten sich manchmal hinter dem Ceiba-Baum, an einer Stelle, die von der Straßenseite her nicht einsehbar war. Hatten die Jungs etwas Wichtiges zu besprechen, Männersachen eben, taten sie das dort, getrennt von uns Mädchen. Die dominierende Figur der Clique waren weder Pelón noch Tino, sondern Lee-Vice. Er war etwas älter als die anderen, ein imposanter Hüne mit heller Haut, hellbraunen Haaren und grünlichen Mandelaugen. Mit seiner Statur von über einem Meter achtzig überragte er jeden. Er bevorzugte enge, ärmellose Unterhemden, die den Blick auf einen Teil seiner Tätowierungen freigaben. Auf einem der Oberarme war das Wort *Lola* zu lesen, der Name seiner Mutter, und an der linken Schulter prangte ein hässlicher Kobold. Eine dicke Goldkette mit Kreuz hing um seinen Hals. Als kleiner Junge war er mit seinen Eltern in die USA emigriert, daher war sein Spanisch auch mit englischen Ausdrücken durchsetzt. Er redete oft von Los Angeles, wo er die Schule besucht hatte. Aus irgendeinem Grund war er in den Knast gekommen, danach hatte man ihn nach Guatemala abgeschoben. Lee-Vice war eine beeindruckende Persönlichkeit, seine Freunde schauten zu ihm auf, und das nicht nur wegen seiner Körpergröße. Auch mich beeindruckte er sehr. Er war so cool und schien völlig furchtlos, allem und jedem gegenüber. Allerdings haftete ihm dadurch manchmal auch eine Aura des Bedrohlichen an.

»Willst du nicht auch mal probieren?«, fragte Pelón und streckte mir einen Joint entgegen. Ich nahm einen tiefen Zug und musste husten. »Ist doch hurengeil, oder?« Mit einem Nicken pflichtete ich ihm bei. Lachend kratzte er sich an seinem fast kahlen Schädel. »Wenn ihr noch mehr von diesem Scheiß braucht, dann sagt es nur, okay?«, bot er mir und Beba an. Dann steckte er jedem von uns fünf Joints zu. Uns schmeckten sie nicht besonders, aber wir glaubten, eine tolle Geschäftsidee entdeckt zu haben. Um an etwas Geld zu kommen, verhökerten wir sie gleich auf den Stufen des Basketball-Platzes, nur einen Steinwurf vom Polizeiposten entfernt. Nie wäre ich auf die Idee gekommen, dass ich etwas Unrechtes oder gar Illegales tat. Geschwind sprach sich herum, welches Produkt wir anzubieten hatten, woraufhin die Kundschaft von sich aus auf uns zukam. Dank unserer guten Verbindungen war immer für genügend Nachschub gesorgt. Tino, der selber gern und häufig Marihuana rauchte, sah nichts Verwerfliches daran. Ganz im Gegenteil, bald bemerkte ich, dass er auch damit handelte, und noch mit ganz anderen Sachen.

Eines Nachmittags, gerade erst war ich beim Park angelangt, forderte mich Beba auf mitzukommen. Im Laufschritt führte sie mich in eine Seitengasse, wo ich im Schatten eines alten Hauses Lee-Vice und Pelón stehen sah. Neben ihnen, auf dem Absatz eines Hauseingangs, kauerte Tino mit gesenktem Kopf. Seine linke Schädelhälfte war geschwollen, und über der Schläfe klebte ein länglicher Verband. »Alles okay, es ist nichts«, markierte er den starken Mann, obwohl ihm die gut fünf Zentimeter lange, frisch genähte Wunde starke Schmerzen bereiten musste. Links und rechts der Naht waren die Haare abrasiert worden. »Was ist denn passiert?«, fragte ich erschrocken. »Scheiße«, hackte Lee-Vice dazwischen, »heute morgen im Bus nach Guate, da war so ein Loser, der hat Stress gemacht, da mussten wir uns wehren, logo. Leider hatte dieser Motherfucker eine Knarre bei sich.« Tino erhob sich mühsam. »Ich geh jetzt besser nach Hause«, ächzte er und trottete davon.

Tage später beschrieb er mir den Vorfall dann etwas anders. Laut seiner Version hatte Lee-Vice auf offener Straße ein Mädchen beraubt. Ein paar Tage später war er im Bus zufälligerweise auf deren Vater getroffen, und der hatte ihn mit vorgehaltener Pistole mit dem Vorfall konfrontiert. Beim darauf folgenden Gerangel hatte Tino, der neben Lee-Vice gesessen hatte, einen Schlag mit dem Schaft der Pistole abbekommen. So ganz plausibel klang das immer noch nicht. Ich fragte nicht nach dem Ausgang dieser Geschichte, sondern begnügte mich mit Tinos Behauptung, er habe eigentlich nichts damit zu tun gehabt. Dass ich keinen Engel zum Freund hatte, war mir natürlich auch klar. Weder ging er einer geregelten Arbeit nach, noch ging er zur Schule. Nur bis zur dritten Primarschulstufe hatte er es geschafft – und das lag schon Jahre zurück. Ich muss zugeben, dass mich dies alles auch nicht besonders beschäftigte. Er und seine Kameraden lebten eben nach ihren eigenen Regeln, in einer anderen, eigenen Welt. Sie wollten frei sein und ließen sich von niemandem etwas gefallen. Dabei stellten sie sicherlich auch allerhand Unfug an. Aber deswegen waren sie doch noch lange keine schlechten Menschen. Und waren es nicht genau diese Freiheit und Unnahbarkeit, die für mich ein wichtiges Stück von Tinos Attraktivität ausmachten?

In jenen Tagen hielt eine neue Erfindung ihren Einzug in Palencia: Das Celular, das Handy. Nur die allerwenigsten Häuser hatten bisher über den Luxus eines eigenen Telefonanschlusses verfügt. Wir hatten bisher für jedes Telefonat bis zum Telefonamt beim Park laufen müssen. Vor diesem Gebäude gab es drei öffentliche Münztelefone, die aber oft defekt waren. Und wenn sie funktionierten, dann bildeten sich kleine Menschenschlangen vor ihnen, wodurch jeder Anruf zum Geduldsspiel wurde. Nun sah man auf der Straße immer öfter Menschen, die sich klotzige, schwarze Kästchen ans Ohr hielten und den Neid genossen, den sie damit bei den Anderen hervorriefen. Irgendwann lag auch bei den Großeltern so ein Wunderding auf dem Tisch. Martina hatte die 1.200 Quetzales für den Kauf geschickt, damit sie uns direkt aus den USA anrufen konnte. Doch auch die anderen Familienmitglieder nutzten die neue Anschaffung. »Sandra, es ist deine Mutter«, sprach Großmutter und übergab mir das Gerät. »Tochter, ich bin hier noch in Guate«, tönte es aus dem kleinen Lautsprecher, »ich habe eben einen Korb voller Einkäufe aufgegeben, der in etwa eineinhalb Stunden in Palencia sein sollte. Geh und hol ihn dann ab. Aber er ist schwer, also sag Pedro, er soll dich begleiten.«

Ich war froh, mich noch einmal im Zentrum umsehen zu können, natürlich ohne meinen Bruder. Es war erst kurz vor Vier, somit hatte ich noch genügend Zeit. Mein Wunsch, auf Tino zu treffen, wurde nicht enttäuscht. Nachdem er wusste, warum ich da war, bot er sich an, mir beim Tragen zu helfen. Der Korb war schon im Büro der Busgesellschaft eingetroffen. Das schwere Stück hievte Tino sich fast mühelos auf seine breiten Schultern. Ich hätte dieses Ding niemals tragen können. Wir waren nicht in Eile. Er legte mir nahe, den Sonnenuntergang abzuwarten, denn dann sank das Risiko, dass jemand aus meiner Familie uns sah. Also ließen wir uns auf einem von etwas Buschwerk verdeckten Mäuerchen nieder, gleich neben dem Weg. Noch nie zuvor waren wir beide ganz alleine gewesen. Er nahm mich fest in seine Arme, voller Begierde küssten wir uns. Plötzlich hielt er inne. »Weißt du« sagte er, »am liebsten würde ich abdüsen, weg von diesem ganzen Scheiß hier, ab nach Mexiko oder in die USA.« »Aber warum denn, Schatz?« »Ach, dieser ganze Stress hier kotzt mich gewaltig an, ich hab einfach keinen Bock mehr!« Dann redete er von seiner Kindheit, in der er oft hatte alleine zurechtkommen müssen, weil seine Mutter und Schwestern den ganzen Tag auf dem Markt arbeiteten. »Scheiße, selbst meine Kleider habe ich selber waschen und bügeln müssen, und oft mach ich das heute noch. Meinen Alten, den haben sie in einer Bar abgeknallt, da war ich noch ganz klein.« Mir fehlten die Worte. Noch nie hatte ich einen derartigen Anflug von Gefühlen bei ihm erlebt. Ich bettete meinen Kopf gegen seine Brust und genoss diesen seltenen Moment der Vertrautheit. Auch er hatte also schon so einiges durchmachen müssen im Leben.

Plötzlich hörten wir ein donnerndes »Sandra!« Die Lichtstrahlen der untergehenden Sonne fielen mir genau in die Augen, dennoch erkannte ich klar Großmutters schattige Umrisse. »Was machst du da im Unterholz, du schamloses Flittchen?« »Nichts … der Junge hier war mir nur behilflich, den Korb zu tragen«, säuselte ich. »Hat dir deine Mama nicht gesagt, dass du dafür deinen Bruder mitnehmen sollst?«, wurde sie noch lauter. »Und hat sie dir nicht ausdrücklich untersagt, dich noch einmal mit diesem Nichtsnutz hier zu treffen?« Sie ging zum Korb, riss den Plastikdeckel ab und klatschte mir damit ins Gesicht – ein starkes Brennen fraß sich in meine Haut. Tino war schon längst aufgesprungen und hatte sich durch die Büsche hindurch zum Weg vorgearbeitet, von wo aus er das Geschehen mitverfolgte. Nun drehte sich Großmutter zu ihm um, zog eine Machete zwischen ihrem Faltenrock hervor und streckte sie ihm drohend entgegen. »Du räudiger Strolch, wage es nicht, dich meiner Enkelin noch einmal zu nähern, sonst wirst du dein blaues Wunder erleben!« Er ließ keinerlei Regung erkennen. Erst als sie ein paar schnelle Schritte auf ihn zu tat, trabte er davon, aber nur, um nach wenigen Metern wieder provozierend stehen zu bleiben. Ihn verfluchend bückte Großmutter sich, hob einige eigroße Steine auf und schleuderte sie mit einer für eine 64-jährige wahrhaftig erstaunlichen Kraft in seine Richtung. An Zielgenauigkeit mangelte es ihr jedoch. Zuhause musste ich dann ein handfestes Donnerwetter von Mutter über mich ergehen lassen. Jeder schmerzhafte Hieb mit dem Kabel, jede Beleidigung ließen meinen Frust und meine Sturheit nur noch weiter anwachsen. Tino war meine große Liebe, mein Erretter und Erlöser, wir gehörten zusammen, davon konnten mich nichts und niemand abbringen! Wiederum bekam ich Hausarrest aufgebrummt.

Die Wochen zogen dahin und die Wogen glätteten sich wieder. Nun waren wir noch vorsichtiger, doch unsere heimlichen Treffen gingen weiter. »Meine Alte möchte dich kennenlernen«, teilte er mir bei einer dieser Gelegenheiten mit. Hocherfreut bereitete ich ein Täuschungsmanöver für meine Mutter vor. Ich konnte ihr weismachen, eine Nacht bei Beba verbringen zu wollen, denn diese war schwanger und erwartete ein Kind von Pelón. Am Sonntagvormittag wartete Tino beim Park auf mich. Nach fünfzehn Minuten erreichten wir den Ojo de Agua. Er führte mich zu einem sehr schlichten Häuschen mit einer unverputzten Fassade, die durch verschiedene Schmierereien verunstaltet war. Seine Mutter, Doña Dolores, war eine beleibte Frau mit schwulstigen Lippen und einer breiten Nase. Ihre graumelierten Haare hatte sie zu einem Zopf nach hinten gebunden, und wie bei Marktfrauen üblich, trug sie über dem langen Faltenrock noch einen Schurz mit großen, viereckigen Taschen. Sie und ihre Töchter Olga und Rosa – beide waren ebenfalls klein gewachsene, aber wohlgenährte Frauen – empfingen mich herzlich. Ich wurde an einen wackeligen Tisch gebeten, wo ein Teller mit Kürbisstücken und einem saftigen Brocken Rindfleisch für mich bereitstand. »Wie lange kennt ihr euch schon?« »Wo genau wohnst du?« Diese und andere Fragen musste ich beantworten. Tino nutzte die Ablenkung und verdrückte sich. Ihr Sohn sei halt ein Streuner, sagte Doña Dolores schwermütig. Olga führte mich über das Grundstück. Es war klein, viel kleiner als das meiner Großeltern. Die verschiedenen Wellblechhütten standen dicht beieinander, nur getrennt durch einen engen Zwischengang. Das Häuschen von Doña Dolores war noch nicht ganz fertig gebaut und lag direkt am Wegesrand, daneben die Unterkünfte ihrer beiden ältesten Söhne Raul und Carlos. Raul lebte getrennt von seiner Familie, und Carlos war ein unheilbarer Alkoholiker, wie mir Olga eröffnete. Sie bewohnte mit Rosa ein eigenes Häuschen im hinteren Teil, bei einem nur wenige Quadratmeter großen Innenhof, an dessen Ende ein niedriges Mauerwerk stand und an das sich ein Maisfeld anschloss. Mit ihren vierundzwanzig Jahren war Olga Tinos jüngste Schwester. Sie war alleinstehend und Mutter eines vierjährigen Sohnes. Rosa, gut zehn Jahre älter, hatte schon drei Kinder. Ihr fast erwachsener Sohn lebte bei seinem Vater. Das erst wenige Wochen alte Baby war das Ergebnis einer neueren Liebschaft. Keine einfachen Familienverhältnisse also. Die Plauderei wurde vor einem Fernseher mit schlechtem Empfang fortgeführt. Die Stunden verflogen, und bald war es Abend. Um kurz nach acht erhoben sich die Frauen, um schlafen zu gehen. Alle drei arbeiteten auf dem riesigen Terminal-Markt in Guatemala-Stadt. Und diesen konnten sie nur rechtzeitig erreichen, wenn sie sich noch vor

Tagesanbruch dorthin aufmachten. Da ich vorhatte, bei Beba zu übernachten, wollte ich mich verabschieden. Doña Dolores aber sagte: »Kind, es ist schon spät. Warum bleibst du nicht besser bei uns? Wenn du müde bist, kannst du dich drüben bei Olga und Rosa hinlegen.« Dankend nahm ich die Einladung an und blieb alleine vor der Flimmerkiste zurück.

Fast hätte ich ihn nicht wahrgenommen, leise wie ein Raubtier hatte sich Tino von hinten an mich herangepirscht. »Komm«, flüsterte er mir ins Ohr und nahm mich bei der Hand. Draußen empfing uns ein leicht bewölkter Nachthimmel. Immer weiter entfernten wir uns von den wenigen Lichtern, bald leuchtete uns nur noch der Halbmond. Der Pfad vor uns wurde immer steiler. Bald war er kaum noch auszumachen. Es ging hinunter in eine Schlucht! Mein Puls beschleunigte sich, aber in mir war keinerlei Furcht, sondern nur ein erregter Erwartungszustand. Die Schweißperlen, die sich auf meiner Haut bildeten, wurden vom kühlen Wind geliebkost. Unten wurde es wieder flach. Deutlich konnte ich Wasser plätschern hören. Zu unserer Rechten nahm ich ein dünnes Bächlein wahr, das einer sich windenden, dunkelgrauen Schlange glich. Wir stolperten längs des Ufers durch das Dickicht und über große Steine, bis sich vor uns die Schattenrisse einer kleinen Hütte abzeichneten. Die Tür stand offen, und Tino verschwand in der schwarzen Öffnung. Mit etwas Überwindung folgte ich ihm. Ich konnte nichts sehen, dann hörte ich ein lautes Zischen. Hell leuchtete Tinos Antlitz vor mir auf, in der Hand hielt er ein Streichholz. Der Raum war bis auf etwas Bauschutt und Abfall leer. Meine Augen gewöhnten sich schnell an die Dunkelheit. Er zog sein T-Shirt aus und legte es auf den Fußboden. »Setz dich«, sagte er leise. Wie in einem Traumzustand tat ich, wie mir geheißen. Seine rauen Hände befingerten meinen Körper, unsere Lippen verschmolzen zu einem fiebrigen Tanz der Lust, intensiv liebkoste ich seinen muskulösen nackten Oberkörper. Vergessen war die nächtliche Kälte, eine prickelnde Wärme durchströmte mich, mein inneres Auge produzierte Bilder voll glitzernder Farben und Formen. Wir fielen zur Seite und er legte sich auf mich. Noch unendlich lange hätte ich mich diesen Zärtlichkeiten hingeben können, aber seine Bewegungen beschleunigten sich und wurden immer hektischer. Ich spürte, wie sich seine Hand zwischen meinen Beinen zu schaffen machte, wie seine Lippen sich von den meinen lösten. Erregt fummelte er an mir herum, bis etwas Hartes unten in mich hineinglitt. Es folgten heftige stoßartige Bewegungen, und es tat etwas weh. Doch ein neuartiger Energiestrahl übermannte meine Sinne. Nach fünf oder zehn Minuten kam alles abrupt zum Stillstand. Unsere Atemzüge waren auf einmal laut und deutlich vernehmbar. War das schon alles gewesen? »Komm, wir gehen«, hatte er es nun eilig. Bei seinen Schwestern legte ich mich in ein Bett, welches diese für mich vorbereitet hatten. Unfähig zu schlafen, spulte ich noch lange das gerade Erlebte vorwärts und rückwärts, so wie ein Filmregisseur, der seinen fertig gedrehten Streifen überprüft. Ich schwebte wie auf Wolken. Nun war ich wirklich zur Frau geworden. Unter einem mit weißen Wölkchen verschleierten Firmament legte Tino am folgenden Morgen ein Stück meines Heimweges mit mir zurück. Über das Geschehene redeten wir nicht.

Glücklicherweise war Mutter nicht hinter mein Täuschungsmanöver gekommen. Jedes romantische Lied im Radio überschwemmte mich mit Glücksgefühlen. Aufgeregt schilderte ich meinen Freundinnen und Cousinen mein erstes sexuelles Erlebnis, ersuchte sie aber um absolute Diskretion. Tino konnte ich tagelang nirgends finden. Auch Beba konnte mir nicht genau sagen, wo er war. Am vierten Tag endlich sichtete ich ihn beim Ceiba-Baum. Sein bester Kumpel Smokey war bei ihm. Dieser Jüngling machte seinem Namen alle Ehre, weil er fast nie ohne einen glimmenden Joint im Maul anzutreffen war. »Sandra, was geht ab?«, fragte Tino. »Schatz, ich hab die ganzen letzten Tage nach dir gesucht«, sagte ich klagend. »Ach ja? Sorry, aber ich hatte scheißviel zu tun. Und weißt du, wir sollten Schluss machen mit dem Ganzen.« Er wandte sich von mir ab. Mir war, als sei gerade ein Baum auf meinen Kopf gekracht. Beba legte ihren Arm um meine Schultern. »Komm, Jungs sind nun mal so. Tino ist ein Dummkopf, der weiß doch gar nicht, was er will.« Ich war wie erschlagen, ein brennender Schmerz erfasste meine Seele. Weinend lief ich nach Hause. Mutter fragte argwöhnisch, was mit mir los sei. »Nichts, lass mich doch in Ruhe«, antwortete ich unwirsch.

Beba kannte die Ursache für Tinos überstürzte Kehrtwendung. Sie hieß Antonieta und gehörte auch zur Clique um Lee-Vice. Ich kannte sie gut, aber Freundinnen waren wir keine. Einige Jahre älter als ich, war sie schon eine richtige Frau, hatte einen hellen Teint, üppige Brüste und schiefergraue Augen, die gut zu ihren langen, hellbraunen Haaren passten. Sie kleidete sich modisch und war wirklich sexy, wie ich zähneknirschend zugeben musste. Dieser Treuebruch stürzte mich in tiefe Depressionen. Voller Selbstmitleid igelte ich mich daheim ein. Im Unterschied zur Enttäuschung mit Hugo, bei der viel gekränkte Eitelkeit mit im Spiel gewesen war, liebte ich Tino mit jeder einzelnen meiner Zellen. Nun war es, als habe mir jemand den Sauerstoff zum Atmen und die Fähigkeit zum Träumen geraubt. Ich hatte mich ihm bedingungslos hingegeben, ihm all die Liebe geschenkt, zu der ich mich fähig glaubte. Und nun beging er Verrat an meinen intimsten

Gefühlen. Ich bemühte mich, die Gedanken an ihn zu unterdrücken, denn sie waren die reinste Folter. Das gelang mir erst nach einigen Wochen und auch nur streckenweise. In Wahrheit hätte ich alles gegeben oder getan, um ihn zurückzugewinnen.

1998

EIN STÜCK VON MIR

Verletzt und trübsinnig erledigte ich meine häuslichen Pflichten nur noch mit größtem Widerwillen, was das Gezänk zwischen mir und Mutter nur noch weiter verschlimmerte. Bei jedem starken seelischen Schmerz gibt es einen Punkt, an dem er unerträglich wird und man praktisch gezwungen ist, ihn zu verdrängen. Leider bahnt er sich dann einfach einen anderen Ausgang. Bei mir drückte sich das darin aus, dass ich mich starrsinniger und uneingeschränkter als je zuvor auf die Suche nach Zerstreuung machte. Um das Zentrum machte ich nun einen möglichst großen Bogen, um eine Begegnung mit Tino zu vermeiden. Dadurch traf ich auch Beba nur noch selten. Weil ich mir kaum ein Fest in Palencia entgehen ließ, war es allerdings nur eine Frage der Zeit, bis ich wieder auf Tino stoßen würde. Auf der Hochzeitsfeier einer Bekannten war es dann soweit. Die Front des einfachen Hauses war mit bunten Papierstreifen geschmückt. Und wie üblich bei solchen Anlässen, hielt sich die Mehrzahl der Gäste draußen auf. Erika streckte mir einen mit Bier gefüllten Plastikbecher hin und fragte: »Hast du ihn schon gesehen, dort drüben beim Eingang?« Mein Blick schweifte über die Menschenmenge, bis er an Tino hängenblieb. Antonieta war bei ihm. In meine Magengegend grub sich ein stechender Schmerz. »Ach, das ist mir doch scheißegal«, sagte ich und leerte meinen Becher in großen Zügen. Der Alkohol sollte mir helfen, die Situation auszuhalten. Ingrid und eine weitere Freundin kamen hinzu, und wir unterhielten uns munter über alle möglichen anderen Themen.

Plötzlich schmerzte meine Schulter, als hätte mich gerade ein Kartoffelsack gestreift. Wir sahen, wie sich Antonieta mit wippenden Hüftbewegungen von uns weg bewegte. Dabei drehte sie sich kurz zu mir um und feixte frech. »Scheiße, dieses Weib will mich provozieren! Habt ihr das gesehen, wie die mich angerempelt hat?«, sagte ich zu meinen Gefährtinnen. »Ja, aber bleib schön cool, Sandra, es bringt doch nichts, sich mit diesen Leuten anzulegen«, riet mir Ingrid. Antonieta hörte nicht auf, mich herausfordernd anzugucken. Nach zwei weiteren Bechern Bier hatte ich genug. Entschlossen marschierte ich auf sie los – ihren Begleiter ignorierte ich vollkommen. »Verdammt, hast du ein Problem mit mir oder bin ich dir etwas schuldig?«, ging ich die Frau an. Höchst erfreut, endlich eine Reaktion bei mir ausgelöst zu haben, spielte diese zunächst die Ahnungslose. »Was schwafelst du da, Alte? Bist du durchgeknallt oder was? Was bildest du dir ein, du Schlampe?« »Gar nichts bilde ich mir ein, so etwas hab ich nicht nötig, aber du hast ja schon eine ganze Weile nichts anderes zu tun, als mich saublöd anzumachen.« »Was, das ist ja lächerlich!«, ereiferte sie sich, »aber wenn du darauf bestehst, können wir dieses Problem auch mit den Fäusten regeln.« Ich nahm ihre Herausforderung an. Tino wollte etwas sagen, sie aber blockte ihn ab: »Schatz, ich komm gleich wieder, warte hier auf mich.« Draußen auf der Straße stellte sie sich vor mich. Sie war fast einen ganzen Kopf größer. »Ich werd dir was sagen«, begann sie. »Wenn du dich um einen Jungen streiten willst, dann such dir gefälligst etwas Besseres, und nicht Tino, diesen Schwachkopf.« Ich glaubte, nicht richtig zu hören. »Warum suchst du denn überhaupt Zoff mit mir, wenn du so schlecht über ihn denkst?« »Mann, du hast wirklich eine lange Leitung! Hier geht's ums Prinzip. Ich mag es einfach nicht, wenn sich jemand in mein Revier wagt, kapiert?« Ich verstand nicht, was sie damit meinte, mir wurde das alles zu blöd. »Was quasselst du da für einen Scheiß«, sagte ich, »lass mich doch in Frieden!« Ärgerlich rümpfte sie die Nase: »Mit mir legst du dich besser nicht an, du dumme Kuh, oder es wird dir schlecht bekommen!« Ich wollte gehen, sie aber hielt mich an der Bluse fest und drohte: »Nicht so schnell, vielleicht sollte ich Lee-Vice bitten, dich mal in die Mangel zu nehmen.« Auf den Versuch mich loszureißen, reagierte sie mit einem Faustschlag gegen meinen linken Wangenknochen. Ich haute zurück. Sie zog an meinen Haaren, und es fühlte sich an, als würde mir jemand die Kopfhaut wegreißen. Kreischend fanden wir uns auf dem steinigen Boden wieder. Obgleich kräftemäßig unterlegen, gelang es mir, ihren Schädel zu packen und gegen den erdigen Untergrund zu rammen. Endlich lockerte sich ihr Griff. »Genug … hören wir auf!«, stöhnte sie. Die Knöchel meiner Hände waren aufgeplatzt und bluteten, meine Nase hatte eine tiefe Schramme. Um uns herum hatte sich ein Kreis Schaulustiger gebildet. Als ich mich aufrichtete, sah ich einen grinsenden Tino, dem es sichtlich schmeichelte, uns um ihn raufen zu sehen.

Zuhause unterzog mich Mutter einem Verhör. So eine dumme Gans auf der Party habe mich ohne ersichtlichen Grund blöd angemacht, da habe ich mich verteidigen müssen, log ich. Sie glaubte mir nicht. »Verarsch mich doch nicht, du unverschämtes Lügenmaul, da muss etwas anderes dahinterstecken! Du triffst dich immer noch mit Tino, diesem Gauner, nicht wahr? Nun gib's schon zu!« Ich leugnete beharrlich, sie aber hatte ein ungeahntes Ass im Ärmel: »Und warum habe ich schon lange keine Blutflecken mehr in deinen Unterhosen gesehen, kannst du mir das erklären?« Nein, das konnte ich nicht. Aber seit wann stöberte sie in meiner schmutzigen Unterwäsche? Die Möglichkeit, schwanger zu werden oder gar zu sein, hatte ich bisher noch gar nicht in Erwägung gezogen. Ich und in anderen Umständen? Einfach absurd! Freilich stimmte es, dass meine Blutungen seit fast vier Monaten ausgeblieben waren, was ich eher erleichtert und gedankenlos zur Kenntnis genommen hatte. Jene intime Nacht mit Tino lag ungefähr gleich lang zurück. Später, im Bett unter der Decke, betastete ich meinen Bauch. War er nicht etwas fülliger als früher? Und wenn ja, hatte das nicht eher mit meiner Liebe fürs Essen und den Alkohol zu tun? Ich und Mutter werden? Nein, das durfte nicht sein!

Auch Tante Patricia hatte in Sachen Männer bisher kein besonders glückliches Händchen gehabt. Ihr Cesar war zwar ein nach außen hin sehr geselliger Typ, doch auch er hatte seine dunklen Seiten. Wo ihre Mutter sei, ob sie ihr nicht beim Tortilla-Machen helfe, so wie jeden Tag, wollte Großmutter von Lincy wissen. Ihre Mami sei beschäftigt, antwortete diese. Großmutter schwante nichts Gutes und schritt hinüber zum Häuschen ihrer Tochter. Dort fand sie Patricia in eine Strickjacke gehüllt vor, deren Reißverschluss sie sich bis zum Hals hinauf gezogen hatte. Aber selbst dieses Kleidungsstück konnte nicht verhindern, dass man ihr blutunterlaufenes Auge sah. Cesar hatte sie geschlagen, und vor lauter Scham hatte sie sich nicht zeigen wollen. Wegen solcher und anderer Probleme zog Lincy es vor, zu einer Schwester ihres leiblichen Vaters zu ziehen. Dadurch sahen wir uns nur noch selten.

Die beunruhigenden Gedanken bezüglich meiner ausbleibenden Monatsblutung hatte ich bald wieder verdrängt. Bis zu jenem Vormittag, als Mutter eine ältere, fettleibige Frau bei uns empfing. Sie werde mich kurz untersuchen, sagte diese zu mir. Ich müsse keine Angst haben, es würde nicht wehtun. Überrumpelt kam ich der Anordnung nach, mich aufs Bett zu legen. Unsanft tastete sie meinen Bauch ab, rutschte noch etwas tiefer und bohrte mit ihren Fingern in meiner intimsten Körperöffnung herum. Es war mir höchst unangenehm. Am liebsten hätte ich ihr einen Tritt gegeben. Wer hatte ihr gestattet, mich dort unten zu befummeln? Mein Entsetzen steigerte sich noch, als sie verkündete: »Gratulation, Mädchen, du wirst Mama werden! In fünf Monaten etwa wird es soweit sein, denke ich.« Hinter Mutters gefasster Fassade begann es unheilverkündend zu brodeln. Bevor die Hebamme ging, gab sie ihr fünfunddreißig Quetzales. Auch Großmutter, Emilia und Patricia standen mit einem Mal im Raum. Als warte ich auf meine Enthauptung, war ich auf der Bettkante sitzen geblieben. Selbst Salvador und María-José hatten aufgehört zu spielen. »Hab ich es doch geahnt, du saudummes Miststück, die ganze Zeit über hast du mich nur angelogen!«, begann Mutter ihre Tirade. »Selbst wenn ich keine perfekte Mutter gewesen bin, so habe ich doch keine so miserable Tochter wie dich verdient!« Feuerbällen gleich kamen ihre Worte auf mich zugeflogen. »Es war dieser Tino, nicht wahr? Nun rede endlich, du Luder!« Sie grapschte sich ein Holzscheit, und ich presste ein »Ja« hervor. »Wie oft habe ich dich vor diesem Lump gewarnt? Damit hast du dir deine Zukunft ruiniert! Begreifst du das denn nicht?« »Aber Mama… ich liebe ihn doch«, brach es aus mir heraus. »Liebe?«, gellte sie. »Komm mir nicht mit diesem Bockmist!« Mit heftigen Hieben gegen meine Arme und Beine verschaffte sie sich etwas Luft. »Jetzt reicht's mir, du Dirne, ich hatte dich gewarnt! Raus mit dir, hau ab, hier will ich dich nicht mehr haben!« Schluchzend lief ich aus dem Haus. Nach wenigen Metern ließ ich mich auf dem Erdboden nieder, wo ich wie eine Aussätzige verharrte, flennend und voller Verzweiflung. Emilia brachte mir ein Glas Cola. Nach einer oder zwei Stunden war es Tante Evelyn, die sich meiner erbarmte und mir in ihrer Behausung nebenan Asyl gewährte. Ich solle mich beruhigen, sonst würde mein Ungeborenes Schaden nehmen, ermahnte sie mich. Und da ich mich sterbenselend fühlte, begleitete sie mich zur öffentlichen Gesundheitsstation Palencias. Dort stellte eine junge Ärztin fest, ich sei nur knapp an einer Fehlgeburt vorbeigeschlittert. Sie verbot mir jede weitere Aufregung und verschrieb mir Beruhigungstabletten, die ich aber nicht kaufte, weil ich kein Geld hatte.

Monatelang war ich für Mutter nur noch Luft, obwohl wir uns täglich sahen. Abgespannt und trübsinnig, verließ ich das Areal kaum noch. Ich nächtigte bei meiner Tante, die Tage verlebte ich überwiegend bei den Großeltern, die mir auch zu Essen gaben. In Joel hatte ich eine weitere wertvolle Stütze. Tino sei doch ein Hohlkopf, der nicht einsehe, was er an mir habe. Ich müsse mich gedulden, vielleicht ändere er sich ja noch, machte er mir Mut. Er bot mir sogar an, mein Kind als sein eigenes anzuerkennen, damit es legal gesehen einen Vater habe. Wirklich rührend! Und auch Mercy, deren Sohn nun ein Jahr alt war, kam oft und redete mir gut zu. Bei Mutter aber saß die Verbitterung sehr tief. Es dauerte ein Vierteljahr – mein Bauch hatte schon die Form eines Halbmondes – bis sich ihre ablehnende Einstellung zu mir allmählich änderte. Sie redete wieder mit mir, und letztendlich durfte ich zurück in ihr Häuschen ziehen. Bald überraschte sie mich sogar mit süßen Baby-Kleidchen, die sie mit ihrem selbstverdienten Geld gekauft hatte. Meine Stimmungslage glich einer Achterbahnfahrt. Mal war ich euphorisch zuversichtlich und dann wieder tief deprimiert. Und auch wenn es wider jegliche

Vernunft schien, so freute ich mich doch, in Tino den Vater meines Kindes zu wissen. Dadurch würde ein ewiges, unauflösliches Band zwischen uns existieren. Er wusste von seiner Vaterschaft, tat aber so, als ginge ihn das alles nichts an, wie mir Beba berichtete. Sie selber war nun Mutter eines Säuglings, eines putzigen Jungen.

Wenn man den Angaben der Hebamme Glauben schenken durfte, dann fehlte noch mindestens ein Monat bis zur Geburt meines Kindes. Ob ich sie heute nicht zur Arbeit begleiten wolle, fragte mich Mutter nach dem Frühstück. Etwas Abwechslung würde mir doch gut tun, meinte sie. Auch wenn mir ziemlich mies zumute war, willigte ich ein. Rasch zog ich meiner kleinen Schwester ein sauberes Kleidchen über. Salvador ließen wir bei Emilia zurück. Auf halber Strecke wurde mein Unterleib von einem durchdringenden Stechen heimgesucht. Ich biss die Zähne zusammen. Es würde wieder vorübergehen, wie schon öfter in den vergangenen Tagen, hoffte ich. Unser Ziel war ein ansehnliches Haus, gleich an der Ausfahrtstraße nach Guatemala-Stadt. Ein weinrot glänzender Toyota in der Einfahrt ließ auf einigen Wohlstand schließen. In einem Raum mit strahlend weißen Wänden lagen haufenweise Kleider zum Bügeln parat. Das pulsierende Stechen wurde heftiger, also setzte ich mich auf einen kleinen Hocker. Mit flinken Bewegungen ließ Mutter das schwere Bügeleisen über Hemden, T-Shirts und Hosen gleiten; man konnte sehen, dass sie jahrelange Übung darin hatte. Ob es mir gut gehe, fragte sie. Es gehe schon, täuschte ich die Starke vor. Doch schon Sekunden später stieß ich einen kräftigen Schrei aus. Es war, als ramme mir jemand ein scharfes Messer in den Bauch. »Da stimmt doch was nicht«, sagte Mutter und stellte das Bügeleisen beiseite. »Tochter, nun rück schon raus, was genau spürst du?« »Etwas tut mir weh…«, stöhnte ich, »und da ist diese Flüssigkeit, die unten aus mir rauskommt.« »Flüssigkeit? Und seit wann hast du das schon?« »Einige Tage schon.« »Oh Gott, Kind, das ist ja grausig, am besten bring ich dich gleich in ein Krankenhaus.« Allein schon der Gedanke daran flößte mir eine Heidenangst ein, daher antwortete ich gewohnt eigensinnig: »Nein Mama, das geht schon wieder vorüber.« »Red keinen Unsinn, damit ist nicht zu spaßen, das sind vielleicht die Wehen!«, wies sie mich zurecht und erbat sich von der Hausherrin gebrauchte, aber saubere Mädchen-Unterwäsche, die ich mir anziehen musste. Wir ließen alles stehen und liegen und liefen los. Der Gesundheitsposten Palencias betreute keine Geburten, also mussten wir bis in die Hauptstadt fahren. Wir hatten Glück – bei der Ausfallstraße wartete gerade ein Bus mit laufendem Motor auf Passagiere, und wir ergatterten noch zwei freie Sitze gleich hinter dem Fahrer. Die Krämpfe kamen wie

Ebbe und Flut. Ich schloss die Augen und strengte mich an, die Beherrschung über meinen Körper nicht ganz zu verlieren. Tosender Motorenlärm kündete davon, dass wir in die Hauptstraße eingebogen waren. Unser Gefährt stoppte buchstäblich alle hundert Meter, um weitere Fahrgäste aufzunehmen. Es war zum Verrücktwerden! Als wir uns einer Feuerwehr-Station näherten, rief Mutter dem Fahrer »Stopp, stopp!« in den Nacken und zog mich hinter sich her, denn in Guatemala dient die Feuerwehr auch zum Transport von Kranken oder Verletzten. Die gelb behelmten Männer fackelten nicht lange und beförderten mich auf eine Trage, die sie in ein hellgrünes Fahrzeug schoben. Mit Warnlicht stürzten wir uns ins Verkehrschaos. Mit abenteuerlichen Ausweichmanövern bahnte sich der Fahrer einen Weg durch die Autokolonnen. Mutter beugte sich über mich, ihre Hand hielt meine fest. María-José saß neben ihr und guckte mich verschreckt an. Zeit war kein Begriff mehr für mich; Phantasiebilder und Erinnerungsfetzen vermischten sich zu einem skurrilen Film; Schweiß strömte mir aus allen Poren. Der Wagen kam zum Stehen. Die Hintertür flog auf und jemand riss mich samt Trage heraus. Ich sah lange Schlangen von wartenden Menschen. Einige saßen in den Gängen. Gestöhne war zu hören. Eine Gruppe Weißkittel trat in mein Sichtfeld. Wie lange ich diesen Ausfluss schon habe, fragte ein Mann. War das der Arzt? Vier Tage schon, antwortete ich schwach. Mit einem Kugelschreiber fuhr er sich durch das halblange, hellbraune Haar. Das sei gar nicht gut, sagte er unheilvoll. Man schob mich weiter durch Gänge, in denen es ätzend nach Chemikalien roch. Es wurde blendend hell, und die Schmerzen waren schier unerträglich. Gleich darauf überkam mich ein Gefühl der Leichtigkeit, bis alles um mich herum schwarz wurde.

Als ich nach fünfzehn Stunden erwachte, lag ich in einem richtigen Bett. Links und rechts reihten sich weitere Betten mit Frauen, um die herum kleine Besuchergrüppchen standen. Auf einmal sah ich Patricia, Mercy, Emilia und Erika näher kommen, und ein wenig dahinter Erika mit Joel. Meine Hände wurden zärtlich getätschelt, jeder wollte wissen, wie es mir gehe. Auch Mutter war da. »Du hast ein Söhnchen!«, gab sie mir emotionsgeladen bekannt. Der Kleine sei noch ein wenig schwach, daher hätten sie ihn in einen Brutkasten gelegt, doch es gehe ihm gut. Ängstlich verlangte ich, mein Baby sehen zu dürfen. »Dein Junge sieht süß aus«, sagte Patricia, »wir sind gerade alle drüben gewesen und haben ihn uns angeschaut. Hab Geduld, du musst zuerst noch die Arztvisite abwarten.« »Hast du schon einen Namen für den Kleinen?«, fragte Joel. »Anthony«, antwortete ich. »So wie der berühmte Sänger aus Puerto Rico, Marc Anthony? Bist du etwa ein Fan von ihm?«, spaßte er. Alle mussten lachen, und auch über mein Gesicht huschte ein Lächeln. Großmutter war nicht gekommen, ließ mich aber grüßen. Schnell war die Besuchszeit zu Ende. Zurück blieben Säcke mit Fruchtsäften und Süßigkeiten.

Umringt von Assistenten ging ein Arzt von Bett zu Bett, bis er auch vor meinem anhielt. Schon seine erste Frage verschlug mir fast die Sprache: »Señorita, nehmen Sie oder Ihr Mann irgendwelche Drogen?« »Wie?«, frage ich, so als sei ich schwerhörig. »Ob Sie oder Ihr Mann Drogen konsumieren?«, wiederholte er etwas unwirsch. »Nein, nicht das ich wüsste«, log ich, ohne mit der Wimper zu zucken. Das sei sonderbar, sagte er, denn in diesem Fall sehe es so aus, als hätte eines der Elternteile – oder beide – über längere Zeit eine toxische Substanz zu sich genommen. Dies führe oft zu Fehl- und Unterentwicklungen am Fötus. Mein Sohn sei aber nur untergewichtig. So wie es aussehe, werde er es schaffen. Eine perplexe Miene war alles, was ich dem Herrn Doktor bieten konnte. Ich sollte also am kränklichen Gesundheitszustand meines Kindes schuld sein? Unweigerlich musste ich daran denken, wie oft ich Alkohol getrunken hatte. Nie hätte ich gedacht, damit mein ungeborenes Baby zu schädigen. Und was Tinos Drogenkonsum anbelangte, diesen konnte ich nicht einmal schätzten. Kaum waren der Arzt und seine Begleiter verschwunden, flog mein löchriges Bettlaken zur Seite. Voller Sorge lief ich barfuß los. Beim Raum des Pflegepersonals wies mir eine übel gelaunte Krankenschwester die Richtung. Ich erreichte ein Zimmer mit vielen halbdurchsichtigen Kästen auf Metallgestellen. An jedem klebte ein handgeschriebener Zettel. Aufgeregt hetzte ich von einem zum anderen, bis ich meinen Namen entdeckte. Sandra Eulalia López. Diese winzige Kreatur da war also mein Sohn! Unbeschreiblich! Ein großer Kopf mit dünnen Ärmchen und Beinchen – fast glaubte man eine rosarote Porzellanpuppe vor sich zu haben. Die Äuglein waren geschlossen, nur der Brustkorb bewegte sich langsam auf und ab. Wie gern hätte ich ihn in meine Arme genommen und um Verzeihung gebeten! Dennoch beruhigt und recht zuversichtlich begab ich mich zurück ins Bett.

Eine schon etwas ältere Frau im Bett neben mir ließ mich an ihrem Erfahrungsschatz teilhaben. Ganze acht Geburten hatte sie schon hinter sich gebracht, darunter eine Zangengeburt und drei per Kaiserschnitt. Was ich da an gruseligen Details zu hören bekam, hätte genügen müssen, mir die Lust aufs Kinderkriegen für immer zu nehmen. Auch mit den Zuständen auf der Geburtsstation kannte sie sich bestens aus. Durch sie erfuhr ich, welches Glück Anthony gehabt hatte, einen der wenigen Brutkästen abzubekommen, die nicht seit Monaten defekt waren. Und sie riet mir, im Toiletten-Raum aufzupassen. Was sie damit meinte, merkte ich erst, als ich dort war. Nun wurde mir auch klar, woher dieser üble Geruch stammte, der mir schon die ganze Zeit über in der Nase gelegen hatte. Aus zwei Plastik-Kübeln quollen blutige Binden, benutzte Windeln und schmutziges Toilettenpapier. Einiges davon lag auch auf den gräulichen Fliesen verstreut. Ob es hier so etwas wie einen Reinigungsdienst gab? Selbst mir, die ich aus armen Verhältnissen stammte, wurde bei diesem Anblick übel. Auf ähnlichem Niveau bewegte sich auch die Behandlung, welche uns das unmotivierte Pflegepersonal angedeihen ließ. Für diese Leute waren wir Patienten lästige Störenfriede. Wer sich beschwerte, der riskierte angeschrien zu werden. Am dritten und letzten Tag kam Beba. Sie hatte Pfirsiche, Mangos und eine Tüte mit geschnittener Papaya und Wassermelone für mich dabei. Ich bräuchte jetzt viele Vitamine, sagte sie. Wir vermieden es geflissentlich, über Tino zu sprechen, und ahnten nicht, dass keine fünf Minuten später dessen Schwester Rosa neben mir am Bett stehen würde. Sie übermittelte mir Grüße von Doña Dolores und ihrer Schwester Olga. Über ihren Bruder meinte sie nur, der sei eben ein fürchterlicher Starrkopf, da könne man nichts machen. Er sei ja auch erst fünfzehn Jahre alt und somit noch ein völlig unreifer Bengel. Für mich war es jedoch eine enorme Befriedigung, wenigstens von seiner Familie beachtet zu werden.

Dann endlich konnte ich diesen unwirtlichen Ort wieder verlassen. Mein Sohn musste noch bleiben – niemand konnte mir sagen für wie lange. Jeden Morgen fuhr ich zu ihm ins Krankenhaus. In aller Frühe bestieg ich, manchmal in Begleitung von Erika, in Palencia einen brechend vollen Bus, um noch vor acht Uhr dort zu sein. Den Kleinen durch die transparente Kunststoffabdeckung hindurch betrachten zu können, war der Höhepunkt meiner Tage. Nach zwei Wochen war er endlich kräftig genug, und ich durfte ihn mit nach Hause nehmen, wo er von meiner Mutter mit einem wahren Schwall an Liebesbezeugungen empfangen wurde. Ich konnte nur staunen. Auch Joel zeigte sich wieder von seiner besten Seite. Er liebte es, sich mit dem Jungen zu beschäftigen, ihn herumzutragen und Grimassen für ihn zu schneiden. Er nannte ihn »meinen Sohn«, so vernarrt war er in ihn. Einen solch tollen Vater hätte ich mir wirklich für Anthony gewünscht. Selbst Babykleider kaufte er ihm, zum Beispiel einen hellblauen Strampelanzug. Wenn der Kleine noch etwas brauche, dann solle ich es nur sagen, bot er mir an.

An mir nagten Selbstzweifel. Was sollte nur aus mir werden? Nun hatte ich ein Kind zu versorgen, war ohne eine Ausbildung und besaß so gut wie nichts. Mutter, die sich darüber sehr wohl im Klaren war, zeigte bald ihre pragmatische Ader. Für mich sei es zwar ein Segen, Tino nicht mehr am Hals zu haben, aber dessen ungeachtet müsse dieser Fiesling für seinen Sohn geradestehen. Kinder zu zeugen und so zu tun, als gehe einen das nichts an, das sei nicht akzeptabel. Empört lehnte ich ihr Vorhaben ab. Aber hinter meinem Rücken schaffte sie es irgendwie, ihn zu uns zu zitieren. Tino vor unserem Häuschen ankommen zu sehen, brachte mein Herz zum Stillstand. Erhobenen Hauptes blieb er wenige Meter vor dem Eingang stehen. Mit Anthony auf dem Arm stand ich im Türrahmen, er warf uns einen flüchtigen Blick zu, seine Augen flirrten eigenartig. Mutter gab sich sichtlich Mühe, ihre abgrundtiefe Antipathie im Zaum zu halten, was ihr aber nicht ganz glückte. Sie habe mir immer eingeschärft, mich nicht mit triebhaften, verantwortungslosen Jungs einzulassen, sagte sie. Leider seien viele Töchter dickköpfig und glaubten, immer alles besser zu wissen. Doch dieser süße Fratz hier sei nun einmal auf der Welt, daher sei es auch nur recht und billig, wenn Tino, als sein Erzeuger, für ihn aufkomme. Dieser machte eine abweisende Handbewegung. »Shit, Señora, was zum Teufel wollen Sie von mir? Ich checke gar nicht, was Sie da labern. Sie haben den Falschen am Stecken, damit hab ich nichts am Hut, ist das klar?« Noch bevor Mutter explodieren konnte, zottelte er breitbeinig davon. »Da siehst du, was für ein Mistkerl das ist«, sprach sie wütend, »nun bestreitet er sogar, der Vater dieser armen Kreatur zu sein! Dieser Schurke wird nie Verantwortung zeigen, am besten vergisst du diesen gottverdammten Idioten!« Auf mich wirkte Tinos Verhalten wie eine erneute kalte Dusche – die noch kaum verheilten Wunden in mir brachen wieder auf. Wie konnte er seinen eigenen Sohn verleugnen? Wenn er von mir nichts mehr wissen wollte, wenn er mich nie geliebt hatte, dann konnte ich das ja noch akzeptieren. Aber sein eigenes Fleisch und Blut verleugnen? Von Beba wusste ich, dass er und Antonieta sich wieder getrennt hatten. Freilich war das jetzt nur ein schwacher Trost.

Im Oktober, dem letzten Monat der Regenzeit, wurden die Temperaturen spürbar frischer. Am Tag pendelten sie zwischen angenehmen zwanzig und siebenundzwanzig Grad, nachts sanken sie manchmal unter zehn Grad. An einem Vormittag drangen Schreie aus dem Haus der Großeltern an unser Ohr. Mutter und ich befürchteten das Schlimmste und fegten den Pfad hinauf. Als wir ins Haus traten, sahen wir Großmutter in einer Umarmung mit einer fremdartig gekleideten Frau. Als Nächste versank auch Mutter mit einem Aufschrei in den Armen dieser Unbekannten. Erst da wurde mir bewusst, dass dies meine Tante Martina sein musste. Selbst Opa zeigte Emotionen, was selten war. Nach einer Weile betrat Mercy völlig außer Atem den Raum. Ganze dreizehn Jahre hatte sie ihre Mutter nicht mehr gesehen. Unter schmerzbeladenem Geheul drückten sie sich minutenlang. Schließlich nahm Martina auch noch mich an ihre opulente Brust.

»Mein Gott, Sandra, bist ja schon fast eine junge Frau! Ich hab dich noch als kleines, schüchternes Mädchen in Erinnerung«, sprach sie lachend. Ihr mit blondierten Strähnen durchzogenes Haar war perfekt gewellt, sie trug elegante Kleidung und duftete nach teurem Parfum. Doch ihre Gesichtszüge verrieten eine verblüffende Ähnlichkeit mit denen ihrer Schwestern. Stunden später kam ihre zweite Tochter Myrna aus der Hauptstadt herbeigeeilt. Noch einmal wiederholten sich dieselben gefühlsbeladenen Szenen. Bald hatte sich unsere gesamte Großfamilie versammelt, um diesen besonderen Gast zu begrüßen und zu bestaunen. Die Großeltern stellten Martina das beste Zimmer im Haus zur Verfügung. Viele Abende lauschten wir gebannt ihren lebendigen Erzählungen von all ihren Erlebnissen in den USA. Abgerackert hatte sie sich, als Putzfrau, Kellnerin und in Fabriken, ohne eine gültige Aufenthaltserlaubnis, in jahrelanger Furcht vor der »Migra«, der US-Einwanderungsbehörde. Nie hatte sie jedoch ihre Töchter und uns, ihre Familie, vergessen. Vor einer Woche hatte sie sich mit dem Bus aufgemacht, quer durch die USA und Mexiko, mit einem Minimum an Gepäck. Zwei Koffer hatte sie noch vor ihrer Abreise bei einem Kurierdienst aufgegeben. Diese Gepäckstücke lagen nun vor uns auf dem Tisch. Das auffälligste Mitbringsel war ein wuchtiger Stereo-Kassettenrekorder mit Platz für vierundzwanzig CDs. Für jeden von uns hatte sie ein Geschenk. Mir hatte sie eine schicke, kuschelige, blaue Strickjacke mitgebracht.

Kaum eine Woche nach Martinas Ankunft, wir hatten gerade zu Mittag gegessen, kehrte Erick ungewöhnlich früh von der Arbeit zurück. Schwer alkoholisiert ließ er sich auf einen Stuhl fallen und setzte zu seinen altbekannten Quengeleien an. Ganz offenkundig wollte er einen Streit vom Zaun brechen, koste es, was es wolle. Das war nichts Neues. Aber die Zeiten, in denen Mutter ihm unterwürfig alles hatte durchgehen lassen, gehörten längst der Vergangenheit an. »Halt doch deine Klappe, ich will nichts hören, geh besser pennen«, konterte sie mutig. Ich ahnte, was nun folgen würde, und legte Anthony in die hinterste Ecke des Bettes. Als ich mich umdrehte, rammte ihr Erick gerade seine Faust ins Gesicht. Sie wankte und wäre fast nach hinten umgekippt, konnte sich aber noch fangen. Ihr Körper nahm die Stellung einer angriffslustigen Wildkatze an. »Jetzt reicht's mir, du Idiot!«, überschlugen sich ihre Worte, »Ich ertrage es nicht länger, von dir misshandelt zu werden, ich hab die Schnauze gestrichen voll! Warum haust du nicht endlich ab und lässt uns in Frieden?« Er setzte zur nächsten Attacke an. »Du verdammte Hure!«, brüllte er, »Ich werd dir eintrichtern, dass man seinen Mann zu respektieren hat!« Sein Hieb traf ins Leere, aber es entwickelte sich ein Ringkampf, bei dem Mutter den Kürzeren ziehen musste, da er wesentlich kräftiger gebaut war. Brutal schleuderte er sie gegen die Wand, wobei er selber das Gleichgewicht verlor und gegen den Kleiderschrank prallte, dessen Spiegel laut zersplitterte. »Rühr meine Mutter nicht an!«, schrie ich, so laut ich konnte. Er rappelte sich wieder auf. Er ignorierte mich und bewegte sich auf den eingeschalteten Fernseher zu, den er, als handele es sich um eine Attrappe, Mutter entgegenschleuderte. Das schwere Gerät streifte sie an der Schulter, bevor es klirrend und weißliche Funken sprühend neben ihr auf den Boden krachte. »Misch dich da nicht ein, Sandra!«, fauchte sie mir zu. María-José hielt sich ängstlich an meinen Beinen fest. Der Tumult hatte Patricia und Martina alarmiert, die in den Raum gestürmt kamen. Martina hielt eine kleine Sony-Video-Kamera, mit der sie zu filmen begann. Mit einem einzigen Hieb schlug ihr Erick das Gerät aus den Händen, wobei er sie am Kinn verletzte. Wie aus dem Nichts tauchte der vierzehnjährige Pedro auf. Seine Hände umschlossen einen dicken Holzknüppel, den er seinem Stiefvater mit beherzter Wucht von hinten über den Schädel zog. Ein dumpfes Geräusch, und Erick sackte in sich zusammen.

»Raus, alle raus hier!«, rief Patricia, als handle es sich um ein Erdbeben. Ich beeilte mich, meinen Sohn zu schnappen, da stockte mir der Atem. Auf seinem blauen Hemdchen klebten große Blutspritzer! Hektisch suchte ich den kleinen Körper ab, konnte aber keine Blessuren feststellen. Mein Blick fiel auf den zerborstenen Spiegel gleich nebenan. Das Blut musste von Erick stammen, der sich wohl daran verletzt hatte. Draußen sammelten wir uns alle. Mutter hatte blutende Hautabschürfungen im Gesicht, am Hals und an den Armen. »Bernarda, wir müssen die Polizei verständigen, wer weiß, was dieser Verrückte sonst noch anstellt«, forderte Martina, deren Kinn einen Riss davongetragen hatte. »Wie kannst du es nur mit so jemandem aushalten?« »Ich hab diesen Kerl wirklich mehr als satt, glaub mir das«, seufzte Mutter. »Wenn er nicht der Vater meiner jüngsten Kinder wäre, dann hätte ich ihn schon längst zum Teufel geschickt.« Ihre Schwester winkte ab. »So kannst du doch nicht weiterleben, mit einem Mann, der dich derart attackiert! So einer wandert in den USA hinter Gitter!« »Ja, Martina, dort mag das so sein, aber wie du weißt sind wir hier in Guatemala, wo das nicht so einfach ist.«

Großvater hatte sich mit einer Machete bewaffnet, Großmutter brach in lautes Gejammer aus. Es wurde entschieden, zum Polizeiposten zu gehen. Auch ich lief mit. Ein Beamter hörte sich uninteressiert alles an, während er gemütlich ein leeres Blatt Papier in seine mechanische Schreibmaschine einspannte. »Namen?« Mit beiden Zeigefingern tippte er langsam die Antwort. »Genaue Adresse und Alter?« Als er auch noch Mutters Geburtsort wissen wollte, wurde es ihr zu viel: »Entschuldigen Sie, Herr Offizier, aber das hier ist ein Notfall, mein Mann könnte noch mehr Menschen in Gefahr bringen, Sie müssen schnellstens etwas unternehmen!« Er zog seine buschigen Augenbrauen nach oben. »Ist er denn bewaffnet?« »Nein, das nicht, aber er ist auch so gefährlich. Schauen Sie nur, was er mit mir gemacht hat!« Der Uniformierte schien unempfänglich für solche Argumente: »Señora, Sie müssen verstehen, Fälle von familiärer Gewalt erhalten wir hier zuhauf, aber ohne einen richterlichen Beschluss dürfen wir ihr Anwesen nicht betreten, damit würden wir gegen das Gesetz verstoßen.« Nun war es Martina, die sich nicht länger zurückhalten konnte: »Herr Offizier, bei allem Respekt, aber das, was Sie da sagen, ist doch völlig absurd! Sie sind doch dazu da, die Menschen zu beschützen!« Dies zeigte endlich Wirkung. Der Mann erhob sich vom Stuhl und verschwand im Nebenraum. Nach einer Minute kam er mit drei Kollegen zurück. »Die hier werden mit Ihnen gehen«, sagte er. In zwei Polizeifahrzeugen fuhr man uns zurück. Großvater schilderte den Beamten kurz die Situation. Danach hielt sich Erick unten im Häuschen verschanzt. Mit schussbereiten Waffen pirschten sich die Polizisten an das Haus heran und forderten ihn durch lautes Rufen auf herauszukommen, was er dann auch schnell tat. Verwirrt und mit einer blutenden Platzwunde am Hinterkopf ließ er sich in Handschellen abführen. Mutter ging mit meinen Tanten noch einmal zum Posten, ich aber machte mich schon einmal daran, die Spuren des Kampfes zu beseitigen. Es sah aus wie auf einem Schlachtfeld: überall Blutspritzer und Scherben. Vor dem örtlichen Friedensrichter musste sich Erick schriftlich dazu verpflichten, uns künftig nicht mehr zu behelligen. Im Gegenzug wurde auf eine Strafanzeige gegen ihn verzichtet.

Für Mutter war es der Schlusspunkt unter einen stürmischen Lebensabschnitt. Endlich waren wir diesen launischen Grobian los, der uns das Leben vermiest hatte. Leider hielt er sich nicht immer an die richterlichen Vereinbarungen. Mal reumütig und um Vergebung bettelnd, dann wieder als streitsüchtiger Saufbold, kreuzte er bei uns auf. Mutter baute sich dann mit einer Machete in der Hand vor ihm auf, was für gewöhnlich genügte, damit er wieder von dannen zog. Auch lehnte er es zunächst ab, für seine Kinder Alimente zu bezahlen. Daher reichte sie vor einem Familiengericht in der Hauptstadt eine Klage auf Unterhaltszahlungen ein. Mit Erfolg. Nach einigen Anfangsschwierigkeiten kam ihr Ex seinen finanziellen Verpflichtungen mehr oder weniger pünktlich nach. Sie ging nun fast jeden Tag arbeiten, und ich musste neben meinem eigenen Sohn auch noch María-José und Salvador hüten. Ferner hatte ich zu kochen, zu putzen und den Platz vor unserem Haus zu kehren. Waren meine Träume schon am Ende angelangt, noch bevor sie abgehoben hatten? Ich vermisste die Feste, das Herumstreunen mit Freundinnen und Cousinen, vor allem aber sehnte ich mich nach wirklicher Liebe, die für mich gleichbedeutend mit Tino war. Tante Martina reiste nach etwas mehr als einem Monat wieder ab und kehrte in ihre neue Heimat zurück. Sie komme bestimmt wieder – irgendwann – versicherte sie uns noch. Neben Marlon besuchte nun auch mein siebenjähriger Halbbruder Salvador die Schule. An einem Mittag kam dieser nach Hause und klagte, ein anderer Junge habe ihm wehgetan. Im örtlichen Gesundheitszentrum stellte ein Arzt innere Blutungen im Analbereich fest. Er äußerte den Verdacht, der Junge könnte zu sexuellen Handlungen genötigt worden sein, aber das wurde von Salvador selber nicht bestätigt. Der Aggressor war ein gewisser Lauro, ein Junge etwa in meinem Alter, dessen Familie wie wir im Rincón de la Piedra hauste. Fuchsteufelswild schaltete Mutter die Polizei und den Friedensrichter ein, der Lauros Mutter, Doña Marta Alicia, veranlasste, die Behandlungskosten für Salvador zu übernehmen. Drei oder vier Monate in Folge schickte sie mich zur Hütte dieser Frau, um den vereinbarten Betrag entgegenzunehmen.

»Hallo Sandra, wie geht's euch?«, überraschte mich eine mir vertraute Stimme, als wäre es das Normalste der Welt. Gerade hatte ich meinem Sohn die Brust gegeben und ihn in die Krippe gelegt. In der offenen Haustür stand Tino. Träumte ich? »Och, bei uns ist alles bestens, und bei dir?« »Bei mir auch. Und wie geht's dem Kleinen?« »Die letzten Tage hatte er etwas Fieber, aber es geht ihm schon wieder viel besser. Willst du ihn sehen?« Er bejahte, also hievte ich Anthony aus der Holzkrippe und reichte ihn seinem Vater. »Mein Sohn, das ist mein Sohn!«, rief er plötzlich. Eine Freude ohnegleichen durchflutete mich. »Sandra, wie ich mich benommen habe, das war wirklich Kacke, na du weißt schon.« Eine ziemlich dürftige Entschuldigung, doch für mich wog sie mehr als Tonnen reinen Goldes. Ich machte ihm keinerlei Vorwürfe, sondern genoss die Möglichkeit, ihn mit unserem Kind beobachten zu dürfen. Meine lang unterdrückten Gefühle für ihn kamen sofort mit aller Macht zurück. Er wollte gerade gehen, als Mutter von der Arbeit zurückkehrte. Sie tat so, als sehe sie ihn gar nicht.

»Was wollte dieser Schweinehund hier, und warum strahlst du so blöd?«, schnauzte sie mich an, sobald er fort war. »Will er etwa endlich für Anthony aufkommen?« Nur schwer konnte ich mein Hochgefühl bändigen. »Nein, er wollte einfach nur seinen Sohn sehen.« »Seinen Sohn sehen?«, fragte sie spöttisch. »Nun ist es also doch sein Sohn? Ich hoffe nur, du bist nicht so dumm, dich wieder mit diesem dreckigen Marero einzulassen!« »Marero?« »Ja, verdammt noch mal, ein Marero! Oder weißt du etwa nicht, was ein Marero ist?« Gewiss war mir dieses Wort gut bekannt. Ein Marero war ein Mitglied einer Mara, einer Jugendbande eben. Noch bevor ich ihr antworten konnte, redete sie weiter. »Dieser Tino ist ein richtiger Krimineller. Wie konntest du dich nur mit einem solchen Stück Dreck einlassen?« Verständnislos hörte ich mir ihre Hasstirade an. Tino ein Krimineller? Was schwafelte sie da für einen Schwachsinn? Ja, es stimmte, er hatte zwei kleine Tattoos auf seinen Armen und kleidete sich auf eine ähnliche Art und Weise wie diese Mareros, die man oft in den Fernsehnachrichten sehen konnte. Auch musste ich an den Vorfall mit seiner Kopfwunde denken. Aber er und seine Freunde äfften doch nur nach, was sie anderswo sahen! Es waren übermütige jugendliche Spinnereien, viel mehr doch nicht. Ihnen ging es darum, stark und furchteinflößend zu wirken, sie wollten bewundert und respektiert werden. War das so verwerflich? Mutters Vergleich schien mir jedenfalls völlig unverhältnismäßig. Sie konnte ihn einfach nicht leiden und setzte nun alles daran, ihn vor mir schlecht zu machen und ihn mir auszureden. Aber das würde ihr nicht gelingen!

Tino schaute nun regelmäßig bei uns vorbei, sehr zu Mutters Verdruss, denn er machte keinerlei Anstalten, für seinen Sohn finanziell einzustehen. Meinem verliebten Freudentaumel tat dies keinen Abbruch. Wieder schwebte ich wie auf Wolken. Dann richtete er mir aus, seine Mutter wolle unbedingt Anthony sehen. »Verdammt, das kommt nicht in Frage!«, war die erste Reaktion meiner eigenen Mutter, als ich ihr davon erzählte. »Warum will diese alte Schachtel den Jungen ausgerechnet jetzt sehen? Bisher hat sie sich ja auch nicht für ihn interessiert.« Mit Mühe konnte ich sie zu einem Kompromiss überreden. Ich durfte gehen, musste aber bis spätestens sechs Uhr abends wieder zurück sein. Am folgenden Sonntagmorgen, gegen elf Uhr, kam uns Tino abholen. Doña Dolores nahm ihr Enkelkind in ihre speckigen Arme und lachte breit, wodurch zwei vergoldete Schneidezähne zum Vorschein kamen. Natürlich fand sie, Anthony sei seinem Vater wie aus dem Gesicht geschnitten. Olga und Rosa kochten, es gab Hähnchensuppe mit Kürbis, Kartoffeln, Tomaten und Karotten. Sie stellten mir die üblichen Fragen zu Gewicht, Schlafproblemen, Krankheiten oder Essgewohnheiten. Ich fühlte mich wohl bei diesen Leuten. Nach dem Essen machten wir einen Spaziergang durch die Umgebung, mit unseren Kindern, aber ohne Tino, der irgendwohin gegangen war. Und natürlich besuchte ich auch kurz Beba, die neuerdings mit Pelón hier im Ojo de Agua wohnte, im Haus seiner Eltern. Sie verfügten über ein geräumiges Zimmer. Meine Cousine schien wirklich glücklich zu sein mit ihrem Mann. Ich beneidete sie um ihr Glück. Die Zeit verging wie im Flug. Zurück bei Doña Dolores blickte ich mit Besorgnis auf die Uhr an der Wand. Es war schon spät, ich musste los. Doña Dolores aber glaubte, Tino komme gewiss bald, ich solle doch auf ihn warten, damit er mich heimbegleiten könne. Ich überlegte noch, da näherte sich Olga und sagte leise: »Du, Sandra, draußen steht deine Mutter.« Mit Beklemmung ging ich hinaus. Ihre wütenden Blicke hätten mich beinahe aufgefressen, der Tonfall war hart und vorwurfsvoll: »Es ist schon Viertel vor sieben! Hatten wir nicht ausgemacht, dass du bis sechs Uhr wieder zurück bist?« »Ja, ist ja gut, ich gehe nur schnell Anthony holen«, beschied ich ihr zornig. Auch Doña Dolores war vor die Tür getreten. Beide Frauen betrachteten sich feindselig, es wurde kein einziges Wort gesprochen. Auf dem Rückweg musste ich mir eine gesalzene Predigt anhören. Wie mich das alles ankotzte, speziell diese ständigen Bevormundungen. Ich wollte endlich frei und unabhängig sein, so wie Beba!

1998 – 1999

DER SPRUNG INS UNGEWISSE

Meine Überlegungen kreisten nur noch um die Frage, wie ich am besten von Zuhause wegkommen konnte. Tino für ein Zusammenleben zu gewinnen, erwies sich aber als weitaus kniffliger als gedacht. Bisher hatte er kaum Verantwortung gekannt, weder für sich selber und schon gar nicht für eine Frau mit Kind. Doch gleich wie, ich musste ihm die Idee schmackhaft machen. »Bei meiner Alten halte ich es einfach nicht mehr aus. Du, Schatz, ich sehne mich danach, immer bei dir sein zu können, so wie eine richtige Familie. Du brauchst doch auch jemanden, der für dich kocht und dir deine Kleider wäscht, nicht wahr?« »Ach, ich weiß nicht, werde mal sehen«, antwortete er ausweichend. Ich hatte auf etwas mehr Enthusiasmus gehofft. Ging ihm das alles zu schnell? Erst nach einigem Drängeln stimmte er schließlich zu.

Ein wenig bekam ich nun dennoch ein schlechtes Gewissen. Meine Mutter hatte in letzter Zeit alles für mich und Anthony getan, der ihr sehr ans Herz gewachsen war. Doch ich könnte sie ja besuchen gehen, sobald sich ihre Empörung erst einmal gelegt haben würde. In aller Frühe, nachdem sie zur Arbeit gegangen war, schickte ich Salvador und María-José unter einem Vorwand hinauf zu Emilia. Überhastet quetschte ich einige meiner Kleider und Babysachen für Anthony in eine grüne Sporttasche, griff mir meinen Jungen und machte mich wie eine Diebin davon. Tino wartete schon an der verabredeten Stelle auf uns. In den Händen hielt er eine alte Schrotflinte. Was er damit wolle, fragte ich etwas verwundert. Man wisse ja nie, sagte er.

Bisher hatte er bei seiner Mutter gehaust. Deren Hütte verfügte aber lediglich über einen einzigen bewohnbaren Raum, daher hatten sich Olga und Rosa bereit erklärt, uns aufzunehmen. Aber auch ihr Häuschen war mit zwei Zimmern äußerst beengt. Das eine nutzten sie als Wohnraum und Küche, das andere als Schlafzimmer. Dort errichtete Tino nun eine Trennwand aus einer alten Strohmatratze und einem Sammelsurium verschieden langer Bretter. In die Ritzen und Zwischenräume stopfte ich Zeitungspapier. Aus Holz und Blech bastelte er uns dann noch eine eigene Zimmertür. Im so entstandenen Raum war kaum genug Platz für sein schmales Metallbett und eine fast gänzlich mit Abziehbildchen beklebte Kommode, auf die er einen kleinen

Farbfernseher stellte. Sein ganzer Stolz aber war ein wuchtiger Kassettenrekorder mit Radio, dessen separater Lautsprecher groß genug war, um uns als Tischchen zu dienen. Licht spendete ein etwa fünfundzwanzig Zentimeter hohes und breites Fenster ohne Glasscheibe mit einem Fetzen Stoff als Gardine. Auf dem gesamten Areal gab es leider kein fließendes Wasser. Es musste von einem Nachbargrundstück geholt werden. Diese Aufgabe fiel vom ersten Tag an mir zu. Für alle Bewohner existierte auch nur ein einziges Plumpsklo, gleich neben der Bude von Raul.

Trotz dieser Widrigkeiten wirkte mein neues Heim wie ein Märchenpalast auf mich, in dem ich endlich mein Liebesglück würde genießen und ausleben können. Die ersten Nächte waren denn auch ein Feuerwerk der Leidenschaften, in denen ich nicht müde wurde, Tinos athletischen Körper zu liebkosen und mein Gesicht in sein struppiges Haar zu tauchen. Wir hatten guten Sex, wobei ich selbst seinen Schweißgeruch als das edelste Parfum wahrnahm. Mit seiner Wortkargheit und Ruppigkeit war ich schon vertraut, sie steigerten nur noch mein Bedürfnis, ihm mit jeder Berührung das Ausmaß meiner Liebe zu beweisen. Er war mein großer, stolzer Held. Tino kannte keinen geordneten Tagesablauf, bei ihm kreiste alles um seine Homies, wie er seine Freunde nannte. Viele kannte ich schon, wie Lee-Vice, Pelón, Smokey und einige mehr. Bisweilen hielten sie sich bei einer niedrigen Mauer auf, gleich neben dem Häuschen seiner Mutter. Dann wieder konnten sie für Stunden unauffindbar bleiben. Nie sagte er mir genau, wohin er ging oder was er tat. Ich wusste nur, dass er unter anderem mit Marihuana handelte, so wie ich es früher ja selber getan hatte. Ich blieb immer mit Anthony zuhause. Tino kam immer nur kurz, vor allem wenn er hungrig war. Nie gab er mir Geld. Unsere Nahrungsmittel erhielt ich von seiner Mutter. Das Essen bereitete ich draußen im Freien zu, bei einer mit Wellblech überdachten Feuerstelle. Zwar besaßen Olga und Rosa einen zweiflammigen Gaskocher, doch wollte ich ihnen nicht noch mehr zur Last fallen. Feuerholz konnte ich in der Nähe ja zur Genüge finden. Seine Mutter und die beiden Schwestern mitsamt ihren Kleinkindern brachen immer kurz vor vier Uhr in der Früh auf, um rechtzeitig mit einem Bus die Hauptstadt erreichen zu können. Dort betrieb Doña Dolores einen eigenen Verkaufsstand, der es ihr bisher ermöglicht hatte, ihre Familie auch ohne männlichen Rückhalt zu ernähren. Erst am frühen Abend kamen sie zurück. Tino hatte noch eine dritte Schwester. Evangelica. Mit ihrem Mann und den Kindern lebte sie in einem nahen Dorf. Und da auch sie als Marktfrau arbeitete, brachte sie mir oft ihre sechsjährige Tochter Cindy, damit ich auch auf sie aufpasste. Ein aufgewecktes Mädchen mit kirschgroßen, schwarzen Kulleraugen, das ich sofort in mein Herz schloss. Auch Rosa übertrug mir hie und da die Aufsicht über ihren knapp einjährigen Sohn, da es für sie sehr mühsam war, ihn mit zur Arbeit zu nehmen. Als Gegenleistung versorgten mich beide Frauen mit Fleisch, Gemüse und anderen Nahrungsmitteln. Doña Dolores steckte mir vereinzelt auch etwas Bargeld zu, damit ich frisches Brot und warme Tortillas kaufen konnte.

In der näheren Umgebung gab es gleich mehrere Kramläden. Einer befand sich auf dem Nachbargrundstück. Von den Söhnen der Nachbarn kam mir einer sofort bekannt vor. Früher war ich ihm dann und wann auf den staubigen Gassen Palencias begegnet. Ich hatte ihn als hübschen, anspruchslosen Knaben in Erinnerung, der als Landarbeiter tätig gewesen war. Über ein verschmutztes T-Shirt geschultert hatte er oft Rechen, Spaten und andere landwirtschaftliche Gerätschaften mit sich herumgetragen. Nun waren seine Kleider sauber, und er hielt sich oft bei Tino und dessen Kumpanen auf. Aus dem eher hageren Buben von früher war ein kräftiger Jüngling geworden. Einzig seine ausdrucksstarken, grünlich-braunen Augen waren noch dieselben, weshalb ihn alle nur Gato nannten, die Katze.

Das Wasser für den täglichen Gebrauch kauften wir bei anderen Nachbarn. Morgens begab ich mich immer als Erstes dorthin. Ich musste mich sputen, denn das Wasser floss nur stundenweise. Und es gab Tage, da blieb es sogar ganz aus. Zum Transport verwendete ich einen Plastikkanister, der etwa dreißig Liter fasste und den ich gekonnt auf meinem Kopf balancierte. Den Inhalt entleerte ich in eines der runden Metallfässer in unserem Hof. Eine äußert mühevolle Arbeit, da es hin und zurück mehr als zweihundert Meter waren, die ich an die zehnmal hintereinander zurücklegen musste.

Eines Morgens, ich war schon fast fertig mit dem Wasserschleppen, rief jemand meinen Namen. Vorsichtig drehte ich mich um und sah Clara, meine ehemalige Schulkameradin, mit der ich früher oft die Pausenbrote geteilt hatte. Sofort stellte ich den Behälter auf den Boden – dann fielen wir uns um den Hals. Sie bestand darauf, mir ihr Haus zu zeigen, welches zu meiner Überraschung gleich auf der anderen Seite des Weges lag und in dem ihr Vater ein kleines Schneideratelier unterhielt. Der christliche Glaube hatte sie nicht davor bewahrt, unverheiratet Mutter zu werden, wie der schnuckelige Säugling bewies, der auf einem einfachen Metallbett lag. Sein Erzeuger war als Mojado in die USA gereist, mit dem Gelübde, bald wiederzukehren. Das war schon über fünf Monate her. Bisher habe er ihr nicht einmal eine Postkarte geschickt, gestand sie mir traurig. Ihre Familie besaß einen eigenen Wasseranschluss, und großherzig bot mir Clara an, das Wasser nun immer kostenlos bei ihnen holen zu dürfen. Dankend nahm ich an. Ich durfte sogar unsere Kleider dort waschen, wodurch ich mir einen Teil der Schlepperei ersparen konnte. Wir sahen uns nun täglich und hatten eine prima Zeit. Während ich meine schmutzige Wäsche schrubbte, passte sie auf Anthony auf und umgekehrt.

Abgesehen von Joel, der sich häufiger blicken ließ, und Beba, die mir oft Gesellschaft leistete, bestand die einzige Verbindung zu meiner Familie über Patricia. Ihre Beziehung zu Cesar war ein endloses Auf und Ab, daher verdiente sie sich mit dem Verkauf frischer Tortillas ein überlebenswichtiges Zubrot. Fast täglich durchwanderte sie die verschiedenen Viertel Palencias, so auch den Ojo de Agua, um die noch warmen Maisfladen an ihre Kundschaft auszuliefern. Wenn sie Zeit hatte, stattete sie uns einen Blitzbesuch ab. Mit dabei war immer auch ihr Töchterchen Guadalupe. Von meiner Tante erfuhr ich, wie Mutter auf meinen fluchtartigen Auszug reagiert hatte. »Bernarda hat sich dermaßen aufgeregt, dass sie zwei Tage lang krank im Bett lag. Mein Gott, es ging ihr wirklich mies. Du hättest nicht einfach so abhauen dürfen!«, tadelte sie mich. Meine Schuldgefühle lebten kurz wieder auf. »Aber sie hat mich doch nicht gehen lassen wollen«, suchte ich nach einer Entschuldigung, die aber nicht zog: »Deine Mama will doch nur, dass du dich nicht unglücklich machst! Verstehst du das denn nicht? Wie dem auch sei, wir müssen weiter, es ist schon spät.«

Tino legte sehr viel Wert darauf, ordentlich gekleidet zu sein. Ich hatte dafür zu sorgen, dass er immer saubere, gebügelte Kleider vorfand. Es gab Tage, da zog er sich zwei oder drei Mal um. Und obwohl ich es mir zunächst nicht eingestehen wollte, so machte sich bald ein wenig Ernüchterung in mir breit. Natürlich war ich selig, nun endlich seine Frau sein zu dürfen, doch seine unstete Lebensführung und dieses ständige Fortbleiben belasteten mich. Das Zentrum seines Universums war nicht ich, sondern das waren zweifelsfrei seine Kumpels, mit denen er geradezu verschwörerisch verbunden war. Ich aber fühlte mich zunehmend wie eine drittrangige Nebensache. Den lieben langen Tag auf ihn zu warten, war es das, wovon ich geträumt hatte? Und ewig konnten wir doch nicht von seiner Mutter abhängig sein. Oder doch?

Nach vier Wochen an seiner Seite entschloss ich mich, ernsthaft mit ihm zu reden. Gegen halb elf abends kam er heim, ohne viele Worte. Das Essen war schon kalt, daher eilte ich hinaus zur Feuerstelle, um es für ihn aufzuwärmen. Während er die Tortillas mit einem Brocken Rindfleisch verschlang, brachte ich ruhig und sachte mein Anliegen vor. »Hurenscheiße, was soll das?«, schnitt er mir das Wort ab. »Glaubst du, ich hätte mich mit dir eingelassen, um mir solchen Scheiß anhören zu müssen? So was geht mir voll auf den Sack!« Seine Augen schimmerten gläsern, er stand unter Drogen, wie so oft. »Und meine Homies haben mir gesteckt, du würdest dich wie eine Nutte in der Gegend rumtreiben, wenn ich nicht da bin«, steigerte er sich in Rage, die Adern auf seinem kräftigen Hals wurden gut sichtbar. »Aber Liebling, ich geh doch nur in den Laden, um etwas zu kaufen, oder zu Clara, um Wasser zu holen«, rechtfertigte ich mich kleinlaut. »Verarsch mich nicht, es wird Zeit, dir eine Lektion zu erteilen!«, röhrte er, zog seinen Ledergurt aus und peitschte damit auf mich ein. »Kapierst du es nun, du Nutte?« »Ja, ja, Schatz, aber nun hör schon auf«, flehte ich. Plötzlich, als hätte jemand einen Schalter gedrückt, ließ er von mir ab und warf sich aufs Bett. In der gleichen Stellung schlief er Minuten später ein. Zu seinen Füßen, ohne ihn zu berühren, schlüpfte ich unter die Decke. Anthony, der leise weinte, presste ich Trost spendend gegen meine Brust. Verglichen mit den seelischen waren die körperlichen Schmerzen nichts. Tino hatte mich geschlagen, so wie man einen Hund schlägt! Am folgenden Morgen bat er mich wortkarg um Verzeihung, machte mir aber gleichzeitig auch klar, ich hätte auf dem Grundstück zu bleiben, wenn er nicht zugegen war.

Am Abend wollte Olga von mir wissen, was letzte Nacht los gewesen war. Betroffen hörte sie mir zu. »Mein Bruder ist leider ein fürchterlicher Macho«, sagte sie dann. »Anthony tut mir auch leid. Der Junge hätte wahrlich ein besseres Los verdient.« Ihre Worte waren warm und voller Mitgefühl. »Sandra, du bist ein anständiges Mädchen, ich mag dich sehr, daher will ich auch ganz offen mit dir reden. Selbst für uns, seine Familie, ist Tino oft kaum zu ertragen. Oh Allmächtiger, ich frage mich, wie das einmal noch alles enden wird. Die Probleme mit ihm haben vor vielen Jahren angefangen, als er noch kleiner war. Ich glaube, der Tod unseres Vaters hat ihn stark mitgenommen. Schon damals arbeiteten wir auf dem Markt in Guatemala-Stadt, und er musste mit uns mitgehen. Natürlich war es unmöglich, immer ein Auge auf ihn zu werfen. Also trieb er sich dort mit irgendwelchen Freunden herum. Ich schäme mich, es zu sagen, aber schon als Neunjähriger hat mein Bruder Leim und Verdünnungsmittel geschnüffelt. Später kamen noch Alkohol und Marihuana hinzu. Du kannst dir nicht vorstellen, wie oft ihn Mutter deswegen verhauen hat. Leider hat es nichts genützt, er ist immer aufsässiger geworden. Vor gut einem Jahr dann baute er wirklich gewaltigen Mist. Dafür landete er sogar für kurze Zeit im Jugendknast. Ganz ehrlich, Sandra, ich kann dir nur davon abraten, weitere Kinder mit ihm zu kriegen.« Diese Direktheit überrollte mich wie ein Lastwagen. Zwar war mir mittlerweile klar, dass Tinos Drogenkonsum ein bedrohliches Problem für uns alle darstellte, doch nie hätte ich mir ausmalen können, dass er schon als kleiner Junge Leim geschnüffelt hatte. Auf einmal hatte das alles gar nichts Cooles mehr an sich, es war nur noch traurig. Auch die warnenden Worte meiner Mutter kamen mir wieder in den Sinn, doch meine Liebe für ihn war stärker. Tino war kein schlechter Mensch. Früher oder später würde er sein Leben in eine bessere Richtung lenken. Ja, er musste, und ich würde ihm dabei mit meiner Liebe beistehen! Hatte er seinen Kopf frei von Rauschgiften, konnte er mit mir und unserem Sohn herumalbern, so als sei er selber noch ein sorgloses Kind. Actionfilme, die wir uns im Fernseher anschauten, entfachten wahre Begeisterungstürme bei ihm. Dann lagen wir auf dem Bett, lachten und fieberten mit. In diesen Momenten schien es, mein Traum von einem harmonischen Familienleben könne wirklich in Erfüllung gehen.

Doña Dolores hatte ich bislang als gutmütig und eher passiv erlebt. Aber ohne einen mir sogleich ersichtlichen Grund wurde sie eines Abends zu einem Feuer speienden Drachen. »Du bringst mich noch um, Tino! Wenn ich dir erlaubt habe, Sandra hierher zu bringen, dann doch nur, weil ich mir erhoffte, mit einem Mädchen an deiner Seite würdest du endlich etwas vernünftiger werden! Ich plage mich ab, um euch zu ernähren, aber dich kann nichts von deinem Lotterleben abbringen! Du undankbarer, hundsgemeiner Flegel, so kann das nicht weitergehen, ich ertrage das nicht länger! Willst du mich ins Grab bringen?« Tino hatte die Schelte regungslos, aber angespannt über sich ergehen lassen. »Ach, halt doch deine Schnauze, du alte Hure«, schmetterte er seiner Mutter abschätzig entgegen und bahnte sich mit dem Ellbogen einen Weg an ihr vorbei nach draußen.

Als Doña Dolores am folgenden Abend von der Arbeit kam, wollte sie wissen, wo ihr missratener Sohn war. Der sei nicht da, sagte ich ihr. Daraufhin hastete sie mit einem dicken Holzknüppel bewaffnet und gefolgt von ihren Töchtern hinaus in die Dunkelheit. Gerne wäre ich mitgegangen, aber dazu fehlte mir der nötige Schneid. Schwer schnaufend kamen die Frauen nach einer guten Viertelstunde zurück. »Dort drüben war er, bei seinen Kumpels, aber kaum hat er uns gesehen, ist er abgehauen«, berichtete mir Olga. Es war nach Mitternacht, als Tino zu mir ins Bett kroch. Ich gab vor, schon tief zu schlafen. Lange vor Tagesanbruch war er wieder weg.

Dieses Versteckspiel mit seiner Mutter zog sich über gut zwei Wochen hin, bis zu jenem Tag, an dem sie extra etwas früher als gewöhnlich heimkam. Ihr rebellischer Spross saß am Tisch und vertilgte schwarze Bohnen mit etwas zerbröseltem, salzigem Zacapa-Käse. Sofort stürzte sie auf ihn los und verabreichte ihm einen heftigen Knüppelhieb auf die Schulter. Beim Versuch auszuweichen, stolperte er gegen die Wand, an die er sich anlehnte und mit verschränkten Armen den lässigen Macho mimte. »So, du willst mir also nicht gehorchen?«, donnerte Doña Dolores. »Gott möge mir vergeben, aber ich bereue es, einen Sohn wie dich zu haben!« Auch Tino konnte seinen Schmerz und die innere Aufgewühltheit nicht verhehlen: »Fuck you, Mama, das hättest du dir verdammt noch mal früher überlegen müssen! Wozu hast du mich denn auf diese verschissene Welt gebracht? Um mich zu demütigen? Du hast mir keinen Dreck mehr zu befehlen, fahr zur Hölle!« Doña Dolores zerriss es nun buchstäblich, sie holte zum nächsten Schlag aus, ihm aber gelang es, den Knüppel blitzschnell an sich zu reißen. Sie wich zurück, er tat einen Schritt nach vorne. Seine Pupillen funkelten unheimlich, das noch kindhafte Antlitz hatte auf einmal eine unnatürliche Härte. Er warf den Knüppel weg und angelte sich sein Schrotgewehr, das in der Ecke stand. Und auch wenn er dessen Lauf nicht direkt auf seine Mutter richtete, so herrschte doch einige Sekunden lang eine lähmende Anspannung. Fast alles schien denkbar. »Scheiße, wag es nicht noch einmal, mich zu schlagen«, zischte er und verließ zu unser aller Erleichterung das Haus. Doña Dolores kollabierte mit einem ächzenden Laut. Auch sie hatte gespürt, dass hier eine kritische Grenze erreicht worden war.

Wochenlang wechselte sie kein Wort mehr mit ihrem rebellischen und gewaltbereiten Sohn. Gab sie mir Lebensmittel, dann mit Worten wie: »Das tu ich nur für dich und Anthony, aber nicht für Tino, diesen elenden Kerl.« Dieser schlug mich nun mit ziemlicher Regelmäßigkeit. Und auch wenn ich mich bisher dagegen gesträubt hatte, musste ich mir nun doch eingestehen, dass mein erträumtes Glück sich immer mehr zu einem wahrhaften Inferno wandelte. Wann immer Patricia bei uns an die Tür klopfte, gaukelte ich ihr die fröhliche und frisch verliebte Hausfrau vor. Meine Mama durfte nichts von meinem Unglück erfahren! Sie sollte glauben, ich sei glücklich, mir gehe es gut! Nach zwei Monaten ließ sie mir erste Grüße übermitteln. Hatte sie mir verziehen? Einzig gegenüber Beba, die mehrmals pro Woche bei mir hereinschaute, konnte ich mich etwas offener geben. Als Braut von Pelón befand sie sich einer ähnlichen Lage wie ich. Aber auch bei ihr erlaubte ich mir nicht viel mehr als Andeutungen. Sie schien wirklich glücklich zu sein mit ihrem Mann, über den sie nie auch nur ein kritisches Wort verlor. Sie waren ein echtes Paar und wie füreinander geschaffen. Er war zwar ganz klar der Boss, einer, der keine Widerrede duldete, sie aber wusste ganz genau, wie man diesen Macho handhaben musste. Ich schämte mich daher, vor ihr das gesamte Ausmaß der traurigen Wahrheit auszubreiten. Unsere Gespräche hatten vor allem unsere Babys oder Familientratsch zum Thema. Die Beziehung zwischen Tino und seiner Mutter entspannte sich bald wieder etwas. Aber nicht etwa, weil er sich gebessert hätte, sondern weil Doña Dolores die Boshaftigkeiten ihres Sprösslings nun weitgehend ignorierte. Es gelang ihm sogar, sie zu überreden, einen der beiden Räume ihres unfertigen Häuschens an zwei seiner Kumpane, Smokey und Sleepy, zu vermieten. Sleepy, der bullenhafte Kraftprotz, fiel allein schon durch die zwei kleinen Hörner auf, die er sich auf die Schläfen seines Glatzkopfes hatte tätowieren lassen. Dem Zimmer, in das sie einzogen, fehlte noch das Dach, also beschafften sie sich einige rostige Blechplanen, die sie darauf festnagelten. Dieser Verschlag wurde zu einem ihrer Treffpunkte – einem Ort, an dem sich die Mitglieder der Clique versammeln, besprechen und besaufen konnten. Doña Dolores zog es nun vor, bei uns, im Häuschen ihrer Töchter, zu nächtigen. Und auch sonst arrangierte sie sich mit diesen neuen Zuständen. Sie hatte weitgehend vor ihrem Sohn kapituliert.

Kaum einer von Tinos Homies machte von seinem richtigen Namen Gebrauch. Da war Palillo, ein gut aussehender, schlanker Jüngling, dessen Spitzname »Zahnstocher« ganz gut zu ihm passte. Einen besonders eigenartigen Namen hatte sich Piolin ausgesucht, die spanische Variante von Tweety, jenem gelben Kanarienvogel aus den amerikanischen Looney Tunes-Zeichentrickfilmen. Sein jüngerer, etwa dreizehn Jahre alter Bruder nannte sich Skinny. Ein anderer Junge hieß, wohl seiner Hautfarbe wegen, Black. Nicht weit von uns wohnte Lauro, jener Jüngling, der meinen Bruder Salvador vor einiger Zeit verletzt hatte. Auch er gehörte nun zur Clique. Vielleicht aufgrund seines kleinen, aber drahtigen Körperbaus nannte er sich Ninja. Tino war für seine Kumpels einfach nur Deli. Mit Schrecken vernahm ich die wahre Bedeutung dieses Namens: Delinquent! Dies verriet mir nicht Tino selber, sondern sein bester Freund Smokey. Mit keinem anderen seiner Freunde verstand ich mich so gut wie mit diesem Kettenraucher. Er war es, der geradezu das Gespräch mit mir suchte. Etwa, wenn ich draußen bei der Feuerstelle Essen zubereitete und Tino gerade nicht in der Nähe war. Smokey war humorvoll, jemand, mit dem man normal diskutieren konnte. Manchmal redete er von seiner Familie, die in Guatemala-Stadt lebte und dort einen gut laufenden Quartierladen betrieb. Allesamt waren sie strenge Christen. »Du, Smokey, ich schnall das nicht. Warum führst du dieses Leben hier, wo du doch eine nette Familie hast?« Ich wollte aus diesem Burschen schlau werden. »Ach, ich hab mir schon eine Menge Scheiße geleistet«, erwiderte er betrübt. »Meine Alten haben mich nie verstanden, die wollen nichts mehr von mir wissen. Nee, mir gefällt es besser bei meinen Homies, die sind jetzt meine Family, die achten mich so, wie ich bin, auf die Jungs kann ich mich verlassen.« »Okay, verstehe, aber das alles hat doch keine Zukunft.« »Ich weiß, Sandra. Manchmal hab ich auch echt Schiss. Zum Beispiel, wenn mich die Jungs zwingen wollen, bei ihrer Scheiße mitzumachen. Doch für mich gibt es keinen andern Weg.« »Warum denn nicht?«, stocherte ich weiter. Er überlegte kurz und stellte mir eine Gegenfrage: »Alte, du kennst doch die Gesetze unserer Mara?« »Nein, welche denn?« »Für einen Salvatrucha gibt es nur zwei Möglichkeiten, da wieder rauszukommen. Entweder als Christ oder in einer rechteckigen Holzkiste.«

Salvatrucha. Dieses Wort hörte ich nun überall, auch wenn es für mich noch nicht viel mehr als eine leere Hülse war. Tino selber hatte sich erst kürzlich das Kürzel »MS« auf seinen Brustkorb tätowieren lassen. Es stand für »Mara Salvatrucha«.

1999

MEHR ALS DUMME JUNGENSTREICHE

Jeder Schritt über den steinigen Feldweg verursachte mir Qualen. Die blau-rötlichen Striemen auf meinen Körper hatte ich unter einer Strickjacke und Jeanshosen verborgen. Den in ein beigefarbenes Wolltuch eingewickelten Anthony trug ich auf meinen Armen.

»Diesen verfickten Hurenfraß rühr ich nicht an, immer diese verschissenen Bohnen! Wofür geb ich dir eigentlich Kohle, du dumme Schlampe?«, hatte Tino am vorigen Abend über das Essen gemeckert, um dann prügelnd auf mich loszustürzen. Olga war mir zu Hilfe geeilt und hatte Schlimmeres verhindert. Von welchem Geld hatte er da geredet? Er gab mir doch so gut wie nie welches! Hatten wir bisher zu Essen gehabt, dann nur dank Doña Dolores. War er nun ganz übergeschnappt, oder hatte er einfach nur nach einem Anlass für seine Gewaltausbrüche gesucht? Sobald er am Morgen gegangen war, hatte ich unser Kind genommen und war losgelaufen, erfüllt von Angst und Verzweiflung. Zu warten hätte bedeutet, den Entschluss womöglich schon wieder umzustoßen. Und in der Tat, während ich an einer tiefgrünen Kürbispflanzung vorbeieilte, beschlichen mich erste Zweifel. Diese Flucht war doch nichts anderes als das Eingeständnis, dass meine Träume und Sehnsüchte kläglich gescheitert waren! Da lagen sie in einem großen Scherbenhaufen vor mir. Mit ihren Warnungen hatte Mutter also recht gehabt. Es würde unser erstes Wiedersehen nach all den Monaten werden. Endlich gab die ausladende Vegetation die Sicht auf ihr Haus frei, vor dem meine Brüder Salvador und Marlon herumsprangen. Jauchzend meinen Namen rufend sausten sie auf uns zu und umarmten mich. Mutter wurde durch das Freudengeschrei nach draußen gelockt. Sie zauderte kurz, bevor auch sie uns fest umschlang. »Tino, Tino…«, winselte ich, sie aber sagte resolut: »Sandra, hatte ich dich nicht tausendmal vor diesem Bastard gewarnt, aber du wolltest ja nie auf mich hören.« Wie sehr ich meine Geschwister vermisst hatte, wurde mir erst jetzt bewusst. Auch María-José wich nicht von meiner Seite. Bei mir aber machte sich ungeachtet aller Wiedersehensfreude trübe Weltuntergangsstimmung breit. Ich war ausgezogen, um mir meine Welt des Glücks zu erobern, und kehrte nun als ein Häufchen Elend zurück. Matt und mutlos saß ich wenig später im Haus der Großeltern. Emilia stellte mir chinesische Nudeln und heiße Tortillas hin, ich aber nippte nur gramvoll an einer Tasse Kaffee. Zeit zum Erholen wurde mir nicht gegönnt.

»Sandra, draußen ist dieser Tino, der will mit dir reden.« Pedros Worte trieben Schockwellen durch mein Gehirn. »Du willst doch nicht etwa mit diesem Hundesohn sprechen?«, wollte mich Großmutter noch zurückzuhalten. Ohne Erfolg. Vorsichtshalber war Tino draußen beim Weg stehen geblieben. Während ich auf ihn zuging, glaubte ich eine Mischung aus Zorn und Reue auf seinem Gesicht zu erkennen. »Scheiße, was ist los mit dir, wie konntest du dich einfach so verdrücken, tickst du nicht ganz richtig?«, schimpfte er, kaum stand ich vor ihm. »Aber Schatz, du weißt doch genau warum. Schau nur, was du mir angetan hast«, sagte ich und zog den Ärmel meines Jäckchens etwas nach hinten, damit er die Striemen und Flecken auf meinen Armen besser sehen konnte. »Okay, Schatz, das war verdammte Kacke«, gab er zu, »aber warum musst du mich auch immer reizen?« »Das tu ich doch gar nicht, und schon gar nicht absichtlich. Tino, du musst lernen, dich zu beherrschen! Ich liebe dich doch!« »Ja, mein Schatz, es wird auch nicht wieder vorkommen, ich schwör es dir«, sprach er schon merklich ungeduldig. »Aber jetzt bau keinen Scheiß mehr, du kommst mit mir zurück!« Dies war keine Bitte, sondern ein Befehl. Zwischen Liebe und Vernunft in meinem Inneren tobte eine erbitterte Schlacht.

Ich war schon dabei nachzugeben, da brauste Mutter heran wie eine Furie. »Du elende Missgeburt, wie kannst du es wagen, hier aufzukreuzen?«, feuerte sie ihre Worte wie Giftpfeile auf ihn ab. »Ein stinkender Auswurf bist du, mehr nicht, du und deine verkommene Sippschaft!« Er tat einen halben Schritt zurück, aber seine Miene blieb völlig ungerührt. Drohend fuchtelte Mutter mit ihren Fäusten – noch war sie nicht fertig mit ihm. »Jetzt spitz mal deine ungewaschenen Ohren, du kleiner Fixer! Solltest du meiner Tochter noch einmal ein Haar krümmen, dann bekommst du es mit mir zu tun! Und nun beweg deinen Arsch und mach, dass du von hier verschwindest!« Er zeigte ihr den Stinkefinger und schlenderte betont lässig davon. Verwirrt und innerlich völlig zerrissen blieb ich zurück.

Von allen Seiten kamen gut gemeinte Ratschläge. Ich könne doch unmöglich wieder zu diesem Saukerl zurückwollen. Ich solle auch an mein Kind denken. Ein Mann, der seine Frau schlägt, der sei keinen Cent wert. Den meisten Druck übte Mutter aus: »Wie sehr hätte ich mir etwas Besseres für dich gewünscht und nicht, dass du Ähnliches durchstehen musst wie ich früher. Tochter, bleib doch hier bei uns, ihr habt es wirklich nicht nötig, bei diesem Unmenschen zu leiden!« Aber angesichts meiner Liebesgefühle waren diese Mahnungen umsonst. Tino hatte sich doch entschuldigt und wollte sich bessern. Ja, er tat mir sogar leid! Er brauchte mich doch! In Wirklichkeit waren die Würfel längst gefallen. Unter den verständnislosen Blicken meiner Familie verabschiedete ich mich nach zwei weiteren Tagen wieder.

Zu Beginn machte es tatsächlich den Anschein, als gedenke Tino seine Versprechen wenigstens zum Teil einzuhalten. Aber schon bald rutschte ihm die Hand aus, und kurze Zeit später war wieder alles beim Alten. Mit seinen Homies dürfe ich nur das Nötigste sprechen, bläute er mir regelrecht ein. Das war einfacher gesagt als getan, denn nun lebten sie ja mitten unter uns.

Zwischen den verschiedenen Cliquen der Mara Salvatrucha in Guatemala bestanden rege Kontakte, und so erschienen zu einem ihrer Treffen im Haus von Doña Dolores auch zwei mir völlig unbekannte, Furcht einflößende Gestalten mit farbigen Tätowierungen auf allen sichtbaren Körperstellen. Selbst ihre Gesichter hatten sie nicht ausgespart. Auch Lee-Vice, Sleepy, Pelón, Smokey, Gato und noch einige andere waren da. Im Kreis saßen sie auf dem nackten Fußboden und unterhielten sich lautstark. »Sandra, besorg uns was zu mampfen«, wies mich Tino an. Ich kaufte warme Tortillas und erhitzte danach bei der Feuerstelle mit Reis vermischte, pürierte schwarze Bohnen. Als ich wieder in den Raum trat, hatte sich dieser mit dickem Marihuana-Rauch gefüllt. Es ging laut und lebhaft zu. Ich reichte jedem Anwesenden einen handgroßen Plastikteller mit einem Häufchen Bohnen und drei Tortillas. »Geh jetzt in unser Haus und bleib dort«, befahl mir Tino gebieterisch. »Ich ruf dich dann, falls wir noch was brauchen.« Brav gehorchte ich. Dort musste ich dann mit meinem Sohn warten, bis ihre Zusammenkunft geendet hatte.

Solche Treffen der Clique gab es nun öfter bei uns. Einmal wagte ich es, Tino unter vier Augen eine aus meiner Sicht recht harmlose Frage zu stellen. »Liebling, was hat es eigentlich mit diesem ganzen Salvatrucha-Scheiß auf sich? Ich versteh das nicht ganz.« Er starrte mich an, als hätte ich Gott gelästert. Dann ergriffen seine Finger einer Eisenklaue gleich mein zartes Handgelenk. »Verfickte Hurenscheiße! Bist du total bescheuert?« Sein Gesicht hatte den Ausdruck eines Geistesgestörten, es näherte sich dem meinen bis auf wenige Zentimeter, ich spürte seine feuchte Aussprache auf meiner Haut. »Fuck, wie kannst du es nur wagen, dich über diesen Namen lustig zu machen? So was darfst du nie wieder tun, nie!« »Ja, Schatz, ich werd es nie wieder tun, ich schwöre es«, gelobte ich voller Panik, aber schon prasselten Fäuste und Fußtritte auf mich ein. Ich ließ mich aufs Bett fallen und hielt mir schützend die Arme vor den Kopf. Nach einer gefühlten Ewigkeit erklang eine kräftige weibliche Stimme. »Weg von ihr, du Idiot, lass sie in Ruhe!« Olga griff sich den weinenden Anthony. Und Tino, durch diesen ungebetenen Gast irritiert, stellte seinen Angriff ein – aber nicht ohne vorher seiner Schwester die vulgärsten Verfluchungen entgegenzuschleudern. Diese nahm uns mit in ihr Zimmer nebenan.

Und wieder spielte ich mit dem Gedanken, ihn zu verlassen. Wie immer genügte Stunden später eine halbherzige Bitte um Verzeihung seinerseits, um mir den Wind aus den Segeln zu nehmen. Aber es war längst nicht mehr nur die Liebe, die mich an ihn fesselte, es hatte auch immer mehr mit Angst zu tun. Schon mehrfach hatte er damit gedroht, mich umzubringen, falls ich noch einmal desertieren sollte. Verstummt, liebend und fürchtend zugleich, erduldete ich alles. Kritik an ihm galt als schwere Sünde, die hart geahndet werden musste. Für ihn war ich sein Mädchen, sein Eigentum. Ich hatte nichts zu hinterfragen, sondern ihn zu bedienen, ihm zu gehorchen, mehr nicht. Und da er annahm, ich könne ihm wiederum entwischen, ging er dazu über, mich mit unserem Sohn in unser Zimmer einzuschließen, wenn er wegging. Dazu brachte er außen an der Tür ein Vorhängeschloss an. Stundenlang mussten wir so ausharren und unsere Notdurft in einen Plastikbehälter verrichten. Allerdings war er schlau genug, uns immer rechtzeitig zu erlösen, bevor seine Mutter und die Schwestern abends zurückkamen.

Uns fortwährend einsperren, das konnte er ja nicht, denn sonst hätte ich ja weder kochen, Wasser holen, waschen, bügeln, noch gelegentlich auf die Kinder von Rosa und Evangelica aufpassen können. Also beauftragte er unseren Nachbarn, Smokey, ein wachsames Auge auf mich zu werfen. Ausgerechnet Smokey! Tino verkannte wohl, welch vertraute Freundschaft sich zwischen seinem besten Kumpel und mir entwickelt hatte. Es war fast schon ein Geheimpakt, basierend auf echter gegenseitiger Sympathie. »Mann! Wie kann Deli nur so scheiße mit dir umspringen«, pflegte dieser aufmunternd zu mir zu sagen. »Du bist doch eine megageile Braut, und jeder Kerl wäre froh, jemanden wie dich zu haben. Außerdem check ich nicht, was du an Deli so geil findest, der ist doch hässlicher als eine Arschgeige.« Diese ehrlichen Schmeicheleien waren eine Wohltat für mein ramponiertes Selbstwertgefühl. Smokey war nicht unattraktiv. Er hatte kluge, aber dennoch träumerische Augen, seine Nase war schön geformt, und an den beiden Ohrmuscheln trug er silberne Ringe. Das Kinn bedeckte ein schütterer Bartansatz. Manchmal fragte er: »Sandra, ich hab einen höllischen Kohldampf, hast du ein bisschen Geld oder was zu futtern für mich?« Offenbar war seine »Arbeit« als Gangster nicht immer besonders einträglich. Wann immer ich konnte, half ich ihm aus. »Genial, schieb nur rüber«, freute er sich dann, »aber mach schnell, bevor

Deli kommt, du weißt ja, wie der ist.« Das Essen schaufelte er wie ein Verhungernder in sich hinein. Er hatte ja keine feste Freundin oder jemanden, der ihm etwas Warmes zubereitet hätte. Der Raum, den er mit Sleepy teilte, war immer dreckig und unordentlich, und er hatte keine Kochstelle.

Es war Smokey, der mich schrittweise aus meiner Ignoranz befreite, was die Umstände anging, die mein jetziges Leben bestimmten. Er erzählte mir von den Ursprüngen der Mara Salvatrucha in den Achtzigerjahren, dort in der nordamerikanischen Stadt Los Angeles. Aus Mittelamerika stammende Jugendliche hatten Banden gegründet, weil sie sich von den einheimischen Gringos diskriminiert und ausgeschlossen fühlten. Viele waren erst kurz zuvor aus ihren Heimatländern geflohen, in denen Bürgerkriege herrschten, wie in El Salvador und Guatemala. Das »Salva« von Salvatrucha stand für El Salvador und das Wort »Trucha« bezeichnete jemanden, der gewitzt genug war, sich nicht von der Polizei schnappen zu lassen. Die Mara Salvatrucha hatte die dreizehnte Straße als ihr Territorium angesehen, weswegen sie auch als »MS 13« Berühmtheit erlangte. Das Revier ihrer Erzrivalen, der »Mara 18«, hatte an der Achtzehnten gelegen. Als Erkennungsmerkmal hatten sich die Bandenmitglieder einen eigenen Look zugelegt: Kurz geschorene, oft mit Gel nach hinten gekämmte Haare. Von den Schwarzen hatten sie sich die überweiten Stoffhosen abgeguckt. Wegen illegaler Umtriebe waren viele im Knast gelandet, von wo manche nach Verbüßung ihrer Strafen direkt in ihre Ursprungsländer zurückgeschafft wurden. In den ausufernden Elendsvierteln von San Salvador, Guatemala-Stadt oder Tegucigalpa hatten viele dann eigene Cliquen gegründet. Beschränkten sich diese zunächst noch auf die Großstädte, so sprossen bald auch in nahen ländlichen Gebieten erste Keimlinge. Nicht alles, aber vieles von dem war neu für mich. Es half mir, ansatzweise zu begreifen, was sich um mich herum abspielte. Ich musste an Lee-Vice denken, der so etwas wie der Initiator der MS-13-Clique in Palencia war. Auch hier bei uns war es schon zu Schlägereien, Messerstechereien und Schießereien zwischen den beiden verfeindeten Maras gekommen.

Mit Smokeys Zimmergenossen Sleepy redete ich möglichst wenig. Dieser Bulle war mir nicht ganz geheuer. Ich war dabei, als Rosa von ihm wissen wollte: »Sleepy, was genau bedeutet das Wort Salvatrucha?« Seine zottigen Augenbrauen gingen nach oben, und mit ihnen die zwei Teufelshörner auf seinem glatt rasierten Kopf. »Hör zu, Alte«, sagte er mürrisch, »so eine Frage solltest du nicht einmal denken, das ist verdammt heikel.« Mit dem Zeigefinger zeichnete er ein M und dann ein S in die Luft, bevor er andächtig flüsterte: »Das steht für Miembros de Satanás, die Anhänger Satans, aber Scheiße, das dürft ihr niemandem weitersagen!« Das war also eine weitere Bedeutung für diesen Namen.

Die Verhaftung von Lee-Vice sorgte für gewaltige Aufregung in der Clique. An die genauen Gegebenheiten kann ich mich nicht mehr erinnern, aber sofort pilgerten alle Jungs zu ihm ins Gefängnis. Allerdings ist dieses für einen Salvatrucha so gut wie ein zweites Zuhause, in dem er auf bereits inhaftierte Homies aus der eigenen und aus anderen Cliquen trifft und von dem aus er seine kriminellen Aktivitäten so gut wie möglich weiterführt.

Tino tat alles, um die wenigen mir verbliebenen Freiräume weiter einzuschränken. Ging ich zu Clara, musste ich mich mit dem Wasserschleppen und Wäschewaschen sputen, um nicht sein Misstrauen zu wecken. Fürs Plaudern blieb da kaum mehr Zeit. In einen der nahen Dorfläden durfte ich nur gehen, wenn er in der Nähe war. Und selbst dann hatte ich ihn vorher um Erlaubnis zu bitten. Aber damit nicht genug, er machte mir zusätzliche Auflagen: »In spätestens fünf Minuten bist du wieder im Haus, sonst kannst du etwas erleben!« Einzig in Begleitung einer seiner Schwestern ließ er mich mehr oder weniger problemlos gehen. Ich kam mir vor wie eine Leibeigene. Ich war die Gefangene meiner eigenen Empfindungen, in einem Verlies, in welches ich freiwillig zurückgekehrt war. Und dies alles aus Liebe. Und kam er von der Straße zurück, konnte ich nie wissen, welch dämonische Gedanken gerade in seinem Gehirn umhergeisterten oder was mich erwartete. Wollte er mich schlagen, war ihm dazu jedes Werkzeug recht: ein Schuh, ein Holzklotz, ein Gurt oder auch die bloßen Fäuste. Zumeist war er noch geistesgegenwärtig genug, meinen Kopf auszusparen. Es galt wohl, allzu sichtbare Spuren seiner Schläge zu vermeiden. Noch viel zerstörerischer als die körperliche war die damit einhergehende seelische Gewalt. Mit jedem seiner Schläge zerstörte er etwas tief in meinem Inneren. Wie konnte er mich nur derart behandeln, wo er doch so oft beteuerte, mich wirklich zu lieben? Oder schlug er mich, weil er mich liebte? War ich die Schuldige, obwohl ich doch alles für ihn tat?

Patricia war nach wie vor das Bindeglied zwischen mir und meiner Familie im Rincón de la Piedra. Wann immer sie sich nach meinem Wohlbefinden erkundigte, setzte ich meine fröhlichste Miene auf, da ich genau wusste, dass sie alles meiner Mutter weitererzählen würde, und ich nicht wollte, dass diese sich zu sehr um mich sorgte. Waren wir bei Patricias Erscheinen im Zimmer eingesperrt, dann stellte ich flink den Fernsehapparat leiser und veranlasste mein Söhnchen, keinen einzigen Laut von sich zu geben.

Einmal lockte mich sanftes Pochen zur Haustür. Unversehens hatte ich meinen achtjährigen Bruder Salvador vor mir. Mutter wolle mich sehen, sie warte dort drüben, sagte er aufgeregt. Und tatsächlich, da war sie, bei einer nahe gelegenen evangelischen Kirche, und bei ihr war María-José, die mich sofort stürmisch umarmte. Tino hatte sich schon seit Stunden nicht mehr blicken lassen, also wagte ich es, meine Besucher mit zu unserer Bleibe zu nehmen. Mit Argusaugen erforschte Mutter jedes Detail in unserem Zimmerchen. Zuerst kreiste das Gespräch um Anthony, dann folgte die unausweichliche Frage: »Nun sag schon Kind, wie geht es dir? Du siehst krank aus!« Ich atmete tief durch. »Es geht schon, Mama, es ist alles okay.« Mit dieser Antwort gab sie sich nicht zufrieden. »Willst du mir etwa weismachen, dieser Drecksack würde dich nicht mehr schlagen?« »Nun, er kann schon noch etwas grantig werden, aber nein, er schlägt mich nicht mehr. Wirklich, ich schwöre es!« Ihre Hand machte eine ärgerliche Bewegung. »Ach Quatsch, ich glaub dir kein Wort, eher fällt der Mond vom Himmel, als dass sich dieser Hurenbock ändern würde! Ich merke doch, wie du leidest, Kind.« Und fast flehend fügte sie noch hinzu: »So sehr liebst du diesen Taugenichts? So was ist doch keine wirkliche Liebe. Ich selber habe allzu lang gebraucht, das zu begreifen, zum Beispiel mit Erick. Gegen mich wird nie wieder ein Macho seine Hand erheben, das schwöre ich dir!« Innerlich blutete ich, aber ich hatte nicht vor, mich auf eine Diskussion einzulassen, also servierte ich ihr und meinen Geschwistern selbst gemachten Fruchtsaft. »Ich kann dich nicht verstehen, Sandra«, redete sie weiter, »wenn du wenigstens für jemanden leiden würdest, der dir und deinem Kind auch etwas bieten kann. Aber hier lebst du, in diesem Dreckloch, und dieser Halunke wird sich nie bessern, glaub mir!« Zuletzt meinte sie noch, ich sei ihre Tochter, und deshalb würde sie nie aufhören, um mich besorgt zu sein. Auch könne ich jederzeit zu ihr zurückkehren, wenn ich das wolle. Da Tino jeden Moment eintreffen konnte, sah ich nach einer Stunde traurig, aber auch erleichtert, wie mein Besuch wieder den Heimweg antrat.

Ob Montag, Dienstag oder Sonntag, für mich war es immer derselbe Trott, einzig unterbrochen von Tinos Launen oder Zwischenfällen in der Clique. Etwas innere Freiheit fand ich im Zeichnen und Malen. Mit den Farbstiften erschaffte ich mir eine heile Gegenwelt zu jener gewalttätigen Realität, die uns umgab. Meine bevorzugten Motive waren Tiere, Karikaturen oder Landschaften. Smokey war hingerissen von meinen »Werken«. Ob ich nicht auch für ihn etwas entwerfen könne, fragte er mich. Ihm schwebte etwas Ausgeflipptes vor, als Vorlage für ein weiteres Tattoo, das er sich stechen lassen wollte, obwohl schon unzählige davon seinen Körper zierten. Nach seinen Anregungen entstand eine Figur mit Krallen und einer schnabelartigen

Schnauze, die über ihrem Kopf die Nummer 666 trug. Gleich daneben sollte ich noch einen Säugling malen. Auch wenn mir das nicht ganz geheuer war, zeichnete ich, was er sich vorstellte. Zufrieden und mit dem üblichen Joint im Mundwinkel beschaute er das vollendete Bild. »Voll geil, Mädchen!«, lobte er. »Ich werde Black sagen, er soll es mir gleich stechen.« Black war der Künstler der Clique, der fast alle Tätowierarbeiten erledigte. Und er war wirklich gut.

Eines Tages drückte mir Tino eine Mappe mit losen Blättern in die Hand. Ich solle sie gut aufbewahren, es dürfe kein Fleck darauf kommen, rein gar nichts, machte er mir klar. Sorgfältig schob ich sie unter meine Kleider in der Kommode. Als ich unbeobachtet war, wagte ich, einen Blick auf diese wundersamen Papiere zu werfen. Sie enthielten handgefertigte Zeichnungen von verschiedenen Symbolen der Mara Salvatrucha, in den unterschiedlichsten Ausführungen, Farben und Größen, und immer wieder die Abkürzung »MS 13«. Wie gut ich daran tat, dies alles wie eine Kostbarkeit zu behüten, bewies mir Wochen später ein denkwürdiger Zwischenfall. Kurz nachdem Lee-Vice dem Knast wieder entronnen war, beraumte er eine Versammlung an. Ausnahmsweise mussten auch wir, die Marero-Bräute, mitgehen. Das Treffen fand auf einem nahen Feld statt. Gerade noch hatte uns die Sonne den Schweiß auf die Stirn getrieben, nun wehte ein frischer Wind und es sah nach Regen aus. An die fünfzig Personen waren gekommen, unter ihnen auch Beba, mit der ich mich kurz unterhielt. Sie erwartete nun schon ein zweites Kind von Pelón. Dieser unterhielt sich mit Tino, Smokey und Gato. Zwei Menschen mit gesenkten Köpfen wurden herangeführt und mussten sich niederknien. Es waren Black und seine Freundin Aracely. »Die haben einen Riesenscheiß verbockt, du wirst schon sehen«, flüsterte mir Beba zu. Lee-Vice und drei weitere Mareros, die ich zuvor noch nie gesehen hatte, kamen anmarschiert. Zweifellos stammten die Fremdem aus der Hauptstadt. Einer von ihnen, ein beleibter Glatzkopf, hatte die Initialen »MS« direkt auf seine Wangen tätowiert – ein Buchstabe auf jeder Seite. Über seinem schwarzen Hemd hing eine massive Goldkette, und an allen Fingern trug er Goldringe. In einer Gürteltasche trug er eine automatische Pistole. Lee-Vice trat mit entblößtem Oberkörper vor die Zuhörerschaft. Augenblicklich verstummten alle. Sein Aussehen hatte sich im Gefängnis erheblich verändert. Statt der ehemals halblangen Haare hatte er nun kurze Stoppeln auf dem Kopf, und es waren frische Tattoos erkennbar. Darunter das einer splitternackten Frau, die sich von Schlangen umgeben auf seinem Rücken räkelte. Er setzte zu einer kurzen aber lautstark vorgetragenen Rede an. Aracely habe sich an einem heiligen Symbol der Mara Salvatrucha vergangen, ein Frevel, der gesühnt werden müsse. Und man werde auch Black bestrafen, denn als ihr Mann trage er Mitverantwortung für ihr schweres Vergehen. Auf ein Zeichen hin stürzten sich die Fremden auf die Beschuldigten und traktierten sie mit Fußtritten und Schlägen. Die Bestrafung wollte kein Ende nehmen, selbst als die Opfer schon sich krümmend dalagen, prasselten weiter Schuhsohlen und Fäuste auf sie nieder. Nur ein weibliches Stöhnen war zu vernehmen. Wehren durften sie sich nicht, sonst hätte ihnen noch weit Drastischeres geblüht. Mir wurde flau im Magen. Zurück in unserem Zimmer, gab mir Tino eine knappe Erklärung. Der zufolge hatte Aracely die Buchstaben MS auf ein Stück Papier gemalt, danach aber mit dicken Strichen M 18 darüber gepinselt. Ihr eigener Bruder gehörte dieser gegnerischen Bande an. Zu ihrem Pech war sie dabei von jemandem beobachtet und auch gleich denunziert worden. Mit den Symbolen der MS 13 spielte man besser nicht! Hier ging es nicht um harmlose Jungenstreiche, wie ich früher geglaubt hatte, nein, das alles war tödlicher Ernst!

Smokeys Verbrauch an Marihuana war atemberaubend. In einer Schachtel unter dem Bett hielt sich Tino immer einen ansehnlichen Vorrat an Joints. Ab und zu stibitzte ich ein oder zwei Stück, die ich dann sorgfältig verbarg. Hatte ich ein Dutzend beisammen, übergab ich sie einem strahlenden Smokey. »Mann, einfach saugeil, danke! Wenn du mal einen Gefallen brauchst, na du weißt schon«, bedankte er sich dann jeweils überschwänglich. Mir aber ging es gar nicht um eine Gegenleistung. Das Verlangen danach, ihm zu helfen, entsprang einer ehrlichen Zuneigung. Ich mochte ihn einfach.

Ich weiß nicht mehr, welcher Monat es war, aber von heute auf morgen verschwand der berüchtigte Lee-Vice von der Bildfläche. Rosa hörte ich sagen, er sei abgehauen, zurück in die USA. Pelón riss die Führung der Clique an sich und wartete sogleich mit einer positiven Neuerung auf, was uns Frauen betraf. Jedem Bandenmitglied sei es strikt untersagt, grundlos seine Braut zu schlagen, ordnete er an. Wir wurden sogar ermutigt, uns direkt an ihn zu wenden, sollte einer unserer Männer sich nicht an dieses Gesetz halten. Tino wagte es nicht, offen Widerspruch zu äußern. Zurück in unseren eigenen vier Wänden machte er mir jedoch sogleich klar: »Dass du mir nicht auf die verkackte Idee kommst, Pelón irgendeinen Scheiß zu erzählen, ich warne dich!« Wie unnötig dieser Einschüchterungsversuch doch war. Nicht einmal im Traum hätte ich mich getraut, ihn anzuschwärzen. Schon einige Male während seiner brutalen Prügelattacken hatte er mich Todesangst spüren lassen. Ich hatte wirklich gedacht und gefühlt, er sei kurz davor, mich zu töten. Diese Momente der absoluten Ohnmacht, das Gefühl zu sterben, lassen sich durch keine Worte auch nur annähernd beschreiben. Und was nützte es da, wenn er sich hinterher entschuldigte? Also war ich andauernd bestrebt, ihm keinen Grund zum Zorn zu liefern. Denn hatten ihn seine Teufel erst einmal im Griff, half keinerlei Flehen oder gut Zureden mehr. Vollends unerträglich wurde es aber, wenn er sich an unserem noch keine zwei Jahre alten Söhnchen vergriff. So wie dies alle Kleinkinder mitunter tun, hatte Anthony einmal laut geweint. Tino zog den Jungen daraufhin an sich und bearbeitete dessen Hintern mit groben Schlägen. »Schlag ihn nicht, Tino, ich bitte dich! Er ist doch noch so klein!«, bekniete ich ihn. Wieder war es Olga, die uns verteidigte. Beherzt stieß sie ihren Bruder beiseite und entriss ihm Anthony. »Du verdammter Idiot, wie kannst du nur ein kleines Baby schlagen?«, maßregelte sie ihn. »Du tickst wohl nicht mehr ganz richtig in deinem dummen Schädel! Haben dich die Drogen nun ganz verblöden lassen, du Spinner?« »Verfickte Scheiße, misch dich nicht ein, du Hurentochter!«, konterte er angriffslustig. Leider war Olga nicht immer zur Stelle, um für uns den Schutzengel zu spielen. Auch sonst ließ es Tino an Vaterqualitäten vermissen. So sah er nichts Schlechtes darin, sich mit einem Joint im Maul neben seinen Sohn aufs Bett zu werfen und ihm den Rauch direkt ins Gesicht zu blasen. Mehr noch, es bereitete ihm unheimlichen Spaß, dem Kleinen den Glimmstängel direkt auf die Lippen zu setzen und ihn aufzufordern: »Nun mach schon, zieh, zeig mir, dass du schon ein richtiger Mann bist!« Wagte ich es, zaghaft zu protestieren, so vermehrte dies nur sein gemeines Vergnügen. »Halt doch deine Schnauze, dieser Bengel wird sowieso genauso werden wie ich!«

Mein Zeichentalent hatte sich bald herumgesprochen. Tino erhielt Anfragen mehrerer seiner Kumpels, mit der Bitte, sich direkt an mich wenden zu dürfen. Bei ihnen gab er sich natürlich großmütig. Als erste nahmen Piolin und sein Bruder Skinny meine künstlerischen Dienste in Anspruch. Diese Jungs machten einen vertrauensseligen Eindruck, aber ich wusste, wie faustdick sie es schon hinter den Ohren hatten. Sie legten mir die gedruckte, farbige Abbildung eines länglichen Kreuzes hin, das von Messern und Totenköpfen umringt wurde. Dieses sollte ich ihnen mit Bleistift auf ein Blatt Papier kopieren, nur eben dreimal größer, damit es als Vorlage für eine Tätowierung dienen konnte. Ich gab mich freundlich, aber distanziert. Den verschiedenen Wünschen nachzukommen, löste widerstreitende Gefühlsregungen in mir aus, aber ich ließ mir nichts anmerken.

Auch der stämmige Sleepy wollte etwas von mir gezeichnet haben. Nein zu sagen, war keine Option. Ungefragt zog er sein Hemd vor mir aus. »Guck mal«, brummte er. Auf seinem massigen Oberkörper befand sich ein Wirrwarr an

Formen und Figuren. Über dem Wanst stand in großen, verschnörkelten Buchstaben: LA VIDA LOCA. Dieses »verrückte Leben« war ein heiliger Leitsatz der Mara Salvatrucha. »Wow«, sagte ich aufrichtig beeindruckt, worauf er befriedigt schmunzelte. Für ihn zeichnete ich die schwarze Billardkugel mit der Nummer acht. Diese Zahl steht für die acht Komponenten, die das Dasein eines Mareros ausmachen: das Töten, Frauen, Geld, lasterhafte Vergnügungen, Gefängnis, Krankenhaus, das eigene Leiden und der Tod. Um die Kugel herum erschuf ich filigrane Schnörkel. Nur um seine Reaktion zu sehen, schaute ich kurz auf zu ihm. Die fertige Arbeit nahm er an sich, sagte »Danke, cool!« und ging.

Weit mehr Vertrauen hatte ich zu Black. Die Abreibung durch seine eigenen Homies hatte er gut überstanden. Wenn ich Talent fürs Zeichnen hätte, dann könne ich auch tätowieren, spornte er mich an. Ich solle es mal probieren, er würde es mir zeigen. Sehr gerne hätte ich diese Einladung angenommen, wusste aber, dass mir Tino dies niemals erlauben würde. Anders als seine Homies suchte er nie meine künstlerische Hilfe für seine eigenen Körperbemalungen. Die Salvatruchas bezeichnen ihre Tattoos als *Halucines*, eine Wortschöpfung, die wohl mit dem Wort »Halluzinationen« verwandt ist. Sie sind ein Statement. Wer sie trägt, ist für immer markiert, hat sich bewusst von der Gesellschaft abgesondert. Sie sind aber auch eine in die Haut geritzte Anzeigetafel für Träumereien, Ängste und Drohungen. Auch Joel, der nicht zur Bande gehörte, wusste, wie man eine Tätowiermaschine handhabte. Hin und wieder assistierte er Black bei seinen Arbeiten, obschon er selbst nicht tätowiert war. Die Sekundarschule hatte er nun erfolgreich beendet, bislang aber noch keinen dauerhaften Job gefunden. Da erging es ihm wie den meisten Jugendlichen in Palencia.

Selbst in den Zeichnungen, die ich für mich selber anfertigte, verarbeitete ich meine bedrückenden Lebensumstände. Einmal ließen meine Finger ein adrettes Häuschen entstehen, welches von gigantischen roten und gelben Tulpen eingerahmt wurde. Gleich davor standen ein viertüriges blaues Auto und eine Frau mit langen, schwarzen Haaren, die ein Baby in ihren Armen hielt und etwas finster dreinblickte. Ganz alleine, draußen am rechten Rand, nahm noch eine männliche Gestalt Form an. In ihrer Hand hielt sie ein überdimensionales Gewehr, das größer war als sie selber. Aber halt, diesem Mann fehlte das halbe Gesicht, ja sogar ein Teil des Körpers! Und der Frau liefen auf einmal übergroße schwarze Tränen aus den Augen. Irgendetwas bewegte mich dazu, Tino diese Zeichnung zu zeigen. Nach wenigen Sekunden zerfetzte er sie. »Was soll dieser verkackte Bockmist?«, polterte er. Nur knapp entging ich einer schmerzvollen Züchtigung. Zweifelsfrei hatte er sich darauf wiedererkannt, und uns, seine Familie.

2000
DER TÄGLICHE ALPTRAUM

Was ich von den Gesprächen aufschnappte, die Tino mit seinen Kumpels führte, genügte mir, um zu wissen, dass sich ihre Geschäfte um harte Drogen, Schutzzahlungen und Waffen drehten. Im Frühjahr des Jahres 2000 berieten sie sich an ihrem Treffpunkt in der Behausung von Doña Dolores. Es wurde wild diskutiert, geflucht, gejohlt, geraucht, gerülpst und gesoffen. Unzählige Bierflaschen standen neben ihnen auf dem Zementboden. Wieder musste ich etwas zu essen zubereiten und die Rolle einer Serviererin übernehmen. Mehrfach konnte ich die Worte »Mara 18« und »Leñazo« heraushören. Leñazo bedeutet soviel wie »Knüppelschlag« und war der Spitzname eines Burschen, der eigentlich Victor Mijangos Fajardo hieß. Ich kannte ihn noch von der Schule. Tinos Clique verdächtigte ihn, der Mara 18 anzugehören, was eine äußerst bedrohliche Anschuldigung war. Die Mara 18 hatte bisher in Palencia noch nicht so richtig Fuß fassen können, und nach Ansicht ihrer Erzfeinde von der Mara Salvatrucha sollte dies auch so bleiben. Die Lage verschärfte sich dramatisch, als Gato bei einer Busfahrt schwer verwundet wurde, anscheinend von Mitgliedern der Mara 18. Mit einer Machete schlitzten sie ihm den Bauch auf. Unglaublicherweise schaffte er es selbst mit heraushängenden Eingeweiden noch, sich nach Hause zu schleppen, wie mir Tino voller unverhohlener Bewunderung schilderte. Diese Bluttat würde nicht unbeantwortet bleiben, Blut verlangte nach Blut!

Es war mir nicht einmal annähernd bewusst, doch in Palencia breiteten sich finstere Kräfte aus, die sich wie zerstörerische Krebsgeschwüre in Familien und Freundschaften hineinfraßen. Wer zu einem Marero wurde, der musste sich vorbehaltlos der Clique verschreiben. Sie hatte für ihn über allem anderen zu stehen, selbst über dem eigenen Leben oder der eigenen Familie. Es bedeutete, die Gesellschaft abgrundtief zu verabscheuen, die ihm keinerlei Zukunftschancen geboten, ihn ausgeschlossen und mit Füßen getreten hatte. Es ging auch darum, den christlichen Gott herauszufordern, der diese ungerechte Welt zu verantworten hatte. Nun aber war Zahltag! Und dazu ging jeder Marero einen Pakt mit dem gefallenen Engel Luzifer ein, der ihm all das bot, an was er sonst nur schwerlich gekommen wäre: Geld, Macht, Respekt, Drogen. Das Mittel dazu hieß rohe Gewalt, bis hin zu kaltblütigem Mord.

Aber letztlich wusste jedes Bandenmitglied nur zu gut, dass es ein teuflisches Fest auf Pump war, finanziert durch ein Darlehen auf die eigene Seele. Und wenn es denn wirklich einen Teufel gab, dann war er der Bankdirektor.

Bis zur Polizeistation Palencias waren es weniger als fünf Autominuten. Doch nur selten verirrte sich eine Patrouille zu uns in den Ojo de Agua. Den Bullen war es hier einfach zu unsicher. Nur zufällig lief ihnen dann und wann jemand in die Arme, so wie Sleepy, den sie im Zentrum mit Marihuana und Crack erwischten. Hätte er genug Bargeld bei sich gehabt, um sie zu bestechen, dann hätten sie ihn gewiss gleich wieder laufen lassen. So aber musste er für einige Wochen ins Untersuchungsgefängnis. Auch Tino konsumierte schon längst Kokain. Dafür sowie für Marihuana, Alkohol und Waffen gab er sein gesamtes Bargeld aus. Mir gab er kaum je einen mickrigen Quetzal. Ich fragte auch nie, wie genau er an sein Geld kam. Stammte es aus dem Drogenverkauf und den Erpressungen oder überfiel er auch Menschen? Und wenn ja, hatte er dabei schon jemanden verletzt oder sogar getötet? Eigentlich wollte ich das alles gar nicht wissen. Darin glich ich Doña Dolores. Auch sie nahm die Realität nur noch durch eine stark verzerrte Brille wahr. Ihre eigenwillige Doppelstrategie war nicht immer leicht zu verstehen. »Dieser verfluchte Saubengel bringt mich noch um den Verstand!«, konnte sie wüst über ihren nun fast siebzehnjährigen Sohn herziehen. »Falls er wieder in den Knast wandert, kann er sich abschminken, eine Mama zu haben!« Dann wieder verhätschelte sie ihn geradezu: »Tino, hast du wirklich keinen Hunger? Schau, was ich euch mitgebracht habe, frittiertes Hühnchenfleisch mit Pommes.« Selbst neue Turnschuhe und Kleider kaufte sie ihm. Mir gegenüber war sie immer sehr hilfsbereit. Unsere Mägen konnten wir weiterhin nur füllen, weil sie die gesamten Lebensmittel für uns heranschaffte und mir auch oft etwas Kleingeld gab. Doch ihre Unterstützung hatte klare Grenzen. Obwohl sie genau mitbekam, was ich mit ihrem Spross durchzustehen hatte, stand sie mir nie bei. Ihr einziger Rat lautete: »Sandra, sprich doch mit ihm, durch Reden lassen sich alle Probleme lösen.« Als ob nicht gerade sie es hätte besser wissen müssen!

Während der unbekümmerten Phase unseres Kennenlernens hatte Tino sich oft und gern mit mir bei allerhand Festlichkeiten vergnügt. Seit wir zusammenlebten, nahm er mich nirgendwohin mehr mit. Nur einmal war das anders. »Hallo Puppe, kommst du auch mit auf die Fete heute?«, fragte Pelón, als er mich im Hinterhof beim Wäscheaufhängen antraf. »Ach, du weißt doch, Deli geht immer ohne mich«, sagte ich niedergeschlagen. »Okay, kein Problem, ich werde mit ihm reden. Beba wird auch dort sein.« Und wirklich, mürrisch wies mich Tino etwas später an, ihn zu begleiten. Anthony ließ ich in Olgas Obhut zurück. »Wenn du willst, bleibe ich doch besser hier«, bot ich an, denn ich ahnte Schwierigkeiten voraus. Er antwortete nicht einmal. Schweigend legten wir den kurzen Weg zurück, hin zum Gelände eines seiner Homies, dessen Schwester ihren fünfzehnten Geburtstag feierte. Englischsprachige Rock-Musik aus riesigen Boxen, Tische voller Flaschen und tanzende Leute erwarteten uns. Er ließ mich alleine stehen. Mit einem schweren Klumpen im Magen unterhielt ich mich mit Beba und einer Freundin. Ich wollte lebensfroh wirken, doch die Trostlosigkeit stand mir ins Gesicht geschrieben. Nach einem ersten Drink holte ich mir einen zweiten und dann noch einen dritten. Ich glaube, es war Wodka. Den hatte ich auch dringend nötig, denn Tino flirtete ungeniert mit einem anderen Mädchen, direkt vor uns. Eingeschüchtert musste ich so tun, als würde mich dies nicht im Geringsten berühren. Todunglücklich leerte ich weitere Gläser und fraß den Gram in mich hinein. Für lange Zeit sollte dies mein letztes Fest gewesen sein.

Bei Tino waren zwischenzeitlich weitere Tattoos dazugekommen, wie etwa eine Klaue an der rechten Schulter, eine Faust, bei der der kleine Finger und der Daumen gespreizt sind. Zeigen diese nach oben, kann man dies mit etwas Phantasie als das gehörnte Haupt des Teufels interpretieren. Bei den Mareros war es auch ein beliebtes Handzeichen. Und dann waren da noch drei Punkte auf seinem Handrücken, die eine auf der Spitze stehende Pyramide bildeten. Sie hatten je drei entgegengesetzte Bedeutungen: Geld, Frauen und Laster auf der einen, sowie Gefängnis, Krankenhaus und Tod auf der anderen Seite. Und über seinen linken Oberarm zog sich mit dicken blauen Buchstaben der Name SANDRA. Er trug mich also wortwörtlich auf seiner Haut! Auch ich hätte mir gerne ein Tattoo stechen lassen, doch davon durfte er nichts mitbekommen. Es gab nur einen einzigen, an den ich mich damit wenden konnte: Joel. Um dieses Vorhaben in die Tat umzusetzen, wählten wir einen Tag, an dem Tino in die Hauptstadt gefahren war. Ich zog die Bluse aus, um meine Schulter zu entblößen. Mit einer Nadel und schwarzer Tinte stach mein Cousin konzentriert die Umrisse des Tattoos vor. Es tat etwas weh. Die Tätowiermaschine begann zu surren. Das Brennen war auszuhalten, da war ich ganz andere Schmerzen gewohnt. Joel lenkte mich mit allerlei Familienklatsch ab. Nach einer Stunde konnte ich im Spiegel das fertige, nur faustgroße Kunstwerk begutachten. Eine rote Rose und daneben der verzierte Buchstabe A für Anthony. »Wirst du Tino dein Halucin zeigen?«, fragte er. »Mein Gott, sei still, natürlich nicht, der bringt mich doch glatt um«, spaßte ich, auch wenn es im Grunde ernst gemeint war.

Lincy hatte ich schon lange nicht mehr gesehen, daher freute ich mich auch besonders über ihren überraschenden Besuch. Das verklemmte und ruhige Mädchen von einst hatte sich in eine charmante, selbstbewusste junge Frau verwandelt. Neuerdings wohnte sie wieder bei ihrer Mutter Patricia, nachdem sie jahrelang bei Verwandten gelebt hatte. Das schicke mir Oma, sagte sie und stellte mir einen Papiersack voller Weiß- und Süßbrote hin, bevor sie Anthony einen schmatzenden Kuss auf die Wange drückte. Der Kleine könne ja schon gut laufen, stellte sie fest. So einen süßen Schatz wolle sie auch einmal haben. Ihr glückliches Strahlen hatte einen Grund, wie sie mir auch sogleich enthüllte. Sie war verliebt und zwar in Noly, einen ihrer Aussage nach netten und braven Jüngling. Ich teilte ihre Freude und wünschte ihr insgeheim mehr Erfolg in der Liebe, als mir bisher vergönnt gewesen war. Plötzlich verfinsterte sich ihr Blick, sie begutachtete den tiefen Ausschnitt meiner rosaroten Bluse. »Sandra, hast du etwa abgenommen? Du kommt mir irgendwie dünner vor. Isst du auch immer genug?« »Ja klar«, antwortete ich. »Aber mal ehrlich, was ist los mit dir, schlägt dich Tino etwa immer noch?« Zu lügen, fiel mir wahrlich nicht leicht. Eigentlich wünschte ich mir nichts sehnlicher, als meinen Kummer mit jemandem teilen zu können. Aber das Risiko war eindeutig zu hoch. Sie würde sicherlich sofort alles meiner Mutter weitererzählen. Und so sagte ich nach einem angestrengten Lachen: »Nein, wer hat dir denn einen solchen Quark aufgetischt?« »Du weißt schon, Oma und deine Mama sorgen sich eben um dich.« »Die übertreiben doch immer«, sagte ich, sie aber wurde noch direkter: »Dann erklär mir doch mal, woher diese blauen Flecken auf deinem Hals stammen.« »Welche blauen Flecken?«, fragte ich ehrlich verdutzt. Tinos letzter Wutausbruch lag schon über eine Woche zurück, und an dessen Spuren hatte ich wirklich nicht mehr gedacht. Ich zupfte mir den Kragen der Bluse etwas nach oben. »Ja also ...«, stammelte ich, »du wirst es mir nicht glauben, aber ich blöder Trottel bin über einen Schuh gestolpert und hab mich dabei am Metallrand des Bettes verletzt.« Meine Schauspielerei war nicht sehr überzeugend, wie ich an Lincys Miene ablesen konnte. Es gehe sie ja nichts an, sagte sie, aber sie kapiere nicht, wie ich diesen Grobian auch noch decken könne. Ich würde niemanden decken, hielt ich mein Lügengebäude aufrecht. Wenn sie mir nicht glauben wolle, dann sei das ihre Sache. Für uns beide wurde es nun etwas unangenehm, also wechselten wir das Thema, und nach einer Weile machte sie sich auf den Heimweg.

Weitere schwierige Monate zogen dahin. Bisher hatte ich mein Tattoo vor Tino verbergen können. Eines Vormittags lag er gut gelaunt auf unserem

Bett und schaute sich einen Actionfilm an. Ich glaubte an einen günstigen Augenblick, um ihn damit vertraut zu machen. Es war besser, wenn er es von mir erfuhr und nicht selber die Entdeckung machte. Spielerisch entblößte ich meine Schulter, drehte mich ein wenig und sagte: »Schatz, guck mal, was ich mir da habe machen lassen.« Ein paar Sekunden genügten, um zu begreifen, welch schwerwiegende Torheit ich gerade begangen hatte. »Fuck, was für eine Scheiße hast du da wieder gebaut?«, schrie er, nahm eine Sandale und drosch damit mit hackenden Bewegungen auf meinen Kopf ein, von links, dann wieder von rechts. Ich wich zurück, stolperte und landete auf dem harten Fußboden. Die Wucht jedes weiteren Schlages warf meinen Körper hin und her. Mir war, als würde die Haut meines Gesichts jeden Moment zerreißen. Von Olga konnte ich keine Hilfe erwarten, sie war nicht da. Endlich ließ er von mir ab und verschwand, ich weiß nicht, wohin. Zitternd und winselnd lag ich da. Anthony kuschelte sich weinend an mich. Ich bemerkte, wie etwas Warmes und Feuchtes über meine rechte Wange hinunter zum Kinn floss und von dort auf seinen Kopf tropfte. Blut! Ich stemmte mich hoch bis zu einem kleinen rundlichen Spiegel an der Wand. Nur eines meiner Augen ließ sich öffnen. Wo mein rechtes Auge hätte sein sollen, sah ich einen rötlichen Schwulst, und darunter, auf der Wange, eine Platzwunde. Du musst fort von hier, war mein erster Gedanke. Sei kein Feigling, unternimm doch etwas, redete ich mir unentwegt zu. Plötzlich war mein Peiniger wieder da. Es war ihm merklich unwohl angesichts dessen, was er angerichtet hatte. »Verdammt, ich wollte dich doch nicht verletzen. Aber musst du denn immer solchen Scheiß bauen?«, tat er so, als sei alles meine Schuld. Ich antwortete mit eisigem Schweigen. Der Schmerzen wegen fand ich in der Nacht keine einzige Minute Schlaf.

Am nächsten Morgen, mein lädiertes Auge war zu einem rundlichen Etwas angeschwollen, wartete ich auf einen günstigen Moment, um mich davonzumachen. »Ich bin gleich wieder da«, sagte Tino und ging endlich. Ich wartete ein paar Minuten, dann spähte ich durchs Fenster und die Tür nach draußen. Weder auf dem Gelände noch auf dem Weg davor war jemand zu sehen, also hetzte ich mit meinem Kind los. Mein Puls raste wie wild. Nur zu gut wusste ich, was mir blühen würde, sollte er uns abfangen. Vorsichtshalber wählte ich einen unscheinbaren, kleinen Pfad, mitten durch Pflanzungen und unebenes Terrain. Regenschwangere Wolken hingen über uns, und auf halber Strecke begann es zu nieseln. Noch bevor es richtig goss, trafen wir zuhause ein. Mutter war arbeiten gegangen, also blieben wir oben bei den Großeltern. Worte waren nicht notwendig, meine Wunden sprachen für sich. Großmutter tupfte sie mit einem Wattebausch ab, den sie zuvor mit einer antiseptischen Lösung getränkt hatte. Ob ich nun für immer bei ihnen bleiben werde, frage mich María-José in ihrer kindlichen Arglosigkeit. Als Mutter heimkehrte, war auch ihr sofort alles klar. »Mami, ich will nie mehr zurück zu ihm, nie mehr«, sagte ich flennend. Zuerst fixierte sie mich einige Sekunden lang streng. »Sandra, wenn du dich wirklich von diesem Halunken trennen willst, dann überleg es dir verdammt noch mal gut! Nicht, dass du nach ein paar Tagen wieder zu ihm zurückkriechst, so wie letztes Mal! Hast du dir auch gut überlegt, was du da sagst?« Ich presste ein schwaches »Ja« hervor. Nun war sie nicht mehr zu bremsen. Anthony musste ich Emilia übergeben, mich schleppte sie zur Polizeiwache. Der Beamte lehnte sich gemütlich in seinen Sessel, während sie ihm kurz den Tatbestand darlegte. Er empfahl ihr, mich auf der Stelle von einem Arzt untersuchen zu lassen, um so für eine Anzeige etwas in der Hand zu haben. Er kenne einen Arzt, der billige Atteste ausstelle, sagte er und kritzelte eine Adresse in der Hauptstadt auf einen Zettel.

Wir bestiegen den erstbesten Autobus dorthin. Ich wollte etwas dösen, aber hämmernde Kopfschmerzen ließen es nicht zu. Nach einer guten Stunde mussten wir umsteigen. Ein städtischer Bus transportierte uns weiter bis zu einer kilometerlangen, mehrere Meter hohen Mauer, hinter der sich der weitläufige Generalfriedhof der Stadt befand. Mutter zog am Seil, das über den Fenstern gespannt war und vorne beim Fahrer eine Klingel aktivierte. Quietschend kam das Fahrzeug zum Stehen, gerade lange genug, damit wir durch die Hintertür hinaushüpfen konnten, wodurch meine Schmerzen erneut aufflammten.

Über einem Torbogen hing eine Tafel mit der Aufschrift »Forensisches Institut«. Wir befanden uns im städtischen Leichenhaus, was ich aber gottlob nicht gleich durchschaute. Dutzende von Menschen saßen vor niedrigen Bauten auf Holzbänken. Bei einem verglasten Schalter nannte Mutter den Namen des Arztes. Ein weißgekleideter Mann mit Glatze führte uns in einen spartanisch eingerichteten Raum. Flüchtig betastete er mein Auge, sagte, das werde schon wieder, und klebte einen Verband darüber. Ich solle am nächsten Montag noch einmal wegen des Attests vorbeikommen. Ganze fünfzig Quetzales knöpfte er uns ab.

Hatte ich gehofft, mich zurück in Palencia etwas ausruhen zu dürfen, so irrte ich. Stattdessen steuerten wir das Gemeindehaus an, in dem der Friedensrichter sein Büro hatte. Dieser wollte uns zunächst abwimmeln mit der Begründung, es sei schon nach sechzehn Uhr. Aber er hatte nicht mit Mutters Hartnäckigkeit gerechnet, die ihn mit einem rauschenden Wortschwall dazu brachte, eine Weisung für die Polizei auszustellen. Darin wurde diese gebeten, uns Begleitschutz zu gewähren, für eine Fahrt in den Ojo de Agua. Dort galt es meine wenigen Habseligkeiten abzuholen. Seltsam war er, der Tross, der sich da in Gang setzte: Zwei Polizeifahrzeuge an der Spitze und gleich dahinter wir in einem Mietwagen mit Fahrer, den Mutter beim Park verpflichtet hatte. Am Zielort stiegen wir aus. Meine Knie zitterten. Die Polizisten blieben sicherheitshalber in ihren Fahrzeugen. Man erwartete uns schon. Neben Doña Dolores standen Rosa und Olga. Auf der anderen Seite des Weges sah ich Tino und Smokey. Beide rauchten gemütlich eine Zigarette. »Wir kommen wegen Sandras Eigentum«, kam Mutter ohne Umschweife zur Sache. »Nehmt diesen Dreck und schert euch zur Hölle damit!«, trompetete Doña Dolores giftig. Ich ging hinein, um meine Sachen zu holen – vor allem meine Kleider. Draußen entzündete sich währenddessen ein gehässiges Wortgefecht. »Sie haben meinen Sohn ja nie ausstehen können, er ist Ihnen wohl nicht fein genug«, bekam Mutter zu hören. Rosa setzte noch eins drauf: »Sie dumme Schnüfflerin, müssen Sie sich denn in alles einmischen? Lassen Sie ihre Tochter und meinen Bruder doch ihr eigenes Leben führen!« »Redet doch keinen Scheiß, das fehlte ja gerade noch, dass ihr diese Ratte in Schutz nehmt!«, schoss Mutter zurück. »In den Knast gehört dieser Kriminelle, schaut doch, was er mit meiner Tochter gemacht hat!« Die Situation schien außer Kontrolle zu geraten, die Polizisten hatten ihre Waffen entsichert und bestanden auf einen schnellen Aufbruch. »Du wirst schon sehen, Sandra, bald bist du wieder hier!«, rief mir Doña Dolores noch hinterher.

Zunächst erlebte ich ein gewisses Gefühl der Befreiung. Schon am nächsten Tag überwogen aber wieder Angst, Zweifel und Niedergeschlagenheit. Sann Tino schon auf Rache, würde er seinen Drohungen Taten folgen lassen? Was plante er? War er möglicherweise sogar fähig, meiner Familie etwas anzutun? Mit jedem Tag, der ohne Meldung von ihm verstrich, wurde meine Unruhe qualvoller. Nie und nimmer würde er einfach so auf mich und seinen Sohn verzichten, da war ich mir ganz sicher. Und er fehlte mir. Ich liebte ihn doch immer noch! Außerdem fragte ich mich, ob ich nicht an Tinos Gewaltausbrüchen Mitschuld trug.

»Ohne diesen Strolch bist du viel besser dran, den brauchst du doch gar nicht«, hämmerte mir Mutter ein. Während sie sich in fremden Haushalten abrackerte, war ich wieder Ersatzmutter für meine kleinsten Geschwister. Auch Lincy gab mir Halt. Sie erwartete ein Kind von ihrem Noly, der nun auch offiziell ihr Verlobter war. Das war wirklich schnell gegangen. Joel kam täglich vorbei, munterte mich auf und blödelte mit Anthony herum. Selbst

Mercy, die bei ihren Schwiegereltern lebte, schaute oft herein und brachte ihren dreijährigen Sohn Rudy mit. Wir schwelgten in Erinnerungen und rätselten darüber, was aus Hugo geworden war. Seine Taekwondo-Akademie existierte schon lange nicht mehr. Mercy war nachdenklich. Martina, ihre Mutter, hatte ihr vorgeschlagen, zu ihr in die USA zu kommen. Dafür wollte sie ihr sogar einen Coyoten bezahlen, einen Schleuser, der Illegale durch Mexiko und dann über die Grenze in die USA brachte. Mercy hatte sich noch nicht entschieden, denn ihr Söhnchen und ihren Freund würde sie in Guatemala zurücklassen müssen. »Ich weiß, das ist eine verdammt schwere Entscheidung, aber dort hättest du mehr Chancen«, redete ich ihr gut zu. »Und wenn es dir nicht gefällt, kommst du wieder zurück.« Für Tino hatte Mercy keine gute Silbe übrig. Das sei ein unbekehrbarer Macho, mit dem ich nie glücklich werden würde, prophezeite sie mir.

Fünf Tage waren nun schon vergangen, und noch immer hatte ich nichts von ihm vernommen. Versunken in eine meiner Lieblings-Telenovelas saß ich gegen Abend vor der Flimmerkiste. Ein einziger Satz aus Marlons Mund genügte, um mich aufzuschrecken: »Komm schnell, da ist jemand, der will mit dir reden!« »Tino!«, war mein erster elektrisierender Gedanke. Ich lief hinaus, mein Bruder folgte mir mit etwas Abstand. Draußen war es schon dunkel. Ich sah eine Silhouette, die sich beim Nähertreten als Smokey entpuppte. Etwas enttäuscht war ich schon. »Hallo, wie steht's?«, begrüßte er mich fast schüchtern. »Du, Deli lässt dir ausrichten, es tue ihm verdammt leid, na du weißt schon. Er will euch wieder bei sich haben.« Wut stieg in mir auf. »Verdammt, das ist doch der Hammer! Wie kann er nur erwarten, dass ich ihm wieder vertraue, nach alldem, was er mir angetan hat? Smokey, du weißt doch selber, wie hundsmies er immer mit mir umgeht. Ich halt das nicht mehr aus! Geh und sag ihm das.« Großmutter, auch sie hatte aus einiger Entfernung mitgelauscht, war äußerst verärgert über meinen Besucher: »Sandra, was soll das, was wollte dieser Marero von dir? So einer hat hier bei uns nichts zu suchen! Allein schon seine ganze Aufmachung, einfach grässlich!«

Ein Teil von mir war bereit, einen Schlussstrich unter diese selbstzerstörerische Liebesbeziehung zu ziehen. Wäre da nur nicht dieses brennende Gefühl der Liebe gewesen, welches ich wie eine schwere Eisenkette um meinen Hals trug. So sehr ich Tino liebte, so sehr fürchtete ich ihn auch – welch grausamer Widerspruch. Ihn noch weiter aufstacheln wollte ich auf gar keinen Fall. Konsequenterweise lehnte ich es auch ab, das Attest abholen zu gehen, um damit eine Anzeige gegen ihn zu erstatten. Mutter schäumte vor Wut. »Was, du willst diesen Dreckskerl einfach so davonkommen lassen?«, grollte sie. Ja, genau das wollte ich.

Smokey kam bald mit einer weiteren Nachricht. Da sei wieder dieser verruchte Marero mit den abscheulichen Tätowierungen, monierte Großmama. Aber etwas wirklich Neues hatte ihm Tino nicht aufgetragen, mit Ausnahme einer ersten Drohung, die nun durchklang. »Du… Deli ist voll angepisst, er will dir Anthony wegnehmen, falls du nicht bald zu ihm zurückkehrst.« Ganz wohl war ihm dabei nicht, mir dies auszurichten. »Du weißt doch, wie dieser Holzkopf tickt, der kann ganz schön krass werden«, ergänzte er fast entschuldigend. »Es wäre wirklich besser, wenn du dich mit ihm triffst und alles beredest. Meinst du nicht auch?« Zaudernd erklärte ich mich zu einem Treffen bereit.

Unbeobachtet verließ ich kurz vor dem vereinbarten Zeitpunkt das Grundstück. Vorher hatte ich einzig Lincy Bescheid gesagt, falls etwas schiefgehen sollte. Mit einem flauen Gefühl im Bauch näherte ich mich dem Treffpunkt, einem einsamen Bananenbaum an einem abgelegenen Fußweg. Tino war schon dort. Sein Lächeln beruhigte mich etwas. »Hallo, Schatz, wie geht's deinem Auge?«, fragte er fürsorglich. »Gut, danke, es ist wieder okay, hab noch mal Schwein gehabt.« Er stellte sein Gewehr gegen den Baum und nahm mich fest in seine kräftigen Arme. »Scheiße, du fehlst mir wirklich, Puppe. Komm zu mir zurück!«, sagte er und versicherte mir auch gleich: »Es wird alles besser werden, du wirst schon sehen, aber mach jetzt keinen Scheiß mehr.« Ich atmete tief durch. »Aber Tino, das hast du mir doch schon so oft versprochen.« »Bockmist!«, knirschte er und lockerte seine Umarmung. »Was willst du denn sonst noch hören, nuttenverdammt noch mal? Liebst du mich etwa nicht mehr?« »Doch«, flüsterte ich, »aber gib mir etwas Zeit.« »Zeit?«, er wurde gereizter. »Du bist schon fast zwei Wochen weg! Fuck nicht mit mir rum, so was pisst mich voll an! Zwing mich nicht, zu anderen Mitteln zu greifen!« »Tino, nun droh mir doch nicht, damit machst du alles nur noch schlimmer, schnallst du das denn nicht?« Er beruhigte sich wieder etwas. Was folgte, war ein mehrere Tage währendes Ringen mit mir selber. Waren seine Beteuerungen überhaupt etwas wert? Ich würde so oder so nachgeben, soviel wurde mir immer klarer. Denn auch wenn mein Verstand nein sagte, mein Herz schrie ja! Ich war wie ein Nachtfalter, der immer wieder auf die einzige Lichtquelle zufliegt, obwohl diese ihn tödlich verbrennen kann. Es ging nur noch darum, etwas Zeit zu schinden. Ob ich gedenke, zu diesem Kriminellen zurückzugehen, fragte Mutter. Ich sagte kein Wort und damit eigentlich alles.

Den letzten Anstoß lieferte mir Rosa, die überraschend bei uns auftauchte und mir mitteilte, ihr Bruder sei krank und liege seit zwei Tagen mit einer schweren Lungenentzündung im Bett. Noch am selben Tag war ich zurück an seiner Seite im Ojo de Agua. Olga tat so, als sei ich niemals fort gewesen. Doña Dolores und Rosa ließen mich anfangs eine gewisse Unterkühltheit spüren. Um Tino stand es gar nicht gut. Ein hartnäckiger Husten erschütterte seinen Brustkorb, er hatte hohes Fieber und wollte nichts als schlafen. Die von einem Arzt verschriebenen Antibiotika hatten ihre Wirkung noch nicht voll entfaltet. Liebevoll umsorgte ich ihn, betupfte seine Stirn mit einem feuchten Lappen und brachte ihm Orangensaft. Es mag perfide klingen, doch mir war es eine Genugtuung, meinen starken Mann nun hilflos vor mir zu erleben. Am nächsten Tag, als es hell wurde, ging ich zum Nachbarladen, um ein Fläschchen grüne Chilisoße und drei Eier für das Frühstück zu besorgen. Ein anderer Kunde wurde gerade bedient, also wartete ich. »Hab dich lang nicht mehr hier gesehen, Alte«, sprach mich jemand an, der es sich in der Ecke auf einer Getränkekiste gemütlich gemacht hatte. Es war Gato, der genüsslich an einer Zigarette zog. »Wie steht's heute um Deli?«, fragte er. »Schon etwas besser«, sagte ich und betrachtete ihn mir genau. Dem Anschein nach hatte er sich gut von seinen lebensgefährlichen Bauchverletzungen erholt. Soviel ich wusste, hatte er einige Wochen im Krankenhaus verbracht. Die Homies machten Tino nun täglich ihre Aufwartung und sparten nicht mit derben Sprüchen, die ihn aufmuntern sollten. Nach vier weiteren Tagen hatte sich sein Gesundheitszustand deutlich gebessert. Von mir aus hätte er noch länger liegen bleiben können, doch der Drang, sich schnellstmöglich wieder seinen Kumpanen anzuschließen, war offenbar unwiderstehlich. Er konnte es sich ja nicht erlauben, als Weichei zu gelten, das wegen ein bisschen Fieber das Bett hütete. Obwohl noch sehr schwach, zog er sich gegen sieben Uhr abends seine Turnschuhe an und ließ mich wissen, er komme gleich wieder. Ich bat ihn, vorsichtig zu sein. Keine Stunde später war er wieder da und legte sich schwer atmend aufs Bett. Hatte er sich doch übernommen? Da es Zeit fürs Abendessen war, ging ich hinaus zur Feuerstelle. Vor dem Häuschen von Doña Dolores hatte sich ein Großteil der Gang versammelt, etwa zwanzig Mann. Pelón, Sleepy, Piolin, Palillo, Smokey, Skinny, Gato, Ninja und noch andere. Die Stimmung war aufgedreht, die Luft gefüllt mit energiegeladenem Stimmenwirrwarr. Was hatte diese Meute vor? Endlich loderte das leicht feuchte Holz – dicker weißer Rauch wallte gegen den Nachthimmel. Ich setzte zwei verrußte Töpfe mit Wasser auf das flackernde Feuer. In den einen gab ich Nudeln mit etwas Salz. Als ich zehn Minuten später nach dem Essen schaute, war weit und breit kein einziger Marero mehr zu sehen. »Komm, lass uns schlafen, ich bin kaputt«, sagte Tino, als ich wieder im Zimmer war. »Und das Essen?« »Verdammt, ich will heute nichts fressen, nun mach schon«, drängte er, also legte ich mich zu ihm. Er aber fand noch lange keinen Schlaf, sondern wälzte sich unruhig von einer Seite zur anderen. Welche Laus war ihm über die Leber gelaufen?

Noch vor Sonnenaufgang, überall krähten die Hähne, entfernte er sich leise. Kurz danach stand auch ich auf. Es gab viel zu tun. In den Wochen meiner Abwesenheit hatte sich haufenweise schmutzige Wäsche angesammelt, die ich noch nicht ganz abgearbeitet hatte. Ein Becken voll davon trug ich hinüber zu Clara. Etwa um halb zwölf war ich mit den frisch gewaschenen Kleidern wieder zurück. Unterdessen hatte sich Evangelica mit ihrem Töchterchen Cindy und den anderen Kindern eingefunden. Heute war sie nicht arbeiten gegangen. Wir plauderten angeregt, bis ein Türknarren unsere Aufmerksamkeit auf sich zog. Es war Tino, der blass wie ein Geist eintrat. Sein Blick flimmerte verwirrt. Ob alles in Ordnung sei, fragte seine Schwester. »Shit, meine Homies haben Leñazo erledigt«, krächzte er. Mehr war ihm nicht zu entlocken. Den Rest des Tages war er kaum ansprechbar.

In Windeseile wusste ganz Palencia von der Mordtat. Am Abend zuvor, es muss so gegen zehn Uhr gewesen sein, hatten sie Leñazo an der Hauptgasse aufgelauert und ihn dann mit Bleikugeln durchlöchert. Die Botschaft sollte für alle glasklar sein: Palencia war Salvatrucha-Territorium und würde es auch bleiben. Tagelang herrschte eine angespannte Ruhe, nur wenige Cliquen-Mitglieder waren zu sehen, ja selbst Smokey hatte sich vorübergehend in die Hauptstadt abgesetzt. Ich war erleichtert, dass Tino an diesem Verbrechen nicht beteiligt gewesen war. Er hatte ja zum Zeitpunkt des Mordes schon im Bett gelegen. Bald war er wieder ganz der Alte. Seine Versprechen, sich zu bessern, hatten sich in Rauch aufgelöst – das heißt, ich bezog auch wieder regelmäßig Prügel von ihm. Erneut lebte ich in einem Alptraum, aus dem es kein Entrinnen zu geben schien.

Das Prasseln von Regentropfen auf ein Blechdach erzeugt die mannigfaltigsten Melodien. Noch vor Minuten hatte es sich wie ein klopfendes Trommelfeuer angehört, nun war es nur noch ein sanftes, rhythmisches Ticken. Unter Wellblech zu wohnen, bringt ganz klar Nachteile mit sich. So heizt sich der Innenraum bei Sonnenschein auf wie eine Sauna, und bei niedrigen Temperaturen dringt die Kälte durch alle Rillen herein. Ich war wach geworden, weil ich zur Toilette musste. Wie ich es doch hasste, mitten in der Nacht aus dem warmen Bett steigen zu müssen. Mit einem leisen Stöhnen rutschte ich unter der Decke hervor, schob meine Füße in die Gummi-Latschen, öffnete zuerst die Zimmer- dann die Haustür, ging hinaus in den Hof und weiter durch den schmalen Durchgang, der die Baracke von Tinos Bruder Carlos und die unsrige trennte. Dahinter, einsam, von nächtlicher Schwärze umhüllt, stand der Abort. Es wehte ein kühler, feuchter Wind. Meine Latschen versanken ein wenig im aufgeweichten Erdboden. Ruckartig blieb ich stehen. Hatte sich da nicht gerade etwas bewegt? Menschliche Schatten! Ein Schauer lief mir über den Rücken, sofort legte ich den Rückwärtsgang ein, verriegelte hurtig die Tür und löschte das Licht. Deutlich konnte ich meinen Pulsschlag wahrnehmen. Weiter schlich ich ins Zimmer, in dem Olga, Rosa und Doña Dolores schliefen. Schnell waren sie alle auf den Beinen. Durch ein Seitenfenster hindurch konnten wir mindestens ein Dutzend uniformierte Gestalten ausmachen, die sich keine besondere Mühe gaben, unentdeckt zu bleiben. »Scheiße, es sind Bullen«, sagte Rosa leise. Tino war kaum wachzukriegen, dann blieb er wie eine Wachsfigur auf dem Bettrand sitzen. Einem Gespenst gleich, mit zerzaustem Haar, tigerte seine Mutter im dunklen Raum umher. »Oh Jesus, beschütze uns, bitte Jesus, steh uns bei«, wiederholte sie gebetsmühlenartig. Da es den Behörden gesetzlich verboten war, vor sechs Uhr Hausdurchsuchungen durchzuführen, hatten wir noch gut eineinhalb Stunden Zeit, um uns etwas auszudenken. Anthony war daran aufzuwachen, also stopfte ich ihm eine meiner Brustwarzen in den Mund. Er saugte einige Male daran, bevor er wieder eindöste. Endlich war Tino richtig wach geworden und begann fiebrig, einen Fluchtplan zu schmieden. Nur wie? Bald war klar: Die einzige Möglichkeit, ungesehen zu entkommen, bestand darin, über die Mauer im Hinterhof zu klettern und dann durch das Maisfeld davon zu kriechen. Vor lauter Anspannung konnte ich kaum klar denken, dennoch sagte ich spontan: »Ich gehe mit ihm!« »Ja, das ist eine gute Idee«, fand Doña Dolores. Tino wollte sein Schrotgewehr mitnehmen. »Spinnst du?«, fuhr ihn Olga an. »Lass dieses Scheißding hier, ich werde es irgendwo verstecken. Und zieh dir einen Pullover an, damit man deine Tattoos nicht gleich sieht.«

Im Zeitlupentempo schlichen wir in den Hof, wo wir einige Momente lang geduckt hockten und horchten. Glücklicherweise war es eine stockfinstere Nacht, ohne Mond und Sterne. Auf einen Wink Tinos hin stiegen wir behutsam über die etwa einen Meter hohe Mauer und warfen uns gleich dahinter wieder zu Boden. Stimmen. Nur etwa zehn Meter neben uns unterhielten sich arglos zwei Polizisten. Jedes ihrer Worte konnte ich klar verstehen. Einer zündete eine Zigarette an, deren Glut wie ein einsamer Stern am Himmel glomm. Zentimeter um Zentimeter arbeiteten wir uns kriechend unter Blättern und

Maiskolben hindurch. Es war unmöglich, kein Geräusch zu verursachen. Jedes leise Knacken oder Rascheln ließ meine Nerven wie die gespannten Saiten einer Gitarre vibrieren. Doch sonst blieb alles ruhig. Endlich hatten wir das Feld hinter uns gelassen, konnten uns aufrichten und unseren Gang beschleunigen. Weiter ging es mitten durch unübersichtliches Geäst und vorbei an still daliegenden Behausungen. Obwohl es kühl war, schwitzte ich wie ein Kautschuk-Sammler im Urwald. »Da hinten liegt das Haus von Pelón, ihn suchen die Bullen bestimmt auch«, flüsterte mir Tino zu. Bald hatten wir gut 500 Meter zurückgelegt. Über den Hügeln in der Ferne dämmerte es schon. Wir schauten uns nach links und rechts um und wagten uns dann hinaus auf den menschenleeren Weg. Dort kamen wir noch schneller voran. Nun aber nichts wie raus aus dem Ojo de Agua. Stumm eilten wir vorwärts, vorbei an einem Schuppen, der schwarze Schatten warf.

»Hey, ihr da!«, ließ uns eine tiefe Männerstimme plötzlich zusammenzucken. Hinter dem Holzbau hatte es sich ein Grüppchen Polizisten auf dem Erdboden bequem gemacht. Nun sprangen sie auf und kamen auf uns zu. »Wohin so früh?«, wollte einer wissen. »Zur Arbeit, wir sind schon spät dran«, flunkerte ich. Argwöhnisch beäugten sie uns von Kopf bis Fuß. Vor allem unsere verdreckten Klamotten zogen ihre Blicke an. »Du, Guicho, hol doch mal den Chef«, sagte ein anderer. Es erschien ein fettwanstiger Uniformierter, der eine klobige Fernsprechapparatur an seinem Gürtel trug. »So, ihr seid also unterwegs zur Arbeit?«, fragte er hämisch. »Ja, wir arbeiten auf dem Terminal-Markt in der Hauptstadt, da müssen wir immer früh raus. Ich bin Veronica Hernandez Méndez, und dies ist mein Mann Vinicio«, dichtete ich frei heraus. »Ach so ist das. Und wo genau wohnt ihr?« Ich streckte meinen Arm aus. »Ziemlich weit, etwa fünf Kilometer von hier.« Er zwirbelte an seinem Schnauz herum, dann wollte er unsere Papiere sehen. »Äh … die haben wir leider nicht bei uns«, erklärte ich verdattert. Das war genau das, worauf er gewartet hatte. Sie müssten uns leider durchsuchen, verfügte er. Tino wurde unsanft abgetastet, ohne dass sie etwas bei ihm fanden. Als sie auch mich befingern wollten, protestierte ich lauthals: »Halt, das lasse ich nicht zu! Männliche Polizisten dürfen eine Frau nicht anfassen, das weiß ich ganz genau!« Der leitende Polizist runzelte missmutig die Stirn. »Na gut, Mädchen, wie du meinst, aber ihr müsst mitkommen.«

Sie führten uns dorthin, von wo wir soeben gekommen waren. Wir stießen auf eine Gruppe von Männern mit schwarzen Westen, auf deren Rücken in großen weißen Lettern MP stand, für Ministerio Publico, die Staatsanwaltschaft Guatemalas. Einer dieser Uniformierten führte einen Ordner voller

Fotos mit sich, die er nun mit uns abglich. »Das ist einer der Banditen, die wir suchen, ganz bestimmt!«, sagte er nach einer Minute triumphierend. Sofort rissen sie Tino die Arme nach hinten und legten ihn in Handschellen. Tageslicht überflutete nun die noch von Nebelschwaden durchzogene Vegetation. Bei Doña Dolores waren die Hausdurchsuchungen in vollem Gange. Ohnmächtig sahen sie, ihre Töchter und ihr Sohn Carlos dem Treiben zu. Tino wurde in ein Polizeifahrzeug befördert. Gegen Mittag setzte sich ein langer Treck in Bewegung, zurück in die Hauptstadt, von wo aus diese Operation vorbereitet worden war. Über meine Wangen kullerten dicke Tränen. In unserer Hütte sah es aus wie nach einem Einbruch. Alles hatte man aus den Kommoden und von den Gestellen gerissen und liegen gelassen.

Auch in anderen Teilen Palencias hatte es Razzien gegeben, bei denen Pelón, Piolin und Skinny verhaftet worden waren. Weder Smokey noch Sleepy hatten sich in ihrem Unterschlupf aufgehalten und waren somit dem Zugriff der Behörden entgangen. Ungläubig nahm ich die Nachricht entgegen, auch Joel sei unter den Festgenommenen. Ich konnte zwar für niemanden meine Hand ins Feuer legen, doch mein Cousin war ganz bestimmt kein Marero. Viele der Jungs aus der Clique kannte er seit seiner Kindheit, sie waren seine Freunde, was ihn aber noch lange nicht zu einem von ihnen machte. Die erwachsenen Beschuldigten waren ins Untersuchungsgefängnis überführt worden, Tino, Piolin und Skinny in eine Haftanstalt für Jugendliche. Nun war eingetroffen, wovor ich mich schon lange gefürchtet hatte. Wie sollte es weitergehen?

2000 – 2002
DER UMBRUCH

In Sichtweite der Kathedrale von Guatemala-Stadt stiegen Olga und ich aus dem Überlandbus. Doña Dolores und Rosa hatten es vorgezogen, arbeiten zu gehen. Wir hatten Kekse, kleine Seifen und Shampoo-Kapseln für Tino dabei. Die Straßen pulsierten von Passanten und stinkenden Fahrzeugen, die Gehsteige waren voller Straßenhändler. Dazwischen kauerten Bettler und Schwachsinnige, einige mit amputierten Gliedmaßen, und appellierten an das Mitgefühl der Passanten. Wir überquerten einen großen Platz mit einem Springbrunnen in der Mitte, der die Form einer Orchidee hatte. Im quadratischen Wasserbecken trieben Bananenschalen, Maiskolbenblätter und Plastikbeutel. Leute saßen an den Rändern, einige ließen sich von kleinen Indio-Jungen die Schuhe polieren, andere lasen Zeitung oder plauderten. Eine halb nackte, zerlumpte Gestalt, deren Haut nur noch aus einer schwarzen Dreckkruste zu bestehen schien, wühlte in einer Mülltonne nach etwas Essbarem. Hinter dem Platz erhob sich der imposante, grünliche Nationalpalast, der Sitz des Präsidenten. Die Seitenstraße säumte eine lange Reihe Luxusautos mit verdunkelten Scheiben, bewacht von jungen Herren in eleganten Anzügen. Einige Straßenzüge weiter fanden wir unser Ziel. Ein eingeschossiges Gebäude, daneben eine Wäscherei und einige Privatkliniken. Hätte da nicht eine Tafel mit der Aufschrift »Jugendhaftanstalt« gehangen, niemand hätte hier eine solche Einrichtung vermutet. Doch der Wächter am Eingangstor verweigerte mir den Eintritt mit der Begründung, ich sei noch keine Achtzehn. Es half nichts, ich musste draußen warten. Niedergeschlagen kam Olga nach einer guten halben Stunde wieder heraus. »Du hättest ihn sehen sollen, es geht ihm nicht besonders gut.« Mehr wollte sie mir nicht sagen. Piolin und Skinny waren schon nicht mehr bei ihm. Ein Jugendrichter hatte sie zu einem Umerziehungskurs verdonnert und dann ihre Freilassung angeordnet.

Tinos erzwungene Abwesenheit bescherte mir wieder mehr Freiheiten. Auch wenn es Doña Dolores nicht gerne sah, verbrachten Anthony und ich jetzt die meiste Zeit bei meiner Mutter. Diese war froh, Tino im Knast zu wissen, wenigstens vermutete ich das. Und an seine Unschuld glaubte sie natürlich ganz und gar nicht. Gleichwohl gab sie sich unerwartet mitfühlend und verzichtete auch darauf, mich zu tadeln. Sie war sogar bereit, mich bei meinem zweiten Versuch, in die Haftanstalt vorgelassen zu werden, zu begleiten. Sie tue dies nur für Anthony, meinte sie, denn der Junge trage ja keine Schuld daran, einen Marero als Vater zu haben. Beim Gefängnis ließ sie sich nicht abspeisen, sondern verlangte energisch, mit der Direktorin sprechen zu können, auf die sie so lange einredete, bis diese beschloss, in meinem Fall eine Ausnahme zu machen. Ich durfte hinein! Vor einem Metalltor wurden wir flüchtig gefilzt, dann tat sich ein rechteckiger, ummauerter Hof vor uns auf, der oben von einem feinmaschigen Drahtgitter bedeckt wurde. Etwa zwei Dutzend junge Männer hielten sich dort auf. Es roch nach schmutzigen Toiletten. Mutter blieb etwas zurück. Wo war Tino? Ich erkannte ihn erst, als er direkt vor mir stand, so sehr hatte er sich seit seiner Inhaftierung vor knapp drei Wochen verändert. Er hatte buschige, mit etwa drei Zentimetern für ihn ungewohnt lange Haare und Kleider, die eher Lumpen glichen. Er war sich seines kläglichen Aussehens bewusst, mein unangekündigtes Erscheinen kam ihm merklich ungelegen. Nachdem er mich kurz an sich gedrückt hatte, sagte er: »Sandra, ich hoffe, du kannst mir das alles verzeihen.« Dann machte er kehrt und verschwand hinter einer der Türen.

Mein nächster Besuch, gemeinsam mit Rosa, erfolgte erst einen Monat später. Endlich war ich erwachsen und hatte einen Personalausweis, den ich dem Wächter mit einer Prise Stolz vorzeigen konnte. Tino war wie ausgewechselt, trug glänzende, kurz geschnittene Haare, ein sauberes Hemd und neue weiße Turnschuhe. Selbstsicher nahm er mich in seine Arme und gab mir einen Kuss auf den Mund. Anscheinend hatte er sich nun eingelebt. Vielleicht auch deshalb, weil viele seiner Mithäftlinge ebenfalls zur Mara Salvatrucha gehörten. Sie lebten streng getrennt von den anderen, insbesondere von jenen der Mara 18, die auch im selben Gebäude untergebracht waren. Zwischen den beiden verfeindeten Gruppierungen kam es in den verschiedenen Jugendhaftanstalten oft zu blutigen Abrechnungen, wie ich den Nachrichten hatte entnehmen können.

Ich musste zweimal hinschauen, bevor ich es glauben konnte, aber Tino hielt tatsächlich eine Bibel in seiner Hand. »Schatz, ich habe angefangen, das Wort Gottes zu studieren«, verblüffte er mich noch mehr. Evangelische Prediger hatten ihm das Buch geschenkt, dessen schwarzer Umschlag mit goldenen Buchstaben verziert war. Wir setzten uns auf einen kleinen Absatz am Rand des Innenhofs. »Ich will doch nicht im Knast versauern«, sagte er fast beschwörend. »Du wirst schon sehen, Schatz, ich werde mich wirklich ändern, wenn ich nur bald wieder draußen bin!« Skeptisch musterte ich seine Blicke und Gesten, meine Hand berührte die seine. Diese Verwandlung, wie war das möglich? Rosa nutzte die Gunst des Moments, um ihrem Bruder ins Gewissen zu reden. Er müsse endlich zur Vernunft kommen und an seine Familie denken, appellierte sie an ihn. Falls er wieder freikomme, sei das vielleicht seine allerletzte Chance. Er nickte, scheinbar einsichtig. Hoffnungsfroh verließ ich diesen Ort nach einer guten Stunde wieder. Wenn jemand Tino den Klauen des Bösen entreißen konnte, dann war es Gott! Oft schon, in all den vielen unerträglichen Situationen, hatte ich ihn angefleht, uns zu helfen.

Die Ungewissheit über Tinos Verfassung hatte mich bisher davon abgehalten, auch Joel im Gefängnis zu besuchen. Dies wollte ich nun endlich nachholen. Olga schloss sich mir an; sie kannte den Weg dorthin. Dieses Mal spuckte uns der Bus in der nordöstlichen Zone 18 der Hauptstadt aus, vor einer metallenen Fußgängerbrücke, die wir überquerten. Auf einem weitläufigen Parkplatz, vor einem Einkaufszentrum, standen mehrere private Kleinbusse. An den Frontscheiben waren Kartons mit der Aufschrift »Gefängnis« angebracht. Wir zogen unsere Köpfe ein und setzten uns ins beengte Innere eines dieser Gefährte. Erst als es nach über dreißig Minuten bis auf den letzten Platz besetzt war, sprang der Fahrer in seinen Sitz und gab Gas. Gepflegte Einfamilienhäuschen auf der einen Seite und ärmliche Hütten auf der anderen rauschten an uns vorbei. Die Hütten krallten sich an unsichere Erdterrassen, die man in die steilen Abhänge der Hügel gegraben hatte. Das Ende der asphaltierten Straße war erreicht, wir ratterten weiter über Schotter, direkt hinunter in eine Senke. Eine hohe Mauer mit Wachtürmen tauchte vor uns auf, davor standen mehrere Soldaten mit Maschinengewehren. Posten mit grauen Uniformen, die altertümliche Flinten in den Händen hielten, bewachten ein Eingangstor, vor dem schon eine lange Menschenschlange auf Einlass wartete. Fast jeder Besucher führte mehrere randvolle Plastiktüten mit sich. Wir stellten uns hinten an. Vorwärts ging es nur zentimeterweise. Endlich gelangten wir in einen engen, schlauchförmigen Raum, in dem ein Uniformierter hinter einem Holztisch saß und behäbig unsere Personalien in ein einfaches Linienheft eintrug. Unsere Ausweise mussten wir abgeben. Jemand drückte uns einen blauen Stempel auf das rechte Handgelenk. Dann wurden wir oberflächlich abgetastet und die Lebensmittel und Getränke, die wir mitführten, einer kurzen Inspektion unterzogen. Über uns tat sich wieder blauer Himmel auf. Eine langgestreckte Treppe führte hinab zum einstöckigen Gefangenen-Trakt. Eigentliche Zellen gab es dort keine, sondern nur Sektoren, in denen bis zu zweihundert Häftlinge auf engstem Raum eingepfercht waren. Ein Mann mit einem orangefarbenen T-Shirt, offenbar selber ein Häftling, sprach uns am Eingang an und fragte, zu wem wir wollten. Ich nannte den Namen meines Cousins und die Nummer des Sektors. Olga gab ihm fünf Quetzales, woraufhin er versprach, Joel unverzüglich rufen zu gehen. Solange sollten wir im Besucherraum warten. Dieser glich mit seinen verstauben Luken, die kaum Tageslicht hereinließen, eher einem Bunker. Dicke Pfeiler versperrten überall die Sicht, und Mobiliar gab es keines. Die Leute standen herum oder saßen auf dem kalten, nackten Betonboden. Manche unterhielten sich, andere lagen sich in den Armen. Wir suchten uns ein freies Plätzchen. Kaum hatten wir eins gefunden, wurden wir auch schon belästigt. »Kauft mir doch einen von diesen hier ab!« Aus einem mächtigen Schädel glotzten zwei in tiefen Höhlen liegende Augen auf uns herunter. Der Typ trug ein kurzärmliges Hemd und hatte zwei kräftige, mit Tattoos bedeckte Unterarme. In seiner riesigen Hand hielt er fast ein wenig zärtlich einen Teddybär. Weitere Bären in verschiedenen Größen und Farben, die er angeblich selber angefertigt hatte, führte er in einer Tasche mit sich. Fünfzehn Quetzales sollten die kleinsten kosten. Olga nahm den Teddy an sich. »Der ist ja wirklich niedlich«, lobte sie, »aber nein danke, leider haben wir nicht genug Kohle dabei.« Der Mann ließ sich nicht abwimmeln. »Ach, seid doch nicht so fies, Leute! Mich kommt niemand besuchen. Mit dem wenigen, das ich hiermit verdiene, überlebe ich in dieser Scheiße hier!«

Erlöst wurden wir von Joel, der seinen Knastbruder wegscheuchte und sich zu uns setzte. Die Freude, mich zu sehen, war ihm anzusehen. Wo Antony sei, wollte er sogleich wissen. Für mich sei es zu umständlich gewesen, den Jungen mit hierher zu bringen, erklärte ich ihm, aber vielleicht klappe es beim nächsten Mal. Komischerweise war der Eintritt Minderjähriger in ein Erwachsenengefängnis gestattet. Aufmerksam musterte ich meinen Cousin, der sich in den Monaten seiner Gefangenschaft ein beachtliches Fettpolster angefuttert hatte. Sein früheres spitzbübisches Dauerlächeln war fast verschwunden. Er lebe nicht im gleichen Sektor wie Pelón und die anderen Mitglieder der Mara Salvatrucha, erzählte er uns. Diese hätten ihren eigenen, abgeschlossenen Sektor. Seine Mutter Anita habe die Gefängnisverwaltung bestechen müssen, sonst hätten sie ihn auch dazu gesperrt. Sein Sektor beherberge nur »normale« Häftlinge, Betrüger und sonstige Kleinkriminelle, aber auch Vergewaltiger und Mörder. Bisher habe er mehr oder weniger seine Ruhe gehabt. Leider müsse für jede Kleinigkeit geblecht werden, das sei zum Kotzen. So habe jeder, der auf einer der 45 Zentimeter breiten Zementpritschen schlafen wolle, dem Vorsteher des Sektors wöchentlich eine bestimmte Summe abzuliefern. Und wer zusätzlich eine Strohmatte wünsche, der müsse noch etwas drauflegen. Auch von der Talacha, dem Säubern der WC-Anlagen und dem

Aufwischen des Fußbodens, müsse man sich freikaufen. »Nur ein Wunder, dass nicht auch noch das Kacken etwas kostet«, ulkte er. Und gestern Abend, erzählte er weiter, da hätten sie einen Neuen gebracht, jemanden, der in einen Autounfall verwickelt gewesen war. Da ihm die Bullen bei seiner Verhaftung das ganze Geld abgenommen hätten, habe er die Nacht auf dem nackten Boden verbringen müssen. Dabei seien dem armen Schwein auch noch die Schuhe geklaut worden. Aber so funktioniere das hier nun einmal. Die von der Salvatrucha hätten es da viel besser; niemand würde es wagen, sich mit denen anzulegen. Ja selbst die Wärter hätten Schiss. In ihrem Sektor lebten die Mareros nach eigenen Gesetzen und Regeln. Sogar Radios, Fernsehgeräte und Kühlschränke hätten sie dort. Und auch den Drogenhandel hier drinnen würden sie kontrollieren. »Aber verdammt, mit denen will ich nichts mehr zu tun haben!«, wurde Joel emotional. »Ich hoffe nur, dass ich bald wieder aus diesem Dreck rauskomme. Mir kann die Staatsanwaltschaft doch nichts anhängen!« Verzagtheit sprach aus seinen Augen. Ob er schon wisse, wann sein Prozess beginne, fragte Olga. Nein, sagte er, das könne noch Monate dauern, aber er bete zu Gott, es möge möglichst bald sein. »Es wird schon alles wieder gut werden, du musst nur ganz fest daran glauben«, machte ich ihm Mut. Nach zwei Stunden war ich heilfroh, diesen grauenvollen Ort wieder hinter mir lassen zu können.

Das Gerichtsverfahren gegen Tino wurde ungewöhnlich rasch anberaumt. Es war ein verregneter Septembermorgen mit bleifarbenen Wolken, welche die Bergkämme östlich von Palencia besetzt hielten. Der Bus, mit dem Mutter und ich in die Hauptstadt fuhren, war wie immer randvoll. Die Jugendstrafgerichtskammer befand sich im modernen südlichen Geschäftsviertel, in einem mehrstöckigen Gebäude mit Fahrstuhl. Doña Dolores und ihre drei Töchter saßen schon in dem kleinen Verhandlungssaal. Sie und Mutter tauschten ein kühles »Guten Morgen« aus, dann setzten wir uns in die Sitzreihe gleich hinter ihnen. Der Saal war nicht einmal zur Hälfte gefüllt. Eine Richterin und ihre Beisitzer nahmen hinter einem langen Richterpult Platz. Tino wurde von zwei Polizisten hereingeführt und setzte sich auf einen Plastikstuhl. Er trug keine Handschellen. Richtig elegant sah er aus in seinem schilfgrünen Hemd, den nicht allzu weiten, dunkelblauen Hosen und den glänzend schwarzen Schuhen. Fast hätte man ihn für einen Kandidaten bei einem Vorstellungsgespräch halten können. Die Prozedur startete mit dem langatmigen Verlesen der Anklageschrift. Wir hatten Anthony mitgenommen, damit er seinen Vater auch wieder einmal sah. Der Kleine war weinerlich – ihm kam das alles nicht ganz geheuer vor. Beruhigend redete ich auf ihn ein. Tino blickte dann und wann zu uns herüber. Kaum hatte die Verhandlung begonnen, wurde sie auch schon wieder unterbrochen. Mittagspause. Für uns ergab sich dadurch die Möglichkeit, kurz mit Tino zu sprechen. Meine Mutter konnte es nicht unterlassen, sofort mit erhobenem Zeigefinger auf ihn einzureden. Sie hoffe, sagte sie, dass dies eine Lehre für ihn sei. Vielleicht könne er ja doch noch etwas Anständiges aus seinem verpfuschten Leben machen. Auch Doña Dolores redete tränenreich mit ihrem Sohn und beschwor ihn, doch endlich einzusehen, dass er sich ändern müsse. Von der Familie des Opfers war niemand anwesend. Zumindest niemand, den ich gekannt hätte.

Ein älterer Herr, der etwas abseits von uns gesessen hatte, stand auf und wankte auf uns zu. Er war beschwipst. »Sie müssen wissen…«, sagte er zu Evangelica und setzte sich neben sie, »ich habe nichts gegen Ihren Bruder… ja ganz ehrlich… mir geht es nur um Pelón… diesem Hurensohn werd ich es heimzahlen!« Noch begriff ich nicht, worauf er hinaus wollte, da wurde er deutlicher: »Geben Sie mir etwas Kohle…«, lallte er, »dann bin ich weg… und keiner bekommt Probleme. Ich will mir nur noch einen Liter Bier kaufen… nur noch einen.« Dies musste ein Zeuge der Anklage sein! Evangelica zog eine bunte Stoffbörse unter ihrem Büstenhalter hervor und legte dem Mann diskret einen 20-Quetzales-Schein neben die Beine. Ruckzuck nahm er diesen an sich. Doña Dolores gab noch einen Zwanziger dazu, nicht aber ohne klarzustellen, sie gebe ihm dieses Geld nicht, um ihn von der Aussage abzuhalten, sondern weil er ihr leid täte. Die vierzig Quetzales würden etwa für fünf Liter Bier ausreichen. Vor dem Gebäude besorgten wir uns noch rasch einige Hot-Dogs, bevor die Verhandlung weiterging.

Der Staatsanwalt rief seinen ersten Zeugen auf. Sich eine Tageszeitung vors Gesicht haltend, betrat dieser den Saal. Auf alle Fragen kamen nur vage, so gut wie inhaltlose Antworten. Ja, er habe die Schüsse gehört und er habe auch gesehen, wie Personen das Weite gesucht hätten. Aber da es schon dunkel gewesen sei, habe er niemanden erkennen können. Angst schwang mit in seiner Stimme. Dem Staatsanwalt war die zunehmende Frustration anzumerken. Gut möglich, dass dieser Zeuge bedroht worden war. Doch selbst wenn dem nicht so war, musste ihm klar gewesen sein, welches Risiko er auf sich nahm, wenn er gegen ein Mitglied der Mara Salvatrucha aussagte.

Unter der Dramatik dieser Eindrücke war mir entgangen, dass Mutter ihr Augenmerk auf etwas ganz anderes gerichtet hatte. Das heißt, bis zu jenem Moment, als sie mich sanft in den Arm zwickte und mir zuflüsterte: »Der Mann dort an dem kleinen Schreibtisch, der sieht doch ganz nett aus, meinst du nicht auch?« Sie deutete auf den Gerichtsschreiber, der alles auf einer

Schreibmaschine protokollierte. Ein vielleicht fünfundvierzig Jahre alter Herr von kleiner Statur, mit einem Schnauzbart, leicht ergrauten Haaren und einer kahlen Stirn. »Wenn er dich interessiert, dann geh doch nachher zu ihm und rede mit ihm«, wisperte ich ihr ins Ohr, sobald sich meine Verblüffung etwas gelegt hatte. »Ja meinst du?«, fragte sie schelmisch. »Na gut, ich werd mir etwas einfallen lassen.« Kaum hatte die Richterin die Sitzung auf den folgenden Morgen vertagt, ging Mutter auf den Gerichtssekretär zu, der gerade in einem Haufen Papiere herumwühlte. Was sie redeten, konnte ich nicht hören, aber beide lächelten vielsagend, und am Ende der kurzen Unterhaltung wanderte ein Zettelchen übers Pult. Im Bus zurück nach Palencia holte sie dieses hervor und sah es sich schmunzelnd an. In einer geschwungenen Handschrift waren eine Telefonnummer sowie der Name »Miguel Angel« darauf geschrieben. »Don Miguel Angel kann uns vielleicht mit Tino helfen«, sagte sie fast rechtfertigend, »denn er kennt sich in Gerichtssachen ja gut aus.«

Am nächsten Tag präsentierte der Pflichtverteidiger die entlastenden Beweismittel. Wichtig war vor allem eine Bescheinigung jenes Arztes, der Tino wegen seiner akuten Lungenentzündung behandelt hatte. Zu guter Letzt trug der Pflichtverteidiger ein gutes Schlussplädoyer vor, in dem er auf das Fehlen konkreter Beweise gegen den Beschuldigten hinwies. Nun hieß es nur noch abwarten bis zur Urteilsverkündung. Mutter und Don Miguel Angel telefonierten nun täglich miteinander. Bahnte sich da etwas an? Er machte uns Hoffnung, was den Ausgang des Prozesses anbelangte.

Anfang November hatte das Bangen endlich ein Ende. Der entscheidende Satz aus dem Mund der Richterin war die Erlösung. Wegen mangelnder Beweise wurde Tino freigesprochen. Doch in meine Freude mischten sich zwiespältige Gefühle. Was kam jetzt auf mich zu? Würde alles dort weitergehen, wo es mit seiner Festnahme aufgehört hatte? Oder würde er mit Gottes Hilfe die Kraft aufbringen, sein Leben umzukrempeln und ihm eine bessere Richtung zu geben? Während seines Gefängnisaufenthaltes hatten die Behörden auf dem Gelände seiner Mutter eine weitere Razzia durchgeführt. Dabei waren sie in dem Zimmer, das Sleepy und Smokey als Schlupfwinkel diente, auf Waffen und Drogen gestoßen. Die beiden Mareros hatten sie zwar nicht dingfest machen können, aber wenig hatte gefehlt, und Doña Dolores selber wäre hinter Gittern gelandet. Als Folge davon hatte sie ihre »Untermieter« gebeten, sich eine andere Bleibe zu suchen.

In den frei gewordenen Raum durften nun wir einziehen. Es war etwas geräumiger als bei Olga und Rosa. Während seiner ersten Tage in Freiheit erlebte ich Tino ruhig und besinnlich. Es dauerte aber nicht lange, bis seine

Clique wieder ganz oben auf seiner Prioritätenliste stand. Die Verhaftungen nach Leñazos Ermordung hatten diese ziemlich auseinandergerissen. Pelón und andere saßen im Gefängnis, Smokey ließ sich nur noch selten blicken und ging in der Hauptstadt seinen Geschäften nach. Neben Sleepy und Piolin war es nun Gato, der eine immer wichtigere Rolle spielte. Und auch wenn keiner der Mareros mehr direkt bei uns auf dem Gelände hauste, so gingen sie doch wie bisher bei uns ein und aus. Wie immer gab ich mich hilfsbereit und loyal, bemühte mich aber, eine gesunde Distanz zu wahren, was nicht einfach, ja manchmal unmöglich war. Und wie befürchtet, verlor ich wieder meine persönlichen Freiheiten. Zu meiner Familie im Rincón de la Piedra durfte ich nicht mehr gehen. Erinnerte ich Tino behutsam an sein Versprechen auf Läuterung, wurde er ausfällig oder suchte nach Ausflüchten. »Verdammt, so einfach ist das nicht, meine Homies sind alles, was ich habe! Kapierst du das denn nicht?« Ohnmächtig musste ich miterleben, wie wir uns erneut auf den Abgrund zubewegten. Wieder wurde sein Handeln von dunklen Mächten geleitet, wie auch die frischen, blau-grünlichen Male auf meinen Extremitäten bewiesen. Die Anstrengungen, ein guter Christ zu werden, hatte er wieder aufgegeben, die Bibel rührte er nicht mehr an, er hatte den Absprung nicht geschafft. Hatte er es denn überhaupt ernsthaft versucht? Der Gedanke daran, dass alles noch einmal von vorne anfing, machte mich krank. Doch die Angst lähmte mich und verschloss wieder meine Lippen.

Zur Clique gehörten auch viele Halbwüchsige. Manche waren noch richtige Kinder, nicht älter als elf oder zwölf Jahre. Sie waren Novizen des Verbrechens, die von den Älteren lernten und kleinere Aufträge für diese ausführten – wie etwa das Kassieren von Schutzgeldern. Der Übergang vom verwahrlosten Knaben zum richtigen Marero war fließend. Einen richtigen Beruf zu erlernen, Ingenieur, Mechaniker oder auch nur Bäcker zu werden, hatte für sie nie ein realistisches Lebensziel dargestellt. Ihre Vorbilder hießen Smiley oder Lee-Vice. Zu einem netten Fünfzehnjährigen entwickelte ich so etwas wie eine Freundschaft. Mit seinem lockigen Wuschelkopf hatte Makumba nicht das charakteristische Aussehen eines Bandenmitgliedes. Sein wohlgeformtes Gesicht wurde von großen schwarzen Augen beherrscht. Aus seiner hinteren Hosentasche ragte immer eine Steinschleuder, die einzige Waffe, die er bei sich trug. War Tino nicht zugegen, kam er vorbei, um mit mir zu reden. Mehr noch als Smokey war er gespalten, was sein Marero-Dasein anbetraf. Schusswaffen hasste er. »Scheiße, tausendmal zieh ich meine Zwille einer verfickten Pistole vor. Es könnte doch glatt sein, dass ich mich mit so einem Hurending selber umlege.« Manchmal unterbreitete er mir ziemlich ausgefallene Tauschgeschäfte: »Wie viel würdest du mir für ein Huhn geben?« »Och, höchstens fünf Quetzales, mehr hab ich gar nicht.« Er signalisierte mir, ihm zu folgen. »Siehst du das Huhn da drüben?«, fragte er. Gute zwanzig Meter von uns entfernt, auf dem Weg, pickte dieses arglos im Staub herum. »Willst du sehen, wie ich ihm von hier aus voll eins auf die Birne gebe?« Zweifelnd verzog ich meinen Mund. »Probieren kannst du's ja.« Konzentriert spannte er seine Schleuder. Es folgten ein kurzes Zischen und dann ein gackernder Hühnerschrei. Zuckend lag das Tier da, über ihm segelten feine Federchen durch die Luft. Es sollte nicht das letzte Huhn bleiben, welches auf diese Weise seinen Weg in meinen Kochtopf fand. Beschwerden der Nachbarn, denen die Hühner gehörten, erhielt ich aber nie. Mit vielen dieser Jungs musste man einfach Mitleid empfinden. An Makumbas Seite hielt sich oft der zwölfjährige Rompemuros auf, der »Wandbrecher«. Er und seine Familie wohnten in der Nähe meiner Großeltern. Konnte ich etwas zu essen entbehren, gab ich den beiden meist hungrigen Knaben gern etwas davon ab.

Nicht alle Mädchen und Frauen bei der Gang erfüllten, so wie ich, die Funktion einer unterwürfigen Braut. Es gab mehrere, die aktiv als Mareras mitmischten, wie zum Beispiel Smily. Ihr Gebaren und selbst ihre Kleidung waren vollkommen maskulin. Mich behandelte sie immer mit einer gewissen Überheblichkeit. Offenbar war ich nicht auf ihrem Niveau. Etwas femininer und zugänglicher gaben sich La Araña, »die Spinne«, sowie La China, »die Chinesin«. Letztere war die Schwester des inhaftierten Pelón. Für die Clique waren diese Mädchen von unzweifelhaftem Nutzen, da sie unauffälliger eingesetzt werden konnten, etwa bei der Beschattung möglicher Opfer. Auch wurden sie seltener von der Polizei angehalten. Ich hörte sogar von einer Frau, die das Kommando einer Bande übernommen hatte. Immerhin, in dieser Hinsicht nötigte mich Tino nicht. Er zwang mich nie, aktiv mitzumachen, ganz im Gegenteil. »Das ist nichts für dich«, schärfte er mir ein, »sowas darfst du nie tun, hörst du?«

Bald trug ich ein bedrückendes Geheimnis mit mir herum: mein zweites Kind. Obwohl wir nie Verhütungsmittel benutzten, hatte er mir schon oft genug klar gemacht, keine weiteren Kinder zu wollen. Ich ging schon auf den sechsten Monat zu, doch meinem Bauch war noch nichts anzusehen. Vielleicht lag dies auch daran, dass ich mir in den letzten Monaten etwas Kummerspeck angegessen hatte. Lange zermarterte ich mir den Kopf darüber, wie ich es Tino möglichst schonend beibringen konnte. Aus Angst schob ich es immer wieder auf, bis er mir letztlich selber das geeignete Stichwort lieferte.

Ich hatte Caldo de Pollo, eine Hühnersuppe, gekocht und nagte an einem fleischigen Knochen herum, als er schnippisch sagte: »Verdammt, du solltest nicht so viel in dich hineinschaufeln, sonst wirst du noch dicker! Oder bist du etwa schwanger?« Jetzt oder nie! Also gab ich ein verschüchtertes »Ja« von mir. »Was, du verarschst mich, oder?«, fragte er aufgestachelt. Ich ließ den Knochen zurück in den Teller fallen. »Nein, Schatz, wirklich, ich wollte es dir schon lange sagen.« Einem Tiger gleich fiel er über mich her, zerrte mich zu Boden und setzte sich direkt auf meinen Bauch. »Du idiotische Hure!«, tobte er. »Fuck, nicht schon wieder! Du weißt doch genau, dass ich dich nicht nochmal mit so nem dicken Ranzen sehen will!« Er lehnte sich nach vorne, seine Hände umfassten meine Handgelenke wie Eisenklammern, wobei er mir die Arme fest nach hinten drückte. Aus dieser Position stemmte er sein Gesäß einige Zentimeter in die Höhe, dann ließ er sich mit seinem vollen Gewicht direkt auf meinen Bauch fallen. »Ich werd rausholen, was du da drinnen hast, das muss jetzt raus!«, grölte er. Sein starrer Blick hatte etwas von einem Wahnsinnigen. Und schon wieder ließ er sich auf mich fallen. Ich hatte das schreckliche Gefühl, gleich platzen zu müssen. Ich schrie in Panik und schnappte nach Luft. Meine Gedanken waren bei diesem unschuldigen Lebewesen in meinem Bauch. Daher setzte ich all meine Kräfte ein, um es zu beschützen, indem ich mich zur Seite drehte und versuchte, mich zu befreien. Es war das erste Mal, dass ich mich Tino aktiv widersetzte, und umso erbarmungsloser prügelte er auf mich ein. Dann hatte er plötzlich genug, stand auf und ging. Wie durch ein Wunder überlebte mein Ungeborenes den Mordversuch seines eigenen Vaters unbeschadet. In der Folge war ich fest entschlossen, mich von ihm zu trennen. Doch mit seiner üblichen Kombination aus Abbitte und Einschüchterung machte er mich wieder gefügig.

Von seinen Beutezügen brachte Tino oft neue Handys mit. Die teuersten Modelle verhökerte er gleich wieder, die billigeren lagen monatelang bei uns herum. Ich konnte ihn überzeugen, mir ein einfaches, schwarzes Motorola zu überlassen, dessen Chip-Karte noch aktiviert war. Meine Mutter konnte mich nun jederzeit anrufen. Wie zu erwarten, reagierte auch sie äußerst erbost auf meine erneute Schwangerschaft. Beba und ich spendeten uns gegenseitig etwas Trost. Etwas Linderung brachten mir auch die christlichen Ratschläge von Clara. Sie verurteilte mich nicht. Jedes Kind sei ein Geschenk Gottes, betonte sie. Gott sei der Einzige, der immer für mich da sei. Ihm sei es einerlei, wie und weswegen ich mich versündigt habe, ob ich schön, hässlich, schwarz, weiß, reich oder arm sei. Für ihn zählten nur meine ehrliche Reue sowie die Liebe und der Glaube in meinem Herzen. Sei dieser stark genug, dann könne selbst der Teufel nichts dagegen ausrichten. Ich müsse nur so fest es ging daran glauben. So wie Clara mir dies darstellte, hatte ich es noch nie betrachtet, obschon ich die gleiche evangelische Schule besucht hatte wie sie. Ihre Meinung zu Tino war eindeutig: »Ich möchte dich ja nicht beleidigen oder verärgern, Sandra. Aber wie konntest du dich nur in jemanden wie ihn verlieben?« Sie legte mir nahe, auf Jesus zu hören, der würde schon wissen, was am besten für mich sei.

Eines Nachmittags quietschte im Nebenraum die Eingangstür, es folgten dumpfe Laute. Es war Tino, der mit Kopf und Fäusten gegen die Wand schlug. »Spinnst du?«, rief ich erschrocken. Er drehte sich um – über der linken Augenbraue klaffte eine blutende Wunde, die er sich selbst zugefügt hatte. »Sie haben Smokey gekillt«, röchelte er leise weinend. Noch nie hatte ich ihn so gesehen. »Was? Aber wie …?« »Es war gestern … in Guate«, sprach er stockend, die Hände immer noch zu Fäusten geballt. »Das waren diese Scheißkerle von der Achtzehn, da bin ich absolut sicher! Fuck, diese Hurensöhne werden dafür bezahlen, das schwöre ich!« »Das macht Smokey doch auch nicht wieder lebendig, denk lieber an uns«, hielt ich dagegen. »Auch dich kann es jeden Tag treffen, Schatz. Glaubst du etwa, ich hätte keinen Schiss um dich, jedes Mal wenn du weggehst?« »Ach, halt doch deine Klappe!«

Tod und Gewalt waren bisher ein normaler Bestandteil seiner Welt gewesen, doch das brutale Ende seines engsten Freundes traf Tino unvermittelt hart. Auch ich war geschockt. Ich erinnerte mich an die Gespräche, die ich mit Smokey geführt hatte. Wie oft hatte ich ihm nahegelegt, seine »Marero-Karriere« zu überdenken, sie zu beenden, bevor es zu spät war. Und nun war es zu spät. An den folgenden Tagen hörte ich, wie Tino im leisen Zwiegespräch mit sich selber sein Leben als Marero in Frage stellte. Er hinterfragte nun Dinge, die für ihn noch bis vor kurzem heilig gewesen waren. Nur vor seinen Homies spielte er wie gehabt den unbeirrten Marero.

An einem Samstagabend erreichte seine Beunruhigung eine neue Stufe. Nervös rauchte er einen Joint nach dem anderen. »Du, ich muss nochmal kurz weg, auch wenn ich keinen Bock hab, aber es geht nicht anders«, sagte er und ging. Kurz nach Mitternacht, ich döste schon, ging das Licht an. Schwer atmend und schlotternd setzte er sich neben mir aufs Bett. »Was ist los?«, fragte ich. »Fuck, Piolin wollte mich zwingen, so nen Scheiß zu machen«, sagte er gequält. »Ich hatte es ja geahnt, darum wollte ich auch nicht gehen.« Er zog sein Hemd aus, legte sich hin und drehte mir den Rücken zu. Ich schlang meinen Arm um seinen Oberkörper. Noch eine Weile lang konnte ich hören, wie er leise nuschelnd mit sich selber haderte: »Scheiße… hatte ich es doch gerochen… fuck.«

Im Verlauf des Morgens wurde einiges klarer. Etwas außerhalb Palencias hatten Fußgänger die Leiche eines jungen Mannes gefunden. Man hatte ihn erschossen. Die Vorstellung, Tino könne an diesem Mord beteiligt gewesen sein, ließ mich erschaudern. Erst als Evangelica kam, wurde er gesprächiger. »Piolin wollte, dass ich diesen Typen kalt mache, aber ich hab mich geweigert. Verflucht, ich will doch nicht schon wieder in den Knast! Und für mich ist es noch viel zu früh zum Sterben – ich will leben!« Ein Damm war gebrochen. Tinos Maske des Unerschütterlichen zerbröckelte immer mehr, und mit ihr diese ruhige Selbstverständlichkeit, mit der er bislang seinen kriminellen Machenschaften gefrönt hatte. Bange Wochen vergingen, in denen ich ständig damit rechnete, die Polizei könne auftauchen und ihn wieder abführen.

Am Mittag des 30. Oktober 2001, fast ein Jahr nach seiner Entlassung aus dem Gefängnis, rumorte es bedenklich in meinem Unterleib. Nur widerwillig ließ Tino mich zu meiner Mutter gehen. Es war höchste Zeit, denn die Wehen hatten bereits eingesetzt. In einem Taxi brachte sie mich zum staatlichen Gesundheitszentrum in Santa Elena, einem nördlichen Vorort der Hauptstadt. Die Geburt war weitaus weniger dramatisch als meine erste. Eine Schwester legte mir ein rötliches Würmchen in die Arme, und ich war einfach nur überglücklich, eine gesunde Tochter zu haben. Ihr Vater erschien erst am folgenden Tag, um uns abzuholen. Er hob sie hoch und sagte: »Jacqueline soll sie heißen.« Mutter und Erika, die dabeistanden, warfen sich bedeutungsvolle Blicke zu. Ein Wagen, den Tino organisiert hatte, brachte uns zurück nach Palencia. Wir Frauen saßen hinten, Tino vorne beim Fahrer. Ich hatte ein weißes Tuch um meinen Kopf gewickelt. Mutter legte mir nahe, einige Tage bei ihr zu verbringen, um mich zu erholen. Dies würde mir gut tun, glaubte sie, da sich im Ojo de Agua niemand richtig um mich kümmern würde. Der Seitenhieb auf Tino und seine Familie war unüberhörbar, doch sie sprach mir aus dem Herzen. »Och, Mama«, sagte ich kleinmütig, »ich weiß nicht, ob Tino mir das gestattet.« Ohne sich umzuschauen, erwiderte dieser: »Fuck you, mach doch, was du willst.« Ich fasste dies als Einwilligung auf. Und so konnte ich mit meinem Neugeborenen und Anthony zehn erholsame Tage im Rincón de la Piedra verleben.

Bei meiner Rückkehr fand ich Tino reichlich verstört vor. Erneut hatte er angefangen, in der Bibel zu schmökern und sich evangelische Radioprogramme anzuhören. Nur leise, damit seine Homies nichts davon mitbekamen. Sein Gemütszustand schwankte zwischen Zuversicht, Reue, Niedergeschlagenheit und Wut. Erstmals sprach er offen davon, seiner Clique den Rücken zu kehren. Ich bestärkte ihn in dieser Absicht, auch wenn mir klar war: Aus der MS 13 konnte man nicht einfach austreten wie aus einem Gesangsverein oder einem Schachclub. Das Marero-Dasein war ein Ticket ohne Rückreise. Oder, wie hatte sich doch Smokey ausgedrückt: Nur als Christ oder in einem Sarg konnte man die Bande verlassen. Aber es reichte nicht aus, einfach zu sagen: »Nun bin ich Christ, macht's gut, ich geh jetzt.« Nein, man musste dies auch glaubwürdig rüberbringen können. Und davon war Tino noch meilenweit entfernt. Er war sich ja nicht einmal selber sicher, was er wirklich wollte. Und durch seine Weigerung, den Mordbefehl auszuführen, hatte er sich zudem innerhalb der Bande in eine sehr heikle Position manövriert.

Die Wochen kamen und gingen, aber seinen Absichtserklärungen folgten keine Taten. Täglich zog er mit seinen Homies los – es war zum Verzweifeln. Um ihn unter Druck zu setzen, entschloss ich mich, vorläufig wieder zu meiner Mutter zu ziehen. Kaum hatte er bemerkt, dass ich erneut durchgebrannt war, rief er mich erbost an. Ich nahm meinen ganzen Mut zusammen und sagte: »Tino, du änderst dich ja nie! Du musst dich endlich entscheiden, so kann es nicht weitergehen!« »Glaub mir doch, Schatz, auch ich will raus aus diesem Scheiß«, sagte er, nachdem er sich etwas beruhigt hatte, »aber dazu ich muss die richtige Gelegenheit abwarten. Du kannst mich doch jetzt nicht alleine lassen, wo ich dich am meisten brauche!« Täglich telefonierten wir miteinander, und er gab immer die gleiche Mischung aus Versprechungen, Drängeleien und Drohungen von sich. Ich aber wollte zuerst einen Beweis für seine Veränderung und seinen Willen, wirklich als Marero auszusteigen, von ihm sehen. Erst nach zwei Wochen konnte er mich zur Rückkehr überreden, sehr zum Unmut meiner Mutter, die mich gedrängt hatte, doch auf Dauer bei ihr zu bleiben. Aber das hatte ich ja nie vorgehabt.

Ich war noch keine zwei Tage wieder im Ojo de Agua, da stürmte Mutter unangemeldet in unsere Behausung. Anthony rannte freudestrahlend zu seiner Oma, die ihn hochhob und ihm einen Kuss auf die Wange drückte. Schnell wurde klar, dass dies kein Freundschaftsbesuch war. »Dieser arme Junge wird von dem Scheusal da drüben misshandelt, ich weiß es genau«, behauptete meine Mutter entrüstet und zeigte auf Tino, der auf dem Bett lag und Rock-Musik hörte. »Wer hat dir denn so was gesagt?«, fragte ich erstaunt, sie aber ging nicht darauf ein. »Damit muss jetzt Schluss sein!«, tobte sie weiter. »Wenn du bei diesem Arschloch dahinvegetieren willst, dann ist das deine Sache, Sandra. Aber ich werde nicht zulassen, dass auch Anthony unter deiner Verantwortungslosigkeit leiden muss.« Es war ein ziemlich schwüler

Tag, daher hatte ich mir nur eine ärmellose Bluse übergezogen. Hilfesuchend blickte ich nach hinten zu Tino. Ein lauter Aufschrei ertönte: »Ah! Hab ich es doch immer schon geahnt, du bist also auch eine von denen! Meine Tochter ist eine Marera, oh, was für eine Schmach!« Sie hatte das Tattoo auf meinem Schulterblatt entdeckt. Es sei doch nur eine harmlose Rose, wollte ich ihr erklären, sie aber bellte: »Der Junge bleibt mir keine Minute länger hier, der kommt mit mir!« Mit Anthony auf dem Arm hastete sie davon. Tino zeigte keine Reaktion, ich aber spurtete sofort hinterher. »Mama, Mama, bitte gib mir meinen Sohn, bitte!« Sie ignorierte mich und marschierte mit langen Schritten vorwärts. Als ich ihr den Kleinen entreißen wollte, landete ihr Ellbogen an meinem Kinn. Ich drohte ihr damit, zur Polizei zu gehen. Beim Park angelangt, blieb sie endlich stehen. »Na gut, wenn du willst, dann gehen wir eben zu den Bullen!«, sagte sie gereizt. »Wir werden schon sehen, wem sie recht geben!«

Vom Polizeiposten schickten sie uns direkt zum Friedensrichter. Vor diesem bekräftigte Mutter ihren Vorwurf, ich sei eine Marera, und sie mache sich große Sorgen um das Wohlergehen ihres Enkelkindes, welches von seinem kriminellen Vater drangsaliert werde. Obwohl sie in diesem letzten Punkt recht hatte, stritt ich alles ab und verteidigte Tino. Der Richter befahl ihr, mir meinen Sohn unverzüglich auszuhändigen. Doch er räumte ihr auch einen Termin für den nächsten Tag ein, um ihre Anschuldigungen konkretisieren zu können. Wütend und grußlos ging ich. Wie hatte sie es nur wagen können, mir meinen Sohn wegnehmen zu wollen! Es sollten Wochen vergehen, bevor ich wieder ein Wort mit ihr wechselte.

Tage darauf kam Tino spät abends nach Hause, zog das Hemd aus und legte sich stöhnend bäuchlings aufs Bett. Sein gesamter Rücken war mit rötlichen Schürfwunden übersät, ich konnte sogar den kompletten Sohlenabdruck eines Schuhs darauf erkennen. »Meine Homies machen es mir verdammt schwer«, ächzte er – mehr sagte er nicht. Endlich hatte er den Mut aufgebracht, ihnen zu sagen, dass er nicht mehr mitmachen wollte. Als Antwort und Vorwarnung hatten sie ihn erbarmungslos verprügelt. Nun musste er sich endgültig entscheiden.

»Wir müssen weg von hier, Schatz, sonst werden sie dir noch was antun!«, bestürmte ich ihn während der folgenden Tage. Er war unschlüssig. Vordergründig gaben sich seine Kumpels zwar wie immer, bei einigen von ihnen spürte ich aber einen beunruhigenden Argwohn uns gegenüber, vor allem bei Piolin, der der neue Boss der Clique war. Selbst Doña Dolores und ihre Töchter erkannten den Ernst der Lage und rieten uns zur Flucht.

2002 – 2003
VERSUCH EINES NEUANFANGS

Geschirr, Besteck, Pfannen, Kleider und andere handliche Gegenstände verstauten wir zuerst in Kartons, größere kamen direkt auf den kleinen Lastwagen, den wir gemietet hatten. Einen großen Abschied gab es nicht, die Reise ging nicht weit. Schwer beladen rumpelte der Wagen über den Feldweg in Richtung Los Tecomates, ein Dorf, das nur wenige Kilometer südlich von Palencia liegt. Hier lebte Tinos Schwester Evangelica mit ihrem Ehemann Enrique und ihrer Kinderschar. Sie würden uns vorübergehend ein Dach über dem Kopf gewähren. Unser neuer Wohnort war eine lose Anhäufung armseliger Hütten inmitten einer wuchernden Pflanzenwelt. Die Hütte, in die wir nun einzogen, hatte Wände aus Brettern, die auf der Außenseite zur besseren Isolation mit Lepa – einer Baumrindenart – beschichtet waren. Das Innere war in drei türlose Räume unterteilt. Das separate Plumpsklo stank fürchterlich und wurde von Schwärmen lästiger Fliegen und Mücken belagert. Doch die Hauptsache war, dass wir endlich die Angst los waren, die uns die letzten Wochen und Monate verfolgt hatte. Als Teil des Neubeginns fuhr Tino nun täglich mit seiner Mutter auf den Markt. Für ihn bedeutete dies, mitten in der Nacht aufzustehen, um mit Evangelica die zweistündige Fahrt nach Guatemala-Stadt anzutreten. Ich blieb zurück und passte, neben den meinen, auch auf Evangelicas vier Kinder auf, darunter die neunjährige Cindy, die mir bei den Hausarbeiten zur Hand ging. Die anderen drei waren Knaben. Der jüngste von ihnen, Jonathan, war gerade mal fünf Jahre alt. Bei diesen Rabauken herrschte immer Hochbetrieb: Mal stritten sie sich, mal tollten sie wild herum, und ständig wollten sie etwas zu essen haben. In der Hütte war es viel zu eng für diese Rasselbande, daher schickte ich sie meistens hinaus, damit sie sich dort austoben konnten und wir etwas Ruhe hatten. Kamen die Erwachsenen abends geschafft nach Hause, hielt ich ihnen ihr Abendessen bereit. Tinos Gemütslage in diesen ersten Wochen war nur schwer einzuschätzen. Sie bewegte sich zwischen Zerrissenheit, Apathie, Bedrücktheit und Gereiztheit. Seine Annäherungsversuche an den christlichen Gott hatte er schon wieder auf Eis gelegt. Er kam mir vor wie ein Fisch, den man aus dem Wasser gezogen hatte und der nun um Sauerstoff ringend auf dem Trockenen lag. Fragte ich ihn, ob er denn nicht froh sei, ob es nicht das sei, was er gewollt habe, reagierte er aufbrausend und ausweichend. Vermisste er seine Homies oder die harten Drogen? Oder gar beides? Bier, Schnaps und Marihuana genehmigte er sich ja weiterhin. Der einzige Lichtblick war, dass er mich bisher noch kein einziges Mal geschlagen hatte.

Normalerweise kehrte er immer mit seiner Schwester von der Arbeit heim. Nicht so an jenem Abend. Er habe ein paar Freunde getroffen und komme etwas später, richtete mir Evangelica aus. Wir aßen mit den Kindern und ihrem Mann Enrique und sahen dann fern. Endlich traf auch Tino ein. Er müsse mit mir reden, draußen, sagte er deutlich angetrunken. Ich solle nur gehen, sie passe solange auf meine Kleinen auf, meinte Evangelica. Mir war das Ganze nicht geheuer, dennoch folgte ich ihm hinaus in die pechschwarze Nacht. Wohin wir denn so spät noch gingen, fragte ich. Er blieb mir die Antwort schuldig. Endlich, mitten im Nichts, hielt er an. »Hurenverdammt noch mal, für wen zum Teufel hältst du dich eigentlich?«, begann er zu wüten. »Du verdammte Hure hast mich in diesen Scheiß reingeritten, du ganz alleine! Warum hab ich nur auf dich gehört?« Er bückte sich und hob einen dünnen Ast auf, von dem er mit einer flinken Handbewegung die kleinen Zweige abstreifte. Seine neue Waffe wie eine Peitsche schwingend, ging er auf mich los – mir blieb nur noch das Flehen. »Tino, Tino, was hab ich denn getan, ich bitte dich … beruhig dich doch!« Schon rauschte der erste Rutenhieb auf meinen nur mit einem dünnen Pullover bekleideten Oberkörper. »Am liebsten würd ich dich gleich hier um die Ecke bringen, du dumme Zicke!«, keifte er. Ich ließ mich fallen. Mit ausgestreckten Beinen hoffte ich, mich etwas besser schützen und verteidigen zu können. Doch blitzschnell schnappte er sich einen meiner Füße. Über Stock und Stein schleifte er mich hinter sich her. Entsetzt merkte ich, dass es direkt auf eine nahe Schlucht zuging. Er wollte mich dort hinunterwerfen, mich töten! Ich gab die grellsten Schreie von mir, zu denen ich fähig war, und mobilisierte meine letzten Kraftreserven. Verzweifelt krallte ich mich an allerlei Astwerk fest, er aber schleifte mich immer weiter. Ich riss mir meine Fingernägel auf. Meine Kräfte schwanden, die Fingerkuppen bluteten. Einem Schutzengel gleich fiel ein Schatten von hinten auf Tino. Es war Enrique. Während dieser kräftige Bauarbeiter Tino in Schach hielt, brachte mich Evangelica zurück zur Hütte. Als wir alle wieder dort waren, lasen meine Retter Tino gewaltig die Leviten und drohten ihm mit dem Rauswurf. Er kauerte mit dem Rücken zur Wand auf dem Boden und verbarg das Gesicht in seinen Armen. Als er zu uns aufschaute, wirkte er, als sei er soeben aus einem schlimmen Traum erwacht. Dann entschuldigte er sich, ja weinte sogar und ich mit ihm. Diese tief in ihm schlummernden Dämonen – würde er sie jemals loswerden?

Die Beziehung zu meiner Mutter normalisierte sich bald etwas, und wir telefonierten wieder miteinander. Bisher hatte ich ihr aber verschwiegen, wo genau wir wohnten, aus Angst, sie könne immer noch darauf erpicht sein, mich von meinen Kindern zu trennen. Nach drei Monaten in Los Tecomates hatte sich eine gewisse Routine eingestellt. Meine und Evangelicas Kinder hielten mich auf Trab. An einem ereignisarmen Nachmittag saßen Cindy und ich nach getaner Hausarbeit vor dem Fernseher und verfolgten gespannt eine weitere Folge der Telenovela »Yo soy Betty la fea«, »Ich bin Betty, die Hässliche«. Ungestümes Pochen an der Tür ließ uns aufschrecken. Wollten mir Cindys Brüder einen Streich spielen? Die Tür war nicht geschlossen, nur angelehnt. Ich öffnete und blickte in die grünlichen, raubtierartigen Augen von Gato. »Hallo, Alter, was geht ab, was machst du denn hier?«, gab ich mich so normal wie nur möglich. »Ich suche Deli, ist er da?«, fragte er. Gut konnte ich die Wölbung erkennen, die die Pistole unter seinem Hemd verursachte. »Da hast du Pech, Deli ist auf der Arbeit. Und leider kann ich dir nicht genau sagen, wann er wieder zurück ist«, gab ich ihm Auskunft. Er zögerte kurz und lugte über meine Schulter ins Innere. »Okay, aber sag diesem Wichser, Piolin will ihn dringend sehen. Bei seinem Abgang hat er sich ja nicht mal von uns verabschiedet, das war gar nicht cool.« Ich versprach ihm, Tino dies alles auszurichten. Dieser erbleichte, als ich ihn bei seiner Heimkehr am Abend über den unerfreulichen Besuch seines früheren Homies in Kenntnis setzte: »Scheiße, jemand muss uns verpfiffen haben«, fluchte er. »Wir müssen an einen anderen Ort, Sandra! Die werden mich nie in Ruhe lassen, ich weiß doch, wie sie sind!«

Evangelica wusste von einer Frau, die in einem nahe gelegenen Dorf Zimmer vermietete. Und wieder hieß es für uns, überstürzt ein Transportmittel aufzutreiben, alles einzupacken und weiterzuziehen. Das Dorf Paraiso lag noch etwas abgeschiedener und weiter entfernt von Palencia als Los Tecomates. Auch hier lebten die Leute überwiegend von der Landwirtschaft. Einige arbeiteten auch in der Hauptstadt. Nach längerem Herumfragen fanden wir besagte Hausbesitzerin. Misstrauisch, aber geschäftstüchtig listete sie uns die Mietkonditionen auf. Sie verlange Hundertdreißig Quetzales pro Monat, zuzüglich dreißig Quetzales für Strom und Wasser, alles zahlbar im Voraus. Und problematische Leute wolle sie nicht haben. Die tiefen Furchen auf ihrem braun gegerbten Gesicht bewegten sich beim Sprechen wie Wellen im Meer. Der Raum, den sie zu vermieten hatte, lag in einer Baracke, nur wenige Meter neben ihrer eigenen bescheidenen Unterkunft. Die Frau öffnete eine von zwei aus groben Brettern gezimmerte Türen. Über einem Boden aus festgetretener Erde und unter einem angerosteten Blechdach erhoben sich vier verschmutzte, ungetünchte Wände. Das Wasser könnten wir uns bei ihrem Haus drüben holen, erklärte sie uns. Besonders wohnlich war es wahrlich nicht, dafür aber billig. Wir konnten jetzt nicht anspruchsvoll sein. Mit farbigen Postern gestaltete ich den Raum so angenehm wie möglich. Hinter der anderen Tür lebte eine junge Frau, Sonia, mit ihrem Mann und einem Kind. Sie begrüßte uns überschwänglich. Mir war sie sofort unsympathisch.

Nun war ich Tino auf Gedeih und Verderb ausgeliefert. Hier gab es niemanden mehr, an den ich mich im Notfall hätte wenden können. Und er musste nun noch früher aufstehen, um rechtzeitig an seinem Arbeitsplatz zu sein. Meine Tage wurden von elender Eintönigkeit beherrscht. Ich vermisste Cindy, die fast zu einer zweiten kleinen Schwester für mich geworden war. Ohne meine Kinder und unseren Fernseher hätte ich mich in diesem Kaff zu Tode gelangweilt. Noch unzuverlässiger als in Los Tecomates war die Wasserversorgung hier. Tagelang kam oft kein einziger Tropfen aus dem Hahn. Mit einigen Frauen und Mädchen aus dem Dorf, darunter auch Sonia, stieg ich dann hinunter in eine Schlucht, durch die ein nahezu sauberes Bächlein floss. Bis zu den Knien im Wasser stehend, wuschen wir die Kleidungstücke auf flachen Felsbrocken. Zum Trocknen breiteten wir sie auf großen Steinen längs des Ufers aus. Bei einem Plauderstündchen konnten wir uns etwas erholen, während unsere Kinder halb nackt herumplanschten. Der anstrengendste Teil stand uns dann aber noch bevor. Nachdem wir die trockene Wäsche in unsere Häuser gebracht hatten, mussten wir noch Wasser zum Kochen, für den Kaffee oder zum Geschirrspülen besorgen. Auf unseren Köpfen balancierten wir die schweren Behälter den schmalen Pfad hinauf. Es war eine echte Schinderei. Doch es gab keine Alternative.

Dann erreichten uns endlich einmal gute Neuigkeiten. Auch der Prozess gegen die erwachsenen Beschuldigten im Mordfall Leñazo hatte nun stattgefunden, fast zwei Jahre nach der Tat. Das Verfahren gegen Joel war eingestellt worden, wie er mir beglückt am Telefon mitteilte. Er war wieder frei. Aber es gab auch schlechte Nachrichten, zumindest für Beba. Pelón und ein weiterer Mitangeklagter waren zu dreißig Jahren Haft verurteilt worden. Das Urteil war wohl gerecht, doch für Beba und ihre beiden Kinder war es eine Katastrophe. Ich rief sie umgehend an, um sie so gut wie möglich zu trösten. Und selbst Joels Freude über seine wiedererlangte Freiheit war nicht ganz ungetrübt. Im Gefängnis hatte er sich demonstrativ von den Mitgliedern der Mara Salvatrucha ferngehalten und sich dadurch bei diesen nicht gerade beliebt gemacht. Pelón hatte ihm zwar noch versichert, er werde draußen keine

Probleme mit seinen Homies bekommen, aber was war ein solches Versprechen schon wert? Ich riet meinem Cousin, äußerst achtsam zu sein. Bevor er den Anruf beendete, kündigte er seinen baldigen Besuch bei uns an. Er habe etwas Hübsches für Anthony gekauft, das er ihm bringen wolle.

Auch Mutter wollte unbedingt unser neues Domizil kennenlernen. Diesen Wunsch konnte ich ihr nur schlecht abschlagen. Sie, María-José und Salvador kamen mit dem einzigen Bus, der einmal pro Tag zwischen Palencia und Paraiso verkehrte. »Oh Gott, nun wohnst du aber wirklich am Arsch der Welt«, war Mutters erster Kommentar, nachdem sie ausgestiegen war. Sichtlich bestrebt, unsere labile Beziehung nicht gleich wieder zu belasten, vermied sie es, allzu heikle Themen, sprich Tino, anzuschneiden. Vielmehr redete sie gutgelaunt von Don Miguel Angel, der sie nun häufig besuchte und sogar bei ihr übernachtete. Da hatte sich also etwas Ernsthaftes entwickelt zwischen den beiden. Ich freute mich für sie. Erstmals erlebte ich sie wirklich glücklich. Hatte sie nun endlich den Mann ihres Lebens gefunden, nach so vielen Reinfällen? Als die Gäste wieder gegangen waren, machte ich Anthony gleich klar, er dürfe seinem Papa nicht verraten, dass seine Oma hier gewesen war.

Zu Beginn unserer Beziehung hatte Tino seine Hemden oft noch selber gebügelt. Nun aber rührte er im Haushalt keinen Finger mehr, selbst wenn er nicht arbeiten ging. Wollte er duschen, dann hörte sich das etwa so an: »Sandra, haben wir noch Wasser?« Dies fragte er selbstverständlich nur dann, wenn er genau wusste, dass alle Behälter leer waren. Für mich war dies das Signal, zur Hütte unserer Vermieterin hinüberzueilen und das notwendige Nass heranzuschaffen. Neben Bargeld gab ihm Doña Dolores für jeden Tag, den er ihr auf dem Markt aushalf, auch Lebensmittel mit. Aber immer öfter hatte er keine Lust zu arbeiten. Einmal versuchte ich ihn gegen vier Uhr in der Früh zu wecken, er aber gab nur ein Brummen von sich und döste weiter. Erst nach neun Uhr stand er auf, frühstückte Bohnen, Tortillas und etwas lauwarmen Kaffee. Er sprach davon, sich einen besseren Job suchen zu wollen. Aber welchen? Wer würde einem tätowierten Ex-Marero ohne Ausbildung eine Arbeit anbieten? Wählerisch durfte er nicht sein, wenn er etwas finden wollte. Etwas später kam Julio, mit dem er sich verabredet hatte. Sie wollten etwas erledigen gehen. Schon als ich diesen dunkelhäutigen, aus Honduras stammenden jungen Mann mit seinem krausen Haar vor einigen Wochen zum ersten Mal gesehen hatte, waren bei mir die Alarmglocken losgegangen. Denn er trug mehrere Tattoos auf den Armen. Wie ich wusste, waren auch in Honduras die Maras weit verbreitet. Scherzend und Marihuana rauchend zogen die beiden davon. Nach mehr als einer Stunde erhielt ich einen Anruf von Tino. »Sandra, ich hab da gerade was erfahren, es geht um Joel.« »Was, hast du ihn getroffen?«, fragte ich verwundert. »Nein, es ist was anderes«, sprach er ungewohnt zögerlich. »Was ist es denn, nun sag schon!« »Nun, ich hab gehört… dass sie ihn umgelegt haben, heute Morgen, vor weniger als zwei Stunden.« »Was?«, schrie ich ins Handy. »Das kann nicht sein! Wer denn?« »Also, du kannst dir schon denken, wer. Du, ich muss jetzt Schluss machen, wir sehen uns dann später.« Ich konnte es einfach nicht fassen. Joel tot? Ein Anruf von Mutter kurz darauf brachte die grausige Bestätigung. Als Tino heimkam, bat ich ihn eindringlich, an den Trauerfeiern für meinen Cousin teilnehmen zu dürfen. Er lehnte ab und sagte, wir sollten uns lieber um unsere eigenen Probleme kümmern. Ich weinte und flehte, er möge mich doch gehen lassen: »Bitte Tino, hast du denn gar kein Herz? Auch du hast Joel doch gut gekannt!« Schlussendlich lenkte er ein, wenn auch unter einigen Bedingungen. Ich durfte erst am nächsten Morgen gehen und musste noch vor dem Abend wieder zurück sein. Ebenso untersagte er mir ausdrücklich, auch nur einen einzigen Fuß auf das Gelände von Anita, Joels Mutter, zu setzen. Er hatte Angst davor, die Beileidsbekundung könnte uns von seinen ehemaligen Kumpels übelgenommen werden.

Die Umstände, unter denen ich meine Familie wiedersah, waren mehr als niederschmetternd. Joels älterer Bruder, Juan Luis, heulte wie ein kleines Kind, und seine Schwester Erika ebenso. Der tote Körper ihres Bruders befand sich immer noch in der Leichenhalle in Guatemala-Stadt. Tante Anita und Mutter hatten die gesamte Nacht dort ausgeharrt. Ein beschwerlicher Hürdenlauf durch die träge Bürokratie lag hinter ihnen. Erst am Mittag wurde der Leichnam nach Palencia überführt, ins Haus seiner Eltern, um dort vierundzwanzig Stunden lang aufgebahrt zu bleiben, wie es die Tradition verlangt. Aber dorthin durfte ich ja nicht gehen, und die Bestattung war erst für den kommenden Tag geplant. Mutter war erschöpft, aber dennoch voller wutschnaubender Entschlossenheit. Ich könne leider nicht bis morgen bleiben, gab ich ihr unter Tränen zu verstehen. »Es ist dieser schwarze Sohn einer Hure, der es dir nicht erlaubt, nicht wahr?«, sagte sie erbittert. Somit war es mir nicht einmal möglich, Joel die letzte Ehre zu erweisen.

Mutter hatte ihn sehr geliebt. Heimlich begann sie, ein Tagebuch zu führen, in das sie fein säuberlich alle Informationen eintrug, die ihr über dieses Verbrechen bekannt wurden. Sie hatte nicht vor, es ungesühnt zu lassen. Palencia fiel in die Zuständigkeit der Staatsanwaltschaft von Guatemala-Stadt, die monatlich Hunderte von Mordfällen zu bearbeiten hatte. Für die Behörden war Joel sicherlich nicht mehr als ein mutmaßliches Bandenmitglied, das im Streit mit seinen Kumpanen umgekommen war. Mutter war sich im Klaren darüber, dass seine Akte ohne unermüdliches Nachhaken ergebnislos archiviert werden würde, so wie bei fast allen anderen Fällen auch. Die Mörder hatten ihn bei der Senke vor dem Land unserer Großeltern in einen Hinterhalt gelockt. Anonyme Augenzeugen wollten Piolin, Gato, Ninja und noch andere gesichtet haben – alles Jungs, die ich bestens kannte. Welches Motiv konnten sie gehabt haben, Joel zu töten? Wusste Tino mehr, hatte er etwas gehört, etwa von seiner Mutter oder den Schwestern, die nach wie vor gute Kontakte zu seinen früheren Freunden pflegten? Wenn ja, dann wollte er mir nichts davon preisgeben. Das alles gehe uns nichts an, war seine Standardantwort, wann immer ich nachzufragen wagte. Vielmehr jammerte er fortwährend über sein eigenes beklagenswertes Dasein. Ich befürchtete ernsthaft – auch wegen der neuen Bekanntschaften, die er gemacht hatte – er könne wieder zu seiner früheren Lebensart zurückkehren. Wann würde er endlich einsehen, dass man es auch mit ehrlicher Arbeit zu etwas bringen konnte? Natürlich war das nicht einfach. Doch ich war ja bereit, ihm zur Seite zu stehen und ihm dabei unter die Arme zu greifen. Daher machte ich ihm den Vorschlag, von nun an jeden Tag mit ihm arbeiten zu gehen. Zuerst lehnte er ab. So leicht gab ich mich aber nicht geschlagen. Ich hätte auch schon mit seiner Mutter gesprochen, führte ich an, und die meine auch, das sei eine tolle Idee. Wenn ich noch etwas dazuverdiente, dann hätten wir endlich mehr Geld. Dieses Argument leuchtete ihm schließlich ein und er stimmte zu.

Gleich der erste Tag vermittelte mir einen eindrücklichen Vorgeschmack von meinem zukünftigen Alltag. Von Paraiso aus gestaltete sich die Reise nach Guatemala-Stadt ziemlich kompliziert. Der einzige Bus dorthin fuhr um sieben Uhr und machte noch einen Umweg über Palencia, um erst eineinhalb Stunden später an seinem Bestimmungsort zu sein. Viel zu spät für uns. Zudem konnte Tino nicht durch Palencia fahren, das wäre zu riskant für ihn gewesen. Also stiegen wir schon um halb vier aus unserem Bett und genehmigten uns schnell eine Tasse heißen Kaffees. Zu dieser frühen Stunde hatte ich noch keinen Appetit, aber Tino verdrückte zwei süße Brötchen. Uns stand ein langer Fußmarsch bevor, bis zu einem Nachbardorf, wo wir einen Bus mit einer anderen Route nahmen. Der schmale Weg führte durch nahezu unbewohntes Gebiet, es war stockfinster, nur selten kündeten schwache Lampen von der Existenz einer menschlichen Behausung. Auch unsere beiden Kinder hatten wir gezwungenermaßen mit dabei. Jacqueline schlief fest auf meinen Armen. Sie war ein schwerer Brocken, und mit jedem Kilometer wurde sie noch schwerer. Tino trug den schlummernden Anthony. Wir redeten nicht, nur das Knirschen unserer Schuhsohlen und das leise Rauschen des Windes waren zu hören. Nach vierzig Minuten erreichten wir das Dorf Los Mixcos, welches höher als Palencia oder Paraiso liegt und für seine niedrigen Temperaturen bekannt ist. Vor einer halb verfallenen Kolonialkirche stand unser Bus mit brummendem Motor. Wir schafften es noch, freie Sitzplätze zu ergattern. Nach einer halben Stunde erreichten wir eine wesentlich größere Siedlung – San José Pinula. Hier füllte sich der Bus buchstäblich bis zum Bersten, überwiegend mit Männern, die fast alle kleine Rucksäcke mit sich führten. Als es im Innern keinen Platz mehr gab, kletterten einige auf das Dach, wo sie sich an den Eisenverstrebungen festhielten, die eigentlich für den Transport von Gepäck und Bündeln gedacht waren. Wir bogen in eine vierspurige, stark befahrene Hauptstraße ein und damit in eine andere Welt. Es wurde hell, immer heller, tausende von Lichtern brannten links und rechts, in meinen Augen spiegelten sich lange Reihen prächtiger Häuser, die von breiten, perfekt asphaltieren Straßen umgeben waren. Der Parkplatz vor einem riesigen Einkaufszentrum war noch fast leer. Dann, zu unserer linken Seite, wurde die Sicht auf das Tal von Guatemala-Stadt frei. Soweit das Auge reichte nichts als ein einziges Lichtermeer, aus dem Hochhäuser emporragten. Die Straße schlängelte sich in weiten Kurven hinunter. Unser Ziel war die Zone 4. Dort lag der größte und unübersichtlichste Markt Guatemalas, der zugleich auch als Terminal für Busse aus allen Ecken des Landes diente.

»Endstation, alle aussteigen, aber ein bisschen dalli!«, ließ uns der Bushelfer schreiend wissen. Es war fünf vor sechs, über den Horizont bahnten sich die ersten Lichtstrahlen ihren Weg. Tino eilte voraus, ich einige Schritte hinterher. Erst jetzt fiel die bleierne Müdigkeit von mir ab. Mit weit geöffneten Augen bestaunte Jacqueline von meinem Arm aus diese neue und fremde Umgebung. Anthony, der sich an der Hand seines Vaters festhielt, konnte kaum mithalten. Je mehr wir uns den Hauptgebäuden des Marktes näherten, desto mehr Menschen drängten sich auf den Gehsteigen. Die Metallrollläden der meisten Geschäfte waren noch heruntergelassen, davor lagen Betrunkene oder Obdachlose, einige von ihnen unter Kartons oder Plastikfolien. Aus vielen Ecken verbreitete sich ein penetranter Geruch nach Urin und Exkrementen, überall türmten sich Abfallberge. Die Straße war an manchen Stellen mit einer übel riechenden Mischung aus verdorbenen Früchten bedeckt, in dem streunende, bis auf die Knochen abgemagerte Köter herumstöberten. Eine nur knapp bekleidete Frau leerte in einer Seitengasse einen Kübel mit Flüssigkeit vor einen Eingang, über dem ein Leuchtschild mit der Aufschrift »Herberge zum Paradies Nr. 2, 24-Stunden-Service« hing. In dieser Gegend florierte die Prostitution. Abertausende von Händlern waren damit beschäftigt, ihre Verkaufsstände auf den engen Gehsteigen aufzubauen. Autos, Lastwagen und Busse verursachten einen unerträglichen Lärm. Überall herrschte hektisches Treiben, es glich einem Ameisenhaufen. Der Marktstand von Doña Dolores befand sich in einem hallenartigen Gebäude. Sie hantierte schon an den hölzernen Abdeckungen herum, welche die Verkaufsfläche die Nächte über absicherten. Mit einem breiten Lachen, das ihre gelblichen Zähne freilegte, begrüßte sie mich. »Sandra, gut, dass du auch gekommen bist, du kannst mir gleich helfen, hier etwas sauber zu machen.« Ihr Stand war klein, ungefähr zwei Meter breit und drei Meter lang, aber er verfügte über einen darüber angebrachten Stauraum, der durch ein Türchen aus Holz und Draht verschlossen werden konnte. Sie hatte sich auf den Verkauf von Güisquiles spezialisiert, einer Kürbisart, die in der guatemaltekischen Küche sehr beliebt ist. Sie betrieb dieses Geschäft schon seit vielen Jahren und konnte daher auf einen treuen Kundenstamm zählen. Mehrheitlich waren es Händler, die das Produkt draußen auf der Straße oder auf kleineren Märkten überall in der Stadt weiterverkauften. Auch ihre Töchter verfügten über eigene Verkaufsstände direkt vor dem Marktgebäude, gleich am Straßenrand. Tino oblag die Aufgabe, bei einem Großhändler die frische Ware zu beschaffen. Dazu benutzte er eine Schubkarre, mit der er sich einen Weg durch das chaotische Treiben auf den Straßen bahnte. Bis alles herangekarrt war, musste er viele Fahrten absolvieren, es war wirklich mühselig für ihn. Etwa zwei bis drei Stunden dauerte das jeweils. Nachdem er seine Arbeit getan hatte, sahen wir ihn nur noch sporadisch. Bei uns Frauen herumzustehen, das war nichts für ihn. Das Verkaufen war anstrengender als gedacht. Die für uns verbleibende Fläche am Stand war winzig – kaum größer als einen Quadratmeter. Zehn Stunden hier zu verbringen war gewöhnungsbedürftig, besonders für meine Kinder, die an viel mehr Bewegungsfreiheit gewöhnt waren. Gegen viertel vor fünf hieß es, die nicht verkauften Güisquiles zu verstauen und dann den Bus zurück nach Los Mixcos abzupassen. Schon beim Einsteigen war das Gefährt brechend voll, somit blieb ich eingezwängt zwischen fremden Menschen stehen. Mit einem schweren Baby auf dem Arm war dies eine echte Tortur. Obendrein führten wir noch Taschen voller Gemüse und sonstiger Einkäufe mit uns. Ein mitfühlender Mann bot mir doch noch seinen Sitzplatz an. Ein letzter Marsch, und völlig erledigt betraten wir abends um kurz nach sieben unser Zimmer. Tino machte es sich sogleich auf dem Bett vor den Fernseher bequem, auf mich wartete noch das Kochen. Kurz nach dem Essen schliefen wir ein.

So ähnlich sahen von nun an all unsere Tage aus, von Montag bis Samstag. Einzig an den Sonntagen gingen wir nicht auf den Markt. Doch selbst dann war für mich nicht an Ausruhen zu denken. Kübel voller Schmutzwäsche wollten gewaschen werden. Immerhin hatten wir jetzt genügend Geld fürs Essen, und Tino fand kaum noch Zeit für seine neuen Freunde. Einzig Mutter war gar nicht zufrieden mit meinem neuen Job. »Ach du meine Güte, nun bist du also ein ordinäres Marktweib, welch eine Schande! Wärst du bei mir geblieben, dann hättest du vielleicht sogar weiter zur Schule gehen und eine Ausbildung machen können, aber das hast du nun davon.« Ich konnte nichts Anrüchiges an meiner neuen Arbeit finden. Sie war ehrlich und anständig.

Die Monate huschten im Eiltempo dahin. Bald fand ich sogar Gefallen am Verkaufen. »Fragen Sie nur, wir haben die besten Preise!«, bekam jeder potentielle Käufer von mir zu hören, der an unserem Stand vorbeiging. Während ich und »Mama Lola«, wie ich Doña Dolores vertraulich ansprach, auf Kundschaft warteten, hockten wir auf kleinen Schemeln hinter einem Berg aus Kürbissen. Langweilig wurde es uns nie, stets war etwas los. Unser Arbeitsort war ein übler Klatsch-Tempel. Da sich fast alle Verkäufer seit Jahren kannten, glaubte jeder, genau über das Privatleben seiner Nachbarn auf dem Laufenden sein zu müssen, was unvermeidlich zu Reibereien führte. Und oft zirkulierten Geschichten über gestohlene Babys, die, wie behauptet wurde, ins Ausland verkauft wurden, um ihnen dann die Organe zu entnehmen. »Du bleibst schön hier bei uns«, ermahnte ich Anthony vorsichtshalber, »da draußen kann dich ein abartiger Mann stehlen.« Auf den Straßen rund um das Marktgebäude gehörten Diebstähle und Überfälle zur Tagesordnung. Mehrere Male pro Monat kam es sogar zu richtigen Schießereien, oft mit Toten und Verletzten.

»Strengt euch an, vielleicht könnt ihr bald euren eigenen Stand haben«, ermunterte Doña Dolores mich und ihren Sohn. Unseren Kindern schenkte sie oft etwas Neues zum Anziehen, und in Erziehungsfragen war sie nie um einen Ratschlag verlegen, obwohl sie selber ja nur sehr bedingt als gutes Vorbild diente. Manchmal aber trieb sie mich auf die Palme, insbesondere wenn sie anfing, gegen meine Mutter zu sticheln. Mit den Mareros dürfe man sich niemals anlegen, sagte sie. Jemand, der dies tue, der müsse doch völlig irre sein. Ich wusste, in welch enger Tuchfühlung sie nach wie vor mit vielen von Tinos früheren Freunden stand, also ließ ich mich auf keinerlei Diskussionen ein. Keinem anderem stand sie so nahe wie ihrem direkten Nachbarn Gato. In gewisser Weise stellte diese Konstellation einen Schutz für Tino dar. Wer weiß, ob seine ehemaligen Bandenbrüder sonst energischer nach ihm Ausschau gehalten hätten.

Vor allem unsere Kinder wurden oft von Krankheiten geplagt. Zweifellos war dies eine Folge mangelnder Hygiene. Dabei gab ich mein Bestes, badete sie fast täglich und tat alles, um unser Zimmerchen sauber zu halten. Aber einfach war das nicht. Bei Mutter zuhause hatte ich den glatten Zementfußboden mit einem chlorhaltigen Mittel desinfiziert. Hier bestand unser Fußboden aus nackter Erde, wodurch es praktisch unmöglich war, ihn wirklich gründlich zu reinigen. Daher blieb er ein idealer Lebensraum für allerlei kriechendes Ungeziefer. Und in den hohlen Wänden unserer Hütte hatte sich eine Mäusefamilie eingenistet. Nachts hörten wir sie quiekend zanken. Kleine Löcher in der Wand dienten ihnen als Ein- und Ausgänge. Zwar verstopfte ich diese mit Zeitungspapier, doch die Nager fanden stets einen anderen Weg. In unserer Abwesenheit machten sich zudem weiße Ratten über alles Essbare her. Unter den Rillen des Blechdachs, oder selbst unter der Tür hindurch, konnten sie problemlos ins Innere gelangen. Unsere Lebensmittel bewahrten wir daher in einem verschließbaren, an der Wand befestigten Holzregal auf, das Tino selbst gezimmert hatte. Um dieser Tierplage Herr zu werden, kaufte ich Rattengift und verteilte die Körnchen an strategischen Stellen überall im Raum. Am folgenden Abend, als wir von der Arbeit zurückkehrten, starrte uns von der Kommode aus eine riesige weiße Ratte an, die keinerlei Anstalten machte zu fliehen. Tino griff sich ein Stück Holz und tötete das Tier mit einem einzigen Hieb. Auch entdeckten wir überall tote Mäuse, etwa unter dem Bett und sogar zwischen unseren Kleidern in der Kommode. Es war ekelhaft. Nach zwei Tagen drang ein widerlicher Verwesungsgeruch aus den Löchern in den Wänden. Leider hatten aber auch etliche Mäuse überlebt, und nach wenigen Wochen hatte sich die Mäusepopulation wieder erholt.

Die ersten drei Dezemberwochen waren das kommerzielle Highlight eines jeden Jahres, so auch im Jahr 2002. Die Geschäfte liefen gut, und Doña Dolores gab mir zusätzlich etwas Geld, welches mir Tino aber umgehend wieder abknöpfte. Am großzügigsten war er immer zu sich selbst. Eitel wie er war, kam er oft mit neuen Hosen und Hemden daher. Ich aber hatte mir und unseren Kindern schon lange nichts mehr zum Anziehen kaufen dürfen. Sprach ich ihn darauf an, hielt er mich hin: »Wart's nur ab, Schatz, falls wir nächste Woche noch genug Kohle haben, dann kauf ich dir ein geiles Kleid, ganz bestimmt. Und auch den Kleinen besorgen wir was.« Aber nichts passierte. Nicht einmal billige Weihnachtsgeschenke für unsere Kinder konnte ich ihm abringen. Dann aber überraschte er uns mit einem dürren Tannenbäumchen, das er in eine Ecke des Raumes stellte und mit einer farbigen Lichterkette schmückte. Immerhin etwas. Über die Festtage ruhte die Arbeit auf dem

Markt. Ich war froh, mich für einige Tage erholen zu können. Von seiner Mutter hatten wir Tamales bekommen, die wir mit selbst gemachtem Punsch genossen. Tino kaufte sich einige Flaschen Rum, die er mit Julio und einem weiteren Freund leerte. Meine Gemütsverfassung war nur schwer zu definieren: Ich war nicht gänzlich unglücklich und dennoch weit davon entfernt, wirklich glücklich zu sein. Zwar hatte sich im zurückliegenden Jahr einiges zum Besseren gewendet, doch ich wusste, dass wir uns immer noch viel zu nah am Schlund des Abgrundes befanden. Noch waren wir nicht gerettet. Ein schwacher Windstoß würde genügen, um uns doch noch über die Klippen zu stoßen.

Kurz vor Neujahr ließ mich Myrna wissen, ihre Schwester Mercy sei in die USA abgereist, zu ihrer Mutter Martina. Nicht einmal verabschiedet hatte sie sich von mir. Das kränkte mich. Sie hätte wenigstens anrufen können. Doch auch so wünschte ich ihr alles Gute für ihren Neustart in jenem fremden Land.

Es war Ende Mai 2003. Anthony hatte die ganze Nacht unter Durchfall gelitten, und Tino ging alleine arbeiten. Noch vor dem Mittag fühlte sich mein Junge wieder deutlich besser. Ich entschied mich, diese Situation auszunutzen, um mit ihm und Jacqueline meiner Familie im Rincón de la Piedra einen Besuch abzustatten. Dies konnten wir nur ohne Tinos Wissen tun, der mir nach wie vor jeden direkten Kontakt zu meiner Mutter untersagte. Unsere Flucht aus Palencia lag nun fast ein Jahr zurück. Anders als er wagte ich mich durchaus wieder dorthin zurück. Das Problem bestand ja zwischen ihm und seinen Ex-Homies, ich aber schuldete denen nichts. Um die Mittagszeit fuhr kein Bus, also mussten wir laufen. Der ungeteerte Weg schlängelte sich durch vegetationsreiches Gebiet und durchquerte dabei zwei Schluchten. Wir nahmen es gemächlich und legten viele kürzere Pausen ein. Nur selten kam uns jemand entgegen. Meistens waren es Bauern, die hier ihre Felder hatten. Nach über einer Stunde erreichten wir den Ojo de Agua. Hier trafen wir auf Makumba, der sich ehrlich freute, mich zu sehen. Geflissentlich fragte er nicht nach Tino, und ich unterließ es, ihn auf Joel anzusprechen. Gute zwanzig Minuten später waren wir im Rincón de la Piedra und betraten das Haus der Großeltern, in dem sich Oma, Opa, Emilia, Patricia, Pedro, Marlon sowie Mutter versammelt hatten. Etwas stimmte hier nicht. Alle betrachteten mich seltsam und waren ungewöhnlich schweigsam.

»Was ist los?«, fragte ich. »Diese Kriminellen wollten deinen Bruder umbringen, gestern, als er nach getaner Arbeit aus der Bäckerei kam«, eröffnete mir Mutter. Ich war fassungslos. Sie forderte den wortkargen Pedro auf, mir zu schildern, was vorgefallen war. »Ja also, das war so«, begann er. »Kurz hintereinander knallte es laut, dann sah ich, wie dieser Ninja mit einer Pistole in der Hand auf mich zugerannt kam. Verdammt, so schnell ich nur konnte bin ich zur Hauptgasse davongeflitzt, aber dieser Marero und noch zwei andere haben mich verfolgt. Ich hab mich in den Schuhladen von Doña Rigoberta geflüchtet. Diese Kerle sind draußen vorbeigerannt und haben ein paar Schüsse auf das Geschäft abgegeben, Gott sei Dank, ohne jemanden zu verletzen.« »Warum wollen sie dich denn töten?«, warf ich dazwischen.

»Diese Mareros verlangen von mir, dass ich einer von ihnen werde. Aber verdammt, das will ich nicht«, erklärte mir mein Bruder. Mutter war außer sich, wetterte und verwünschte diese »dreckigen Mareros«. Natürlich hatte sie auch schon die Polizei eingeschaltet. Mit meinen Kindern und höchst aufgewühlt trat ich nach zwei Stunden den Heimweg an, denn wir mussten noch vor Tino wieder zurück sein.

Als ich ihm dann knapp berichtete – natürlich ohne zu verraten, dass wir bei meiner Familie gewesen waren – was Pedro zugestoßen war, sparte er nicht mit abfälligen Bemerkungen.

»Warum nur muss deine Alte in alles ihre dumme Nase stecken? Das hat sie nun davon! Sollte deinem Bruder was passieren, dann ist das ihre Schuld!«, sagte er. Ich befand mich in einer emotionalen Zwickmühle. Eigentlich teilte ich seine Ansicht – teilweise wenigstens. Denn dieser Anschlag hatte womöglich auch etwas mit Mutters Nachforschungen im Fall von Joel zu tun, in den Ninja auch verstrickt war. Klar, auch ich hätte Joels Mörder gerne bestraft gesehen, doch das eigenmächtige Herumschnüffeln meiner Mutter war einfach viel zu riskant! Warum konnte sie die Sache nicht auf sich beruhen lassen? Joel war tot, und nichts von dem, was sie tat, konnte dies ungeschehen machen. Hatte sie denn überhaupt eine Vorstellung, mit wem oder was sie sich da anlegte?

Schon knapp eine Woche später, am 29. Mai, verfehlten Ninjas Kugeln meinen Bruder wieder nur um Haaresbreite. Dieser durfte nun nicht mehr arbeiten gehen und musste auch sonst Tag und Nacht daheim bleiben. Mutter setzte alles daran, die Behörden dazu zu bewegen, endlich etwas zu unternehmen. Als Folge sandte die Staatsanwaltschaft in Guatemala-Stadt eine Order an die Polizeistation in Palencia, mit der ausdrücklichen Bitte, täglich eine motorisierte Polizeistreife bei meinen Großeltern vorbeizuschicken. Von all diesen Dingen vernahm ich telefonisch und auch nur indirekt. Mutter selber erzählte mir so gut wie nichts davon. Traute sie mir etwa nicht? Meistens waren es Pedro, Marlon, Salvador oder auch Lincy, die mir weitere Details verrieten. Aber auch sie kannten nur Bruchteile des Bildes.

Tino machte immer öfter blau. Dann blieben wir zuhause, und er gammelte mit Julio sowie einem ähnlichen Typen herum. In deren Anwesenheit blühte er regelrecht auf. Oft hockten sie gemütlich vor unserer Hütte, leerten eine Bierflasche nach der anderen und rauchten Joints. Es war fast wie in den schlimmen alten Zeiten. Sie prahlten von ihren vergangenen Heldentaten als Mareros und erläuterten sich gegenseitig aufschneiderisch die Bedeutung ihrer vielen Tattoos. Einige Wochen lang sah ich dem unguten Treiben zu. Aus purer Angst wagte ich es nicht, offene Kritik vorzubringen. Als aber von der Gründung einer eigenen Clique die Rede war, konnte ich mich nicht mehr beherrschen. »Was ist denn nur los mit dir, Tino?«, fragte ich mit dem Mut der Verzweiflung. »Wolltest du nicht ein anderes, ein besseres Leben beginnen? Hast du mir das nicht ganz fest versprochen? Und nun fängst du wieder mit dem gleichen Mist an!« »Ach, red doch keinen Scheiß, darf ich denn keine Kumpels mehr haben?«, polterte er los. »Wenn's dir nicht mehr passt hier, dann kannst du ja abdüsen. Unsere Kinder bleiben aber hier bei mir!« Das war glatte Erpressung! Er wusste genau, dass ich die Kleinen niemals bei ihm zurücklassen würde.

Noch toller wurde es, als er den Spieß umdrehte und mich aus heiterem Himmel der Untreue bezichtigte. Ich sei eine schweinische Dirne, er wisse genau, dass ich immer Männerbesuch erhalte, wenn er nicht da sei, behauptete er. Da sei so einer, der komme mit einem Auto. Jedes Wort meinerseits war sinnlos, er blieb bei seinen haltlosen Beschuldigungen und verhaute mich anschließend mit einem Turnschuh. »Sollte ich dich mit diesem Kerl erwischen, dann seid ihr beide totes Fleisch, dann mach ich euch kalt«, drohte er. Ich wusste nicht, wovon er sprach. Beleidigt redete ich tagelang kaum mehr ein Wort mit ihm und lehnte es auch ab, mit zur Arbeit zu fahren. Er nahm dies zum willkommenen Anlass, ebenfalls zuhause zu bleiben. Es war das reinste Tollhaus! Da wir nicht mehr arbeiten gingen, hatten wir auch so gut wie kein Geld mehr. Wovon sollten wir leben? Zwar trieb er wieder Handel mit Marihuana, aber das wenige, das er damit verdiente, versoff er. Bald hatten wir kaum noch etwas zu essen. Verzweifelt bat ich Doña Dolores um Hilfe. Sie nahm mich gegen die Anschuldigungen ihres Sohnes in Schutz. Ich sei doch ein rechtschaffenes Mädchen, sagte sie, und wollte wissen, wer ihm diese dummen Geschichten über mein Fremdgehen eingeredet habe. Mir hatte er die Quelle der Verleumdungen nicht nennen wollen, nun aber rückte er damit heraus: »Es war unsere Nachbarin Sonia, die hat es mir gesagt, denn sie hat alles mitgekriegt!« Sonia! Das hätte ich mir denken können! Schon lange war mir diese Frau ein Dorn im Auge. Auch weil sie nie eine Gelegenheit ausließ, um mit Tino einen Schwatz anzufangen und ihn anzulächeln. »Verdammt, merkst du denn nicht, diese Kuh hat es auf dich abgesehen, die will uns doch nur auseinander bringen!«, sagte ich empört. »Aber wenn du ihr mehr Glauben schenkst als mir, na bitte schön, das ist mir jetzt auch scheißegal.« Noch vor einem Jahr wäre ich glatt imstande gewesen, diesem intriganten Weib eine handfeste Lektion zu erteilen. Auch wenn mir die Galle hochkam, war mir das alles keine Balgerei mehr wert. Ich setzte nur kurz ihren Mann ins Bild und riet ihm, künftig besser auf seine Frau aufzupassen. Tino sah seinen Irrtum ein, doch der Schaden war nicht mehr gutzumachen. Wochenlang hatte er mich mit seinen falschen Verdächtigungen gemartert. Lustlos, aber regelmäßig fuhr er wieder zu seiner Mutter auf den Terminal-Markt. Ich blieb daheim. Mir fehlte die Motivation, mich weiterhin zweifach abzurackern. Meine Verdrossenheit stieg mit jedem Tag. Er schätzte eben weder meine Liebe für ihn, noch all meine Anstrengungen an seiner Seite.

Am 13. Juli, fünfzehn Monate nach dem Mord an Joel, wurde auch dessen Bruder Juan Luis von Kugeln durchsiebt. Mit Freunden hatte er sich nach Feierabend einige Bierchen genehmigt, vor einem Lädchen gleich um die Ecke von Mutters Haus. Durch die Schüsse alarmiert, war diese nach draußen geeilt und hatte neben Gato und Ninja auch einen Marero fortlaufen sehen, den sie Flash nannten. Er und seine Familie wohnten ebenfalls im Rincón de la Piedra. Doña Natividad, seine Mutter, war eine dicke Frau mit ungepflegten grauen Haaren und bei allen Nachbarn für ihre Unfreundlichkeit bekannt. Für Tante Anita war es der Verlust ihres zweiten Sohnes innerhalb kürzester Zeit. Wegen des beachtlichen Altersunterschiedes hatte ich dem Neununddreißigjährigen nie besonders nahe gestanden, hatte ihn aber als disziplinierten Familienvater gekannt, der ein Auskommen als Maurer gehabt hatte. Auch die Teilnahme an dieser Beerdigung verwehrte mir Tino. Aber damit hatte die Reihe der schrecklichen Ereignisse noch kein Ende. Mitte Oktober kam es zu einem dritten Mordanschlag auf Pedro, als dieser sich unvorsichtigerweise wieder auf die Straße gewagt hatte. Wiederum blieb er unverletzt. Endlich bequemte sich die Staatsanwaltschaft, das DIC, eine Spezialeinheit der Polizei für schwere Kriminalfälle, anzuweisen, die Anschläge auf meinen Bruder zu untersuchen. Es muss um diese Zeit gewesen sein, da Mutter sich mit Mitgliedern dieser Truppe anfreundete. Mir gegenüber gab sie sich gewohnt zugeknöpft. Dennoch erlaubte sie meinen jüngsten Geschwistern, mich hin und wieder zu besuchen. Sie kamen mit dem Bus. Für mich war dies immer eine hochwillkommene Abwechslung. Salvador war jetzt elf Jahre alt und María-José acht. Als Vorwand mussten ihre Schulaufgaben herhalten, insbesondere wenn es Zeichnungen anzufertigen galt, mit denen ich ihnen dann half. Sie blieben auch immer gleich die Nacht über bei uns. Tino hatte nichts dagegen einzuwenden.

Seine Pläne bezüglich einer eigenen Bande waren erfreulicherweise im Sande verlaufen. Julio war nach Mexiko weitergezogen, um von dort aus in die USA zu gelangen. Hatte ich Tino früher bewundert, so sah ich jetzt nur noch einen dummen, grausamen jungen Mann in ihm. Neunzehn Jahre alt war er jetzt. Die physische Gewalt, die er immer noch ab und zu gegen mich richtete, war kein Beweis von Stärke oder Männlichkeit, sondern das beschämende Eingeständnis seiner eigenen inneren Schwäche. Wir hatten uns nichts Neues zu sagen, und das Alte hatte seinen Reiz fast gänzlich verloren. Zwar existierten noch bedeutende Bruchstücke dieser Liebe für ihn in mir, aber sie wurden immer mehr zerdrückt von einer harzigen Masse aus Enttäuschung, Lustlosigkeit und Furcht. Er schien unfähig, sich endgültig von seinen inneren Monstern lösen zu können, so sehr ich mich auch bemüht hatte, ihn dabei zu unterstützen. Kann man jemandem helfen, der sich nicht helfen lassen will?

2003 – 2004

ZWISCHENSPIELE UNTER DUNKLEN WOLKEN

Lincy machte mich auf eine Tankstelle aufmerksam, bei der sie ein Mädchen für einfache Arbeiten suchten. Als hätte ich darauf gewartet, zog ich mir nach Beendigung des Telefonats eine Jeans und meine eleganteste Bluse über, dann machte ich mich auf den Weg. In Palencia ließ ich meine Kinder bei Beba zurück, die nun wieder im Zentrum in der Wohnung ihrer Eltern wohnte. Die Tankstelle lag etwas außerhalb, gleich an der mittlerweile asphaltierten Straße Richtung Hauptstadt. Eine halbe Stunde später hatte ich den Job. Ich könne gleich morgen anfangen, sagte meine zukünftige Chefin, Doña Leticia, zu mir. Die Arbeit war einfach: In den Büro- und Verkaufsräumen sauber machen und eventuelle Telefonanrufe beantworten. Wieder zurück in Paraiso, zögerte ich ein letztes Mal. Sollte ich es wirklich wagen? Ja, ich musste diese Gelegenheit beim Schopf packen! Kaum war Tino am Morgen arbeiten gegangen, stopfte ich Kleider und einige mir wichtige Gegenstände in eine große Reisetasche. Mit der linken Hand trug ich die Tasche, auf dem rechten Arm Jacqueline. Fröhlich und sorglos hüpfte Anthony neben uns her.

Beba gewährte uns Obdach in dem kleinen Zimmer, das sie mit ihren beiden Kindern bewohnte. Hier bei Tante Juana hatte ich schon als aufsässiger Teenager mehrere Monate zugebracht, bis sie mich mehr oder weniger rausgeworfen hatte. Meine Cousine hielt immer noch treu zu Pelón, den sie allwöchentlich im Gefängnis besuchte. Bei guter Führung konnte er damit rechnen, nur die Hälfte seiner dreißigjährigen Haftstrafe absitzen zu müssen. Das waren immer noch ganze vierzehn Jahre. Den Lebensunterhalt für sich und ihre Kinder verdiente Beba mit einem Job, den sie in einer Gärtnerei gefunden hatte.

Mutter war mehr als froh darüber, dass ich Tino verlassen hatte. Aber es war Patricia, die sich anbot, Anthony und Jacqueline zu hüten. Allmorgendlich um halb sechs, bevor ich zur Arbeit ging, brachte ich die beiden zu ihr. Um viertel vor drei nachmittags war ich wieder von der Tankstelle zurück und blieb für gewöhnlich noch etwas bei meinen Verwandten. Fast immer traf ich dort Pedro an, der nun schon seit über einem halben Jahr zuhause ausharren musste. Entsprechend schlecht gelaunt war er auch. Fast immer klebte er vor der Glotze oder hörte Musik. Die anhaltende Sorge um ihn belastete uns alle. Wie durch ein Wunder hatte er bisher alle Attacken gegen ihn unversehrt überstanden.

Nach fünf Tagen hatte sich Tino immer noch nicht bei mir gemeldet. Ich wusste, dass er stinkwütend auf mich war. Aber würde er seine Drohungen wahr machen, mir die Kinder rauben oder vielleicht sogar noch Ärgeres? Oder aber würde er, wie schon so oft, den Reumütigen herauskehren? Auf dem Heimweg von der Tankstelle stieß ich auf Rosa. Ein freundliches Wort der Begrüßung, dann fragte sie vorwurfsvoll, wie ich ihren Bruder einfach so habe sitzen lassen können, jetzt, wo er sich doch gebessert habe. Ich atmete tief durch. Man könnte meinen, sie kenne ihren eigenen Bruder nicht, sagte ich. Ja, es stimme, in einigen Aspekten habe er sich wirklich gebessert, aber in vielen anderen eben auch nicht. Wie sie mir also derartige Vorwürfe machen könne, nach alldem, was ich mit ihm durchgestanden hätte. Sie beharrte auf ihrem Standpunkt. Auch Doña Dolores hatte über mich geschimpft und mich eine miserable Mutter genannt, die ihre Kinder alleine lasse, nur um arbeiten zu gehen. Welch ein Zynismus!

Noch am selben Abend rief Tino an. »Sandra, warum bist du so mies zu mir?«, startete er seine selbstmitleidigen Anklagen. »Hattest du nicht gesagt, du würdest immer bei mir bleiben? Und nun haust du einfach so ab und lässt mich alleine in dieser Scheiße zurück! Da steckt doch sicher deine Alte dahinter, gib's zu!« »Ach Quatsch, lass doch meine Mutter aus dem Spiel. Warum suchst du die Schuld immer bei anderen, aber nie bei dir selber?«, hielt ich ihm vor. »Hast du schon mal darüber nachgedacht? Ich bin es einfach leid zu sehen, dass du dich nie wirklich änderst. Was wurde aus deinem Gelübde, mich nicht mehr zu hauen oder keine Drogen mehr zu nehmen?« »Ja, Schatz, es ist ein verdammter Hurenmist, aber ich habe es wirklich versucht, glaub mir doch«, ging er in die Defensive. »Lass es uns noch einmal probieren, bitte sag ja!« Ich konnte ihm nichts versprechen, ließ ihn aber wissen, er könne kommen und seine Kinder sehen, wann immer er wolle.

Es war Ende November. Mit meinem ersten Gehalt kaufte ich ein billiges Handy, da mein altes seinen Geist aufgegeben hatte. Weihnachten stand vor der Tür und meine Kinder, aber auch ich, benötigten dringend neue Kleider. Meine neue Lebenslage empfand ich als erfrischend und befreiend. Endlich konnte ich gehen, wohin ich wollte, ohne vorher jemanden um Erlaubnis anbetteln zu müssen. Ich konzentrierte mich auf die positiven Dinge, etwa die Tatsache, nun über mein eigenes Geld zu verfügen. Daher dachte ich auch nicht daran, diese Errungenschaft wieder aufzugeben. In Palencia bewegte ich mich relativ unbesorgt, ungeachtet der bedrohlichen Wolken, die über meiner Familie hingen. Tino rief nun fast täglich an oder kam uns kurz bei Tante Juana besuchen. Er bearbeitete mich mit den immer gleichen Argumenten. Ich taktierte, gab mich zögernd, wollte ihn aber nicht noch mehr gegen mich aufbringen.

Er wagte sich nun wieder in den Ojo de Agua, nach fast zwei Jahren. Zuvor hatte Doña Dolores bei den Mareros ihre Fühler ausgestreckt, um sicherzustellen, dass ihr Sohn in keiner allzu großen Gefahr schwebte. Dabei hatte sie sich auf ihre freundschaftliche Verbindung zum neunzehnjährigen Gato stützen können, der nun der starke Mann der Mara Salvatrucha-Clique in Palencia war. Piolin war nach Mexiko geflüchtet, weil ihn seine eigenen Homies hatten umbringen wollen, wie mir Olga erzählte. Die genauen Hintergründe habe ich nie erfahren.

Tante Patricia – oder »Tante Pati«, wie ich sie nannte – musste sich wieder ohne männliche Begleitung durchs Leben schlagen. Ihr langjähriges Verhältnis zu Cesar war an einem traurigen Ende angelangt. Drei kleine Kinder hatte sie von ihm. Neben Tortillas verkaufte sie nun auch fertig zubereitetes Essen. Patricia und Mutter waren über die Jahre ruhiger geworden. Jetzt, da sie ihre früheren bitteren Streitigkeiten hinter sich gelassen hatten, unternahmen sie vieles gemeinsam. Beide hatten eine ausgesprochene Schwäche für festliche Ereignisse, auf die sie oft ihre Schwester Emilia mitnahmen, die sich auch einige Bierchen genehmigen durfte. Natürlich ohne dass Großmutter etwas davon mitbekam.

Wenige Tage vor Heiligabend hatte mir Tino tatsächlich einmal etwas wirklich Neues mitzuteilen. Er habe einen Job gefunden, in einer Autowerkstatt in der Hauptstadt, tönte es enthusiastisch aus meinem Handy. Nun verdiene er mehr Geld und könne mir etwas davon abgeben. Ob ich nicht zu ihm kommen könne, um es abzuholen, fragte er. Da ich einen freien Tag hatte, ging ich leichtgläubig darauf ein. Die Kinder ließ ich bei Beba. Es war doch nur recht und billig, wenn er etwas zu ihrem Unterhalt beitrug. In Paraiso sah ich nun jenen Raum wieder, in dem wir so lange miteinander gewohnt hatten. Auf dem Bett lagen zerknitterte Hemden und Hosen, der erdige Fußboden war dicht bedeckt mit Plastik- und Papiertüten, leeren Flaschen und sonstigem Abfall. Etwa so hätte ich mir die Höhle eines Obdachlosen ausgemalt. Das Holzgestell, welches uns als Ablage für Nahrungsmittel gedient hatte, war bis auf einen aufgerissenen Kaffeebeutel komplett leer. Ungefragt umarmte er mich und spulte seine alten Platten ab, mit Sätzen wie: »Schatz, wir sind doch eine Familie, wie lange willst du mich noch schmoren lassen?« »Ach Tino, das haben wir doch schon tausendmal durchgekaut, aber deswegen hast du mich doch nicht hierher kommen lassen, oder?« Wie ein begossener Pudel stand er da. Er hatte gar kein Geld. Verstimmt wand ich mich aus seinen Armen. »Verdammt, was machst du denn mit deiner ganzen Knete?« Ohne seine Antwort abzuwarten, die ich schon kannte, marschierte ich davon. Ich wusste ja, dass er immer noch Drogen und Alkohol konsumierte, und das kostete viel Geld. Vielleicht hatte er sich am vorigen Abend anders entschieden, und das Geld, das er mir eigentlich hatte geben wollen, versoffen oder in irgendwelche Drogen gesteckt. Dennoch tat er mir irgendwie leid. Ich liebte ihn ja immer noch. Aber für mich war es auch die Bestätigung, dass ich richtig gehandelt hatte, indem ich mich von ihm getrennt hatte.

Im Schoße meiner Familie erlebte ich die ersten entspannten und zufriedenen Feiertage seit vielen Jahren. Zwar war ich nicht wirklich glücklich, aber doch irgendwie von einer Last befreit. Tino ließ über diese Tage nichts von sich hören. Ich betete zu Gott, er möge uns ein besseres Jahr 2004 bescheren, und vor allem, er möge seine schützende Hand über meine Familie halten.

Doch schon in der ersten Januarwoche geschah etwas höchst Besorgniserregendes. Soeben war ich von der Tankstelle zurückgekehrt, da kam María-José wild mit ihren kleinen Armen gestikulierend angerannt. »Mamita, dort draußen ist dieser Ninja!«, rief sie aufgeregt. Nur mit den Plastiksandalen an den Füßen sprintete Mutter los und forderte Patricia auf, ihr zu folgen. Diese hielt sich gerade in ihrer Küche auf. Meine Schwester und ich spurteten den beiden Frauen hinterher. Gemächlich radelte Ninja auf einem für ihn viel zu kleinen Kinderfahrrad den holprigen Weg entlang. Mutter näherte sich ihm von hinten und riss ihn mitsamt seinem Drahtesel zu Boden. Unterstützt von Patricia bearbeitete sie den im Staub liegenden Marero mit einem Hagel an Fußtritten. Ich stand daneben und hielt mich unangenehm berührt zurück. Nie hätte ich es gewagt, mich an einem Salvatrucha zu vergreifen. »Sandra, bring mir Chili-Pulver! Aber dalli, nun mach schon, verdammt noch mal!«, befahl Mutter mir. Ich rannte hinüber zu einem nahen Verkaufsstand, an dem eine Nachbarin Mangos mit rotem Chili verkaufte. Mutter riss mir die Plastiktüte mit dem Pulver aus den Fingern und presste sie dem sich heftig sträubenden Ninja in den Mund. »Du stinkendes Aas, du Drecksack, du Ausgeburt der Hölle, jetzt bist du dran!« Sie spulte eine ganze Liste mit Schimpfwörtern ab, die ihr gerade einfielen. Jemand hatte die Polizei benachrichtigt, die einen hustenden, spuckenden und nach Luft ringenden Jungen in Verwahrung nahm. Mutter und Patricia fuhren zur Polizeiwache. Dort ließ man Ninja nach wenigen Stunden wieder laufen. Völlig unverständlich, hatte er doch mehrmals versucht, meinen Bruder zu töten. Lag vielleicht noch gar kein Haftbefehl gegen ihn vor? Wie üblich fragte ich lieber nicht nach.

Tage darauf kam es zu einem erneuten Zwischenfall. Mutter begegnete der Mutter von Ninja, Doña Marta Alicia, auf der Straße und überschüttete diese mit wüsten Beleidigungen. Sie drohte ihr mit dem Ärgsten für den Fall, dass Pedro etwas zustoßen sollte. »Diese Alte steckt doch mit ihrem kriminellen Sohn unter einer Decke«, erklärte sie uns nach diesem Zusammenstoß. Die Staatsanwaltschaft lud beide Frauen zu einem Versöhnungsgespräch nach Guatemala-Stadt ein. Dort mussten sie ein Dokument unterschreiben, in dem sie versicherten, sich zukünftig gegenseitig zu respektieren. Wie wenig effektiv diese Bestrebungen der Behörden waren, erwies sich nach etwas mehr als einer Woche. Mutter und Patricia suchten die Polizeistation in Palencia auf und erstatteten folgende Anzeige: »Heute gegen 8.40 Uhr, als wir, María-Bernarda López Osorio und Patricia Dolores López Osorio, im Zentrum Palencias unterwegs waren, versperrte uns Lauro Rodas Foronda, alias Ninja, den Weg. Er saß auf einem Fahrrad der Marke Maya-Tour und bedrohte uns mit einer Pistole, mit der klaren Absicht, uns zu eliminieren. Als ihm dies nicht gelang, ließ er sein Fahrrad liegen und flüchtete zu Fuß.« An diesem Morgen hatten sie sich auf dem Weg zum Büro einer privaten Hilfsorganisation befunden, die verbilligte Lebensmittel abgab. Erstmals hatte ich wirklich Angst um meine Mutter. Aber was konnte ich schon tun? Etwa ihr sagen, sie solle vorsichtiger sein und sich mehr zurückhalten? Ich wusste, wie nutzlos dies gewesen wäre. Sie tolerierte keinerlei Einmischungen, schon gar nicht von mir.

Daher überraschte mich auch eine Unterredung, die sie Tage später mit mir, Pedro und Marlon abhielt. Sie und Miguel Angel wollten zusammenziehen, sagte sie uns. Sie habe sich das lange überlegt und glaube nun, er sei der Mann, den sie immer schon gesucht habe. Und nun wolle sie wissen, wie wir, ihre Kinder, dazu stünden. Noch nie hatte sie uns in Herzensangelegenheiten um unsere Meinung gebeten. Marlon fand die richtigen Worte: »Mama, wenn du meinst, Don Miguel Angel sei der richtige Partner für dich, dann sind auch wir zufrieden. Du verdienst es, jemanden an deiner Seite zu haben, der dich liebt, gut behandelt und der aufrecht zu dir steht.« Und so geschah es dann: Miguel Angel zog zu ihr ins Häuschen. Er las ihr buchstäblich jeden Wunsch von den Augen ab, und sie umhegte ihn, wo sie nur konnte. »Mach es dir bequem, mein Liebling, das Essen ist gleich fertig«, sagte sie, kaum kam er zur Tür herein. Endlich hatte sie einen Mann gefunden, der anständig und respektvoll mit ihr umging. Eigentlich war Miguel Angel der pure

Gegensatz zu ihr: friedvoll, passiv und überlegt. Seit Jahren war er Mitglied einer fundamentalistisch-christlichen Kirche. Welch krasser Unterschied zu den ungehobelten Grobianen, mit denen sie sich früher hatte herumschlagen müssen! Wenn sie aber bei schlechter Laune war, konnte ihre hitzige Wesensart auch schon mal mit ihr durchgehen. Dann feuerte sie sogar einige böse Worte in seine Richtung ab. Einmal kam es sogar vor, dass ich sie deswegen zurechtwies. Sie solle doch dankbar dafür sein, dass ihr Gott einen solchen Mann geschickt habe, sagte ich. Daraufhin hatte sie nur geschwiegen.

Von einem Tag auf den anderen war ich meinen Job los. Erst jetzt teilte mir meine Chefin mit, meine Anstellung sei auf vier Monate befristet gewesen, als Aushilfe für eine schwangere Mitarbeiterin. Welch übles Geschenk, nun wieder ohne Einkommen dazustehen. Eines, das mein labiles inneres Gleichgewicht auch gleich zum Wanken brachte. Woher sollte ich so schnell eine neue Stelle zaubern? Außer Putzen und Waschen gab es in Palencia so gut wie keine Arbeit für Frauen. Sollte ich in die Hauptstadt fahren und mich dort nach einer Stelle umsehen?

Fast so, als besitze er hellseherische Fähigkeiten, fragte mich Tino noch am selben Tag: »Du, Schätzchen, kann ich dich und die Kinder morgen sehen? Ich komme euch abholen, und wir machen uns einen schönen Tag. Ach bitte sag doch ja!« Noch am Vortag hätte ich ihn abblitzen lassen, nun aber ging ich, wenn auch zögerlich, auf seine Bitte ein. Der Tag war prächtig, die Sonne gewann nach einem morgendlichen Regenguss wieder die Oberhand, auf den Bäumen zwitscherten Vögel, und in der Ferne funkelte ein Regenbogen. Langsam spazierten wir nach Paraiso. Tino versprühte gute Laune und kaufte uns unterwegs sogar Süßigkeiten und Erfrischungsgetränke. »Liebling, komm doch zurück zu mir«, bettelte er, »ich schwöre dir, ich habe mich wirklich geändert und werde dich auch nie mehr schlagen.« Zärtlich legte er seinen Arm um meine Hüfte. »Wenn du willst, können wir wieder bei meiner Alten einziehen. Gato sagt, es wird keinen Stress für mich geben.« Ich sagte weder ja noch nein. Im Zimmer hatte er etwas sauber gemacht und aufgeräumt, doch es blieb noch genug zu tun für mich. Zuerst spielte er draußen mit unseren Kindern, dann stand er unverhofft im Raum. Durch einen sanften Stoß mit seinem Fuß schloss er die Tür hinter sich. Seine starken Arme zogen mich zu sich heran, spielerisch küsste er meinen Hals, dann meine Wangen, dann meine Lippen. Zuerst zierte ich mich, machte aber schließlich doch mit. Er hob mich aufs Bett, und ich schmiss alles über den Haufen, was ich mir fest vorgenommen hatte. Noch einmal flammte das stürmische Feuer der Hingabe auf – unsere Körper vereinigten sich. Danach hatte ich das Gefühl, mich gerade selber hintergangen zu haben. Er hatte es also wieder geschafft.

Mutter reagierte mit einem Wutausbruch auf meine Ankündigung, mit Tino in den Ojo de Agua ziehen zu wollen. Aber es war beschlossene Sache. Doña Dolores behandelte mich unterkühlt, doch wir durften wieder bei ihr im Häuschen wohnen. Befremdlich war es schon, erneut an diesem Ort zu leben, mit dem für mich so viele negative Erinnerungen verknüpft waren. Es war auch beklemmend, hier nun täglich auf jene Leute zu treffen, von denen ich genau wusste, dass sie bei der Ermordung meiner beiden Cousins und den Anschlägen auf Pedro mitgemischt hatten. Doch ich zwang mich, nicht daran zu denken. Und auch wenn es abwegig klingen mag, für mich selber sah ich keinerlei Gefahr. Da machte ich mir eher noch Sorgen um Tino. Der hatte die Austrittskriterien seiner ehemaligen Bande noch gar nicht erfüllt. Weder war er Christ geworden, noch lag er im Grab. Umso bemerkenswerter war die Unverfrorenheit, mit der er auf seine ehemaligen Homies zuging. Als ihm Sleepy eine wöchentliche »Steuer« von fünfzig Quetzales auferlegen wollte, weigerte er sich kurzerhand. »Du, Alter, die Knete brauch ich für mich selber, ich habe jetzt eine Familie zu versorgen!« Ich drängte ihn, etwas bedächtiger zu sein. Was waren schon fünfzig Quetzales, wenn es um das eigene Leben ging? »Ach was«, meinte er nur, »denen darfst du nie zeigen, dass du Schiss hast, hörst du? Merken sie es, lecken sie Blut, und du bist erst recht dran!« Nun, er musste es ja wissen.

Viele Mareros gingen gewohnt kameradschaftlich mit uns um, andere ignorierten uns. Und von einigen wenigen, wie etwa Sleepy, ernteten wir hasserfüllte Blicke. Immer noch hielten sie sich oft auf der Mauer direkt neben unserem Eingang auf. Dadurch war es unumgänglich, ihnen laufend zu begegnen. »Du redest wohl nicht mehr mit uns?«, rief mir Gato spöttisch zu, als ich mit Anthony und Jacqueline von einem nahen Lädchen zurückkehrte. »Hallo! Was geht ab bei euch?«, fragte ich und blieb stehen. Er erhob sich behäbig, kam auf uns zu und deutete mit der Hand auf meinen Sohn, der neben mir hergelaufen war. »Schon ganz schön groß, dein Hosenscheißer hier«, sagte er, pflückte mit Daumen und Zeigefinger den Joint aus seinem Mund und hielt ihn meinem Jungen hin. »Da, probier mal!« Da Anthony noch von seinem eigenen Vater mit diesem Ritual vertraut war, nahm er den Joint in sein Händchen und steckte ihn sich in den Mund. Ein Zug daran, und schon musste er husten. Aus Gatos Rachen drang ein krächzendes Lachen, in welches Sleepy und Strong mit einstimmten. Natürlich wagte ich es nicht zu protestieren. Nachdem sie ihren Spaß gehabt hatten, beeilten wir uns, zurück ins Haus zu gelangen. Dieser Strong war noch nicht allzu lange bei der Clique, hatte sich aber schon einen blutrünstigen Ruf erworben, wie ich aufgeschnappt hatte. Klein war er und hässlich, aber mit einem äußerst markigen Körperbau. Dazu hatte er kurze, abstehende Haare und Tattoos, die sich bis hinauf zum dicken Hals erstreckten. Bei Gato beschränkten sich die Tätowierungen auf den Oberkörper. Auf seinem Bauch prangte ein buntes Fabelwesen mit Stacheln und über der Brust ein schwarzes MS. Die Oberarme hatte er sich mit Stacheldraht-Kränzen dekorieren lassen. Er konnte kurzärmlige T-Shirts oder Hemden tragen, ohne dass man etwas von seinen Körperbemalungen gesehen hätte. Überhaupt bevorzugte er eher unauffällige Kleider, wie Pullover oder nicht allzu weite Stoffhosen. Damit war es für ihn einfacher, seinen verbrecherischen Geschäften nachzugehen, die ihn oft auch in die Hauptstadt führten. Selbst seine Familie fürchtete sich vor ihm. Seinen eigenen Eltern soll er damit gedroht haben, sie umzubringen, falls sie sich ihm und seinem Lebensstil entgegenstellten.

Tagsüber war ich fast immer alleine mit meinen Kindern. Zwei meiner alten Vertrauten nutzten dies aus: Makumba und Black. Aus ihnen waren richtige Männer geworden. Neben seiner Steinschleuder hatte Makumba nun ein Gewehr bei sich. Mehr als einmal bat er mich, es für ihn aufzubewahren. Und auch in Herzensangelegenheiten suchte er meinen Rat. »Sandra, ich kenne da eine Kleine, die ich sehr mag, aber Shit, die weiß noch nicht, dass ich ein Marero bin. Was soll ich nur tun?« Es sei besser, wenn er ehrlich sei zu dem Mädchen, empfahl ich ihm, denn auf Dauer würde sie es ja sowieso herauskriegen. Resigniert hörte er sich meine Worte an, sein Lockenkopf war voller Zweifel. Häufig begleitete ihn der noch etwas jüngere, vielleicht zwölfjährige Mecho, ein schmächtiger Knabe mit kurz geschorenen Haaren. Tat er aber seinen Mund auf, machte es den Anschein, als wolle er älter wirken, als er in Wahrheit war. Fragen nach seinem Familienhintergrund würgte er sofort ab.

Black trug neue, gut sichtbare Tattoos auf seinen athletischen Oberarmen. Nun entsprach seine gesamte Aufmachung derjenigen eines furchterregenden Mareros. Um den Schädel hatte er ein schwarzes Tuch gewickelt, gerade so, als gehöre er zur Besatzung eines Piratenschiffs. Immerzu war er bewaffnet, mindestens mit einer Pistole. Hätte ich ihn nicht so gut gekannt, wäre mir bei seinem Anblick wohl mulmig geworden. Wenn außer meinen Kindern niemand bei mir war, kam er, um ein Weilchen zu plaudern. Er hockte da, rauchte eine Zigarette, witzelte und erzählte, etwa über das Tätowieren, das er nach wie vor betrieb. Seinen kriminellen Lebenswandel klammerte er weitgehend aus. Von seiner Freundin Aracely hatte er sich getrennt. Seine fast täglichen Besuche gaben mir etwas zu denken. Wie ich deutlich spürte, hegte er mehr als nur freundschaftliche Absichten. »Weißt du, Alte, du bist wirklich ne verdammt coole Braut«, wurde er einmal deutlicher, »nur schade, dass du schon vergeben bist.« Er war mir sympathisch, doch selbst wenn ich frei gewesen wäre, hätte ich mich nie und nimmer erneut mit einem Marero eingelassen. Die aktuelle Erfahrung mit Tino genügte mir vollauf.

Und selbst Ninja bekam ich nun öfter zu sehen. Er betrat sogar unser Haus, zum Beispiel zusammen mit Makumba. Da hatte ich also jenen Jüngling vor mir, der meinen Bruder und meine Mutter hatte töten wollen! Ich aber musste so tun, als sei alles in bester Ordnung. Gegen mich schien er keinerlei Groll zu hegen, jedenfalls grüßte er mich immer ausgesprochen normal. Nie fragte er mich nach meiner Mutter, und auch ich vermied es, über sie oder Pedro zu sprechen. Dennoch saß ich zwischen allen Stühlen.

Nach kürzester Zeit bereute ich es schon wieder, Tino erneut auf den Leim gegangen zu sein. Geschlagen hatte er mich bisher noch nicht, aber wie eh und je behandelte er mich wie ein unmündiges Anhängsel seiner selbst. Er war der Mann. Als ob ihm dies das natürliche Vorrecht verleihen würde, über mich zu bestimmen. Meine ausgetrocknete Seele dürstete es nach Wahrheit, Trost und Frieden. Mich umgab eine mitleidlose Welt, in der Worte wie Vertrauen oder Ehrlichkeit längst jede Bedeutung verloren hatten. Um hier überleben zu können, musste man perfekt heucheln und sich verstellen können. Im Ojo de Agua gab es mehrere kleine evangelische Kirchen. Eine davon trug den exotischen Namen Maranata, was soviel wie »unser Herr komme« bedeutet. Schon oft hatte ich durch die offene Tür gespäht, aus der feurige Predigten oder mitreißende Gesänge drangen. Als ich Tino ankündigte, zum Gottesdienst gehen zu wollen, spottete der nur: »Ach du große Scheiße, willst du jetzt etwa eine Heilige werden?« Von mir aus konnte er lästern, soviel er wollte. Um acht Uhr lief ich mit meinen Kinder hinüber zum Kirchgebäude – ein einfacher, fünfzehn Meter langer und fünf Meter breiter Bau mit Blechdach. Die weiß getünchten Wände im Innern waren mit wellenförmig aufgehängten gelben Plastikstreifen verziert. Wir nahmen ganz hinten auf weißen Plastikstühlen Platz. Kritisch beäugte man uns. Alle kannten mich und wussten über die anrüchige Vergangenheit meines Mannes bestens Bescheid. Fast alle Frauen trugen Kopftücher. Daran hatte ich nicht gedacht. Die Predigt war schon in vollem Gange. Der Pastor stand vor einem Mikrofon und las eine Bibelstelle vor, die er anhand eigener Erlebnisse veranschaulichte. Seine schwarz-polierten Lackschuhe glänzten, die sonnengelbe Krawatte hob sich deutlich vom hellblauen Hemd ab. »Viele wollen mit ihrer Intelligenz eigene Wege zur Wahrheit finden, sie glauben, Antworten auf alles gefunden zu haben, und stützen sich dabei auf andere Menschen oder die Wissenschaften. Oh, welch eine Illusion!«, posaunte er und vollführte ein Tänzchen um seine eigene Achse. »Jesus ist der einzige Weg zum ewigen Leben, fern von ihm lebt der Mensch wie eine Pflanze in der Wüste, die sich nach einem Regentropfen sehnt. Er aber ist lebendiges Wasser, er stillt unseren Durst und schenkt uns ewiges Leben!« Alle riefen im Chor: »Möge alle Herrlichkeit mit Gott sein!« »Brüder und Schwestern, wie ihr wisst, ist die Rückkehr Christi sehr nahe. Erdbeben, Kriege, Krankheiten und Kinder, die sich gegen ihre Eltern stellen, alle Anzeichen sind schon da. In der Heiligen Schrift steht geschrieben: ›Denn es wird sich empören ein Volk wider das andere und ein Königreich gegen das andere, und werden sein Pestilenz und teure Zeit und Erdbeben hin und wieder.‹ Darum agiert der Teufel auch so wild wie noch nie, da er weiß, dass ihm nur noch wenig Zeit bleibt. Wir erleben es Tag für Tag, bei unseren Freunden, ja selbst in unseren eigenen Familien. Unser Feind ist schlau, er verführt die Schwächsten unter uns, unsere Kinder und Jugendlichen.« Seine Worte wurden immer emotionsgeladener und lauter. »Aber das Wort Gottes ist Macht… Macht! Das Blut Jesu hat Macht… Macht… Macht! Dagegen ist Satan machtlos! Wir müssen nur fest daran glauben, mit unserer ganzen Seele!« Nun standen alle auf, klatschten, stampften, sangen und jauchzten. Die rhythmischen Gesänge rissen auch mich mit. Jahrelang aufgestaute Emotionen ließen den Wall bersten. Inbrünstig flehte ich Gott um Hilfe und Vergebung an. Mein Körper zuckte unkontrolliert, alles musste heraus, die enttäuschten Hoffnungen und all die unergründlichen Seelenqualen. Sie existierte also wirklich, diese alles umfassende Liebe, dieser eine Gott, an den ich glauben konnte und der mich bedingungslos liebte. Zwar hatte ich meinen christlichen Glauben nie aufgegeben, doch nun glaubte ich, den Geist Gottes wirklich zu spüren. Erst als jemand meinen Arm berührte, erinnerte ich mich meiner Kinder. Verdattert sahen sie mich an, als sei ihre Mutter gerade verrückt geworden. Dem Pastor war mein gellender Gefühlsausbruch nicht entgangen. Er fragte, ob es im Publikum jemanden gäbe, der Jesus noch nicht als seinen alleinigen, persönlichen Erlöser anerkannt habe und der dies hier und heute tun wolle. Ich hob meinen Arm. Er bat mich zu sich aufs Podest. Mit zittrigen Beinen stieg ich die wenigen Stufen hinauf und warf mich vor ihm auf die Knie. Er legte seine Hand auf mein Haupt und forderte mich auf, ihm nachzusprechen. »Jesus, heute glaube ich fest, dass du Gottes Sohn bist und aus Liebe zu mir auf die Welt gekommen bist. Ich glaube an deinen Tod am Kreuz, durch den du mich von meinen Sünden befreit hast; ich glaube an deine Auferstehung und bekenne mich als Sünderin; ich bitte dich, reinige mich mit deinem Blut von meinen Sünden. Von heute an übergebe ich dir mein Leben, um dir zu dienen.« Eine herrliche, so noch nie verspürte Leichtigkeit beseelte mich. Ich war auf eine unfassbare Kraftquelle gestoßen, die mir Halt gab und einen Weg aus dieser Finsternis aufzeigte.

Einige Tage wartete ich noch, bevor ich Tino meine Bekehrung beichtete. Sein Kommentar fiel wie erwartet aus: »Du heilige Scheiße, wie kannst du nur an einen solchen Blödsinn glauben!« Auch Doña Dolores, eine selbst ernannte Katholikin, lästerte über meine Bekehrung. Jesus und seine Liebe zu mir, die ich durch die Predigten des Pastors erfuhr, wurden zu meiner Droge. Ich war mir sicher, eine höhere Wahrheit neu entdeckt zu haben. Sie würde mir helfen, die Turbulenzen des Alltags zu umschiffen. Bei Jesus konnte ich meine seelischen Lasten ablegen.

Es war früher Morgen, noch keine fünf Uhr. Ich schlief fest. »Sandra, steh auf, draußen ist irgendwas los, nun mach schon!«, flüsterte mir Tino ins Ohr und schubste mich unsanft. Ich schreckte hoch. »Oh Allmächtiger, die Bullen sind überall«, jaulte Doña Dolores, die aus dem Zimmer nebenan herüberkam. Sie hatte gerade zur Arbeit aufbrechen wollen. Für einen flüchtigen Augenblick, mit seinem nackten Oberkörper voller Tätowierungen, schien Tino wieder ganz der Marero von früher zu sein. »Hat er etwa wieder etwas verbockt?«, war meine erste Überlegung. Ich wählte Mutters Handynummer. Wenn jemand wusste, was da los war, dann sie. Still hörte sie sich an, was ich zu sagen hatte, dann wurde der Anruf unterbrochen. Noch einmal wählte ich ihre Nummer, aber sie antwortete nicht mehr. Was zum Kuckuck bedeutete das? Draußen wurde es langsam hell.

Kurz vor sieben Uhr ließ uns ein heftiges Trommeln an der Haustür zusammenfahren. Doña Dolores riss sie beherzt auf. Ich traute meinen Augen nicht, hereinmarschiert kam meine Mutter. »Mama, was machst du hier?«, fragte ich mit einer Mischung aus Schock und Bestürzung. »Keine Angst, die Razzia gilt nur dem Haus von Marta Alicia, sie suchen Ninja«, klärte sie uns auf. »Aber du hättest niemals hierher kommen dürfen, das ist viel zu gefährlich für dich!«, hielt ich ihr vor. »Gato hat dich sicherlich schon gesehen!« »Ach, halt deine Schnauze, red nicht so mit mir«, entgegnete sie ungehalten, »du hättest mich eben nicht anrufen sollen. Aber ich werde nicht zulassen, dass dir Violetta Probleme bereitet.« »Violetta?« »Ja, Violetta, das ist die Staatsanwältin, die diese Operation hier leitet. Du bleibst schön hier, ich komme gleich wieder!« Wie der Wirbelwind, als der sie gekommen war, entfernte sie sich wieder. Doña Dolores hatte nichts gesagt, sie nur hasserfüllt im Auge behalten.

»Hurenverdammt noch mal, deine Alte tickt wohl nicht mehr richtig?«, fuhr mich Tino an. »Was fällt der ein, hier einfach so aufzukreuzen? Damit reitet sie nicht nur sich selber in die Scheiße, sondern uns alle!« Ich musste ihm zustimmen, Empörung über meine eigene Mutter kam in mir auf. Wie konnte sie nur dermaßen unvorsichtig sein? Hatte es nicht gereicht mit der Abreibung, die sie Ninja verpasst hatte? Nach über einer Stunde war sie wieder da. »Verdammt, sie haben dieses Schwein nicht gefunden«, sagte sie bedauernd und investierte dann noch einige Minuten in den Versuch, mich zu überreden, doch mit ihr in den Rincón de la Piedra zurückzukehren. Das Risiko für mich sei hier einfach zu hoch, ich solle das doch endlich begreifen, wiederholte sie mehrmals. Ich aber war schlicht sauer über ihr draufgängerisches Vorgehen und erteilte ihr eine klare Absage.

Der Kirchenbesuch war nun der wichtigste Teil meiner Tage. Nach einer seiner Predigten nahm mich der Pastor beiseite. Es sei schade, dass mein Mann nie mitkomme, sagte er. Ich solle ihm mitteilen, auch er sei herzlich willkommen. Gerne leitete ich diese Einladung an Tino weiter, stieß jedoch auf die übliche Mauer aus Ablehnung. War diese wirklich so unüberwindlich? Vor einiger Zeit hatte er ja selber mit der Bibel und ihrem christlichen Gott geliebäugelt. Sein beißender Spott über meinen neuen Glauben versiegte mit jedem Tag etwas mehr. Ich kannte ihn gut genug, um zu wissen, dass es sein Starrsinn war, der es ihm nicht erlaubte, sich uns anzuschließen. Wie bei einem trotzigen Bengel durfte man ihn zu nichts zwingen, da er aus Prinzip immer genau das Gegenteil von dem tat, was man von ihm erwartete. Also fuhr ich eine entsprechende Strategie. »Du hast ganz recht, Schatz, das mit der Kirche ist doch nichts für dich«, heuchelte ich Verständnis. »Der Weg Gottes ist halt kein einfacher, den kann nicht jeder einschlagen.« Darauf antwortete er nichts. Aber nach zwei weiteren Tagen passierte es dann. »Habe ich noch saubere Hemden?«, wollte er wissen. Ich bejahte. »Gut, denn heute Abend werde ich mit euch in die Kirche gehen.« Dort saß er dann steif und ohne sich zu beteiligen. Aber schon beim zweiten Mal klatschte und sang er berauscht mit. Um Christus als seinen persönlichen Erlöser zu empfangen, wählte er einen Tag, an dem ich zuhause geblieben war, weil Jacqueline hohes Fieber hatte. Über Nacht verbannte er alle wüsten Vokabeln aus seinem Wortschatz, entsagte Zigaretten, Alkohol und anderen Drogen. Ein echtes Wunder war eingetreten! Seine Wandlung gab mir neue Zuversicht. Es war etwas, das ich mir schon lange ersehnt und wofür ich unermüdlich gebetet hatte. Würde er mit Gottes Hilfe doch noch zu dem Mann werden, der mich und sich selber glücklich machen konnte?

Die Mareros gebärdeten sich unterdessen immer ungenierter. Ich war gerade im Zentrum und kaufte ein Pfund Hähnchenfleisch, da betrat Sleepy gebieterisch den Fleischerladen. Mit der Hand zeigte er auf einige an der Wand hängende Würste. »Die dort links nehme ich«, sprach er, »und das Stück Rindfleisch dort auf der Waage auch.« Mit verhärteter Miene kam der Verkäufer, ein netter, älterer Mann, den Anweisungen nach und händigte ihm die verlangte Ware aus. »Okay, gut gemacht, Alter«, knurrte Sleepy und verließ ohne zu bezahlen den Laden. Es war inzwischen unmöglich geworden, in Palencia ein Geschäft zu besitzen, ohne Schutzgelder zu zahlen. Wer es nicht tat, der riskierte, nicht mehr lange zu leben.

Manchmal kam mir Tino geradezu mutig vor. So fing er an, auf seine ehemaligen Freunde zuzugehen und ihnen das Wort Gottes zu verkünden. Jehova liebe sie, denn auch sie seien Geschöpfe Gottes, versicherte er ihnen. Mehr als einmal handelte er sich dadurch Verwünschungen, Morddrohungen, ja sogar Fußtritte ein. »Sprich zu ihnen über den Herrn, dann wirst du sehen, wie sie Reißaus nehmen, denn der Teufel kann die Anwesenheit Gottes nicht ertragen«, belehrte er mich. Auch ich hatte das Verlangen, ihnen die frohe Botschaft Jesu zu vermitteln, wagte dies aber nur einmal bei Makumba, Rompemuros und Mecho. Mit deutlichem Unbehagen lauschten sie meinen Worten und verdrückten sich dann unter einem Vorwand. So wie Tino früher die Inhalte und Symbole der Mara Salvatrucha mit religiöser Glut verehrt hatte, so fanatisch krallte er sich nun an die Bibel. In jedem seiner Sätze kam mindestens einmal das Worte Jesus oder Gott vor. Bei mir aber machte sich schon wieder Ernüchterung breit. Seinen neuen Glauben interpretierte er so, wie es ihm am besten in den Kram passte. Nach einer Predigt fragte er mich, ob ich gehört habe, wie der Pastor sagte, der Mann sei der Kopf seiner Familie, genauso wie Christus der Kopf der Kirche sei. Daher habe der Mann, als Familienoberhaupt, alle wichtigen Entscheidungen zu treffen, wofür ihn Gott mit den erforderlichen Fähigkeiten ausgestattet habe. Ich war nicht auf den Mund gefallen und konterte mit einer anderen Bibelstelle: »›Gott schuf den Menschen als sein Abbild … als Mann und Frau schuf er sie.‹ Wir Frauen sind also ebenso Abbilder Gottes.«

Kam er von seiner Arbeit zurück, aß er gewöhnlich etwas, zog sich seine Turnschuhe an und ging mit einigen seiner Neffen auf einem nahen Feld Fußball spielen. Danach duschte er und machte sich für den Gottesdienst fertig. Dafür hatte er sich glänzend schwarze Lackschuhe, zwei gut anliegende, dunkelblaue Stoffhosen und drei einfarbige Hemden gekauft, ein melonenfarbenes, ein pastellblaues und ein weißes. Die musste ich ihm gebügelt bereithalten, damit er eins auswählen konnte. Dazu riss er immer alles aus der Kommode und ließ es verknittert auf dem Bett liegen. Wie ich es doch hasste, stets alles neu bügeln zu müssen! Zuerst nahm ich es noch hin, aber bald platzte mir der Kragen. »Tino, Gott ist es vollkommen egal, welche Kleider du trägst, für ihn zählt einzig und allein dein Glaube!« »Aber nein«, widersprach er mir leidenschaftlich, »alle unsere Glaubensbrüder ziehen sich doch korrekt an, da würden sie mich ja blöd anschauen, käme ich in einem gewöhnlichen T-Shirt daher.« Nun, das konnte ich noch einigermaßen nachvollziehen, denn diese langärmligen Hemden dienten wohl auch dazu, seine Tattoos und damit auch einen sichtbaren Teil seiner Vergangenheit zu verdecken.

»Schatz, auf Kanal 21 bringen sie heute Abend Annette Moreno. Schau sie dir doch an, ich kann ja heute alleine in die Kirche gehen«, schlug er mir an einem anderen Abend vor. Annette Moreno war meine Lieblingssängerin für christliche Musik. Ihre poppigen, mit viel Gefühl gesungenen Lieder, lösten tiefste Gefühlsregungen in mir aus. Mit vielen ihrer Liedtexte konnte ich mich identifizieren, etwa mit folgendem:

Die Blumen sind verblüht, das Gedicht ist zu Ende, aus Liebe ist Bitterkeit geworden. Sie will die Zeit zurückdrehen, vergangene Freuden neu erleben. Doch kann sie die Dinge nicht mehr so sehen wie zuvor, denn im Meer des Vergessens ist alles versunken. Der Mond umarmt sie, ein Engel weint.
Vergangen die Jahre, längst vergessen die Liebe, die ihr Liebster ihr einst geschworen hatte. Er geht in ihr Zimmer, erblickt sie auf dem Bett, berührt ihren starren Körper. Traurigkeit hat sie getötet.
Frische Blumen treffen ein, ein anderes Gedicht beginnt über ihrem kalten Grab. Er möchte die Zeit zurückdrehen, sich in ihrer lieblichen Stimme verlieren. Doch kann er die Dinge nicht mehr so sehen wie zuvor, denn im Meer des Vergessens ist alles versunken. Der Mond umarmt ihn, ein Engel weint.

Auch an den folgenden Abenden suchte Tino nach einer Ausrede, um alleine in die Kirche gehen zu können. Mir schwante, dass er uns nicht mehr dabei haben wollte – weder mich noch seine Kinder. Als ich den Grund zu wissen verlangte, sagte er nur, es sei einfach besser so. »Papi, darf ich mit dir in die Kirche gehen? Soll ich mich umziehen?«, fragte Anthony seinen Vater voller naiver Unschuld. »Jesus, nein, hab ich dir das nicht schon oft genug gesagt, du Bengel? Du bleibst hier bei deiner Mami!«, kanzelte er ihn dann ab und stolzierte mit der Bibel in der Hand davon. Nichts hätte mich tiefer kränken können als diese herabsetzende Behandlung unseres Sohnes.

2004–2005
RINCÓN DE LA PIEDRA

Nach etwas mehr als drei Monaten im Ojo de Agua hatten sich meine Geduld und die Hoffnung auf einen echten Neuanfang aufgezehrt. Tino war nun Christ, doch an seinem rückständigen Macho-Gehabe hatte dies nur wenig verändert. Der Moment war gekommen, mich wieder zu verabschieden, ohne zu wissen, für wie lange oder was aus mir werden sollte. Vor meiner Mutter war mir das peinlich, daher gab ich daheim zuerst vor, Tino habe mir erlaubt, eine Woche bei ihr zu verbringen. Kaum hatte ich ihr das gesagt, rief er mich an. Ich ging vors Haus, um ungestört mit ihm reden zu können. »Im Namen Jehovas, schämst du dich denn gar nicht, dich einfach so fortzustehlen?«, fragte er aufgebracht. »Was ist denn nun schon wieder in dich gefahren, kann man dir auch gar nichts recht machen? Hast du dich nicht vor Gott verpflichtet, für unsere Beziehung zu kämpfen?« »Ach Tino«, seufzte ich, »ja, das stimmt schon, aber es sind so viele verschiedene Dinge, die nicht mehr stimmen zwischen uns. Fürs Erste will ich hier bei meiner Familie bleiben, bitte begreif das!« Erwartungsgemäß begriff er es nicht. Für ihn war es ein erneuter Verrat meinerseits.

Mutter hingegen war mehr als erleichtert, als ich ihr ankündigte, nun definitiv bei ihr bleiben zu wollen. Aber da gab es noch ein kleines Problem: Jetzt, da Miguel Angel bei ihr im Häuschen lebte, war es eindeutig zu eng für uns alle. Beba und Tante Juana wollte ich nicht schon wieder belästigen. Unsere Rettung war der rustikale Anbau am Haus der Großeltern, in dem einst die Backstube untergebracht gewesen war. Bis auf einige Kisten stand dieser Raum nun leer. Salvador und Lincy halfen mir, darin sauber zu machen. Trotzdem blieb es ein wenige Quadratmeter großes moderiges Loch, in das wir freilich nur zum Schlafen kommen würden. Mutter lieh mir ein metallenes Klappbett, eine Strohmatratze sowie etwas Bettwäsche. Tagsüber hielten wir uns entweder gleich nebenan bei den Großeltern oder aber unten bei ihr auf. Um etwas mehr Platz zu haben, hatte Miguel Angel mitgeholfen, ihrem Häuschen einen Vorraum anzufügen, dessen Wände aus mehreren Wellblechplatten zusammengebastelt waren. Dort war nun die Kochecke untergebracht. In einem Holzgestell reihten sich Schnapsgläser in verschiedenen Größen und Farben aneinander. Mutter sammelte sie. Im Wohnbereich standen zwei neue gepolsterte Sessel mit breiten Lehnen. Die Plastikabdeckung hatte sie darüber gelassen, damit der mit karierten Mustern verzierte Stoffüberzug nicht so schnell schmutzig wurde. Die Wände aus Zementsteinen hatten immer noch keinen Verputz, aber sie wurden durch Kalender und Fotorahmen verschönert. Über den Betten in den beiden kleinen Schlafzimmern lagen mehrfarbige Bettüberwürfe.

»Du kannst dir einen Job suchen, wenn deine beiden Kleinen etwas älter sind«, sagte Mutter zu mir, ohne zu ahnen, dass schon ein drittes unterwegs war. Ich war wieder in anderen Umständen. Wie schon bei Jacqueline behielt ich diese Angelegenheit wochenlang für mich. Niemand würde ob dieser Neuigkeit Freudentänze aufführen.

Lincy lebte nun mit ihrem Freund Noly im Haus ihrer Mutter Patricia. Wie in unseren Kindertagen verrichteten wir vieles gemeinsam, halfen Emilia im Laden, kochten, putzten oder wuschen Kleider. Dabei begaben wir uns von einer Behausung zur anderen, immer umringt von einer lärmenden Kinderhorde. Neben ihrem Jungen, der zwei Jahre alt war, musste Lincy sich auch noch um ihre vier jüngeren Geschwister kümmern, wenn Patricia nicht anwesend war oder kochte. Und auch ich war für meine beiden jüngsten Geschwister so etwas wie eine zweite Mutter. María-José nannte mich daher auch »Mami«. Ein immer gern gesehener Gast war Erika. Der tragische Tod ihrer zwei Brüder hatte ihr viel von ihrem früher so unbekümmerten Wesen geraubt. Obwohl etwas älter als ich und durchaus attraktiv, war sie immer noch Single. Onkel Ramiro hatte seine Frau Evelyn verstoßen, weil sie ihm keine Kinder hatte gebären können. Ich hatte Evelyn immer sehr lieb gehabt. Doch schon teilte dieser Idiot seine Hütte mit einer Neuen, die mir gar nicht zusagte. Von ihr erwartete er sich nun den ersehnten Nachwuchs. Es war gemein, doch ich hoffte, dieser Wunsch möge sich ihm nicht erfüllen.

Meine Eröffnung, ein drittes Kind zu erwarten, löste bei Mutter einen wahren Sturm der Entrüstung aus. Tino kümmere sich ja nicht einmal um die Kinder, die er jetzt schon mit mir habe, warf sie mir vor. So jemand wie ich müsse doch definitiv an einem Gehirnschaden leiden, befand sie. »Geh mir aus den Augen, verschwinde, verdammt noch mal! Ich halte es nicht aus, dich noch einmal von diesem Dreckstück schwanger zu sehen!« Sie tat, als würde ich die Frucht des leibhaftigen Teufels in mir tragen. Ich durfte ihr Häuschen nicht mehr betreten. Enttäuscht und gekränkt hielt ich mich von ihr fern. Nur Anthony und Jacqueline durften sich weiterhin bei ihr aufhalten, ihnen gegenüber verhielt sie sich gewohnt liebevoll.

Einzig Tino nahm meine Schwangerschaft relativ positiv auf. Für ihn war es ein willkommener Beweis dafür, dass wir zusammengehörten. Und wieder wollte er mich mit der gleichen Masche breitschlagen: »Schatz, im Namen Gottes, warum kannst du mir denn nicht verzeihen? Mir geht es wirklich dreckig. Jesus weiß, wie sehr ich euch liebe und brauche. Gott sagt, die Ehe sei heilig. Ein Mann und seine Frau werden zu einem Fleisch, und was Gott zusammengefügt hat, das darf der Mensch nie mehr trennen.« Wir waren gar nicht verheiratet, frischte ich sein Gedächtnis auf. Und auch, dass er seine Kinder bei deren Geburt nicht einmal als die eigenen habe anerkennen wollen. Die Geburtsurkunden von Anthony und Jacqueline trugen nämlich nur meinen Namen, aber nicht seinen. Das spiele doch gar keine Rolle mehr, drückte er sich um eine direkte Antwort, vor Gott seien wir gleichwohl eine richtige Familie. Dieser habe mich für ihn und ihn für mich auserwählt. Ich war mir da nicht mehr so sicher. Zwar war auch ich durchdrungen von meinem Glauben an ein höheres Wesen, doch seine Schlussfolgerungen erschienen mir eindeutig zu eigennützig. Und was nützte all das schöne Gerede, wenn er uns mit keinem einzigen Quetzal half?

Meine Kinder durften sich, wann immer sie wollten, bei meiner Mutter verpflegen, ich aber war auf die Großzügigkeit meiner Großeltern angewiesen, die mich mit durchfütterten. Je schwieriger meine familiären und mentalen Umstände wurden, desto stärker wurde mein Verlangen, wieder in die Kirche zu gehen und mich von diesem kollektiven Glaubensgefühl, das man dort miterleben konnte, mitreißen zu lassen. Endlich würde ich meinen Glauben frei ausüben können, so hoffte ich. Ganz in der Nähe versammelte sich eine Christengemeinde mehrmals wöchentlich in einem Privathaus, geleitet von einem Laienprediger. Es waren nicht mehr als zehn Personen, aber sie nahmen mich herzlich in ihrer Mitte auf. Leider hatte ich nicht mit Großmutters Reaktion gerechnet, die sich durch meinen Glaubenswechsel provoziert fühlte. »Das sind doch hirnverbrannte Spinner, diese Evangelikalen, kapierst du das nicht, Sandra? Was soll denn das, diese laute Musik, dieses alberne Herumtanzen und Kreischen und dieses hirnverbrannte Zungenreden? Die sind doch alle bekloppt, so etwas gehört sich nicht! Hast du denn nichts Gescheiteres zu tun, als bei denen deine Zeit zu verplempern?« Um derartige Rügen zu vermeiden, verzichtete ich darauf, weiterhin diese Gemeinde aufzusuchen. Zum Ausgleich vertiefte ich mich daheim in meine Bibel.

Wieder dauerte es Monate, bis Mutter ihre Abscheu beim Gedanken an ein weiteres Enkelkind von Tino überwinden konnte. Nach und nach redete sie wieder mit mir und schaffte es auch auszublenden, wessen Kind ich in mir trug. »Wie geht's meinem süßen Würmchen da drinnen, kommt es auch bald heraus?«, murmelte sie und tätschelte dabei meinen nun schon runden Bauch. Wann immer Tino zu abendlicher Stunde kurz bei uns vorbeikam, wäre sie ihm am liebsten an die Gurgel gesprungen. Aber selbst sie konnte ihm nicht verwehren, seine Kinder zu sehen.

Auch Großmutter hatte ihn bisher mit Nichtbeachtung bestraft. Umso mehr überraschte es mich, als sie ihn eines Abends zu sich ins Haus bat und ihm sogar ein Glas Fruchtsaft servierte. »Junge, was ist denn mit dir los?«, fragte sie tadelnd. »Nun wirst du schon zum dritten Mal Vater. Wann endlich gedenkst du, etwas mehr Verantwortung für dich und deine Familie zu zeigen? Du gibst ja vor, Christ zu sein. Weißt du denn nicht, dass es eine Todsünde ist, nicht für das eigene Fleisch und Blut aufzukommen? Du und Sandra, ihr habt eine große Verantwortung auf euch geladen.« Er nickte nur oder sagte »Ja, Señora«, fast so wie ein braver Schuljunge. Sie habe einen Vorschlag für uns, sprach Großmutter weiter. Sie und ihr Mann seien bereit, uns den Bau zu überlassen, in dem ich jetzt hause. Er dürfe dort einziehen, wenn er wolle. Es sei zwar etwas eng für uns alle, doch könne er ja noch einen zweiten Raum anbauen – Platz genug dafür wäre vorhanden. Tino sagte nicht sofort zu, doch sein christliches Gewissen war in Bewegung geraten. Mir kam das alles sehr seltsam vor. Er sollte bei uns auf dem Gelände wohnen, obwohl er dieses bisher wie Feindesland betreten hatte? Die Welt schien Kopf zu stehen. Doch es war ein Angebot, dem ich mich trotz starker Bedenken nur schlecht widersetzen konnte. Tatsache war, dass ich mittellos dastand und er nun einmal der Vater meiner Kinder war. Und da glomm auch immer noch etwas Liebe für ihn in mir. Etappenweise zog er also bei uns ein. Wiederum waren wir eine Familie, und wieder durfte ich alltäglich seine Hemden und Hosen bügeln, damit er abends präsentabel in die Maranata-Kirche im Ojo de Agua gehen konnte.

Mutter verheimlichte mir weitgehend, wie es um ihre verwegene Konfrontation mit Gato und seiner Clique stand. Zugegebenermaßen fragte ich auch nie nach. Erstens, weil sie mich ja ohnehin nur angeherrscht hätte, das gehe mich nichts an, und zweitens, weil ich alles, was mit der Mara Salvatrucha zu tun hatte, so gut wie nur möglich aus meinen Gedanken verbannen wollte. Lieber betete ich zu Gott und bat ihn, er möge uns alle beschützten. Wäre mir das volle Ausmaß ihrer Anstrengungen bewusst gewesen, hätte ich zweifellos keine ruhige Minute mehr gehabt. So bekam ich beispielsweise nichts davon mit, wie sie und Patricia am 22. August direkte Zeuginnen einer weiteren Bluttat wurden. Es war schon Abend und dunkel. Gerade waren sie aus

Guatemala-Stadt kommend aus dem Bus gestiegen und eilten durch die fast menschenleere Hauptgasse Palencias. Plötzlich fielen Schüsse. Reflexartig verbargen sie sich in einem Seitenweg, von wo aus sie eine Gruppe Bewaffneter vorbeirennen sahen, unter ihnen Sleepy, Palillo und Flash. Der Anschlag hatte Miguel Mijangos Fajardo gegolten, dem Bruder von Leñazo. Wegen dessen Ermordung vor über vier Jahren war Tino angeklagt, dann aber freigesprochen worden. Miguel hatte Glück im Unglück – er überlebte, war aber querschnittsgelähmt. Auch in diesem Fall kollaborierte Mutter insgeheim mit den Behörden und bot sich als Zeugin vor Gericht an.

Wochen später erlebte ich, wie sie mittags »In Ordnung, ich komme sofort!« in ihr Handy schnarrte und davoneilte. Nach einer Stunde war sie wieder da, mit zwei Polizeibeamten, die ihr bis zum späten Abend nicht mehr von der Seite wichen. Um eine Erklärung kam sie dieses Mal nicht herum. Die Bullen hätten soeben Gato verhaftet, sagte sie voll fiebriger Entschiedenheit. Ich konnte es nicht glauben. Den leibhaftigen Gato! Den Chef der hiesigen Mara Salvatrucha! Auf der Polizeistation hatte sie ihn als einen der Mörder meines Cousins Juan Luis identifiziert. »Ja, das ist Gato, das ist dieser Deckskerl«, hatte sie den Polizisten bestätigt und ihm dabei direkt in die Augen geschaut. Und dieser hatte ihr, bevor sie ihn abführten, zugefaucht: »Dafür wirst du noch teuer bezahlen, du dreckige Hure!« Tage später wurde Mutter erneut auf den Polizeiposten bestellt. Ihre Bemühungen hatten neue Früchte getragen. Dieses Mal war es Ninja, der der Polizei ins Netz gegangen war. Seine Mutter, Marta Alicia, war auch dort, und zwischen beiden Frauen ging es verbal heiß her.

Meine Familie war nicht die einzige in Palencia, die beträchtliche Schwierigkeiten mit der Mara Salvatrucha hatte. Vor allem für Knaben und jüngere Männer war es nicht leicht, neutral oder unbeteiligt zu bleiben. Das musste auch José, ein direkter Nachbar von uns, am eigenen Leib erfahren. Ich kannte ihn seit meinen Kindertagen, wir hatten fast das gleiche Alter. Alle nannten ihn El Muerto, »der Tote«. Diese Bezeichnung verdankte er seinem wirklich abstoßenden Äußeren: Tiefe Augenhöhlen und verknöcherte Gesichtszüge, die er mit einer wenig passenden Stachelschwein-Frisur kombinierte. Aber er war ein unbescholtener, einfacher Bursche, der wie meine Brüder Pedro und Marlon als Bäckergehilfe arbeitete. Nie legte er sich mit jemandem an oder suchte sich überflüssige Probleme. Daher war Mutter auch höchst aufgebracht, ihn auf der Straße mit Flash anzutreffen. Sie glaubte, auch er habe sich nun den Mareros angeschlossen, und beschimpfte ihn. Noch am gleichen Abend tauchte José vor Mutters Häuschen auf. Er wollte mit ihr sprechen, doch sie wies ihn schroff ab. Doch Patricia riet ihrer Schwester, mit José zu sprechen. Vielleicht habe der ihr ja etwas Wichtiges mitteilen wollen. Auf einem nahen Feld, wo dieser mit Freunden Fußball spielte, spürten sie ihn auf. »Ich bin kein Marero, glauben Sie mir doch, Doña Bernarda!«, beteuerte er. Flash, Sleepy und Rompemuros würden ihn erpressen und drohten damit, ihn umzulegen, falls er nicht tue, was sie ihm sagten. So hätten sie von ihm verlangt, einen Einbruch zu begehen, in einem Lagerhaus. Das habe dann Gott sei Dank nicht geklappt. Nun aber würden sie wöchentlich hundert Quetzales von ihm verlangen. Diese Woche habe er ihnen noch gar nichts geben können, weil er leider etwas knapp bei Kasse sei. »Ich arbeite fast nur noch für diese Kerle«, sagte er völlig verzweifelt. Mutter bot an, ihm die hundert Quetzales zu spenden, falls er bereit wäre, die Polizei einzuschalten, um seinen Erpressern so eine Falle zu stellen. »Wenn ich das tue, Doña Bernarda, dann bringen die mich doch glatt um«, lehnte er gelähmt vor Angst ab.

In der folgenden Nacht wurde ich von Krämpfen und Wallungen gepeinigt. Im örtlichen Gesundheitszentrum knetete eine Ärztin an meinem Unterleib herum. Ich sei nahe an einer Fehlgeburt gewesen und müsse ab sofort jegliche Aufregung vermeiden, ließ sie mich wissen. Bei Mutter legte ich mich aufs Bett. Mein Nickerchen wurde schon bald gestört. »Doña Bernarda, ich werde zum Zirkus gehen«, tat ihr ein beflügelter José kund. »Schon morgen habe ich meinen ersten Auftritt in der Arena, als Clown, stellen Sie sich nur vor!«, sagte er voller Aufregung. »So komme ich weg von hier, kann durchs ganze Land reisen und habe Ruhe vor diesen Mareros.« Tatsächlich hatte ein kleiner Familien-Zirkus auf einer Wiese vor Palencia sein Zelt aufgestellt. José hatte sich mit den Zirkusleuten angefreundet und von ihnen erfahren, dass sie noch einen Hilfs-Clown suchten. Sicherlich waren sie auf seine speziellen Gesichtszüge aufmerksam geworden, die selbst ohne Schminke etwas skurril und dadurch witzig wirkte.

Einen Tag später, am 5. November, klopfte seine Schwester Johanna bei Mutter an die Tür. Ihr Gesicht war blutleer, sie schlotterte wie Espenlaub. »Sie haben meinen Bruder entführt... gestern Abend, als er bei seinen Zirkusfreunden war«, sagte sie völlig aufgelöst. »Die wollten ihn beschützen, aber Sleepy und Flash haben sie mit Pistolen bedroht. Oh Gott... mein Bruder hat diese Kerle noch angefleht, ihn laufen zu lassen, doch sie haben ihn einfach weggezerrt! Bitte, Doña Bernarda, Sie müssen uns helfen! Wir haben schon die Polizei verständigt, doch die hat bisher noch nichts unternommen!«

Sobald es am nächsten Morgen hell wurde, stellte Mutter einen Suchtrupp auf die Beine. Nach Aussagen der Zirkusleute war José in ein zerklüftetes

Gebiet am nördlichen Rand Palencias verschleppt worden. Angehörige, Nachbarn, Patricia und meine zwei älteren Brüder schlossen sich der Gruppe an. Infolge meines Gesundheitszustandes musste ich zurückbleiben. Gegen fünfzehn Uhr kehrten sie abgekämpft zurück. Mutter setzte sich mit einem Stöhnen bei den Großeltern an den Tisch und fing an zu erzählen: »Der Himmel war fast wolkenlos, es war glühend heiß, überall gab es nur Sträucher, Felsen und Steine. Nach mehreren Stunden hatten wir ihn noch nicht gefunden. Ja, ich war kurz davor, alles abzublasen, da stach uns ein übler Geruch in die Nase. Ich ging mit meiner Machete voran, bis ich in einer kleinen Mulde, zwischen zwei Felsen, etwas Farbiges entdeckte. Ich schwöre euch, noch nie habe ich etwas derart Entsetzliches gesehen. Es war Josés Leiche. Diese Bestien haben ihm die Kehle durchgeschnitten und ihn verbrannt. Seinen Händen fehlten die Finger; sie müssen ihn noch gefoltert haben. Bei Gott… Menschen, die so etwas tun, das sind doch keine Menschen mehr!«

Eine Woche nach der Beerdigung Josés, an der ich leider nicht teilnehmen konnte, wurde im Häuschen seiner Familie eine einfache Gedenkfeier veranstaltet. Ich war wieder fit genug, die wenigen Meter hinüberzulaufen. Johanna zeigte uns ein Stück Papier, das jemand vor die Haustür geworfen hatte. Darauf waren mit wackeligen Buchstaben primitivste Beschimpfungen geschrieben, ebenso drohte man damit, eine Granate auf das Haus zu werfen. Josés Familie wurde zweiundsiebzig Stunden gegeben, um ihr Heim zu räumen. Tags darauf lag es leer da.

Tino hätte am liebsten nichts von diesen Vorgängen gewusst. Sie erinnerten ihn zu sehr an seine eigene dunkle Vergangenheit, mit der er nichts mehr zu tun haben wollte. Seines Erachtens ging uns das alles nichts an, eine Auffassung, die ich bis zu einem gewissen Punkt teilte. All diese grauenhaften Ereignisse schreckten mich mehr und mehr ab. War es nicht viel gescheiter, uns von alldem fernzuhalten? War nicht alles andere der reinste Wahnsinn? Nur Gott konnte uns wirklich beschützen, auf ihn mussten wir unsere gesamte Energie und unseren Glauben lenken.

Tino sah es außerdem nicht gerne, wenn ich mich unten bei meiner Mutter aufhielt. »Bei Jesus, ich mag es nicht, wenn du andauernd bei deiner Alten rumhängst«, maulte er. Kaum zu glauben, doch erneut wollte er mir den Kontakt mit meiner eigenen Mama verbieten, selbst jetzt, da wir keine sechzig Meter von ihr entfernt wohnten. Es war lächerlich, geradezu grotesk! Aber die Zeiten, in denen ich mich ihm widerstandslos untergeordnet hatte, gehörten endgültig der Vergangenheit an. »Sie ist meine Mama, du spinnst wohl!«, widersetzte ich mich.

Um des Hausfriedens Willen hielt ich mich aber immer in unserem beengten Verschlag auf, wenn er vom Arbeiten zurückkam. Er blieb ja nicht für lange. Nach dem Duschen und einem Imbiss eilte er schnurstracks zum Gottesdienst, von wo er abends erst um kurz vor elf Uhr wieder zurückfand, nur um sich sogleich im Bett zu verkriechen. Mutter ihrerseits ließ keine Gelegenheit aus, ihm eins auszuwischen und ihn ihre Geringschätzung spüren zu lassen. Machte sie einem unserer Kinder ein Geschenk, dann tat sie dies ausnahmslos, wenn er auch zugegen war. Einmal kam sie mit einem neuen Paar Turnschuhe für Anthony, das sie ihm auch gleich anzog. Der arme Junge habe ja keine brauchbaren Schuhe mehr, sagte sie zu mir und beobachtete dabei vergnüglich Tinos wutverzerrte Mimik. »Himmel noch mal, ich ertrag diese Demütigungen von deiner Alten nicht mehr!«, bellte dieser mich an, nachdem sie gegangen war. »Wenn es nach der ginge, müsste ich euch aushalten, als wär ich Millionär, aber das kann ich nicht!« Meine Mutter verlange nichts Unmögliches von ihm und ich auch nicht, hielt ich dagegen. Sie vergöttere einfach nur ihre Enkelkinder, das sei alles. Oft endeten diese Diskussionen damit, dass er mir ein »Möge dir Gott vergeben!« an den Kopf schleuderte und ging. Jetzt, da er keinen Alkohol und auch keine anderen Drogen mehr anrührte, war er merklich ausgeglichener geworden. Zwar rutschte ihm manchmal immer noch die Hand aus, aber er verprügelte mich nicht mehr. Ab und an konnten wir uns sogar fast wie frisch Verliebte gebärden. Dann kitzelten wir uns gegenseitig und lachten ausgelassen, und er zog mir zwischendurch die Schuhe aus und massierte mir hingebungsvoll die Füße. Ich revanchierte mich, indem ich ihm spielerisch ein Apfelstück oder etwas anderes Essbares zwischen die Zähne schob. Sein Verdienst als Hilfsmechaniker, von dem er mir nun einen guten Teil abgab, war nicht sehr einträglich. Es reichte nur für das Nötigste. In einem Monat war Weihnachten, womit wie immer viele zusätzliche Ausgaben verbunden waren. Zudem hatte ich vor, Anthony fürs kommende Jahr beim öffentlichen Kindergarten anzumelden, der mittlerweile in Palencia eröffnet hatte. Aber all das kostete Geld.

Lincy riet mir, Äpfel, Trauben, Pflaumen, Rosinen, Nüsse, Vanilleschoten und andere saisonale Produkte zu verkaufen. Damit könne man einen schönen Batzen Geld verdienen, glaubte sie. Bei Tanten, Freunden und Mutter trieb ich ein Startkapital von kärglichen hundertfünfzig Quetzales auf. Tino gab weitere achtzig dazu. Er fuhr mit mir zum Terminal-Markt, wo diese Produkte am preiswertesten zu haben waren. Die schweren Kisten in den überfüllten Bus zu hieven und sie dann in Windeseile wieder auszuladen, war eine echte Plackerei. Für jede einzelne knöpfte uns der Bushelfer drei Quetzales ab. Tinos Nichte Cindy half mir beim Verkauf. Unsere Ware platzierten wir in zwei Styropor-Schachteln, die wir zu Bauchläden umbauten und sie so mehr oder weniger bequem vor uns hertragen konnten. Bei mir lag die Schachtel direkt auf dem kugelrunden Bauch auf. Jeden Tag liefen wir durch ein anderes Viertel Palencias. Dabei ergaben sich auch viele Möglichkeiten zum Plaudern mit Bekannten und Freunden. Ein Stopp bei einem der unzähligen Kramläden, um uns eine Zwischenmahlzeit zu gönnen, durfte auch nie fehlen. Mutter machte sich große Sorgen um meine Sicherheit, die ich aber nicht teilte. Ja, unterwegs trafen wir auch auf Mareros, aber mit den meisten waren wir bestens vertraut. Die Verkäufe liefen sehr gut. Nach ein bis zwei Stunden waren die Schachteln meistens schon fast leer, der Druck um unsere Hälse hatte sich beträchtlich verringert, und freudig wühlte ich in meinem mit Noten und Münzen gefüllten Geldbeutel. Je näher die Festtage rückten, desto gefragter wurden die Vanilleschoten, welche die Hausfrauen für die Zubereitung von Tamales oder Getränken benötigten. Nicht selten verkauften wir pro Tag Waren im Wert von über dreihundert Quetzales, wovon etwa hundert Quetzales als Gewinn übrigblieben. Cindy bekam immer ein großzügiges Trinkgeld von mir. Ich hatte sie immer noch sehr gern. Zwölf Jahre alt war sie nun und für ihr Alter schon enorm kokett. Sie genoss es sichtlich, dass ihre schlanken Formen eine solche Attraktion auf Jungs und Männer ausübten. So ähnlich musste ich in diesem Alter auch gewesen sein – ein Cocktail aus Gefallsucht, Unbekümmertheit, Frechheit, Unruhe und Ignoranz. Sie hatte einen großen Tross an Verehrern, über die wir uns mit Vorliebe lustig machten. Ich genoss die Zeit mit ihr.

Für Tino, als gestrengen Christen, stellte Weihnachten mit seiner Mischung aus katholischen und kommerziellen Traditionen ein Werk Satans dar. Für uns wahre Christen habe dies ein ganz normaler Tag zu sein, an dem wir unseren Gott lobpreisen wie sonst auch, predigte er mir. Ich war da flexibler. Blind den Anordnungen eines Pastors zu folgen, das lag mir nicht. Wie konnte ich meinen Kleinen ihre lang ersehnten Geschenke verwehren? Das wäre doch grausam und bestimmt auch gegen den Willen eines gutherzigen Gottes gewesen. Ich arbeitete ja, damit wir uns für die Feiertage etwas leisten konnten. Am 24. Dezember fand sich, wie es familiärer Brauch war, mein gesamter Familienclan bei den Großeltern ein. Es roch herrlich nach Fichten-Nadeln, die Tische waren übersät mit Bierflaschen, Krügen voller Ponche und Tellern, auf denen köstlich duftende Tamales zum Verzehr bereitlagen. Tino war in seine Kirche gegangen. Ich schwatzte mit Erika, Lincy und Myrna.

Neben uns hielt Mutter verliebt Don Miguel Angels Hand. Man konnte es sehen: die Liebe der beiden war immer noch genauso intensiv wie zu Beginn ihrer Romanze. Auch Patricia war da und riss unanständige Witze, über die alle lachen mussten. Nur Großmutter, die sich nach einem arbeitsreichen Tag etwas Erholung gönnte, lachte kaum. Sie aß schweigend einen Tamal mit zwei Stücken Weißbrot. Ihre herrische Natur hatte über die Jahre etwas an Schärfe eingebüßt. Siebzig Jahre alt war sie nun, ein wahrlich beachtliches Alter. Ihre Runzeln waren noch tiefer geworden, weißgraue Strähnen durchzogen ihre ehemals tiefschwarzen Haare, die sie sich erst kürzlich wellen und auf halblang hatte schneiden lassen. Das verlieh ihr ein ganz ungewohntes, seltsam gezähmtes Aussehen. Bei ihr saß Emilia. Auch deren Haarpracht hatte schon erste graue Strähnen. Was würde aus ihr werden, wenn ihre Mutter einmal sterben sollte? Etwas abseits, auf einem Stapel Ziegel, hockten Marlon und Pedro mit einigen Freunden. Gegen Pedro hatte es seit einem halben Jahr keine weiteren Mordversuche mehr gegeben, daher war er mittlerweile wieder in der Bäckerei tätig. Als ich mich nach Mitternacht zufrieden schlafen legte, schnarchte Tino schon. Aus seinem Radio klangen leise evangelische Lieder.

Die Gemütlichkeit und der Frieden dieser Festtage waren leider trügerisch. Einen Tag vor Neujahr suchte Mutter die Ombudsstelle für Menschenrechte in Guatemala-Stadt auf, ohne uns ein Sterbenswörtchen davon zu sagen. Dort gab man ihr ein Schreiben mit, in dem der Polizeidirektor Guatemalas, Johann Sperissen Vernen, angewiesen wurde, »die erforderlichen Maßnahmen zu treffen, um die persönliche Unversehrtheit von María-Bernarda López Osorio und ihrer Familie zu garantieren aufgrund der ständigen Drohungen durch Mitglieder der Mara Salvatrucha.« Leider sollte dieses Dokument kaum das Papier wert sein, auf dem es geschrieben war.

Januar 2005. Ich hatte es nun doch fertiggebracht, Anthony für den Kindergarten anzumelden. An seinem ersten Tag platzte er förmlich vor Freude. Jeden Morgen spazierte ich mit ihm ins Zentrum, auch wenn mir dies mit meinem dicken Bauch schon erhebliche Mühe bereitete. Den Rückweg bewältigte Anthony mit Salvador und María-José, die auf die nahe öffentliche Schule beim Park gingen.

Am Ende desselben Monats schenkte ich einem gesunden Mädchen das Leben, das wir Jennifer nannten. Wieder war es eine eher einfache Geburt. Meine drei Kinder nahmen mich nun voll und ganz in Anspruch. Ans Arbeitengehen war so schnell nicht mehr zu denken. Mutter umsorgte meinen Säugling vom ersten Tag an wie ihren eigenen. Trotz ihres streitbaren

Naturells war sie ein Mensch mit einem immens großen Herzen, der nicht nur sein letztes Hemd, sondern selbst sein Leben für die hergeben konnte, die er liebte. Das wurde mir erst jetzt so richtig bewusst. Tino gab vor, sich über seine zweite Tochter zu freuen, aber ich musste ihn anbetteln, damit er mir etwas zusätzliches Geld gab, um Babykleidchen und Windeln kaufen zu können.

Gleich neben dem Zimmer, das wir behausten, führte der öffentliche Weg vorbei. Somit konnten wir jedes vorbeifahrende Auto hören, ja dessen Vibrationen deutlich wahrnehmen. Nachts blieb es üblicherweise völlig still. Nicht so in den frühen Morgenstunden eines Apriltages, als eine lange Wagenkolonne mit ohrenbetäubendem Lärm den Weg entlang holperte. Zappelig sprang Tino aus dem Bett und öffnete die Tür einen Spalt breit. »Jesus, es sind die Bullen«, raunte er. Irgendwo musste eine Razzia im Gange sein. Aber wo und bei wem? Wenig später ging er dessen ungeachtet arbeiten. Auch Mutter eilte nach Tagesanbruch vom Gelände. Salvador und einige Nachbarjungen folgten ihr unauffällig. Nach zirka einer Stunde kam mein Bruder verschwitzt und mit aufregenden Informationen zurück, auf die Großmutter und ich schon brennend gewartet hatten. Die Polizei habe das Haus von Doña Natividad umstellt und sei gerade dabei, es zu durchsuchen, berichtete er uns. Sie seien hinter ihrem Sohn Flash her. Der sei ihnen offenbar entwischt, dafür hätten sie einen seiner Homies, Palillo, aufgegriffen. Dieser habe noch versucht, sich als Mädchen verkleidet davonzustehlen, aber unsere Mutter, die auch dort gewesen sei, habe ihn erkannt. Höchst ungute Gefühle stiegen in mir auf. Warum musste sie sich nun auch dort wieder einmischen und die Mareros damit noch mehr reizen? Dieser Flash war so etwas wie der Stellvertreter des inhaftierten Gato und ein ungemein gefährlicher Typ. Allerdings hatte ich keinen blassen Schimmer davon, dass diese Durchsuchungen auch in Zusammenhang mit dem Attentat auf Miguel Fajardo standen, bei dem Mutter ja eine direkte Augenzeugin gewesen war. Erst gegen Mittag war sie wieder zuhause. »Sie haben Doña Natividad festgenommen«, berichtete sie kampflustig. »Diese alte Hure hatte Granaten in ihrem Zimmer versteckt, und bei ihrem Sohn haben die Bullen eine Schrotflinte und eine selbst gebastelte Pistole gefunden.« Auch Großmutter war höchst besorgt und missgestimmt. Sie solle sich nicht derart exponieren, sondern die Polizei ihre Arbeit machen lassen, verlangte sie von ihrer Tochter. Mutter sah das nicht so. Jemand müsse den Behörden doch helfen. Diese Mareros würden es nicht wagen, auch gegen sie vorzugehen, glaubte sie. Ich konnte nur hoffen, dass sie sich da nicht täuschte. An diesem Tag verhaftete die Polizei auch Sleepy.

Damit saß nun ein gewichtiger Teil der Salvatrucha-Bande Palencias hinter Schloss und Riegel. Ich machte mir aber nichts vor: Es verblieben noch genügend Mareros in Freiheit. Und auch diejenigen, die nun einsaßen, würden sicherlich bald wieder freikommen. Bandenmitglieder, die schon mehr als zwanzig Knastaufenthalte hinter sich hatten, waren keine Seltenheit, denn der Staatsanwaltschaft gelang es nur sehr selten, eine Verurteilung zu erreichen. Zeugen ließen sich nur in den wenigsten Fällen finden, da die Leute vor allem eines hatten: Angst.

Zeitung las ich eher selten. Sie enthielten ja immer nur dieselben deprimierenden Nachrichten. Don Miguel Angel kaufte sich täglich die Boulevard-Zeitung *Nuestro Diario*. Nur manchmal, aus purer Langeweile heraus, blätterte ich ein wenig darin herum. Einmal sah ich eine Schlagzeile, die mir besonders in Erinnerung geblieben ist: »Massaker in Gefängnissen, 30 Tote«. Und daneben ein Bild mit einem Berg blutiger Leichen, die man in einem engen Gang aufgetürmt hatte. Ich las weiter. In mehreren Haftanstalten waren sich die Insassen der MS 13 und der Mara 18 in einer koordinierten Aktion gegenseitig an die Gurgel gegangen. Einige der Opfer waren sogar geköpft worden. Sofort musste ich an Gato und andere mir bekannte Mareros denken. Sie saßen im El Boquerón-Gefängnis, dem vermeintlich sichersten des Landes. Waren auch sie in diese Schlächterei verwickelt gewesen? Doña Dolores und Tinos Schwestern besuchten Gato regelmäßig im Knast und versorgten ihn mit allerlei Mitbringseln. Fast so, als gehöre er zur Familie.

Selbst in Anbetracht all der schauerlichen und besorgniserregenden Ereignisse um uns herum war meine Mutter erfüllt mit Lebensfreude. Jeden ihrer Tage kostete sie in vollen Zügen aus, und aus jeder Katastrophe schien sie noch gestärkt hervorzugehen. Sie war nicht gewillt, sich einschüchtern zu lassen. Ich bewunderte ihren Mut. Zum neunten Geburtstag meiner Schwester, am 9. Mai, organisierte sie ihr erstmals ein richtiges Fest. An die zwei Dutzend Kinder waren da, und es wartete ein echtes Festessen auf sie. Zartes Rindfleisch, dazu Reis mit einer Sauce aus Tomaten und Koriander sowie Radieschen-Salat. Als Krönung gab es eine mehrstöckige Geburtstagstorte. María-José hatte es eindeutig besser als ich früher. Sie musste nicht einmal im Haushalt mithelfen, sondern konnte sich voll auf die Schule und das Spielen beschränken. Ich gönnte es ihr jedoch von ganzem Herzen.

Miguel Angels Ankündigung, in die USA reisen zu wollen, traf Mutter wie eine Bombe. Gerade eben, nach fünfundzwanzig Dienstjahren als Gerichtssekretär, hatte er sich pensionieren lassen. Leider war seine monatliche Pension mehr als bescheiden. Verwandte, die in Houston im Bundesstaat Texas lebten, hatten ihm eine formelle Einladung zukommen lassen. Und nun hatte er sich in den Kopf gesetzt, ein oder zwei Jahre lang dort zu arbeiten, um sich so ein schönes Sümmchen Dollars ansparen zu können, als zusätzliche Altersvorsorge. Zwei Wochen später machte er seine Ankündigung wahr. Als Rentner war ihm von der Amerikanischen Botschaft in Guatemala-Stadt problemlos ein Touristen-Visum ausgestellt worden, somit konnte er bequem per Flugzeug reisen. Mutter schrieb damals in ihr Notizheft: »Heute ist die große Liebe meines Lebens in die USA gereist, auf der Suche nach einer besseren Zukunft für uns. Meine Seele liegt in Fetzen am Boden. Er nimmt die Hälfte von dem mit, was von meinem Leben noch übrig ist. Doch ich werde auf ihn warten.«

2005
GROSSE KLEINIGKEITEN

Mutter und ihre Schwester Patricia ähnelten sich äußerlich fast wie ein Ei dem anderen. Freilich war meine Tante wesentlich umgänglicher und weniger aufbrausend. Meistens jedenfalls. Auch sie konnte explodieren, wenn man sie auf dem falschen Fuß erwischte. Ein unerschöpfliches Konfliktpotenzial in unserer Familie stellten die zahlreichen Kinder dar. Fast immer ging es um Kleinigkeiten, durch die aber manchmal alte Sensibilitäten geweckt wurden. Etwa bei Mutter, die schon immer geglaubt hatte, sie und wir, ihre Kinder, müssten stets für alles als Sündenböcke herhalten. Bis zu einem gewissen Maß hatte sich dieses Denken auch auf mich übertragen. Nie aber hätte ich es für möglich gehalten, dass ein unwichtiger Streit zwischen Kindern derart weitreichende Folgen haben könnte. Bis zu jenem Nachmittag, an dem Anthony sich bitterlich bei mir beklagte, Edwin habe ihn ins Ohr gebissen und ihm einen seiner Feuerwerksvulkane weggenommen. Edwin war Patricias vierjähriger Sohn. Auf dem linken Ohr meines Jungen konnte ich tatsächlich eindeutige Abdrücke von Zähnen feststellen. Er und seine Spielkameraden hatten sich draußen im Freien mit diesen eher harmlosen Feuerwerkskörpern vergnügt, die ihm Tino geschenkt hatte. Eine Packung Knaller und drei Vulkane. »Warum musst du dich auch wegen solch unwichtigem Mist streiten!«, tadelte ich ihn. Ich wollte herausfinden, was sich abgespielt hatte, also ging ich hinauf zu Großmutter, wo sich Patricia gerade aufhielt. Diese fasste meine Frage als persönlichen Angriff auf. »Dein Bengel ist doch viel älter als Edwin«, giftete sie mich an, »er hätte ihm dieses Scheißding ruhig überlassen können! Aber wenn du willst, bezahl ich es dir!« »Ach, Pati, darum geht's doch gar nicht«, sagte ich, »ich sehe nur nicht ein, warum Anthony immer alles einstecken soll.« »Sandra, wenn's euch hier nicht mehr passt«, wurde sie noch verletzender, »dann zieht doch besser Leine, du und dein Mann, dieser verdammte Marero! Geht zurück in den Ojo de Agua, dort werdet ihr schon bekommen, was ihr verdient!« Diese harten Worte trafen mich wie Pfeilspitzen. Großmutter stand nur daneben, ganz so, als würde sie das Gesagte gutheißen. Am liebsten hätte ich gleich unsere Sachen gepackt und wäre losgezogen. Patricia habe es doch nicht so gemeint, ich solle doch bleiben, wollte mich Mutter ein wenig später noch umstimmen.

Aber die Schmerzen dieser Beleidigungen saßen einfach zu tief. Tino dazu zu bewegen, wieder zu seiner Familie zu ziehen, dauerte keine Minute. Bei uns auf dem Gelände hatte er sich ohnehin nie wirklich behaglich und noch weniger willkommen gefühlt.

Doña Dolores staunte nicht schlecht, uns in einem gemieteten Auto und mit all unserer Habe ankommen zu sehen. Wir durften uns wieder bei ihr einquartieren. Noch konnte ich nicht glauben, was ich da gerade angestellt hatte. Am Tag darauf, ich war mit Anthony und Jennifer auf dem Weg zu einer Tortillería, hätte mich beinahe der Schlag getroffen, als uns tatsächlich Gato entgegenkam. »Hallo, Alter«, grüsste ich ihn mit aller Natürlichkeit, während wir aneinander vorbeiliefen. Er erwiderte meinen Gruß, wobei mich seine kalten Augen einige Sekunden lang verfolgten. Er war also wieder auf freiem Fuß. Zu diesem Zeitpunkt wusste ich noch nicht einmal, dass es überhaupt zu einem Strafverfahren gegen ihn gekommen war. Weder Mutter noch Tino hatten etwas davon erwähnt. Aber offensichtlich hatte es mit einem Freispruch für ihn geendet.

Olga wohnte nicht mehr bei ihrer Mutter. Etwa zehn Fußminuten entfernt hatte sie sich mit ihrem neuen Mann ein Häuschen gemietet. Bei diesem handelte es sich pikanterweise um den Exfreund ihrer eigenen Schwester Evangelica. Dies hatte verständlicherweise zu heftigen Streitereien geführt. Wann immer es möglich war, ging ich zu Olga, denn mit ihr verstand ich mich weiterhin am besten. Wie oft hatte sie mich früher gegen ihren eigenen Bruder verteidigt. Dafür würde ich ihr ewig dankbar sein.

Und wieder wurde ich zur bevorzugten Anlaufstelle für Makumba. Er wollte plaudern, hatte Hunger oder bat mich um Tabletten, wenn ihn Magenschmerzen plagten. Immer noch war er häufig in Begleitung des kleinen Mecho. Dieser Knirps trug nun sogar zwei Waffen mit sich herum. Eine Kaliber 9mm-Pistole und einen Revolver mit Trommel. Manchmal wiegte er sie in seinen kleinen Händen und streichelte sie fast zärtlich. Und auch Black suchte mich hin und wieder auf. »Sandra, leider bist du Delis Braut. Der ist zwar jetzt Christ, aber er war einmal einer von uns, und dafür respektiere ich ihn«, sagte er mir bei einer dieser Gelegenheiten. Danach kam er glücklicherweise seltener. Tino erzählte ich so wenig wie möglich, was diese Besuche seiner Ex-Homies anbetraf, da ich wusste, wie eifersüchtig er war. Als anständige Frau hatte ich möglichst wenig mit anderen Männern zu sprechen. Hier im Ojo de Agua war es für ihn nun wieder einfacher, meine Bewegungsfreiheit einzuschränken. Dazu gebrauchte er kaum noch Gewalt, sondern vielmehr vermeintlich christliche Belehrungen und sonstige psychische Manipulationen.

In jenen Monaten hielten auf den Gassen und Wegen Palencias seltsame Taxen Einzug. Die Leute nannten sie Tuc-Tucs. Es waren Vehikel mit drei Rädern, eine Mixtur aus Auto und Motorrad, die ein findiger Geschäftsmann aus Indien importierte. In der türlosen Kabine hatten zwei Personen Platz, vorne hockte der Fahrer. Wie alle Leute ohne eigenes Auto hatten auch wir uns bisher auf Schusters Rappen fortbewegen müssen, um in unserem Städtchen von A nach B zu gelangen. Billig war dieses neue Fortbewegungsmittel nicht gerade. Vom Ojo de Agua bis in den Rincón de la Piedra kostete die Fahrt zwischen drei und fünf Quetzales, je nachdem wie gut man mit dem Fahrer feilschte. Etwa das Gleiche zahlte man für eine Busfahrt in die Hauptstadt, und diese lag wesentlich weiter entfernt. Natürlich wurden auch die Tuc-Tuc-Fahrer sofort von den Mareros in die Pflicht genommen. Für jedes Gefährt musste der jeweilige Besitzer wöchentlich eine »Gebühr« von einhundert Quetzales abliefern.

Mutter drängte mich immer wieder, zu ihr auf das Gelände der Großeltern heimzukehren, doch ich dachte nicht daran. Aber mir fehlte mein Schwesterchen. Hatte ich etwas Geld übrig, setzte ich mich in ein Tuc-Tuc und fuhr María-José abholen, damit sie ein oder zwei Tage bei uns im Ojo de Agua verbringen konnte. Salvador durfte uns nicht mehr besuchen, für ihn war es eindeutig zu gefährlich, denn die Mareros hätten ihn mit Pedro verwechseln können. Etwas Kurzweil bescherte mir auch Cindy, die täglich aus Los Tecomates nach Palencia kam, wo sie zur Schule ging. Danach schaute sie immer bei uns herein und blieb eine Weile. Auch Evangelica, ihre Mutter, ließ sich mehrmals pro Woche blicken. Für Tino war der Gang zur Kirche die Krönung eines jeden Tages. Dafür schaffte er sich eine teure, in feines Leder gebundene Luxusausgabe der Reyna-Valeria-Bibel an. Dieses dicke Buch trug er mit erhobenem Haupt zur Predigt.

Während wir uns anstrengten, Gott näher zu kommen, öffneten sich um uns herum die Pforten zur Hölle immer weiter. Das Diabolische konnte selbst die Gestalt eines Engels annehmen. Die Morgensonne brannte kräftig. Rosa war zuhause geblieben, weil sich bei ihr viel schmutzige Wäsche angehäuft hatte, die sie nun waschen wollte. Am späten Nachmittag – ich war ihr behilflich, die sauberen und trockenen Kleider von der Leine zu nehmen – kamen einige Mareros herbeigerannt und blieben aufgeregt diskutierend draußen beim Weg stehen. »Jungs, was geht da ab bei euch?«, fragte Rosa neugierig. »Stell dir vor, Mecho hat gerade einen verdammt harten Job hinter sich«, antwortete Rompemuros aufgekratzt. »Wie er diesen Kanaken erledigt hat, einfach geil!«, sagte ein anderer. Nur Makumba gab zu bedenken: »Scheiße!

Hätte er ihn nicht einfach nur erschrecken können?« »Nein, du feige Sau«, wurde er sofort zurechtgestaucht, »diese Arschgeburt hatte es voll verdient, wir hatten ihn ja gewarnt!« Mecho, der zwischen ihnen stand, zog eine Pistole unter seinem Hemd hervor und begann damit herumzuspielen. »Verfickte Scheiße«, sprach er mit seiner Kinderstimme, »wisst ihr, Jungs, jetzt bin ich erst so richtig auf den Geschmack gekommen.« Seine Augen glühten dämonisch. Dieser kleine Junge hatte gerade jemanden erschossen und brüstete sich nun auch noch damit! Das Opfer war ein selber noch minderjähriger Junge gewesen, wie wir später erfuhren.

Mit äußerlicher Regungslosigkeit nahmen Rosa und ich das infernalische Drama zur Kenntnis. Beide kannten wir die goldene Regel, um in dieser Gegend überleben zu können, und die hieß: absolute Verschwiegenheit. Auch Mutter gegenüber öffnete ich nie den Mund über das, was ich um mich herum sah oder hörte. In Palencia rotierte die Spirale des Todes immer schneller. »Leben, um zu töten, für Blut und Delirium«, war ein Leitspruch der Mara Salvatrucha, den sie nun voll auslebten. Den Kopf einziehen und sich nicht einmischen war die einzige Überlebensstrategie.

Irgendwie war auch Ninja wieder freigekommen. Zuerst war er einige Tage in El Salvador gewesen, wo ein Teil seiner Familie lebte. Dort hatte er sich einen neuen Look zugelegt: kurze blondierte Haare und einen goldenen Ring am linken Ohr. Nun hatte er fast etwas Tuntenhaftes an sich. Tage nach seiner Rückkehr in Palencia hörten Rosa und ich aufgeregte Schreie und traten vors Haus. Zuerst sahen wir keine Menschenseele, bis jemand den Weg entlang gerannt kam, so schnell, als sitze ihm der leibhaftige Luzifer im Nacken. »Das ist doch Ninja«, sagte Rosa. Verfolgt wurde er von drei Kerlen. Es knallte, und instinktiv duckten wir uns. »Anthony!«, schrie ich, denn mein Junge war uns nach draußen gefolgt. Schnell zog ich ihn mit mir hinunter auf den Boden – schon schlug zwei oder drei Meter neben uns eine Kugel in die Wand ein. Auf allen Vieren krochen wir zurück ins Haus. Einige Minuten lang blieb es still. Dann war Geraune zu hören. Vorsichtig spähten wir durchs Fenster. Draußen auf der Mauer hatte Gato es sich mit einigen seiner Homies bequem gemacht, als wäre nichts passiert. Rosa öffnete die Tür. »Verdammt, Jungs, was war denn da los?«, fragte sie kühn. »Nichts, Rosa, Koky will Ninja kalt machen, das ist alles«, sagte Gato salopp. Dieser Koky war ein Neuzugang bei der Bande. Warum er seinem eigenen Homie nach dem Leben trachtete, erfuhren wir nicht.

Es war August und Regenzeit, die ganze Nacht über hatte es wie aus Kübeln geschüttet. Wie jeden frühen Morgen kochte ich etwas Wasser für Tinos

Kaffee. Sobald dieser zur Arbeit aufgebrochen war, weckte ich Anthony. »Komm, Schatz, wir gehen Brot kaufen, deine Schwestern lassen wir noch ein wenig schlafen.« Wir hüpften über den durchnässten, mit unzähligen Pfützen gespickten Weg hin zu einem etwas entfernten Lädchen. Das Brot war dort am billigsten: sechs Weißbrote und vier Süßbrötchen für nur zwei Quetzales. Auf dem Rückweg, beim Eingang eines Grundstücks, erblickte ich Gato. Er war nicht alleine. Eine hochgewachsene Schönheit mit langen, dunkelblonden Haaren, sicher nicht älter als vierzehn Jahre, schmiegte sich vertraulich an ihn. Gesehen hatte ich dieses Mädchen noch nie zuvor. Unter einem T-Shirt mit dem Rosaroten Panter darauf wölbte sich deutlich ihr Bauch. Sie musste schwanger sein. Aber von wem? Olga wusste wie immer mehr. Es handelte sich tatsächlich um Gatos Freundin. Und schon bald trug sie ein Neugeborenes mit sich herum. Dieser gefürchtete Marero war also Vater geworden.

Die zweifelhafte Idylle währte nicht lange. Schon nach einigen Wochen hieß es, seine neue Flamme habe ihn verlassen, aber das Neugeborene bei ihm gelassen. Kurze Zeit später wurde ich vor unserem Haus Zeugin einer äußerst makabren Darbietung. Da stand Gato inmitten seiner Kumpels. Im rechten Arm eingeklemmt trug er seinen winzigen, noch keinen Monat alten Sohn, während seine linke Hand ein Gewehr festhielt. Kreuzweise über die Brust geschlungen führte er zwei Munitionsgürtel mit sich. Es war wie eine Szene aus einem billigen Hollywood-Kriegsfilm. Mein irritiertes Muttergefühl veranlasste mich, meine übliche Zurückhaltung den Mareros gegenüber aufzugeben. »Alter, du siehst ja aus wie Rambo!« sagte ich. »Geht es dem Kleinen auch gut?« »Ja, das siehst du doch, es gefällt ihm bestens hier bei uns«, antwortete er sarkastisch und löste damit bei seinen Kumpanen das übliche Gelächter aus. Ich trat näher heran, um diesem kleinen Geschöpf die Wangen zu liebkosen. Es lächelte mich an, mit seinen großen, unschuldigen Augen, die noch nichts wussten vom Bösen dieser Welt.

Tagelang wollte mir dieses Baby nicht mehr aus dem Kopf gehen. Daher registrierte ich mit sehr viel Erleichterung, dass seine Mutter wieder auftauchte. Doch es war nur ein kurzes Zwischenspiel. Erneut suchte sie das Weite, und dieses Mal nahm sie ihren Sohn mit. Gato erlebten wir daraufhin voll von tödlichem Hass. »Hoffentlich ist sie weit genug weg, damit er sie nicht findet«, dachte ich besorgt. Drei Tage später vernahm ich Gatos Stimme, der sich beim Mäuerchen mit einigen seiner Freunde unterhielt. Er redete laut und deutlich, damit alle mithören konnten, die es wollten. »Mit mir fuckt niemand rum! Niemand! Dieser läufigen Nutte hab ich's gezeigt!« »Und wie hast du's gemacht?«, wollte Flash wissen. »Ach, ich hab diese Schlampe unter einem Vorwand zu mir gelockt, und dann hab ich mit ihr gemacht, was ich wollte. Ihr wisst ja, Jungs, wenn der Teufel nach Fleisch lechzt, dann muss man es ihm geben.« Meine Atmung stand kurz still. Hatte er diesem Mädchen etwa etwas angetan? Und wo war das Baby? Selbst Olga und Rosa, aus denen ich sonst das eine oder andere herauslocken konnte, schwiegen eisern. Am folgenden Morgen, beim Durchblättern der Zeitung Al Día, ließ eine kurze Meldung ohne Fotos das Blut in meinen Adern gefrieren. Man hatte eine zerstückelte Mädchenleiche gefunden, die jemand in einem Plastiksack über die Belizebrücke geworfen hatte, auf die darunter liegenden Dächer eines Armenviertels. Das Alter des Mädchens wurde auf höchstens fünfzehn Jahre geschätzt. Diese Brücke lag genau an der Strecke zwischen Palencia und Guatemala-Stadt! Ja, es gab sie wirklich, die Dinge, über die man lieber Stillschweigen bewahrte.

»Tochter, sei doch vernünftig, dort im Ojo de Agua bist du einfach nicht mehr sicher«, wurde Mutters Drängen immer vehementer. »Weißt du denn nicht, wie sehr ich mich jeden Tag um dich ängstige?« Ich blieb uneinsichtig, weil ich mir einfach nicht vorstellen konnte, dass die Mareros mir etwas zuleide taten. Sie bat mich inständig, doch wenigstens zu ihrem zweiundvierzigsten Geburtstag, am 8. November, bei ihr zu erscheinen. Das war in einer Woche. Ich sagte zu.

Mit viel Liebe wickelte ich am besagten Tag zwei Geschenke in rotes, glänzendes Papier ein: einen gerahmten Kunstdruck mit einer bewaldeten Berglandschaf darauf sowie einige bunte Früchte aus Keramik zur Dekoration. Cindy, die die Schule abgebrochen hatte und somit über genug freie Zeit verfügte, begleitete mich. Mit ihren dreizehn Jahren übertraf sie mich bereits an Körpergröße. Ihre Traumfigur wurde durch enge Jeans noch zusätzlich betont. Und neuerdings schminkte sie sich auch. Leider übertrieb sie es damit etwas zu sehr. Augenlider, Augenbrauen und selbst ihre prallen roten Lippen hob sie durch dicke schwarze Striche hervor. Auch ich trug mir immer etwas Schminke auf, aber nur dezent. Cindy bestand darauf, die ganze Strecke über Jennifer tragen zu dürfen, was ich ihr gern erlaubte. So einen süßen Schatz wolle sie auch einmal haben, meinte sie. Bei Mutter über dem Gasherd köchelte es in verschiedenen Töpfen und Pfannen. Sie begrüßte uns freudig und sagte zu mir: »Sprich doch wieder mit Pati, bitte, tu's für mich.« Dieses Anliegen kam eindeutig zu früh für mich. »Nein, das kannst du nicht von mir verlangen«, antwortete ich stur. »Aber es hat doch keinen Sinn, nachtragend zu sein.« Ich rang noch mit mir, da kam Patricia von sich aus auf mich zu. »Sandra, an dem Tag war ich verdammt schlecht drauf. Ich glaub, es ist das Beste, wenn wir das Vergangene ruhen lassen. Was meinst du?« Ich akzeptierte ihr Friedensangebot. Mit der Beilegung dieses familiären Zwistes konnte ich nun unbeschwert das Fest genießen. Mein letztes Glas Schnaps lag schon sehr lange zurück, nun aber genehmigte ich mir gleich zwei. So eine große Sünde konnte das doch nicht sein. Selbst eine echte Mariachi-Gruppe war da, in ihren schwarzen, silbrig bestickten Kostümen, mit den Gitarren und übergroßen Mexikaner-Hüten. Es war Mamas Lieblingsmusik. Lied für Lied sang oder summte sie mit. Triste Monate ohne ihren geliebten Miguel Angel lagen hinter ihr. Dieser hatte in den USA eine Arbeit als Gärtner gefunden und rief sie allwöchentlich an. Nun aber war sie in Feierstimmung und hörte nicht auf zu lachen und zu schäkern. Lincy und ich machten uns nützlich und servierten das Essen. Es gab zartes, gegrilltes Kalbsfleisch mit einer scharfen Soße und dazu jede Menge Tortillas.

Mitten in diesen Schmaus platzten vier Männer mit gestreiften Hemden und beige-schwarzen Jacken. Sie steuerten direkt auf Mutter zu, von der sie zuvorkommend begrüßt wurden. »Scheiße, das sind Bullen«, flüsterte mir Cindy ins Ohr und beäugte die Fremden hasserfüllt. Sie schien recht zu haben. Auch wenn diese Männer keine Uniformen trugen, so verriet sie doch ihre etwas steife Art sich zu kleiden. Und wenn man genau hinschaute, konnte man die Pistolen unter ihren Jacken erkennen. Es waren Mitglieder des DIC. Erst jetzt dämmerte mir, welch enge Kontakte Mutter inzwischen zur Kriminalpolizei aufgebaut hatte. Das schönste Geschenk, das ihr jemand hätte machen können, erhielt sie aber erst einige Tage nach ihrem Geburtstag. Vollkommen unvorhergesehen kehrte Miguel Angel aus den Vereinigten Staaten zurück, schwer beladen mit Geschenken und Anekdoten. Kein halbes Jahr hatte er es in der Fremde ausgehalten. Geld ist eben doch nicht alles.

Ende November bot sich mir wieder die Möglichkeit, durch den Handel mit jahreszeitlichen Produkten etwas Geld zu verdienen. Unzählige Ausgaben standen bevor, etwa jene für Anthonys kommenden Schulbesuch. Anders als im Kindergarten würde er nun eine sündhaft teure Schuluniform und haufenweise Schulutensilien benötigen. Tino fuhr mit mir auf den Terminal-Markt. Es war Samstag und der Verkehr auf der Zufahrtsstraße in die Hauptstadt noch zähflüssiger als sonst. Beim Überqueren der Belizebrücke musste ich unweigerlich an die blonde Freundin von Gato denken. Wie mir zu Ohren gekommen war, kümmerten sich nun seine Eltern um seinen kleinen Sohn. Schwer beladen fuhren wir wieder zurück. Tino blieb im Haus und hütete die Kinder. Beim Verkauf der Produkte unterstützte mich Cindy, wie schon im Jahr zuvor. Ihre respektlose, geradezu aufmüpfige Art erinnerte mich an meine eigene Teenager-Zeit. Sie machte, was sie wollte, und ließ sich auch von ihrer Mutter Evangelica nur wenig sagen. Für mich war ihre Gesellschaft immer die reinste Freude. Bei einem unserer Rundgänge durch Palencia wurde sie plötzlich sehr traurig und offenbarte mir ein Geheimnis. Sie habe kürzlich heimlich eine Abtreibung vornehmen lassen, sagte sie, dabei verzerrte sich ihr bildhübsches Antlitz schmerzhaft. Eine Abtreibung, und das in ihrem Alter? Ich war sowohl sprachlos wie auch bestürzt. Genaueres oder nur den Namen des verhinderten Vaters wollte sie mir jedoch nicht verraten.

2005

DIE BOTSCHAFT

Der Morgen war beschaulich, ausgefüllt mit allerlei häuslichen Erledigungen. Noch drei Tage fehlten bis Weihnachten, gewöhnlich eines der freudenreichsten Ereignisse des ganzen Jahres. Ich hatte mir vorgenommen, für diesen Tag mein ambulantes Verkaufsgeschäft ruhen zu lassen. Während der letzten Wochen war es wie geschmiert gelaufen, und ich hatte ein ganz schönes Sümmchen verdient, das ich aber schon größtenteils wieder ausgegeben hatte. Es ging auf den späten Nachmittag zu. Ich entschloss mich, mit meinen Kindern Olga einen Besuch abzustatten. Schon nach wenigen Schritten begegneten wir Patricia und ihrer Tochter Guadalupe. Wie jeden Tag waren sie im Ojo de Agua unterwegs, um einem greisen, alleinstehenden Mann, der nicht mehr für sich selber sorgen konnte, eine fertige Mahlzeit mit Tortillas zu bringen. Ob ich am nächsten Tag wieder auf Verkaufstour gehen werde, fragte meine Tante und legte mir nahe, diese Jahreszeit so gut wie möglich auszunutzen. »In keinem anderen Monat sitzt bei den Leuten die Knete so locker«, meinte sie. »Ja, Pati, das stimmt. Ich hab auch schon eine Menge Bestellungen.« »Gut! Und vergiss nicht, bei uns vorbeizuschauen, meine Kinder möchten dich sehen«, sagte sie und lief weiter.

Bei Olga reagierte niemand auf mein Klopfen. Seltsam. Hatte sie mir nicht versprochen, da zu sein? Ich hätte sie auf dem Handy angerufen, doch leider hatte ich kein Guthaben mehr. Schon wollte ich gehen, da streckte Cindy ihren Kopf durch eine fensterartige Öffnung heraus. »Was machst du denn hier?«, fragte ich etwas überrascht. »Ach nichts, Tante Olga ist zum Feld rüber gegangen, weil ihr dort jemand das Brennholz klaut«, sagte sie. »Komm doch rein!« Ich trat ins dämmrige Innere. »Hallo«, sagte jemand. Direkt neben mir stand Gato, in einem auffälligen gelben Pullover mit roten Streifen. Genüsslich rauchte er einen Joint. »Hallo Alter, alles okay?«, fragte ich freundlich und versuchte, entspannt zu wirken. »Verdammte Scheiße, ich bin grad für zwei Wochen im Knast gewesen«, raunte er in einem monotonen, unbeseelten Ton. »Das war schon das zweite Mal dieses Jahr, dass mich diese verpissten Bullenschweine eingelocht haben.« »Ja, Evangelica hat mir davon erzählt, das ist wirklich ein verdammter Hurenmist«, täuschte ich Anteilnahme vor. Er tuschelte etwas mit Cindy. »Du, ich muss jetzt los«, sagte er dann, »ich hab da noch einen verdammt wichtigen Job zu erledigen.« »Ja? Seit wann arbeitest du denn?«, fragte ich mit einem Lachen – ein Versuch, den Moment mit etwas Ironie aufzulockern. »Fuck, wenn ich den nicht erledige, dann stellen mich meine Homies ins Aus«, sagte er voller Ernst – dabei kraulte er Jacqueline den Kopf und fügte noch eigenartig grinsend hinzu: »Pass mir nur gut auf meine Schwiegertochter hier auf.« Dann ging er.

Zur gleichen Zeit, so gegen viertel nach vier, verließen Patricia und ihre Tochter den Ojo de Agua wieder. Dabei liefen sie an Gatos Haus vorbei, in dessen Vorhof einige Mareros herumhockten. »Mama, warum starren die uns heute so merkwürdig an?«, wunderte sich Guadalupe. Bei einer Zahnarztklinik im Zentrum, an die sie täglich Mittagessen auslieferten, hatten sie noch das schmutzige Kunststoffgeschirr abzuholen. Danach wollten sie in einem Laden etwas frischen Zacapa-Käse kaufen.

Da Olga immer noch nicht wiedergekommen war, machte ich mich mit meinen Kindern auf den Heimweg. Unentwegt musste ich an Gatos wirres Gerede denken. »Meine Schwiegertochter« hatte er Jacqueline genannt, wo doch sein eigener Sohn erst wenige Monate alt war. Der Mann hatte wirklich eine abartige Phantasie. Auch war mir neu, dass er und Cindy derart eng befreundet waren. Ich hatte es vorgezogen, sie nicht darauf anzusprechen. Kurz darauf kamen auch wir an Gatos Haus vorbei. Mir fiel nichts Besonderes auf und ich sah auch niemanden. Tino war noch nicht zuhause, doch ich begann schon mal damit, das Abendessen vorzubereiten.

Patricia und Guadalupe, die all ihre Besorgungen erledigt hatten, liefen unterdessen durch die langgezogene Bodensenke vor dem Grundstück der Großeltern. Genau hier war Joel ermordet worden, vor vier Jahren. Von oben kamen ihnen Rompemuros und Flash entgegen. Wortlos spazierten sie an ihnen vorbei. Hinter diesen beiden Mareros erschienen zwei Nachbarsfrauen, von denen eine einen Einkaufskorb auf ihrem Kopf trug. Zwischen ihnen und Patricia entspann sich ein Gespräch. Da zupfte Guadalupe am Ärmel ihrer Mutter. »Mami, guck mal«, sagte sie, »dort ist Gato!« Dieser stand etwa dreißig Meter hinter ihnen und gleich neben ihm Rompemuros, Flash, Makumba, Mecho sowie La China. Einige Sekunden lang sprach oder bewegte sich niemand. Dann löste sich Mechos zwergenhafte Figur von dieser Gruppe. Bedächtig bewegte er sich auf die Frauen zu, sein infantiles Gesicht strahlte eine verstörende Ruhe aus. Zwei Meter vor ihnen blieb er stehen, richtete seinen Zeigefinger auf Patricia und drehte sich kurz nach hinten um. Gato nickte langsam. Urplötzlich hielt der Junge eine Pistole in der Hand, mit der er genau auf den Kopf meiner Tante zielte. Das Echo eines Schusses krachte über die Steilhänge links und rechts, gefolgt von zwei weiteren. Patricia sackte sogleich zu Boden. Herzzerreißende Schreie ertönten. Guadalupe beugte sich über ihre Mutter, während sich der kleine Attentäter Hals über Kopf und mehrere Male stolpernd davonmachte. Auch seine Komplizen stoben auseinander und verloren sich im umliegenden Gesträuch.

Um 17.40 Uhr läutete mein Handy. »Sandra … sie haben auf Pati geschossen«, sprach Marlon mit bewegter Stimme. »Was? Was redest du da?«, fragte ich ungläubig. Auf der anderen Seite war nur noch ein Schluchzen zu hören. Benommen packte ich Jennifer und befahl ihren beiden älteren Geschwistern, mir schnellstens zu folgen. Ich wählte eine Abkürzung, quer durch Felder und über Nebenwege. Alle möglichen Fragen gingen mir durch den Kopf. Wo war Mama? Ging es ihr gut? Ich musste auch wieder an meine kurz zurückliegende Begegnung mit Gato denken. Auf halber Strecke klingelte erneut mein Handy. »Sie ist tot, sie haben sie getötet«, schluchzte mein Bruder. Auf unserem Familiengrundstück traf ich auf Emilia, die auf Patricias jüngere Kinder aufpasste. Ich überließ ihr auch die meinigen und hetzte weiter. Keine hundert Metern entfernt sah ich die Großeltern, Onkel Ramiro, Mutter, Pedro, Marlon und Salvador sowie einige Neugierige, die im Kreis um Patricias Körper herumstanden. Sie war mit einem Kleidungsstück bedeckt, nur die Beine und ein Teil ihres Rockes waren zu sehen. Tiefrote Rinnsale flossen über den Boden. Guadalupe und Lincy lagen an Großmutters Brust und weinten bitterlich. Mutters zu einer Grimasse verzogenes Gesicht zitterte, sie schaute sich nach allen Seiten um. Als sie die Schüsse gehört hatte, war sie gleich losgerannt. Zwei Polizeifahrzeuge waren auch schon da. Mit gezückten Waffen sicherten die Beamten die Gegend. Es wurde langsam dunkel.

»Kommt mit!«, wandte sich Mutter im Befehlston an mich und Pedro. Sie begann, die mit Sträuchern bewachsene Böschung hinaufzukraxeln. Uns blieb nichts anderes übrig, als ihr zu folgen. Wir steuerten auf eine etwas oberhalb gelegene Ansammlung von Hütten zu, den einzigen an diesem Teil des Weges. Oben angekommen schlug sie gegen eine verrostete Blechtür. »Komm raus, du elendige Hurentochter!«, krähte sie schwer schnaufend, »schämst du dich denn nicht, einen Mörder zum Sohn zu haben? Komm und schau dir an, was er verbrochen hat!« Erst jetzt fiel mir ein, dass hier Rompemuros Eltern hausten. Zwei Polizisten, die uns gefolgt waren, beobachteten das Geschehen eher belustigt. Unerwartet ging die Tür auf. Ein hagerer, älterer Mann trat heraus. Es war der Vater dieses Mareros. Ich dachte, Mutter würde sich auf ihn stürzen, doch dann beschränkte sie sich auf verbale Verwünschungen. »Du Waschlappen, sei doch ein richtiger Mann und züchtige deinen Sohn, diesen

Kriminellen! Für diese Schandtat werdet ihr noch teuer bezahlen, du und deine Alte, das schwöre ich euch bei Gott. In der Hölle werdet ihr schmoren, ihr alle!« Mit gesenktem Kopf hörte sich der Mann alles mit an. Endlich ließ sie von ihm ab.

Wir stiegen wieder hinab zum Ort der Gräueltat. Noch immer waren die Mitarbeiter der Staatsanwaltschaft nicht eingetroffen. Einzig sie waren berechtigt, die Leiche freizugeben. Erst nach über drei Stunden zermürbenden Wartens rollten endlich weiße Autos mit der Aufschrift MP heran. Wutentbrannt ging Mutter auf den leitenden Beamten los. »Verdammt, warum kommen Sie erst jetzt?« »Verzeihen Sie, Señora, aber wir haben uns verfahren, man hatte uns eine falsche Adresse angegeben«, rechtfertigte sich der stattliche Mann, in dessen schwarzer Mähne man die ersten grauen Haare ausmachen konnte. »Übrigens, ich bin José Antonio Meléndez.«

Ich hielt es nicht länger aus. Mit Lincy und Guadalupe ging ich zurück aufs familiäre Grundstück. Beide befanden sich im Schockzustand und ließen sich stundenlang nicht beruhigen. Patricia hinterließ auch noch drei kleine Kinder: Diego, Paula und Edwin, der gerade einmal fünf Jahre alt war. Noch wussten sie nicht, dass ihre Mutter tot war. Wir Erwachsenen besänftigten sie mit Notlügen, doch sie merkten, dass etwas Schreckliches passiert sein musste. Jemand berührte mich. Es war Tino. Ich weiß nicht mehr genau, was er zu mir sagte, aber es waren tröstende Worte. Wann er wieder ging, bekam ich nicht mit. Für mich gab es keinen Schlaf, dafür aber Ströme von Tränen. Meine schlimmsten Befürchtungen waren wahr geworden, der Teufel hatte zugeschlagen, erneut gegen meine eigene Familie.

Mutter, Großmutter und Tante Anita sahen wir erst am Mittag des folgenden Tages wieder. Sie hatten die gesamte Nacht und den Vormittag in der Leichenhalle sowie in einem Bestattungsinstitut in Guatemala-Stadt verbracht. Don Miguel Angel, als ehemaliger öffentlicher Angestellter, hatte ihnen den Weg durch den bürokratischen Dschungel ein wenig erleichtern können. Der Sarg wurde im Haus der Großeltern aufgebahrt. Fast die komplette Verwandtschaft war gekommen, dazu viele Freunde und Nachbarn. Ich half mit, belegte Brötchen zu schmieren, selber hatte ich aber keinen Hunger. Beba kam nur kurz. Mutter war wütend auf sie, denn La China, die Schwester ihres Mannes Pelón, war ja auch an diesem Mord beteiligt gewesen. »Ich kann doch nichts dafür«, wimmerte Beba und ging wieder. Es folgte eine weitere Nacht, in der ich nur kurz ein Auge zu tun konnte.

Am nächsten Morgen brach der Trauerzug in Richtung Dorfzentrum auf. Der Sarg wurde von Großvater, Mutter und ihren Geschwistern getragen.

Viele Frauen waren in Schwarz gekleidet, ihre Häupter hatten sie mit dunklen Tüchern bedeckt. In der katholischen Kirche wurde ein kurzer Gottesdienst abgehalten. Unter einem strahlend blauen Himmelszelt zogen wir dann weiter, über einen ungeteerten, idyllischen Weg, an dem einfache, gelb, hellblau und melonenfarbig gestrichene Häuschen lagen, die von tiefgrünen Sträuchern und vereinzelten Jakaranda-Bäumen mit rosaroten Blüten gesäumt wurden. Der letzte Abschnitt führte mitten durch ein goldbraunes Maisfeld, aus dem eine einsame Palme herausragte. Zu unserer Rechten erstreckten sich trockene, zerklüftete Hügel, zur Linken ragten die immergrünen, waldbedeckten Berge empor. Der Feldweg mündete in einer rosaroten Steinkonstruktion mit Spitzdach, auf deren Vorderseite das Wort »Gemeindefriedhof« aufgepinselt war. Dieser breitete sich auf einem hundertfünfzig Meter langen, aber keine dreißig Meter breiten Hügelrücken aus, der auf drei Seiten von tiefen Schluchten umgeben war. Labyrinthartige Gässchen trennten mehrstöckige, mit verschiedenen Pastellfarben bemalte Nischengräber. Einige hatten die Form von Schachteln, andere erinnerten mehr an Marzipanhäuschen. Vor der offenen, für meine Tante bestimmten Nische, spielten sich ergreifende Szenen ab. Großmama war am Boden zerstört und musste gestützt werden. Mutter kniete vor dem Grab, ihr Wehklagen war mehr ein Schreien. Selbst Großvater zeigte Gefühle, was selten vorkam. Zwei Friedhofsangestellte schoben den Sarg in die finstere Öffnung, die dann mit einer weißen Steinplatte versiegelt wurde. »Du wirst für immer in unserem Herzen weiterleben« war darauf eingraviert, und daneben ein anmutiger Engel.

Vierundzwanzig Stunden später war Heiligabend. Die um uns herum stattfindenden Feierlichkeiten verliehen alldem einen noch unwirklicheren Anstrich. Die übliche Knallerei war frevelhafter Spott für unsere Ohren. Die anderen Menschen feierten, aber wir ertranken in Trauer. Noch nie hatte ich Großmutter derart gebrochen erlebt. Ihr und Großvater fiel jetzt die Aufgabe zu, Patricias noch unmündige Kinder großzuziehen. Eine für zwei über Siebzigjährige wahrlich gewaltige Aufgabe. Unsere Mutter befand sich in einem fürchterlichen Zustand. In einem war sie sich ganz sicher: Dieser Anschlag hatte ihr selber gegolten, er war eine Botschaft an sie!

2005 – 2006

TANZ AUF DEM VULKAN

Nach einer Woche bei meiner Familie konnte mich Tino mit sanftem Drängen zur Rückkehr bewegen. Mutters ausdrückliche Warnungen missachtete ich erneut. »Begreif doch endlich, Sandra, diese Hundesöhne haben es mit deiner Tante getan, warum sollten sie es nicht auch mit dir machen?« Merkwürdigerweise war ich weiterhin felsenfest davon überzeugt, weder von Gato noch von seiner Clique etwas befürchten zu müssen. Dennoch war es belastend, den Mördern von Patricia nun wieder direkt gegenüberzustehen und so tun zu müssen, als sei nichts geschehen. Weder Doña Dolores noch Rosa oder Evangelica sprachen mir ihr Mitgefühl aus. Sie erwähnten meine verstorbene Tante mit keinem einzigen Wort. Schon am zweiten Tag wandte sich Gato in meiner Gegenwart demonstrativ an Evangelica. »Fuck, wir haben einfach getan, was getan werden musste. Du weißt ja, ich toleriere keine Spione hier im Ojo de Agua, mit denen mach ich kurzen Prozess.« Sein teuflischer Blick durchbohrte mich. Zum ersten Mal spürte ich so etwas wie Angst um mich selbst. Wen meinte er mit Spionen? Patricia, oder vielleicht gar mich? Erst rückblickend sehe ich ein, in welch unmöglicher Lage ich damals steckte. Ich lebte in einer Scheinwelt, und das gleiche galt auch für Tino. Allerdings waren unsere beiden Scheinwelten nicht deckungsgleich. Er behauptete, meine Mama alleine trage die Schuld an allem, sie habe sich das alles selber eingebrockt mit ihrer ewigen Einmischerei. Natürlich fand auch ich, sie sei zu weit gegangen. Aber deswegen trug sie doch noch lange nicht die Schuld an Patricias Tod. Diese lag immer noch bei den Mördern. Alles, was Mutter getan hatte, auch ihre Zusammenarbeit mit der Polizei, hatte sie im Glauben getan, damit ihre Familie vor der Mara Salvatrucha zu schützen.

In den ersten Januartagen besuchte ich Olga, die einzige in Tinos Familie, die mir ihr Beileid ausgedrückt hatte. Ihr vertraute ich. Auch Cindy war dort. Sie saß im anderen Raum vor dem Fernseher. »Weißt du, Olga, das ist doch unglaublich, was sie da mit Pati gemacht haben, sie einfach so abzuknallen, das war eine niederträchtige, feige Schweinerei!«, machte ich mir Luft. Abrupt hielt sie sich den Zeigefinger vor die Lippen. »Psst«, flüsterte sie, »du solltest Acht geben mit dem, was du da redest, Cindy könnte dich hören. Weißt du denn nicht, dass sie und Gato jetzt ein Paar sind?« Das war mir wirklich neu. Doch selbst, wenn ich es gewusst hätte, nie wäre mir in den Sinn gekommen, in diesem Mädchen eine Gefahr für mich zu sehen. Für mich war sie so etwas wie eine zweite Schwester. Völlig verunsichert verabschiedete ich mich nach weniger als einer Stunde wieder. »Du Vollidiot«, haderte ich mit mir selber. Ich dachte an jene bizarre Episode, als ich Cindy kurz vor der Mordtat mit Gato angetroffen hatte. Bisher hatte ich sie noch nicht einmal darauf angesprochen. Wie konnte ich nur so naiv sein?

Als sie am nächsten Tag wie gewöhnlich bei mir vorbeischaute, stellte ich sie zur Rede. »Ich hoffe nur, du hast Gato nichts von dem erzählt, was du da gestern mitgehört hast!« Ihre Miene schaltete pfeilschnell auf betrübt, ihre Perlenaugen fixierten mich. »Aber Sandra, was redest du da? Ich habe doch gar nichts gehört, zudem sind wir doch gute Freundinnen, nicht wahr?« »Ja, das habe ich auch geglaubt«, antwortete ich kurz angebunden. Es fiel mir schwer, diesem sympathischen Wesen nicht zu glauben, spürte aber, dass sie mir etwas vormachte. Ich musste zu härteren Bandagen greifen. »Was würde Gato wohl mit dir anstellen, sollte er herauskriegen, dass du vor kurzem ein Kind hast abtreiben lassen, von einem anderen Kerl?« Entgeistert starrte sie mich an. »Es ist auch zu deinem Vorteil«, fuhr ich fort, »wenn du deine Klappe hältst und mir keine Probleme mit ihm einbrockst. Du weißt doch genau, zu was er fähig ist, wenn man ihn hintergeht.« Angst loderte in ihren Pupillen. Offenbar war ihr das grausame Ende ihrer Vorgängerin nicht entgangen. Nett war es ja nicht von mir, ihr zu drohen, aber sie ließ mir keine Wahl. »Okay, Sandra, du kannst dich auf mich verlassen«, sagte sie kleinlaut, bevor sie sich davonstahl.

Makumba und Black hatte ich seit dem Mord noch kein einziges Mal gesehen. Black saß seit einigen Wochen wegen illegalen Waffenbesitzes im Knast. Der Gedanke, auch Makumba könne beim Verbrechen an Patricia dabei gewesen sein, so wie es Mutter zu wissen glaubte, quälte mich. Also fragte ich Evangelica, die ihn gut kannte, nach ihrer Meinung. Makumba habe da nicht mitgemacht, behauptete sie. Wochen zuvor habe er ihr anvertraut, von Gato beauftragt worden zu sein, jemanden zu töten. Aber er habe sich gesträubt, diesen Job auszuführen. Da habe sie ihm geraten, eine Zeitlang unterzutauchen. Wie gerne hätte ich diese Version geglaubt. Aber was war davon zu halten? Mecho, der geschossen hatte, hatte sich in Luft aufgelöst. Dieser Junge war von Gato für dessen bestialische Pläne missbraucht worden. Als Minderjähriger konnte er mit einer Minimalstrafe davonkommen, falls er überhaupt jemals gefasst werden sollte.

Die zweite Januarwoche startete mit einem weiteren Paukenschlag. Die Behörden seien soeben dabei, das Haus von Doña Natividad zu durchsuchen, gab mir Mutter frühmorgens telefonisch durch. Sie seien hinter Flash her, daher müsse ich heute besonders vorsichtig sein, warnte sie mich. Ich solle die Haustür verriegeln und abwarten. Das tat ich dann auch. Ich versuchte, mich auf eine Telenovela im Fernsehen zu konzentrieren, was mir aber nicht so recht gelingen wollte. Am Nachmittag kam Olga aufgeregt und sorgenvoll zu uns. »Gato ist eben bei mir gewesen«, sagte sie atemlos. »Er ist verdammt wütend, weil Flash spurlos verschwunden ist.« »Was, haben ihn die Bullen verhaftet?«, fragte ich. »Nein, Gato behauptet, sein Homie sei von bewaffneten Männern in Zivil gekidnappt worden. Und dann hat er noch ganz schlimme Dinge gesagt, über dich und deine Mutter. Er glaubt fest, sie würde hinter all diesen Polizeirazzien stecken. Und er vermutet auch, dass du sie mit Informationen über ihn und seine Clique versorgst.« Ein kalter Schauder durchlief mich. »Ich? Aber das stimmt doch nicht, das weißt du doch genau!« »Ja, Sandra, ich weiß, aber das spielt jetzt auch keine Rolle mehr. Und dann sagte er noch, es sei um dich geschehen, falls Flash bis morgen nicht wieder auftauchen sollte.« Bevor sie weiterredete, legte sie beide Hände auf meine Schultern. »Du kannst nicht länger hier im Ojo de Agua bleiben, hier ist es einfach zu gefährlich für dich!« Ich war wie benommen, konnte keinen klaren Gedanken fassen.

Am Abend, als auch Tino und die übrigen Familienmitglieder da waren, war man sich schnell einig: Ich befand mich in akuter Gefahr und musste von hier weg. »Du und die Kleinen, ihr seid tagsüber hier alleine. Für diese Kerle ist es doch ein Leichtes, die Tür einzutreten«, sagte Tino. »Aber ich schulde denen doch nichts, nie hab ich meiner Mama etwas über die verraten, ich schwöre es bei Gott, nie!«, weigerte ich mich immer noch, den Ernst der Lage anzuerkennen. Als etwas später Mutter anrief und fragte, wie es mir gehe, verlor ich kein Wörtchen über Gatos Drohungen. Nach einer ruhelosen Nacht traf frühmorgens die erlösende Nachricht ein. Flash war wieder unversehrt aufgetaucht. Sicherheitshalber gingen Rosa und Olga nicht arbeiten, sondern blieben den ganzen Tag über bei mir.

Es brauchte aber noch mehrere Tage, bis sich auch bei mir die Einsicht durchsetzte, dass mein Leben wirklich auf dem Spiel stand. Ich musste an meine Kinder denken und an das, was aus ihnen werden könnte, sollte mir etwas zustoßen. Wieder zurück zu meiner Familie, das wollte Tino nicht, also machte er anderswo eine neue Zuflucht für uns ausfindig. Ein Freund von ihm fuhr uns mit seinem schrottreifen Kleinlastwagen nach

Guatemala-Stadt, ins Llano Largo Viertel, welches sich entlang der nordöstlichen Stadteinfahrt in Hügel und Schluchten frisst. Wir rollten durch ein Gewirr von chaotischen Gassen aus Schotter und Schlaglöchern. Der Wagen kam bald nicht mehr weiter, es wurde zu eng und steil. Die letzten fünfzig Meter legten wir zu Fuß zurück. Im Vergleich zu Palencia waren die Parzellen hier geradezu winzig. Jede Behausung hatte nur wenige Meter Freifläche. Die zwei kleinen Zimmer aber, die uns ein älteres Ehepaar vermietete, waren hell und geräumig, mit einem Fußboden aus glänzenden, rötlich-gelben Fliesen. Jeder Raum hatte ein großes Fenster mit sauberen Glasscheiben. So hübsch hatten wir noch nie gewohnt. Ganz in der Nähe gab es eine große Auswahl an Kramläden. In vierzig Minuten konnte man von hier aus mit dem Bus sowohl Palencia als auch das Zentrum der Hauptstadt erreichen. Tino hatte es somit etwas näher zu seiner Arbeit in der Autowerkstatt. Er fand auch einen örtlichen Ableger der Maranata-Kirche, wo er seinen Glauben weiterkultivieren konnte. Einige Male durfte ich ihn sogar mit den Kindern zum Gottesdienst begleiten. Auch in dieser Gegend operierten Jugendbanden, aber hier hatte die Mara 18 das Sagen. Solange uns niemand kannte, sollte dies kein Problem darstellen. Kopfweh bereitete mir nur der chronische Wassermangel. Das Haus hatte einen eigenen Anschluss, doch der Hahn gab oft nicht mehr als ein leises Säuseln von sich. Verdächtig schnell waren dann immer Tanklastwagen zur Stelle, die das lebenswichtige Nass zu übertriebenen zehn Quetzales die Tonne verkauften. Alles nur Zufall? Da das Fahrzeug nicht bis an unser Haus heranfahren konnte, musste ich das Wasser mit einem Behälter schleppen.

Mutter fiel mehr als ein Stein vom Herzen, uns endlich an einem sichereren Ort zu wissen. Sie kam auch gleich auf eine kurze Visite vorbei und berichtete mir von einer wunderlichen Begegnung, die sie auf der Strasse gehabt hatte: und zwar mit Ninja. Kaum zu glauben, aber dieser Marero hatte sich ganz freundlich gegeben. Zwischen den beiden war es zu einer regen Diskussion gekommen, bei der er sie um Verzeihung gebeten hatte für alles, was er unserer Familie angetan hatte. Ja, er hatte sogar behauptet, er sei nun Christ und wolle ein neues Leben anfangen. Dann hatte er ihr noch in Aussicht gestellt, ihr zu verraten, wer ihm den Auftrag gegeben hatte, Pedro zu töten. Dazu wollte er sich noch einmal mit ihr treffen. Ich riet zu äußerster Vorsicht. Man konnte nie wissen, welche Absichten sich hinter diesem seltsamen Angebot verbargen. Natürlich wäre Ninja nicht der erste Marero, der aus seiner Clique aussteigen wollte. Ich hatte ja selber miterlebt, wie ihn seine Homies hatten umlegen wollen, daher war es nur logisch, wenn er bei denen nicht mehr mitmachen wollte. Das alles war sehr verwirrend, und es war schwierig, zwischen Freund und Feind zu unterscheiden.

Eineinhalb Monate später, am 3. März, wurden Mutter und Guadalupe ein zweites Mal vom Staatsanwalt verhört. Beim Gerichtsverfahren gegen die Mörder Patricias war Guadalupe als einzige direkte Zeugin vorgesehen. Mit den beiden Nachbarsfrauen, die auch Augenzeuginnen der Tat geworden waren, konnte man nicht rechnen – sie waren zu sehr eingeschüchtert. Und das gleiche traf auch auf mich zu. Ich behielt für mich, was ich wusste. Mutter aber war fest entschlossen, den Tod ihrer Schwester zu rächen, koste es, was es wolle. Erstmalig verstand ich ihre Beweggründe. Sie musste es tun, um der Gerechtigkeit willen und ungeachtet der zusätzlichen Gefahren, welche sie damit heraufbeschwor.

Mir gefiel es ganz gut an unserem neuen Wohnsitz. Doch ich musste zaubern, um genug Essen auf den Tisch zu bringen mit den wenigen Quetzales, die mir Tino jeden Samstag hinlegte. Meistens gab es nur Bohnen oder Reis, ganz selten Fleisch. Und die monatliche Miete von siebenhundert Quetzales erwies sich nun als viel zu hoch für uns. Bald waren wir mit zwei Monatsmieten im Rückstand. »Gott wird uns mit allem Notwendigen segnen, wir müssen ihn nur darum bitten«, sagte Tino voller Vertrauen. Unsere Vermieter aber pochten auf pünktliche Bezahlung und ließen sich nicht mit frommen Sprüchen abspeisen. Mir wurde es immer peinlicher, sie mit Ausreden zu vertrösten. Er aber machte keine Anstalten, das fehlende Geld aufzutreiben. »Warum gehen wir nicht zurück zu deiner Mutter?«, schlug ich ihm schließlich verzweifelt vor. Evangelica beschaffte ihm Gatos Handynummer, und dieser gab grünes Licht für unsere Rückkehr. »Willst du das wirklich tun, Sandra, hast du es dir auch gut überlegt?«, fragte mich Tino mehrmals.

»Ja, lass uns zurückgehen«, bekräftigte ich meinen Entschluss. Das Okay von Gato genügte mir. Wieder stand uns also ein Ortswechsel bevor. Mutter stieß ich damit aufs Neue vor den Kopf. Ihr war völlig unbegreiflich, wie ich mich schon wieder freiwillig der Gefahr aussetzen konnte. Doch irgendwie existierte in mir dieses Loyalitätsprinzip zur Bande weiter, welches man mir über die Jahre eingeimpft hatte. Noch nie hatte ich etwas über die Mara Salvatrucha ausgeplaudert, noch nie. Warum also sollten sie mir etwas antun?

Der Ojo de Agua, in den wir zurückkehrten, gab sich einen friedlichen, ja fast idyllischen Anschein. Frauen und spielende Kinder waren zu sehen. Hatten die häufigen Polizeirazzien ihre Wirkung gezeigt? Doch der erste Eindruck täuschte. Schon zwei Tage nach unserer Ankunft wurde ich durch aggressives Poltern an der Tür aufgescheucht. Da wie üblich außer meinen

Kindern niemand bei mir war, linste ich zuerst durchs Fenster. Draußen stand Gato. Nicht aufzumachen, schien mir keine gute Idee zu sein, also öffnete ich mit starkem Herzklopfen. »Du, deine Alte sammelt da allerlei Scheißdreck über mich«, sagte er nach einem knappen Gruß. »Tu mir den Gefallen und bring mir dieses Zeugs. Ich will nicht, dass diese verfickte Hure irgendetwas von mir hat! Kapiert?« Zuerst verstand ich gar nicht, auf was er hinauswollte. »Aber was meinst du denn genau?« »Fotos, Zeitungsausschnitte, alles was diese Bullen-Hure eben von mir hat, das bringst du mir«, sagte er gereizt. Erst jetzt ging mir ein Licht auf. Mutter sammelte tatsächlich alles, was über ihn und seine Kumpane in der Presse publiziert wurde, und bewahrte dieses fein säuberlich in einem Ordner auf. Wie hatte er nur davon erfahren? »Wer hat dir denn sowas erzählt, Alter?«, spielte ich intuitiv die Unwissende. »Fuck, ich weiß es eben, also mach keinen Scheiß!« Sein Ton wurde bedrohlicher. Ich musste an den Ratschlag denken, den mir Tino vor langer Zeit gegeben hatte: »Vor ihnen darfst du keine Angst zeigen, sonst ist es, als würden sie Blut riechen.« »Ist ja gut, Alter, ich werd sehen, was sich da machen lässt«, strengte ich mich an, abgebrüht zu wirken. »Okay, ich komme morgen wieder«, sagte er und beendete seinen Furcht einflößenden Auftritt. Beim Schließen der Tür liefen mir Schweißperlen über die Stirn.

Kurzerhand nahm ich das Handy und setzte Mutter ins Bild. »Verdammt, Sandra, das hast du nun davon!«, zürnte sie. »Bei Gott, wie konntest du nur dorthin zurückgehen? Aber für ein paar Fetzen Papier werde ich doch nicht dein Leben aufs Spiel setzen, komm und hol dir diesen Kram!« Noch bevor Tino von der Arbeit kam, war ich mit dem Material wieder zurück. Als er da war, bat ich ihn, mich zu eskortieren, um Gato die verlangten Zeitungsausschnitte zu bringen. Doña Dolores, die sich sorgte, ihr Sohn könne sich Probleme suchen, riet ihm davon ab: »Nein, Tino, du bleibst besser hier!« Brüskiert marschierte ich alleine davon. Jetzt war mir wirklich fast alles gleichgültig. Nur wenige Schritte vor dem Ziel holte er mich doch noch ein und hielt mich am Arm fest. »Warte, Sandra, meine Alte hat es doch nicht so gemeint!« Die Aufregung war umsonst gewesen, denn der Gesuchte war ausgeflogen.

Tino zeigte sich nun doch ernstlich besorgt um mich. Auf seine Bitte hin blieb Evangelica den ganzen nächsten Tag über bei mir. So war sie auch anwesend, als Gato interessiert den Inhalt der Mappe durchwühlte. Fast schien er ein wenig stolz, sich in der Zeitung abgebildet zu sehen. »Okay, cool«, hauchte er zufrieden und ging.

Meine Berührungen mit den Mareros beschränkten sich nun auf ein unumgängliches, doch nahezu unerträgliches Minimum. Bevor ich zu einem der umliegenden Lädchen ging, vergewisserte ich mich stets, dass keiner von ihnen in der Nähe herumlungerte. Obwohl es schon April war und der Schulanfang über drei Monate zurücklag, gelang es mir dennoch, Anthony auf der öffentlichen Primarschule Palencias anzumelden. Tino seinerseits war selig, nun wieder in seine angestammte Kirchgemeinde gehen zu können. Alleine natürlich. Uns, seine Familie, ließ er links liegen. Nach dem Besuch des Gottesdienstes legte er sich immer sofort ins Bett. Mich nahm er kaum noch wahr. Wollte ich ein Gespräch mit ihm anfangen, war es, als redete ich gegen eine Wand. Unsere tägliche Konversation beschränkte sich oft auf wenige Worte, ja selbst Sex hatten wir kaum noch. Die letzten Reste unserer Liebe zerbröselten immer mehr. Seine abendlichen Abwesenheiten nutzte ich für kurze Spaziergänge mit den Kindern. Dabei kamen wir auch in der Nähe der Maranata-Kirche vorbei. Wie gerne hätte ich auch an den Gottesdiensten teilgenommen! Bei einem dieser Ausflüge sagte Jacqueline: »Mami, schau nur, dort drüben ist Papi mit einer anderen Frau«. »Na und, lass ihn doch, das ist eine seiner Glaubensschwestern«, antwortete ich genervt. Der Gedanke, Tino könne mich betrügen, war mir nicht neu, und diese Szene gab solchen Überlegungen frischen Auftrieb. Aber um dieser Sache auf den Grund zu gehen, dazu war meine Liebe für ihn nicht mehr stark genug. Sollte er doch tun und lassen, was er wollte. Zunehmend ließ ich ihn meine Ablehnung spüren. Die Saat jahrelanger Gewalt und Demütigungen trieb nun aus. Wo früher blinde Verliebtheit in mir gebrannt hatte, breitete sich nun Verdruss aus. Unsere Beziehung wurde nur noch zusammengehalten von Gewohnheiten, dem Fehlen wirklicher Alternativen, meinem Glauben an Gott und der Tatsache, dass er der Vater meiner Kinder war. Ja, vielen seiner früheren Laster hatte er abgeschworen, doch er war immer noch derselbe autoritäre, geizige und selbstsüchtige Macho. Ich ließ die Tage auf mich zutreiben wie Holzstücke auf einem trägen Strom. Ich fühlte mich einsam.

Nach langem Insistieren erlaubte Mutter María-José, einen Tag und eine Nacht bei mir zu verbringen. Zur Sicherheit holte ich sie mit einem Tuc-Tuc-Taxi ab. Gestern sei sie bei ihren anderen Großeltern gewesen, erzählte sie mir. Sie meinte die Eltern ihres Vaters Erick. Diese liebten sie sehr und unterstützten sie manchmal mit Geld, etwa für Kleider oder ihren Schulbesuch. Erick war zu einem hoffnungslosen Säufer verkommen, wodurch er seine Arbeitsstelle verloren hatte. Unterhaltszahlungen für seine Kinder leistete er daher keine mehr. Irgendetwas Schweres lastete auf dem Gemüt meines Schwesterchens. »Hast du auch deinen Vater gesehen?«, fragte ich. »Ja, aber erst, als ich den Bus zurück nach Palencia nehmen wollte«, sagte sie traurig. »Jemand hat von der anderen Straßenseite aus meinen Namen gerufen. Es war Papi, der dort mitten auf dem Gehsteig hockte. Bei ihm war noch ein anderer Mann. Wie Obdachlose haben sie ausgesehen, mit ihren dreckigen Kleidern, den unrasierten Gesichtern und leeren Schnapsflaschen, die neben ihnen lagen. Und dann hat Papi gewollt ... dass ich ihm etwas Geld beschaffe ... ach ... er hat mir ja so leid getan.« »Was, dieser Kerl hat dich zum Betteln genötigt?«, schäumte ich. »Ja, es war mir auch unangenehm. Alle Passanten hab ich nach Münzen gefragt. Einige gaben mir welche, aber die meisten ignorierten mich einfach. Als ich so an die fünf Quetzales beisammen hatte, habe ich sie ihm gegeben und bin weggerannt.« Eine Träne rollte über ihre Backe. »Komm, hilf mir lieber beim Basteln«, sagte ich und streichelte ihr langes Haar. Anthonys Lehrerin hatte ihm aufgetragen, alle Vokale aus Karton auszuschneiden, anzumalen und dann auf einen Bogen Papier aufzukleben. Basteln war noch immer die beste Therapie, um für eine Weile die Alltagssorgen zu vergessen.

Bei Tinos Heimkehr servierte ich ihm einen Becher Limonade. »Willst du uns nicht helfen?«, fragte ich spaßeshalber. Als Antwort schleuderte er mir den Inhalt des Bechers an den Kopf und ruinierte so einen Teil unserer Arbeiten. »Bist du übergeschnappt, was ist denn nun wieder los mit dir?«, empörte ich mich. Schweigend ging er hinüber in den Raum seiner Mutter. »Mami, ich will nicht hier bleiben, ich geh lieber wieder nach Hause«, sagte María-José. Kurzweg entschied ich mich, mit ihr zu gehen. Hier hatte ich doch nichts mehr verloren. Rasch zog ich meine Kinder an. Tino, der erst jetzt erkannte, was er angerichtet hatte, wollte uns aufhalten. »Bei Jesus, du kannst nicht einfach so abhauen, das lass ich nicht zu!«, sagte er drohend. Ich ließ mich nicht beirren, sondern bestellte ein Tuc-Tuc. Dann stampften wir aus dem Haus, um draußen auf das Taxi zu warten. Er folgte uns. »Du bleibst hier, im Namen Gottes, oder du wirst es noch bereuen!«, drohte er, stellte sich vor uns, zog seinen Ledergurt aus und wedelte damit durch die Luft. Es war einfach lachhaft. Da ich wusste, wie aussichtslos es war, sich unter diesen Umständen auf eine Diskussion mit ihm einzulassen, sagte ich zu meiner Schwester: »Du gehst besser alleine. Aber sag unserer Mama nichts von dem hier, ich will nicht, dass sie sich aufregt!«

Tino beruhigte sich wieder etwas, ließ aber seinen Kirchenbesuch ausfallen. Etwas später rief ich María-José an, um sicherzugehen, dass sie gut zuhause angekommen war. Was sie fragte, beschämte mich noch mehr. »Mami, warum verlässt du diesen bösen Kerl nicht? Er liebt dich doch nicht, wenn er so mit dir umspringt.« Wie recht sie doch hatte! Klammerte ich mich an das Überbleibsel einer Liebe, die es eigentlich gar nicht mehr gab? Am Ende meiner Geduld angelangt, forderte ich Klarheit von ihm. »Tino, was ist los mit dir, nun rück schon mit der Wahrheit raus!« Tagelang wollte er mir keinen reinen Wein einschenken. Dann, von einer Sekunde auf die andere, sagte er: »Sandra, wenn du zu deiner Mutter ziehen willst, wenn du dich hier bei mir nicht mehr wohl fühlst, dann geh nur, für mich ist das okay.« »Warum sprichst du auf einmal so?«, fragte ich verblüfft. »Weißt du, in Wahrheit empfinde ich nichts mehr für dich, ich liebe eine andere.« Auch wenn diese Antwort nicht vollkommen überraschend kam, so schmerzte es mich doch, dies nun so unverblümt und unvermittelt zu hören. Ich schluckte leer. »Na gut, wie du meinst«, sagte ich, »vielleicht sollte ich ja sogar froh sein darüber, dass du mir die Entscheidung abnimmst. Ich bin ja immer wieder dumm genug gewesen, deinen Beteuerungen zu glauben.«

Mutter und Don Miguel Angel gaben mir Geld, um den Umzug zu organisieren. Aber wohin? Der Raum neben dem Haus der Großeltern, in dem ich mit Tino gehaust hatte, wurde jetzt anderweitig genutzt. Gleich daneben erhob sich ein halbfertiges Gemäuer, das Myrna und ihrem Mann gehörte. Die aber lebten in Guatemala-Stadt, wo meine kluge Cousine immer noch als Primarschullehrerin arbeitete. Nach einigem Gutzureden durfte ich mit den Kindern in dieses Gerippe von einem Häuschen einziehen. Nicht einmal eine Tür hatte es, also spannte ich einfach ein Laken vor die Öffnung. Es war die erste Trennung von Tino, die für mich auch emotional etwas Definitives hatte. Fast sieben Jahre meines Lebens hatte ich ihm geschenkt, war mit ihm durch die Hölle gegangen und hatte alles gegeben, was an Liebe, Gefühlen und Kraft in mir gewesen war. Und nun hatte er mich ausrangiert wie einen alten, unbrauchbaren Lastesel. Auf einmal fühlte ich mich verlassen und unattraktiv. Da stand ich nun, ohne Geld, mit einer unsicheren Zukunft, aber mit drei kleinen Kindern. Umso stärker hielt ich mich wieder an meinem Glauben fest. Der Gedanke, es gebe irgendwo eine göttliche Gerechtigkeit, tat mir gut.

Wie schon im vorigen Jahr, gab es auch in diesem Mai wieder eine tolle Geburtstagsparty für María-José. Während der Feier erreichte uns die Nachricht von Ninjas Tod. Gerüchten zufolge war er in El Salvador vergiftet worden. Zu einem erneuten Treffen mit Mutter würde es demnach nicht mehr kommen. Er hatte ihr ja verraten wollen, wer ihm den Auftrag zur Eliminierung meines Bruders gegeben hatte. Nun hatte er sein Geheimnis mit ins Grab genommen.

Einen Monat, nachdem wir uns in der neuen Bleibe eingerichtet hatten, mussten wir auch schon wieder ausziehen. Myrna gab vor, ihr Mann wolle daran weiterbauen. Es war nicht gerade rücksichtsvoll, uns in dieser Notlage vor die nicht vorhandene Tür zu setzen. Nicht nur ich, auch Mutter war wieder einmal gekränkt. »Tochter, ist es nicht bedauernswert, dass du Ähnliches erdulden musst wie ich früher? Als ich noch jung war, hat mich deine Oma mehr als einmal rausgeschmissen. Aber unsere eigene Familie mag uns eben nicht besonders, daran können wir nichts ändern«, beklagte sie sich.

Da erinnerte ich mich an Mama Concha, jene ältere Frau, die mich schon als Kind immer sehr gut hatte leiden können. Oft hatte sie mir angeboten, mir billig einen Raum in ihrem Häuschen zu vermieten. Mutter gab mir die hundertfünfzig Quetzales für die Monatsmiete, Strom und Wasser inklusive. Unser neuer Unterschlupf lag nur fünf Gehminuten entfernt. Die Vormittage verbrachte ich mit meinen Sprösslingen bei Mama Concha und ihrer erwachsenen Tochter Sheny. Sie behandelten uns wie ihre eigene Familie. Erst kurz vor dem Mittagessen begaben wir uns zu meiner Mutter. María-José war häufig bei mir. Zwischen uns gab es so gut wie keine Geheimnisse, wir waren Seelenverwandte, ihr vertraute ich alles an. Aber auch mit meinen jüngsten Bruder Salvador, oder Salva, wie ich ihn nannte, vertrug ich mich bestens. Unsere innige Verbindung drückte sich manchmal durch herbe Neckereien aus. Es waren kindische Spielereien, die uns aber zum Lachen brachten, und Lachen hatten wir bitter nötig. Manchmal konnte er auch völlig unausstehlich sein. Vor allem, wenn ich ihm – als ältere Schwester – etwas befehlen oder verbieten wollte. »Salva, Mama hat doch gesagt, du sollst nicht mehr weggehen heute!« »Ach, halt die Klappe!«, sagte er dann und ging trotzdem. Es erging ihm ähnlich wie mir in diesem Alter: Eine geheimnisvolle Kraft zerrte ihn hinaus auf die Straße, hin zu seinen Freunden. Für Mutter war es der reinste Albtraum, da all ihre Ermahnungen auf taube Ohren trafen. Auch Züchtigungsversuche mit einem Elektrokabel verpufften immer schnell wieder. Mit seinen fast fünfzehn Jahren befand sich Salvador mitten in der Mannwerdung. Die Primarschule hatte er abgebrochen, um arbeiten gehen zu können, so wie dies vor Jahren schon meine anderen Brüder und ich selber getan hatten. Mal verdingte er sich als Hilfsmaurer, dann wieder als Landarbeiter, doch nirgendwo hielt er es länger als zwei Wochen aus. Und auch mit dem Alkohol hatte er schon eine enge Freundschaft geschlossen. An einem Samstagabend wankte er völlig betrunken ins Haus, worauf ihm Mutter eine Tracht Prügel verpasste, die mir schon beim Zusehen wehtat. Dabei regte sie sich so sehr auf, dass am nächsten Morgen eines ihrer Augen angeschwollen war und zuckte. Auch mit ihrem Mund stimmte etwas nicht, er hing nach unten, und sie konnte kaum noch richtig sprechen. Besorgt begleitete ich sie zum örtlichen Gesundheitszentrum, wo man feststellte, dass sie einen ernsthaften Schlaganfall erlitten habe. Ein Arzt verschrieb ihr Tabletten, die sie sich in einer Apotheke kaufen sollte. Dazu verordnete er ihr einige Tage strikte Ruhe. Natürlich hielt sie sich nicht daran. Wie denn auch? Auch Marlon trug dazu bei, dass die Sorgenfalten auf ihrer Stirn immer tiefer wurden. Pedro und er wohnten zwar oben bei den Großeltern, wo sie ja auch aufgewachsen waren, aber Mutter fühlte sich trotzdem mitverantwortlich für sie. Marlon hatte angefangen, im Übermaß Bier zu konsumieren, aus Liebeskummer, wie er behauptete. Er hatte seine Verlobte mit einem anderen Jungen ertappt, und zwischen beiden Bewerbern war es zu einer Keilerei gekommen, von der mein Bruder eine stark blutende, mit einer Machete verursachte Wunde am Daumen davongetragen hatte. Pedro war noch der Ruhigste von allen. Ein Eigenbrötler, der seiner Arbeit nachging und den Mund nur aufmachte, wenn es unbedingt notwendig war.

Ganze fünf Wochen vergingen, bis sich Tino telefonisch bei mir meldete und sich sachlich nach dem Wohlbefinden seiner Kinder erkundigte, für die er belehrende christliche Sprüche parat hatte. Durch ihn erfuhr ich auch von Gatos neuerlicher Verhaftung. Am folgenden Tag verschlang Mutter einen Bericht der Boulevardzeitung Al Día, in dem über die Festnahme dieses gefährlichen Mareros berichtet wurde, inklusive zweier Farbfotos. Die Polizei hatte ihn in seinem Haus aufgespürt und eine Schrotflinte, zwei Revolver sowie sechzig Umschläge mit Crack beschlagnahmt. Der Text sprach davon, er und seine Bande hätten Geschäfte und Busfahrer in Palencia erpresst, aber da stand kein einziges Wort von seiner Verwicklung in den Mord an Tante Patricia. Er hatte sich widerstandslos festnehmen lassen, wohl mit der Gewissheit, bald wieder frei zu kommen, wie schon so oft.

Mitte Juni schrieb Mutter in ihr schlichtes Linienheft: »Dies ist der bisher glücklichste Tag meines Lebens. Heute hat sich meine große Liebe entschieden, den Rest seines Lebens mit mir zu teilen.« Sie und Don Miguel Angel kündigten an, noch im selben Jahr heiraten zu wollen, im Dezember. Es würde Mutters erste Hochzeit sein und somit die Erfüllung eines lange gehegten Traums. Wie herzerwärmend es doch war, die beiden Verliebten bei ihrem innig-zärtlichen Umgang zu beobachten. Es musste wirklich Liebe sein, die sie verband, wie sonst hätte man sich erklären können, dass diese Beziehung nun schon mehrere Jahre anhielt, obwohl die zwei doch so grundverschieden waren? Und dennoch schienen sie sich fast perfekt zu ergänzen.

Früher hatte ihr Miguel Angel noch oft aus seiner dicken Bibel vorgelesen. Mit einer Engelsgeduld, Kapitel für Kapitel, hatte er ihr die Bedeutung eines jeden Absatzes ausführlich erläutert. Sie hatte immer eine Weile zugehört, mehr aus Höflichkeit als aus wirklichem Interesse. Kein Wunder also, dass seine Anstrengungen nicht auf fruchtbaren Boden gefallen waren. Er hatte sie nicht einmal dazu bewegen können, mit ihm die Kirche La Casa de Dios aufzusuchen, so wie er es selber schon seit Jahren jeden Samstag tat. Dies war eine jener Mega-Kirchen, die in Guatemala-Stadt entstanden waren und deren protzige Gebäude Tausenden von Gläubigen Platz boten. Cash Luna, der leitende Prediger, ist eine Berühmtheit über die Landesgrenzen hinaus. Seine Gottesdienste, die wundersame »Heilungen« beinhalten, sind die reinsten Spektakel und werden sogar im Fernsehen übertragen. Angeblich gelähmte Menschen können plötzlich wieder laufen und erheben sich theatralisch von ihren Rollstühlen. Manche behaupten sogar, von bösartigen Geschwüren, Aids oder Krebs befreit worden zu sein; wieder andere schwärmen davon, Gott habe ihnen Erfolg im Geschäftsleben beschert, den Kauf eines neuen Autos ermöglicht oder sie mit einem unerwarteten Geldsegen beglückt. So verlockend dies alles auch klingen mochte, Mutter konnte es nicht beeindrucken. »Alles zu seiner Zeit«, pflegte sie zu sagen, »ich will doch nicht scheinheilig sein, ich würde mich in dieser Kirche einfach nicht wohl fühlen. Ich glaube ja an Gott, aber eben auf meine eigene Weise.« Zu unserer Verwunderung war es vielmehr Don Miguel Angel, der sich ihr immer stärker anpasste. Nicht nur genehmigte er sich nun ab und an ein Gläschen Schnaps mit ihr, sondern die beiden gingen sogar auf weltliche Feste, wo reichlich Alkohol floss und ausgelassen getanzt wurde. »Siehst du, Tochter, endlich habe ich ihn dort, wo ich ihn schon immer haben wollte«, sagte sie halb ernst, halb scherzend zu mir. »Hab nur Geduld, auch du wirst noch einen solch tollen, toleranten Mann abbekommen. Von jetzt an kann es nur noch aufwärts gehen mir dir.«

Natürlich war auch Don Miguel Angel äußerst besorgt um ihre Sicherheit. »Du solltest dich nicht so sehr in Gefahr bringen«, sagte er manchmal, ohne sie aber je direkt zu kritisieren. Oft begleitete er sie bei ihren häufigen Behördengängen in die Hauptstadt. Anschließend nahmen sie sich immer noch die Zeit, um etwas essen zu gehen. Manchmal kaufte er ihr auch bunte Stoffe, da sie es liebte, sich ihre Kleider nach eigenen Wünschen schneidern zu lassen. Mit ihren nun über vierzig Jahren war Mutter immer noch eine attraktive, ziemlich kokette Frau, die nie ohne dezente violettblaue Lidschatten oder etwas Rot auf ihren voluminösen Lippen auf die Straße ging. An jedem ihrer

Finger trug sie einen Silberring. Nur die Fingernägel lackierte sie sich nie. Dazu erzählte sie immer folgende Anekdote: »Ich war etwa zwanzig Jahre alt und half meiner Mama beim Tortilla-Backen. Während des Mittagessens verdrehte Vater plötzlich sein Gesicht und spuckte ein Stück Tortilla mit einem lauten Geräusch wieder auf den Teller. Alle, die mit am Tisch saßen, guckten ihn erstaunt an. Er nahm die angebissene Tortilla zwischen Daumen und Zeigefinger und hob sie in die Höhe, damit alle sehen konnten, dass winzige rote Flecken darauf auszumachen waren. Die Schuldige war im Handumdrehen ausgemacht, da ich die einzige war, die sich mit knallrot bemalten Fingernägeln schmückte. Oma gab mir eine gewaltige Ohrfeige, und seither verzichte ich auf Nagellack.«

Nur wenige Tage nach der freudigen Bekanntgabe der bevorstehenden Hochzeit teilte ihr die Staatsanwaltschaft mit, die offizielle Anklage gegen Gato laute nun auch auf Mord – und zwar an Patricia. Zu unser aller Beruhigung wurden Mutter und Guadalupe zwei Polizisten als Schutz zugeteilt. Gleichwohl war es ein seltsames Gefühl, nun ständig diese fremden Männer bei ihnen anzutreffen. Als nächtliche Unterkunft überließen die Großeltern den Beamten das alte, eigentlich unbewohnbare Adobe-Häuschen, in dem Mutter früher gewohnt hatte. Diese machten sich daran, das halb eingefallene Dach behelfsmäßig mit neuen Holzverstrebungen zu reparieren. Nicht nur für die Unterbringung, auch für die Verpflegung dieser beiden Männer hatte meine Familie selber zu sorgen. Ihre Schicht dauerte jeweils eine ganze Woche, danach wurden sie von zwei Kollegen abgelöst.

Zwischen mir und meiner Mama herrschte nun etwas mehr Vertraulichkeit. Sie behandelte mich nicht mehr wie ein Dummchen, sondern manchmal sogar fast wie eine Freundin. Mit ihr konnte ich nun Themen anschneiden, die früher Tabu gewesen waren. So sprachen wir über den langen Leidensweg, den wir beide zurückgelegt hatten, in Sache Liebe, oder was wir dafür gehalten hatten, und philosophierten über den Sinn des Lebens. »Alles geschieht aus einem guten Grund, und es ist sinnlos, dem nachzutrauern, was man nicht mehr ändern kann«, meinte sie. »Wir müssen uns darauf konzentrieren, was wir in Zukunft besser machen können.«

Über ihren tollkühnen Kreuzzug gegen die Mareros informierte sie mich aber immer noch höchst bruchstückhaft. »Die Bullen sind gerade hinter Shadow her«, sagte sie einmal eher nebenbei. »Um ihn zu verhaften?«, fragte ich. »Nein, um ihm Wasser zu geben«, antwortete sie. Das war eine andere Form, um zu sagen, »ihn zu liquidieren«. Auch Shadow gehörte zur Clique um Gato. In letzter Zeit waren vermehrt echte oder vermeintliche Bandenmitglieder zur

Zielscheibe bewaffneter Kommandos geworden, in Palencia und anderswo. Gab es sie also wirklich, jene Todesschwadrone, über die so viel gemunkelt wurde und hinter denen Gerüchten zufolge die staatlichen Sicherheitskräfte steckten? Die Mareros selber waren fest davon überzeugt, dass man Jagd auf sie machte, dass man sie ausradieren wollte, mit welchen Mitteln auch immer. Aber war es moralisch zu rechtfertigen, Verbrecher durch Verbrechen zu neutralisieren? Konnte man dies als Notwehr bezeichnen, oder stellte man sich damit auf gleiche Ebene mit ihnen, und wurde dadurch nicht alles noch viel schlimmer? Und was genau wusste Mutter von diesen Dingen? Wie gewöhnlich fragte ich nicht nach.

Gato saß noch keinen Monat im Gefängnis, da stand er schon wieder im Mittelpunkt einer Zeitungsmeldung. In dieser wurden er, Sleepy und Black beschuldigt, selbst noch aus dem Knast heraus Leute zu erpressen. Die große Mehrheit der Bevölkerung Palencias stöhnte unter dem Terrorregime der MS 13, aber kaum jemand wagte es, aktiv dagegen anzukämpfen. Mutter war eine der wenigen, wenn nicht die Einzige. Sie hatte sich sogar mit Tuc-Tuc-Fahrern angefreundet, um so an nützliche Hinweise zu kommen, die sie dann an die Polizei weitergab.

Ende August wurden die beiden uniformierten Polizisten durch einen einzigen Beamten in Zivil ersetzt. Das war natürlich nicht ausreichend, um für die Sicherheit zweier Personen zu sorgen, aber es war besser als gar nichts. Zuerst schickte die zuständige Polizeibehörde Rolando, einen Beamten um die Dreißig, dessen bleiches Gesicht von einer Brille mit dickem schwarzem Rahmen beherrscht wurde. Er war kurzsichtig, wie er freimütig zugab. Er und Mutter verstanden sich gut, doch sehr bald wusste er ihre Freigiebigkeit auszunutzen, indem er sie oft um Zustimmung bat, etwas »erledigen« gehen zu dürfen. »Ist gut, gehen Sie nur, es wird schon nichts passieren«, pflegte Mutter dann zu sagen, auch wenn sie dadurch Großmutter erzürnte, die ohne Polizeipräsenz auf dem Gelände keine Ruhe mehr fand. Seit dem Tod ihrer Tochter Patricia stand sie unter Strom und war das reinste Nervenbündel. Nach einer Dienstwoche wurde Rolando jeweils von Edwin abgelöst. Dieser war etwas jünger und auch um einiges verantwortungsbewusster. Mutter redete er immer respektvoll mit »Doña Bernarda« an. Mir taten diese Beamten manchmal etwas leid, denn ihr Alltag als Personenschützer wurde vor allem durch Eintönigkeit geprägt.

Am 1. Oktober, einem Montag, entschied Mutter: »Heute ist der Tag des Kindes, lasst uns diesen gebührend feiern!« Das hatten wir noch nie getan. Mir schien es, als wolle sie nun jeden ihrer Tage voll genießen und erleben.

»Mama, du denkst nur an die Kleinen«, mokierte ich mich. »Aber Sandra, es gibt doch nichts Herrlicheres als Kinder, mit ihrem unschuldigen Lachen und ihrer natürlichen Fröhlichkeit! Also sei kein Spielverderber, geh und kauf ihnen Eis, während ich schon mal das Essen zubereite. María-José soll mit dir gehen.« Also besorgten wir in einem nahen Laden ein Dutzend Eiscremes, die aber nicht ausreichten, denn neben meinen eigenen Kindern waren auch noch diejenigen von Patricia und Lincy da. Zum Mittagessen gab es frittierte Hühnerschenkel mit Reis und russischem Salat. Danach erhielt jedes Kind Süßigkeiten und ein kleines Spielzeug. Auch wir Erwachsenen sollten nicht zu kurz kommen. Ich half Mutter, den kleinen Esstisch vor die Haustür zu stellen, da es im fensterlosen Innern immer etwas düster war. Darauf stellte sie eine teure Flasche Rum und einige Gläser.

Bald hatten sich die Stühle ringsherum bevölkert. Die Großeltern waren da und genehmigten sich einige Gläschen, ja selbst Rolando, der seine Dienstvorschriften offenbar nicht auswendig kannte, leerte mit erstaunlicher Geschwindigkeit einen Becher nach dem anderen. Von Großvater durfte er sich anhören, wie anders und um Lichtjahre besser früher alles gewesen sei in Palencia. Freundlich und integer seien die Leute gewesen, es habe genügt, die Haustüren mit einem Stoffband zuzubinden, da es so gut wie keine Diebe gegeben habe. Zeiten waren das, als man mit einem einzigen Quetzal noch eine komplette Mahlzeit und für fünf Cent eine Handvoll reifer Mangos bekommen konnte. Die Leute seien zwar auch schon damals nicht reich gewesen, hätten aber in Ruhe und Frieden gelebt. Rolando seinerseits klagte über seine elende Existenz als einfacher Polizeibeamter, die Schikanen durch seine geldgierigen Vorgesetzten, die immer bestimmte »Quoten« von ihm verlangten, sowie über den Hungerlohn, mit dem er sich begnügen musste. Das Leben in Guatemala war zu einem unerträglichen Hundeleben geworden, darin waren sich alle einig. Die Löhne reichten nirgends mehr aus, alles war teuer, die Regierung und die Politiker ein korrupter Haufen. Und sicher fühlen konnte man sich nicht einmal mehr in den eigenen vier Wänden! War es wirklich der Teufel, der immer wilder wütete, weil die Ankunft Christi nahe war, so wie dies die Evangelikalen behaupteten? Aus einem Kassettenrekorder donnerten derweil gefühlsschwangere Balladen der mexikanischen Volksmusikgruppe Los Temerarios, die über die Leiden der illegalen Einwanderer in den USA klagten. Bald fand eine zweite Flasche Hochprozentiges ihren Weg auf den Tisch. Auch ich durfte nun einen mit reichlich Orangensaft verdünnten Becher voll davon haben, ebenso meine Brüder Pedro und Marlon. Mutter hielt meine zweijährige Jennifer auf ihren Knien, der sie ganz besonders zugetan war. Offensichtlich imponierte ihr der eigenwillige und vorlaute Charakter der Kleinen: Eigenschaften, die sie an ihre eigenen erinnern mussten. Neben mir saßen Lincy und Guadalupe. Nur ab und zu lächelten sie gequält – den tragischen Tod ihrer Mutter hatten sie noch längst nicht überwunden. Aus der ehemals so schüchternen und ruhigen Guadalupe war ein sprunghafter, fahriger, oft schlecht gelaunter Teenager geworden. Ihre jüngeren Geschwister vergnügt spielen zu sehen, war für uns alle schmerzvoll. Noch vor Einbruch der Nacht begann Mutter, den Tisch abzuräumen und alles sauber zu machen. Dabei kaute sie auf einer Vanille-Schote herum, um damit ihre Alkoholfahne zu neutralisieren. Ich musste kichern. »Was lachst du so dumm, hilf mir lieber!«, schalt sie mich. »Miguel Angel muss doch nicht wissen, dass ich wieder so viel gesoffen habe. Er geht in die Kirche, und ich mache diese versauten Sachen.« Solche kleinen Betrugsversuche schienen dem Liebesglück der beiden jedoch nicht zu schaden.

Auf dem Weg von Mama Conchas Häuschen zu meiner Mutter, den ich fast allmorgendlich zurücklegte, durfte ein Zwischenstopp bei den Großeltern nie fehlen. Bei einer dieser Gelegenheiten erzählte mir Marlon, er habe nun schon einige Male Strong, einen von Gatos Clique, in der Nähe herumlungern sehen. Was führte dieser gemeingefährliche Marero nur im Schilde? Ich musste daran denken, wie ungeschützt das Grundstück meiner Familie doch dalag. Wenn es zumindest eine Mauer oder einen Zaun gegeben hätte … Aber da gab es rein gar nichts. Schlimmer noch, auf dem verlassenen Nachbargrundstück, welches der Familie des ermordeten José gehörte, stand eine verfallene Hütte, die gleich an unser Land angrenzte. Mit Leichtigkeit hätte sich dort jemand verbergen können, um uns auszuspionieren oder ein Attentat zu verüben. Die Tür von Mutters Behausung bestand lediglich aus dünnen Spanplatten und wurde in der Nacht von innen mit einer Kette verriegelt. Großmutter hatte ihr schon mehrmals gesagt, sie solle sich doch eine robustere Tür anschaffen. Und die drei Zimmer im Innern hatten überhaupt keine Türen. Zwei der Räume wurden als Schlafzimmer genutzt. Im einen schliefen Mutter und Miguel Angel, im anderen Salvador und María-José. Das einzige Alarmsystem auf dem ganzen Areal stellten vier Hunde dar. Der größte von ihnen, Oso, biss auch schon mal jemanden von uns, wenn er ihn nachts nicht gleich erkannte.

Trotz der Gefahren, die überall auf sie lauern konnten, hielt es Mutter keinen einzigen Tag zuhause aus. Um sich in und um Palencia fortzubewegen, nahm sie für gewöhnlich ein Tuc-Tuc. Doch dass selbst das nicht sicher war, zeigte sich, als sie eines Tages an der Hauptgasse Einkäufe tätigte und eines dieser Vehikel direkt neben ihr hielt. Der halbwüchsige Fahrer drängte sie, bei ihm einzusteigen. Als sie nicht darauf einging, fuhr er ihr vor die Füße. Der Polizist Rolando, der einige Meter hinter ihr hergelaufen war, gab mit seiner Pistole drei Warnschüsse in die Luft ab, woraufhin der überraschte Fahrer aufs Gaspedal drückte und davonbrauste. Mutter hatte ihn wiedererkannt, es war der jüngere Bruder eines bekannten Mareros gewesen. Rolandos Kollegen konnten den Jungen wenig später ausfindig machen und in Gewahrsam nehmen. Aber nur für einige Stunden, denn es lag ja nichts Konkretes gegen ihn vor, zudem war er noch minderjährig. Die Geschichte von diesem mutmaßlichen Entführungsversuch kam mir nur dank Rolandos lockerer Zunge zu Ohren, der Großmutter sogleich darüber in Kenntnis setzte.

Ohne uns davon zu unterrichten, wohnte Mutter Tage darauf in Guatemala-Stadt dem Prozess gegen Sleepy und Palillo bei. An der Verhaftung des Letzteren hatte sie ja selber mitgewirkt. Neben dem Opfer selber, Victor Miguel Mijangos, der nun seine Tage querschnittsgelähmt in einem Rollstuhl fristen musste, war sie die Hauptzeugin. Wäre Patricia noch am Leben gewesen, hätte sie sicherlich auch ausgesagt. Vielleicht hatte Gato sie ja deswegen ermorden lassen.

Soviel ich wusste, hatte Mutter noch nie eine Schusswaffe besessen. Dann aber ertappte ich sie in ihrem Zimmer beim Herumhantieren mit einer kleinen Pistole. Kaum hatte sie mich bemerkt, verstaute sie die Waffe wieder unter ihren sorgfältig gebügelten Blusen im Schrank. Vor uns, ihrer Familie, hatte sie stets so getan, als würde ihr schon nichts Böses widerfahren, als sei alles unter Kontrolle. Nun aber kam sie auf mich zu, berührte mit ihrer rechten Hand meine Schulter, schaute mir tief in die Augen und sagte: »Sandra, ich weiß, diese Bestien werden mich töten … du kennst sie ja … die vergessen nie.« »Mama, was redest du da?« »Sei still, ich … ich möchte dich nur bitten, für deine Geschwister zu sorgen … falls ich einmal nicht mehr da sein sollte. Bitte, das musst du mir versprechen!« »Ja klar, Mama, natürlich«, erwiderte ich mit brüchiger Stimme. Für mich war sie immer eine nahezu unerschütterliche Frau gewesen, dieses Eingeständnis traf mich wie eine Kugel mitten ins Herz. An diesem und an den folgenden Tagen betete ich mit besonderer Inbrunst zu Gott und bat ihn, das Leben meiner Mutter, aber auch jenes von Guadalupe, zu behüten.

Dieses zunehmend beklemmende Gefühl wurde durch einen Anruf Tinos noch gesteigert. »Hör gut zu, Sandra, im Namen von Jesus, sag deiner Alten, sie soll endlich mit diesem ganzen Wahnwitz aufhören, sie hat es schon viel zu weit getrieben! Gato redet ganz krasses Zeugs im Knast, sag ihr das.«

»Was genau meinst du damit, Tino?« »Nun, er wollte von seinem Verteidiger wissen, wie seine Chancen stünden, falls deine Alte nicht mehr als Zeugin auftreten könnte. Und dieser meinte, dass er dann auf einen Freispruch hoffen könne, denn ohne deine Alte würde ja sicherlich auch Guadalupe nicht mehr gegen ihn aussagen wollen. Bei Jesus, Sandra, sag ihr das!« Das tat ich. Mutter aber gab sich wie gewohnt unbeeindruckt. Manchmal, so als wolle sie ihr Schicksal noch mehr herausfordern, wagte sie sich sogar ohne ihren Leibwächter ins Zentrum. Sprach Großmutter sie dann verärgert darauf an, kamen Rechtfertigungen wie: »Ach Scheiße, es geht mir einfach auf den Wecker, auf Schritt und Tritt von einem Polizisten verfolgt zu werden, es wird mir schon nichts passieren!«

Im Verlauf des 3. Novembers verbreitete sich in Palencia die Neuigkeit, der gefürchtete Flash sei tot aufgefunden worden, wie ein Lauffeuer. Die Tageszeitung Nuestro Diario brachte am nächsten Tag einen halbseitigen Artikel mit der Überschrift: »Bandenchef getötet«. Ein großes Polizeifoto dieses Mareros war zu sehen, ein zweites zeigte die Leiche. Fußgänger hatten sie etwas außerhalb von Palencia gefunden. Der Schädel wies mehrere Einschusslöcher auf, um Hals und Hände waren dicke Seile gewickelt. Auf einen zerknitterten Zettel, der auf seiner Brust lag, hatte jemand »Palencia ist heute in Festlaune« gekritzelt. Neben vielen anderen trug sein Körper ein kleines Tattoo mit den Worten: »Meine Eltern, bitte vergebt mir«. Das Ende dieses bösartigen Menschen löste bei vielen stillschweigende Befriedigung und Freude aus. Flash hatte innerhalb kürzester Zeit unglaublich viel Unheil angerichtet. Er war einer der Mörder meiner Tante, und ich wusste genau, dass man sein Ableben mit Mutter in Verbindung bringen würde. Meine Besorgnis erreichte neue Höhen.

Da war es auf eine gewisse Weise sogar von Vorteil, dass ich nichts davon mitbekam, wie nur einen Tag später meine alten Bekannten Edwin Muralles, alias Palillo, und William Agüirre Torres, alias Sleepy, von einem Gericht in Guatemala-Stadt zu je zwanzig Jahren Gefängnis verurteilt wurden. Erst viele Monate später zeigte mir jemand einen Zeitungsausschnitt, der sie am Tag ihrer Urteilsverkündung zeigte. Beide trugen blaue Sportjacken und passende Hosen, Sleepy hatte sich seine schwarze Mütze tief ins rundliche, mürrische Gesicht gezogen. Palillo saß da mit dem Ausdruck eines harmlosen Schuljungen. Und auch Makumba, der sich lange seiner Ergreifung entzogen hatte, saß nun hinter Gittern. So wie auf Gato, wartete auch auf ihn eine Anklage wegen seiner Beteiligung an Patricias heimtückischer Ermordung. Mir fiel es immer noch schwer zu glauben, er könne wirklich seine Hände in diesem bösen Spiel gehabt haben. Wenn ich zu einem der Mareros wirkliches Vertrauen gehabt hatte, dann zu Makumba. Der Prozessbeginn wurde auf den 11. Dezember festgelegt. Die Behörden empfahlen Mutter und Guadalupe, schnellstmöglich aus Palencia wegzuziehen. Man könne für ihre Sicherheit nicht garantieren, hieß es. Mutter dachte nicht daran, jedenfalls nicht sofort. »Diese Kanaillen sollen es nur wagen, einige von denen werde ich mit ins Grab nehmen, das schwöre ich!«, sprach sie kämpferisch und fuhr mit den Vorbereitungen für ihre Hochzeit fort, die noch vor Weihnachten stattfinden sollte. Bei einer Schneiderin hatte sie ein selbst entworfenes Hochzeitskleid in Auftrag gegeben. Besonders hübsch sollte es werden, um uns alle damit zu überraschen.

2006

TEUFLISCHE SCHATTEN

Die kalte Morgenluft drückte sich durch die Ritzen unter dem Blechdach zu uns hinein. Alle paar Sekunden ertönte von irgendwoher das Krähen eines Hahns. Erste Sonnenstrahlen erhellten die undurchsichtigen Scheiben des kleinen Fensters über unserem Bett. Halb wach, mit angewinkelten Beinen, lag ich noch eine Weile unter der Decke, wärmte mich an Jennifers Körper und dachte nach. Es war Mittwoch, der 29. November. Auch dieses Jahr hätte ich mich liebend gerne wieder dem vorweihnachtlichen Verkauf von Früchten, Nüssen und Vanilleschoten gewidmet, um so dringend benötigtes Geld zu verdienen. Aber das war nun nicht mehr möglich. Ich war also völlig von Mutter und damit indirekt von Don Miguel Angel abhängig, die mich und meine Kinder mit Nahrungsmitteln und allem sonst Nötigen versorgten. Um kurz vor sieben stand ich auf. Auf dem vierflammigen Gasherd von Mama Concha, den sie mir netterweise zu benutzen erlaubte, bereitete ich meinen Kindern ein einfaches Frühstück zu, bestehend aus Spiegeleiern und aufgewärmten Tortillas. Danach ging ich zusammen mit Anthony María-José abholen und begleitete die beiden zu ihrer Schule im Zentrum. Mutter war schon früh nach Guatemala-Stadt gefahren. Auch Don Miguel Angel hatte sich dorthin aufgemacht, zu einem Besuch bei seinen leiblichen Kindern aus einer vorherigen Beziehung. Vor dem nächsten Tag würde er sicherlich nicht zurück sein. Wieder daheim, kam ich meinen Hausfrauen- und Mutterpflichten nach. Mittags kamen Anthony und María-José von der Schule zurück. Nach dem Mittagessen half ich meinem Sohn und meiner Schwester bei ihren Schulaufgaben. María-José sah richtig süß aus in ihrer schmucken Schuluniform – einem marineblauen Rock mit einem schneeweißen Hemd. Ihre zwei langen Haarzöpfe pflegte ihr Mutter mehrmals wöchentlich neu zu flechten. Sie so zu sehen, erinnerte mich immer auch an meine eigene Schulzeit, die ich aus purer Dummheit abrupt beendet hatte. Noch bevor die Sonne unterging, gegen achtzehn Uhr, bummelte sie in Richtung Zuhause davon.

Mit meinen Kindern begab ich mich in den bescheidenen Wohnraum zu Mama Concha und ihrer Tochter Sheny. Wir setzten uns zu ihnen auf ein kariertes, abgenutztes Sofa, das vor einem altertümlichen Fernsehgerät stand.

Es lief gerade eine populäre peruanische Talkshow, in der es hart zur Sache ging: Eine dickliche Ehefrau haute zuerst auf ihren untreuen Ehemann ein und dann, zur Begeisterung des Studiopublikums, auch noch auf dessen jüngere, viel schlankere Geliebte, die sich das aber nicht gefallen ließ, sondern kräftig zurückschlug. Leider konnte ich mich nicht auf diese groteske, aber durchaus unterhaltsame Boxerei auf dem Bildschirm konzentrieren, denn Jennifer krabbelte unruhig auf mir herum – alles Schimpfen nützte nichts. Was war nur los mit ihr? Wie von Geisterhand ausgelöst, fröstelte es mich, ich hatte das garstige Gefühl, rot glühende Augen würden mich von hinten anstarren. Dort an der Wand, war da nicht gerade ein Schatten vorbeigehuscht? Oder hatte mir meine ausschweifende Phantasie nur einen dummen Streich gespielt? Meinen Stimmbändern entfuhr ein dumpfer Schrei – Doña Concha schreckte auf. »Jesus, was ist los, Sandra?« »Ich dachte, da wäre jemand… genau hinter mir«, stammelte ich. »Was meinst du, da ist doch niemand!«, wollte sie mich beruhigen, ich aber war nicht überzeugt.

»Sind Sie auch ganz sicher?«, fragte ich und warf nervös einen Blick hinter mich. »Aber ja, da ist nichts«, sprach sie und bekreuzigte sich mit schnellen Handbewegungen, um dann noch ein »Jesus möge uns beschützen« zwischen ihren Zähnen hervorzupressen. Ich atmete tief durch und bemühte mich, meine Aufmerksamkeit wieder der Fernsehshow zu widmen. Nun fing Jennifer an zu plärren, zuerst leise, dann immer lauter. Sie wolle ihre Oma sehen, verlangte sie. Es sei schon spät, wir würden ja morgen früh zu ihr gehen, redete ich meinem Kind gut zu, doch keine Worte vermochten es zu trösten. »So spät ist es noch gar nicht, Sandra«, widersprach mir Mama Concha. »Geht doch, auch dir wird es gut tun, noch ein bisschen frische Luft in deine Lungen zu kriegen.« Mit einer resignierenden Geste gab ich nach.

Draußen war es bereits stockdunkel, also beeilten wir uns, die kurze Strecke hinter uns zu bringen. Gewohnheitsmäßig schauten wir zuerst bei den Großeltern hinein. Emilia stand bei der Spüle, Großvater verfolgte mit Pedro die Abendnachrichten im Fernsehen, und Großmutter rührte in einer großen Bratpfanne mit Rühreiern. Auf einen Fingerzeig von ihr hin setzten wir uns an den großen Holztisch. Als könne sie meine Gedanken lesen, fragte sie, ob etwas nicht in Ordnung sei. Sobald ich ihr mein schauriges Erlebnis von eben vorgetragen hatte, vertieften sich die schluchtenartigen Furchen auf ihrem gebräunten Gesicht. »Schrecklich, so etwas macht mir große Angst, das kann nichts Gutes bedeuten«, sagte sie, dann wandte sie sich an Jennifer: »Und du böses Mädchen, musst du das Unglück auch noch heraufbeschwören mit deinem verdammten Geplärre?« In Gedanken versunken saß ich da, bis mir einfiel, dass wir ja Mutter hatten aufsuchen wollen. Wir wünschten allen eine gute Nacht – es war schon fast neun Uhr. »Geht doch schnell hinunter zu eurer Oma, ich warte hier auf euch«, sprach ich und hievte Jennifer in Anthonys Arme. Nach wenigen Augenblicken sah ich meine Kleinen wieder aus dem Dunkel hervorkommen. Vor dem offenen Hauseingang flatterte ein rosafarbener, halbdurchsichtiger Vorhang, durch den gefächertes Licht nach draußen fiel. Sie gingen hinein und erschienen gleich darauf an Mamas Seite wieder in der Tür. Diese wechselte noch einige Worte mit ihren Enkelkindern, bevor sie jedem einen Kuss gab. Dann hob sie den Kopf und blickte genau in meine Richtung; sie winkte zu mir herüber, und ich winkte zurück. Nur wenige Meter neben mir, beim von nächtlicher Dunkelheit umgebenen Adobe-Häuschen, bewegte sich die Glut einer Zigarette. Es war der Polizist Rolando, der sich vor dem Zubettgehen noch etwas Nikotin gönnte. Wieder in unserer Unterkunft bei Mama Concha begaben wir uns zu Bett. Ich konnte noch keinen Schlaf finden.

Auch Mutter lag noch wach. Da Miguel Angel nicht gekommen war, durfte María-José bei ihr im Bett schlafen. Kurz nach Mitternacht vernahmen die beiden ein metallenes Knacken. »Hast du das gehört, Mamita?«, wisperte meine Schwester. »Psst, sei still, das ist doch nur Salvador, der zu Toilette geht«, bekam sie zur Antwort. Sekunden später vernahmen sie leise Männerstimmen. Noch bevor sie reagieren konnten, betätigte jemand den Lichtschalter im Vorraum. Das Licht der dort oben am Holzbalken angebrachten Glühbirne reichte durch die türlose Öffnung bis in ihren Schlafraum herein. Mutter richtete sich auf, doch in diesem Moment erschienen zwei vermummte Gestalten in der Tür. María-José stellte sich sofort schlafend. Einer der Unbekannten hielt eine Maschinenpistole in den Händen, der andere eine Pistole. Dieser ging auf Mutter zu, stieß ein unterdrücktes »Du verdammte Hurentochter!« aus, packte brutal ihre Haare und zerrte sie vom Bett. Dann versetzte er ihr mit einem seiner schwarzen Stiefel einen Tritt, dessen brutale Wucht die Adern auf ihrem Oberschenkel zum Platzen brachte. Meine Schwester schnellte hoch und krallte sich an ihr fest. »Tut meiner Mamita nichts!«, flehte sie. »Halt gefälligst deine Klappe, du Hurengöre, oder wir machen euch beide kalt«, fauchte einer der Angreifer. Dann verließen sie das Zimmer wieder. Zweifellos wollten sie zuallererst Rolando unschädlich machen, wussten aber nicht genau, wo er zu finden war. Mutter hatte noch keinen einzigen Laut von sich gegeben und auch keinen Versuch unternommen, sich zu wehren. Sicherlich, weil sie María-José nicht noch mehr gefährden wollte. Eng umschlungen verharrten sie unbeweglich. Die zwei Vermummten hatten sich nur kurz im anderen Raum umgeschaut, in dem Salvador zu schlafen vorgab. Nun kamen sie zurück. Der Mann mit der Maschinenpistole griff sich María-Josés Arm und riss sie mit einem gewaltsamen Ruck von Mutter weg. Der andere erhob seine Pistole und zielte aus einer Distanz von weniger als einem Meter auf Mutters Kopf. Wie Peitschenhiebe knallten die Echos dreier Schüsse durch die stille Nacht.

Mich holten sie aus meinem Halbschlaf. Noch überlegte ich, ob ich nur geträumt hatte, bis wenige Atemzüge später das Geknatter einer Maschinenpistole jegliche Zweifel zerstreute. Wie von Sinnen fuhr ich hoch, zog mir die Schuhe an und rannte los, mit den Kleidern, die ich am Leibe trug. Selbst an meine schlafenden Kinder verschwendete ich keinen einzigen Gedanken. Diese Schüsse hatten meiner Mama gegolten, dies war meine schreckliche Gewissheit. Auch Rolando war durch die Detonationen aus dem Schlaf geholt worden. Mit seiner veralteten Pistole kauerte er vor seiner Absteige. Plötzlich sah er, wie sich unten bei Mutters Häuschen zwei bewaffnete Figuren bewegten, auf die er geistesgegenwärtig das Feuer eröffnete. Mich veranlassten diese erneuten Schüsse dazu, stehen zu bleiben, nur noch wenige Meter vom Haus der Großeltern entfernt. Es herrschte eine gespenstische Stille, nur unterbrochen von meinem Keuchen. Sollte ich weiterlaufen und womöglich den Angreifern direkt in die Arme? Ich verkroch mich in ein Gebüsch und lauschte angestrengt.

María-José umarmte derweil den leblosen Körper unserer Mutter. Etwas Rotes, Feuchtwarmes floss über ihr T-Shirt, für einen Moment glaubte sie, selber von Kugeln getroffen worden zu sein. Nach weiteren Minuten flackerten neben mir die Lichter zweier Polizeifahrzeuge auf, die den nahen Weg entlang rumpelten. Nun konnte mich nichts mehr halten. So schnell mich meine Beine trugen, rannte ich weiter. Vor Mutters Behausung traf ich zuerst auf den fast hysterischen Rolando, dann auf einen geisterhaften Salvador. Dieser beantwortete meine bohrenden Fragen nicht, sondern starrte nur vor sich hin. Im Vorraum standen Großmama, Emilia, Marlon und Pedro. María-José kam auf mich zugestürzt und umklammerte mich mit schier unmenschlicher Kraft. »Sie haben unsere Mamita getötet«, schluchzte sie. »Und du hast alles mit angesehen?« Sie nickte und klammerte sich noch fester an mich. Ich sperrte mich gegen das gerade Gehörte. Es durfte einfach nicht sein! Hatte sich meine Schwester vielleicht geirrt und unsere Mutter war nur verwundet? Ich bat sie, mich loszulassen.

Ganz alleine betrat ich das Schlafzimmer, in dem sich nichts regte. Mutters verzerrter Körper lag schräg über dem Bett, dessen weißer Kunststoffrücken mit Einschüssen gespickt war. Mit einem Schmerz in mir, der mir schier das Herz brach, beugte ich mich über ihren Kopf. Eines ihrer Augen war weit geöffnet, fast so, als sei da noch ein Lebensfunke in ihr. Aber nein, unmöglich, denn in ihrer linken Schläfe klaffte ein pflaumengroßes, rötliches Loch, aus dem Blut quoll. Mit zitternden Händen betastete ich ihren noch warmen Arm, am liebsten hätte ich sie wachgerüttelt oder versucht, ihr neues Leben einzuhauchen. »Mama, verlass mich nicht!«, schrie meine Seele. Völlig verstört verließ ich den Raum wieder. »Bedeckt sie doch mit einem Tuch«, bat ich die Umstehenden. Aber da befahl uns ein Polizist, das Haus zu verlassen. Mir fiel ihr Notizbüchlein ein, dieses musste ich unbedingt retten. Es gelang mir noch, es aus der Kommode zu ziehen, bevor mich der Polizist hinausdrängte. Im Freien, im Halbdunkel, ließ ich mich auf dem Erdboden nieder. Tausende von Empfindungen irrten durch meine Gehirnwindungen. Kopflos begann ich, das Notizbüchlein zu durchblättern und fieberhaft jede handschriftliche Eintragung zu überfliegen. Telefonnummern, Zeitangaben, einige persönliche Eintragungen sowie viele Namen standen da, geschrieben mit schwarzer, blauer oder grüner Tinte oder mit Bleistift. Ein Name fand sich immer wieder, auf fast jeder Seite: Gato.

Lincy setzte sich zu mir und wollte mich trösten. Ihre Schwester Guadalupe stand vor uns, kreidebleich, still heulend. Vor einem Jahr hatten die beiden genau dasselbe durchleiden müssen, beim Verlust ihrer Mutter Patricia. Und heute Nacht hätte es auch Guadalupe treffen können. Denn auch sie war im Visier der Mara Salvatrucha. In mir brannte der Drang, auf der Stelle etwas zu unternehmen. Irgendetwas! Mein Gott, es musste doch etwas geschehen! Wie in Trance richtete ich mich auf und heftete mich an die Fersen eines Polizisten. Ich lauschte den Dialogen, die er mit seinen Kollegen führte. Es herrschte äußerste Anspannung, da man vermutete, die Killer und eventuell noch andere Mareros könnten sich irgendwo in der Nähe versteckt halten. Mitten in der Nacht war an eine Verfolgung nicht zu denken. Die Polizeistation Palencias wurde mit Notrufen überflutet, in denen von Schießereien in verschiedenen Außenbezirken berichtet wurde. Es handelte sich ausnahmslos um Falschmeldungen, wie sich bald herausstellte. Jemand war darauf aus, die Polizei zu verwirren und abzulenken. Vor dem Hauseingang war deutlich eine Blutspur erkennbar, die von dort wegführte. Einer der Mörder musste verletzt sein. Wie eine Besessene folgte ich dieser Fährte, indem ich den Boden vor mir mit dem schwachen Lichtstrahl meines Handys beleuchtete. Nach vielleicht einhundert Metern tauchte etwas silbrig Reflektierendes auf. Eine Pistole! Mit kleinen Steinchen formte ich einen Kreis um sie herum. »Gehen Sie lieber wieder zurück, Señorita », sprach leise ein Polizist, der mir gefolgt war. »Hier ist es zu gefährlich für Sie, ich kümmere mich darum.« Großvater hatte sich dem Tatort bisher noch nicht genähert. Er stand oben vor seinem Haus und starrte zu uns herunter. Was nur in ihm vorging?

Und wieder gellten laute Befehle durch die Luft, die Polizei hatte jemanden gefasst. Ich musste sehen, wer das war, also lief ich los, bis eine Gruppe Männer vor mir aus dem Dunkel auftauchte. In ihrer Mitte führten sie eine Gestalt mit sich, die humpelte. Direkt vor mir machten sie halt, und ich blickte in das Gesicht von Strong. Das Hemd hing in Fetzen an ihm herunter, eines der Hosenbeine wies Blutflecken auf – augenscheinlich hatte er einen Streifschuss abbekommen. Ich schaute ihm direkt in die teuflischen Augen, in denen nicht die geringste Spur von Reue zu erkennen war. »Warum hast du das getan, warum… warum nur?«, schrie ich. »Ja, ich hab deine Alte gekillt, na und?«, spuckte er verächtlich zurück. Ich musste mich zusammenreißen, um ihn nicht anzuspringen und ihm seine Fratze zu zerkratzen. »Wahrlich kein schönes Geschenk, das du uns da heute gemacht hast«, sagte ich mit zitternden Stimmbändern. »Es gibt ein göttliches Gericht, und auch du wirst ihm nicht entgehen!« Über sein Gesicht zog sich ein hämisches Grinsen. »Du dreckiger Hurensohn!«, brüllte jemand. Es war Marlon, der sich auf ihn werfen wollte, aber von den Polizisten zurückgehalten wurde. »Warum hast du nicht auch gleich meine kleine Schwester getötet?« »Nee, wir hatten es nur auf deine Alte abgesehen, diese Hurentochter schuldete es uns schon lange«, kam die herzlose Antwort. Strong wurde weggeführt.

Fix und fertig ließ ich mich wieder irgendwo auf dem feuchten Erdboden nieder. Bilder zogen an meinem inneren Auge vorüber, von jenen letzten Monaten mit meiner Mama. Der Gefahr zum Trotz war sie voller überbordender Lebensfreude gewesen. Sie hatte ihren Tod vorausgeahnt, dennoch hätte ich nie gedacht, dass es wirklich einmal dazu kommen würde. Sie war immer derart furchtlos gewesen, so als könnte ihr keine Kugel etwas anhaben. Und irgendwie, zu meiner eigenen Beruhigung, hatte ich mir eingeredet, sie wisse schon, was sie tue. Jaulend streifte einer unserer Hunde um meine Beine, in einem nahen Gehölz erspähte ich den völlig verängstigten Oso. Diese Halunken hätten den Tieren bestimmt etwas gegeben, vielleicht Formol, gab ein Polizist sein forensisches Wissen zum Besten. Dies sei ein Mittel für die Präparation von Toten. Richtig dosiert, könnten Hunde mitunter wochenlang nicht mehr bellen.

Erneutes Scheinwerferlicht und das Dröhnen von Automotoren. Es war die Wagenkolonne der Staatsanwaltschaft. Mehr als ein Dutzend Männer und

Frauen mit schwarzen Westen und Kappen stiegen aus. Sofort machten sie sich daran, beim Tatort kleine Markierungen aufzustellen und alles zu fotografieren. Ihr Leiter, José Antonio Meléndez, kam mir sofort bekannt vor. Als er mich erblickte, schritt er auf mich zu. Er habe meine Mutter gut gekannt, sagte er, denn vor etwa einem Jahr habe er den Fall meiner Tante bearbeitet. Nie habe er sich damals ausmalen können, dies auch einmal für meine Mutter tun zu müssen. Sie sei wirklich eine außerordentlich mutige Frau gewesen. Er könne sich noch gut an ihre erste Begegnung erinnern, als sie ihn wüst beschimpft hatte, weil er und sein Team erst nach über drei Stunden am Tatort eingetroffen waren. Er bedaure sehr, dass nun alles so habe enden müssen, betonte er.

Längst hatte ich das Zeitgefühl verloren, aber über dem Horizont zeigten sich schon erste helle Streifen. Neben Familienmitgliedern erschienen auch immer mehr Fremde. Männer mit beigefarbenen Westen, die die Aufschrift »Presse« trugen, machten sich über Großmutter her. Einige hatten Fotokameras, andere kleine Aufnahmegeräte bei sich. Selbst eine Fernseh-Equipe vom Kanal 7 filmte am Tatort. Dem Mord an meiner Tante hatten die Zeitungen noch nicht einmal eine kümmerliche Randnotiz gewidmet; er war nur einer von täglich vielen gewesen und dazu noch nicht einmal besonders spektakulär. Das jetzige Interesse hatte sicherlich damit zu tun, dass Mutter unter Polizeischutz gestanden hatte und nun trotzdem den Kugeln ihrer Feinde zum Opfer gefallen war. Dies war selbst in einem an Mord und Todschlag gewöhnten Land wie Guatemala etwas nicht ganz Alltägliches. Die Pressemeute entdeckte auch mich. Mehr als schneidende Antworten bekamen sie nicht von mir.

Als es hell wurde, nahm mich ein älterer Polizist beiseite. »Señorita, wir haben einen zweiten Marero aufgestöbert, wollen sie ihn sehen?«, fragte er. Ich stapfte hinter ihm her. Ein Nachbar hatte inmitten seines Maisfeldes eine Leiche gefunden. Der halbentblößte Oberkörper, dessen Haut voller farbiger Tätowierungen war, wies zwei kleine Einschusslöcher auf. Daneben lag ein Maschinengewehr. »Hast du diesen Kerl hier schon mal gesehen?«, wollte José Melendez wissen. Ich verneinte. Das Alter des Toten schätzte ich auf etwa fünfundzwanzig Jahre. »Auf dem Küchentisch haben wir einen Rucksack mit Granaten gefunden«, sprach der Staatsanwalt weiter. »Den haben die Mareros dort vergessen. Wahrscheinlich kamen sie noch einmal zurück, um ihn zu holen, und gaben Rolando dadurch die Möglichkeit, das Feuer auf sie zu eröffnen. Sonst wären sie sicherlich ungeschoren davongekommen.«

Der Tag hatte die Nacht besiegt, ich begab mich hinauf zu den Großeltern. Jemand hatte schon verschiedene Beerdigungsinstitute verständigt, deren Angestellte einem Rudel hungriger Wölfe gleich den Türeingang umlagerten. »Guten Tag, wir sind von der Firma *La Ceiba*, wir können Ihnen ein besonders vorteilhaftes Paket anbieten, bei dem Sie sich um nichts kümmern müssen, und zahlen können Sie in bequemen Monatsraten.« Ich war ratlos. An die bevorstehenden Formalitäten, Behördengänge und Unkosten hatte ich bisher noch gar nicht gedacht. Geld hatte ich ohnehin keines. »Was sollen wir jetzt bloß machen, Sandra?«, jammerte Großmutter. Sie und Großvater saßen regungslos am Tisch. Beide waren nun endgültig gebrochen, erschienen mir aber nicht ganz so erschüttert wie noch beim Tod Patricias. Das Eintreffen von Doña Conchas Tochter Sheny rief mir meine Kinder ins Bewusstsein. Den Kleinen gehe es gut, beruhigte sie mich sogleich. Sie habe ihnen gesagt, ich sei früh etwas erledigen gegangen. Das sei gut so, bedankte ich mich bei ihr.

Gegen neun Uhr wurde der Leichnam freigegeben und in einem Wagen der Feuerwehr ins Forensische Institut nach Guatemala-Stadt überführt. Großmutter und ich wurden in einem Polizeiauto hinterhergefahren. Am Ziel reihte ich mich in eine lange Schlange Wartender ein, Großmutter setzte sich auf eine Bank im Vorhof. Nach vierzig Minuten hatte ich den Schalter erreicht, hinter dem ein unfreundlicher Angestellter hockte und mir Fragen stellte. Die Antworten trug er in ein Formular ein. Die Tote müsse noch einer Autopsie unterzogen werden, beschied er mir knapp. Ich solle solange warten, man werde mir dann Bescheid geben, sobald die Todesurkunde fertig sei. Also ging ich hinaus zu Großmama, zu der sich eine ihrer Schwestern, Tante Anita, sowie deren Tochter Erika gesellt hatten. Kurz darauf kam auch noch Myrna und spendete mir etwas Trost. Viele andere kummervolle Menschen, die auch einen Angehörigen verloren hatten, saßen auf weiteren Bänken links und rechts. Vor uns lag ein trostloser Hof, der an einer hohen Mauer endete. Dahinter, in einem Bereich, der schon zum Generalfriedhof der Stadt gehörte, reckten sich hohe Föhren gegen den nur leicht bewölkten Himmel. Meine Augenlider, schwer wie Blei, fielen zu. Mit einem Mal kam mir alles so ruhig und friedlich vor, die Müdigkeit übermannte mich. An diesem Ort war ich schon einmal gewesen, mit meiner Mutter, vor vielen Jahren, als sie mich hier wegen meiner Augenverletzung hatte untersuchen lassen, die ich Tino zu verdanken gehabt hatte. Das Attest war ich nie abholen gegangen. Hätte es etwas an meinem oder am Schicksal meiner Familie geändert, wenn ich es dennoch getan hätte? Hätte ich mich vielleicht früher von Tino lösen können? Wäre dann alles anders gekommen? Aber was nutzten sie nun noch, diese Gedanken? Die Vergangenheit ließ sich nicht mehr umkehren.

Zwei Polizeifahrzeuge fuhren quietschend in den Hof und beendeten meine kurze Ruhepause. »DIC« stand auf den Autotüren. Eine Schar Uniformierter stieg aus und kam direkt auf uns zu. Sie hätten María-Bernarda gut gekannt, sagte einer von ihnen, und sie würden ihren Tod sehr bedauern. Dann stellten sie mir Fragen, von denen ich aber nur wenige beantworten konnte. Was wusste ich schon? Eine junge Beamtin, etwa in meinem Alter, ließen sie als unsere Eskorte zurück. Sie sollte uns während der kommenden Stunden begleiten. Und schon wieder belästigten mich Mitarbeiter eines Bestattungsinstitutes taktlos mit ihren Angeboten. Ich müsse nur hier unterschreiben, sie würden sich dann um alles kümmern, und bezahlen könne ich erst viel später. Was sollte ich tun? Von niemandem aus meiner Familie kam ein konkretes Hilfsangebot. Aus einer Stofftasche, die ich dabei hatte, zog ich Mutters Notizbüchlein. Ich konnte mich erinnern, dass sie darin den Namen einer Person notiert hatte, die ihr bei der Beisetzung Patricias behilflich gewesen war. »Carranza« war da zu lesen, und gleich darunter eine Telefonnummer. Myrna lieh mir ihr Handy. Nach kurzer Zeit stand ein Mann in Zivil vor uns. Auch er war Polizist und Mitglied des DIC. Sozusagen nebenbei betrieb er eine eigene Bestattungsfirma. Er machte mir einen »Spezialpreis«, den ich ohne weiter zu zaudern annahm.

Über drei Stunden warteten wir nun schon, und Großmutter fühlte sich immer unwohler. »Geh doch nach Hause, ich mach das hier schon«, sagte ich zu ihr. Ihre Schwester ging mit ihr. Das Warten wurde auch für die übrigen von uns von Minute zu Minute unerträglicher. Plötzlich stand eine klein gewachsene Frau in einem strengen Damenanzug vor uns. Ihre Haare waren schwarzgrau, sie hatte eine Pagenfrisur, und durch ihre modische Brille mit dünnem Rahmen stachen zwei kleine, aber energiegeladene Augen hervor. »Ich bin Norma Cruz, Direktorin der Stiftung Sobrevivientes«, stellte sie sich vor. »Unsere Stiftung unterstützt Frauen und Mädchen, die Opfer von Gewaltverbrechen geworden sind. Wir haben María Bernardas mutiges Engagement für Gerechtigkeit aufmerksam mitverfolgt, ihr könnt wirklich stolz auf sie sein. Es ist wahrlich eine Schande für das Justizsystem unseres Landes, wenn es nicht einmal imstande ist, die wenigen Leute zu beschützen, die überhaupt den Mut aufbringen, als Zeugen gegen gefährliche Kriminelle aufzutreten.« Nach ihrer Beileidsbezeugung fragte sie, ob man uns die Todesurkunde schon ausgehändigt habe. »Nein«, antwortete ich niedergeschlagen. »Das ist doch immer dasselbe! Wartet hier, ich werde sehen, was sich da machen lässt«, sprach diese drahtige Frau und entschwand. »Die Papiere sind gleich fertig. Bei diesen Bürokraten geschieht gar nichts ohne ein wenig Druck«, ließ sie uns nach wenigen Minuten wissen. »Sandra, kommen Sie doch zu mir ins Büro, wenn Sie Zeit haben, damit wir das weitere Vorgehen besprechen können«, lud sie mich ein. »Hier, nehmen Sie, auf dieser Karte stehen die Adresse der Stiftung und meine Telefonnummer.« Dann ging sie.

Eine Viertelstunde später hielt ich das notwendige Dokument in den Händen. Damit mussten wir nun zurück nach Palencia fahren, denn nur mit dem Stempel von Mutters Heimatgemeinde darauf würde man uns ihren Leichnam auch aushändigen. Wie aber kamen wir aber auf die Schnelle dorthin und wieder zurück? Ich kontaktierte einen Bekannten, der ein Ein-Mann-Taxi-Unternehmen betrieb. Zum Glück war er gerade in der Stadt unterwegs und sofort bereit, uns in dieser misslichen Lage auszuhelfen. Es war Vorweihnachtszeit, der Verkehr staute sich kilometerlang. Im Gemeindehaus in Palencia wurden wir relativ schnell bedient, in weniger als einer Stunde. Doch auch so waren Myrna, die Polizistin und ich erst gegen halb sechs wieder in der Hauptstadt. Und noch hatte die Warterei kein Ende. Wieder Schlangestehen – diesmal, um die vervollständigte Urkunde einzureichen. »Wir werden Sie dann aufrufen«, hieß es wieder. Anita und Erika konnten nicht länger bleiben und verabschiedeten sich. Meine Versuche, Don Miguel Angel auf seinem Handy zu erreichen, waren bisher erfolglos geblieben. Dann war er es, der anrief. »Don Miguel Angel, hören Sie mir bitte zu«, sagte ich, »es ist etwas Fürchterliches passiert… Bernarda ist tot… wir sind hier bei der Leichenhalle.« »Ich komme gleich«, sagte er nach einer langen Pause. Aschfahl traf er nach einer halben Stunde ein. »Oh Gott, oh Gott, Bernarda ist tot, ich kann es nicht glauben… ich kann es nicht glauben«, wiederholte er sich mehrfach.

Ein Mann mit länglichem Gesicht trat an mich heran. »Ihre Mutter ist fertig, sie muss nur noch angekleidet werden. Übernehmen Sie das selber?« Don Miguel Angel und ich folgten ihm, ohne etwas zu erwidern, in einen mit Bahren vollgestellten Raum. Auf jeder lag ein zugedeckter Menschenkörper, von dem einzig die nackten Beine oder Arme herausragten. Ein widerlicher säuerlicher Geruch lag in der Luft. Meine Mama lag nackt auf einem schmalen Metalltisch. Beim Anblick ihres entstellten Leichnams schnürte sich mir die Kehle zusammen, mein Herz hörte für einen Moment lang auf zu schlagen. Eines ihrer kastanienbraunen Augen war nach wie vor geöffnet, ihre ehemals glänzend-schwarzen Haare nur noch eine blutverschmierte, verkrustete Masse. Über und um das Loch in ihrem Schädel hatte sich das geronnene Blut zu einem Klumpen verfestigt. Ich atmete schwer. Wo war die Würde, die doch jedem Menschen auch noch im Tod zustehen sollte? Hier existierte sie nicht. »Nein, nein, so kann sie doch nicht gehen, vorher muss sie etwas zurechtgemacht werden«, verlangte ich. Nicht einmal die zwei Mitarbeiter des von mir beauftragten Beerdigungsinstituts hatte ich bemerkt, die sich hinter uns aufgestellt hatten. »Señora, leider ist das so nicht vorgesehen«, sagte einer von ihnen. »Erst bei uns in der Firma werden wir sie etwas herrichten.« »Aber so kann sie doch nicht gehen!«, herrschte ich ihn an. »Verdammt, mir ist es egal, was es kostet, aber ich will, dass sie diesen Ort so ordentlich wie nur möglich verlässt, ist das klar?« »Na gut, dann helfen sie uns bitte«, lenkte er betreten ein. Ich kümmerte mich um ihre Haare, die ich mit etwas Wasser von den gröbsten Blutverkrustungen befreite und dann behutsam kämmte, immerzu mit den Tränen ringend. Abschließend bekleideten wir den toten Körper mit sauberen Kleidern, die ich mitgebracht hatte. Jede einzelne dieser Sekunden gehörte zu den schwersten in meinem bisherigen Leben. Diese grausame Realität zermalmte, was noch an naivem Idealismus oder jugendlicher Ausgelassenheit in mir verblieben war. Zuletzt musste Mutter noch hinüber in den Sarg gehievt werden. Ich bat Don Miguel Angel, der bisher nur zugeschaut hatte, uns dabei zu helfen. Langsam näherte er sich, berührte einen der starren Füße und kippte zur Seite. »Nein, ich kann das nicht«, winselte er und wurde hinausgeführt. Die aufgeblähte Leiche hatte ein enormes Gewicht, selbst zu viert schafften wir es nur mir allergrößter Anstrengung, sie hochzuheben. Don Miguel Angel fuhr im schwarzen Bestattungswagen mit, wir Frauen im Taxi meines Bekannten hinterher. Die Fahrt führte uns kreuz und quer durch diese chaotische Großstadt, längst hatte ich die Orientierung verloren. Ich kann mich noch an einen Wartesaal mit giftgrünen Lehnstühlen erinnern. Wieder hieß es, sich in Geduld zu üben, bis es endlich soweit war. Ob ich nun zufrieden sei, fragte ein Angestellter und zeigte in den offenen, schlichten Holzsarg. »Ja, so ist es gut«, sagte ich erleichtert. Durch Massagen hatten sie es bewerkstelligt, die Schwellungen an ihrem Körper etwas abzumildern. Über der Wunde am Schädel haftete nun ein sauberer Verband, und ihre beiden Augen ruhten fest geschlossen. Jetzt konnte man wirklich fast glauben, sie schlafe nur friedlich.

Die Wagen flogen nur so über die vom Vollmond beleuchteten, sonst tagsüber verstopften Straßen, bevor sie die Abzweigung nach Palencia nahmen. Es war Mitternacht, doch auf unserem Grundstück herrschte noch reger Betrieb. Die sechs Polizisten, die zu unserem Schutz abgestellt worden waren, standen müde und gelangweilt in der Gegend herum. Mitarbeiter der Bestattungsfirma trugen den Sarg ins Haus der Großeltern, wo sie ihn zwischen zwei golden schimmernden Kerzenleuchtern aufstellten. Außer fast der gesamten Verwandtschaft waren auch viele Nachbarn gekommen. Die meisten hockten auf Stühlen vor den Häusern und unterhielten sich leise über das Geschehene. Nur Gott könne uns noch helfen gegen die Mächte des Bösen, glaubten fast alle. Lange verharrte ich mit Beba, Lincy und María-José in einer engen und tränenreichen Umarmung. Für die hungrigen Mägen gab es Sandwichs und etwas zu trinken. Ich hatte keinerlei Appetit, auch wenn ich seit über einem Tag nichts mehr zu mir genommen hatte.

Und meine Kinder? Mit diesem plötzlichen Gedanken eilte ich hinüber zu Mama Concha. Ich nahm Jennifer auf den Arm, die greinend ihre Äuglein öffnete, sich aber von meiner Brust wieder beruhigen ließ. Auch Anthony wurde wach und schmiegte sich fest an mich. Mit seinen fast acht Jahren ahnte er, dass sich etwas Unsagbares zugetragen haben musste. Erschöpft legte ich mich zu ihnen und döste für einige Stunden, immer noch in denselben Kleidern des vorigen Abends. Wie aus einem fürchterlichen Traum wachte ich wieder auf, aber der Alptraum war das Leben selbst! Was würde aus meinen Kindern werden, und was aus meinen noch unmündigen Geschwistern? Mutter hatte mich gebeten, auch für Salvador und María-José zu sorgen. Für sie alle hatte ich jetzt stark zu sein, irgendwie musste ich mit dieser neuen Realität fertig werden. Tino hatte bisher nichts von sich hören lassen. Ganz sicherlich wusste er schon, was passiert war, ließ mich aber alleine in dieser schwersten Zeit meines Lebens. Hatte ich bisher noch ein Minimum an Respekt für ihn empfunden, so war auch dieses nun wie weggeblasen.

Normalerweise dauert die Aufbahrungszeit mindestens vierundzwanzig Stunden. Aber aus Sicherheitsgründen fand die Bestattung gleich am darauf folgenden Morgen statt. Von dem halben Dutzend Polizisten flankiert, zog der Trauerzug aus, geführt von einem Polizeiauto mit zwei weiteren Beamten. Ich, Miguel Angel, Opa, meine Brüder sowie die Tanten Anita und Juana schulterten den Sarg. Mit tränenverhangenem Blick sah ich viele Nachbarn und Bekannte, die es nicht wagten mitzulaufen, aber betroffen am Straßenrand standen. Dunkelgraue Wolken hielten die Sonne versteckt, die Luft war frisch, der Weg unter meinen Füssen erschien mir noch steiniger und unebener als sonst. In der katholischen Kirche wurde ein kurzer Abschiedsgottesdienst abgehalten. Der Pfarrer, ein älterer Herr mit kurzen, gräulichen Haaren, hielt eine bewundernswert mutige Rede und sprach von Mutter als der einzigen Person in Palencia, die es gewagt habe, sich den Mareros in den Weg zu stellen. Dann ging es weiter zum pittoresken Friedhof mit seinen verschachtelten Nischengräbern. Mir war es, als würde sich der Film von Patricias Begräbnis wiederholen. In den engen Gängen vor den mannshohen Grabbauten drängten wir uns. Vom Schmerz überwältigt musste ich mit ansehen, wie der Sarg in einem schwarzen Hohlraum verschwand. Darüber wurde eine weiße Steintafel befestigt, die Miguel Angel in aller Eile hatte anfertigen lassen. »Traurig ist unser Heim ohne dich, Liebste. Du bist von uns gegangen, aber nicht, ohne uns dein Beispiel an Tugenden und Güte zu hinterlassen«, war darauf zu lesen. Daneben prangte eine Abbildung der Jungfrau von Guadalupe. Die Gräber von Patricia, Joel und seinem Bruder Juan Luis lagen nur wenige Meter daneben. Welch hohen Blutzoll hatte meine Familie an die Mara Salvatrucha entrichten müssen! Wen würde es als nächsten treffen? Würde dieser Horror jemals ein Ende haben? Tausende von Gefühlen wirbelten durch meinen Kopf, mir war schwindlig und meine Knie waren weich.

Am Ausgang dieser Ruhestätte der Toten wartete eine aufdringliche Horde von Journalisten auf uns. Einer hielt Großmutter sogleich sein Mikrofon vor den Mund. »Werden Sie und Ihre Familie nun aus Palencia wegziehen?«, wollte er wissen. »Wir leben doch schon seit Generationen in Palencia, dies ist unser Zuhause, hier ist alles, was wir besitzen!«, entgegnete sie ihm bewegt. »Um Gottes Willen, wohin sollen wir denn gehen?«

María-José, Salvador und ich wurden direkt zu der kleinen Zweigstelle der Staatsanwaltschaft geführt, die erst vor weniger als einem halben Jahr in Palencia eröffnet worden war, um die wachsende Flut an Straftaten in dieser Gegend zu bearbeiten. Vorher hatten die Beamten immer aus der Hauptstadt anreisen müssen, was ihre Arbeit noch ineffektiver gemacht hatte, als sie sowieso schon war. Die Räumlichkeiten im einstöckigen Haus gleich an der Hauptgasse betrat man durch eine schwere Gittertür, hinter der misstrauisch ein Polizist hervorschaute. José Meléndez stellte meiner Schwester behutsam erste Fragen zum Tatgeschehen. Für mich war es extrem qualvoll, ihren Schilderungen zuzuhören. Viele der Details waren mir selber noch unbekannt. Auch Salvador wurde kurz befragt. Da er sich während der Tat schlafend gestellt hatte, konnte er nichts Wichtiges beitragen. Er hatte die Schüsse gehört, viel mehr aber auch nicht. »Der Strafprozess gegen die Mörder eurer Tante ist ja nun verschoben worden«, richtete sich Señor Meléndez an mich. »Damit ist Gato seinem Vorhaben, diesen zu torpedieren, ein gewaltiges Stück näher gekommen. Sandra, glaubst du, deine Cousine Guadalupe wird weiterhin gewillt sein, gegen ihn und seine Kumpane auszusagen?« Ich stutzte. Eine verbindliche Antwort konnte ich ihm darauf nicht geben. »Okay, ich verstehe«, sagte er verständnisvoll lächelnd, »ich weiß, wie entsetzlich schwierig das alles für euch sein muss, und vielleicht kommen diese Fragen auch noch zu früh. Aber was den Fall eurer eigenen Mutter anbelangt, wie sieht es da aus? Kann ich mit eurer Kooperation rechnen, um eine Verurteilung von Strong zu erwirken?« Für mich gab es nicht viel zu überlegen. »Ich kann nicht für meine gesamte Familie sprechen, aber ja, Herr Staatsanwalt, auf mich können Sie fest zählen«, sagte ich unbeirrt. »Ich muss es tun, für unsere Mama, selbst wenn es mich das Leben kosten sollte! Strong, dieser verdammte Unmensch, soll für seine schändliche Tat bezahlen!« »Ich auch!«, sagte María-José unaufgefordert. Auch ihre Augen waren voller Tränen. Ich legte meinen Arm um ihren Oberkörper und drückte sie fest an mich. Señor Meléndez meinte, das sei sehr mutig von uns, dann ließ er uns wissen, wir würden ins Zeugenschutzprogramm aufgenommen und das Anrecht auf eine monatliche finanzielle Unterstützung erhalten. Er machte uns auch gleich klar, wir könnten nicht länger in Palencia bleiben, das sei viel zu riskant. Man werde einen neuen Wohnort für uns suchen. Es würde aber noch einige Wochen dauern, bis es soweit sei.

Noch am selben Nachmittag half mir Salvador, meine Sachen bei Doña Concha abzuholen und sie zu Mutters Häuschen zu bringen, wo wir vorübergehend alle wohnen würden. Jemand hatte die blutbefleckte Bettwäsche ausgewechselt und etwas sauber gemacht, doch die Spuren des Verbrechens waren noch überall gut sichtbar. Es war äußerst quälend. Jeder Löffel, jedes Bild, ihre Kleider, ihr Schminkzeug, ja einfach alles erinnerte uns an Mutter. In ihrem Zimmer beließen wir alles an Ort und Stelle. Eng aneinandergekuschelt schliefen Anthony, Jacqueline, Jennifer, María-José, Salvador und ich im anderen Raum. Don Miguel Angel hatte beschlossen, nicht mehr hierher zurückzukehren, was nur verständlich war.

Der Entschluss, Gerechtigkeit zu suchen, stieß ausgerechnet in unserer eigenen Familie auf erbitterte Ablehnung. Die Großeltern waren strikt dagegen. Sie wollten unsere Todfeinde nicht noch weiter aufstacheln. »Sandra, im Namen Gottes, du hast doch selber gesehen, was Bernarda mit all diesem Scheiß bewirkt hat, nichts als ihren eigenen Tod!«, führte mir Großmutter vor Augen. »Vor Gericht gehen und gegen diese Kerle aussagen, das ist doch völlig zwecklos! Sie werden uns noch alle umbringen, kapierst du das denn nicht! Denk doch auch an deine Kinder und María-José!« In die gleiche Kerbe haute Pedro. Es mache keinen Sinn, sich den Mareros entgegenzustellen, damit würde Mama auch nicht wieder lebendig werden, argumentierte er. Selbst wenn ich seine Ängste gut nachvollziehen konnte, sah ich es doch ganz anders. »Wie kannst du es einfach so hinnehmen, was sie unserer Mama angetan haben?«, hielt ich meinem Bruder entgegen. »Wenn du Schiss hast, dann ist das deine Sache, doch ich werde tun, was ich tun muss! Gato hat uns schon längst auf seiner Todesliste, ob wir nun gegen ihn und Strong aussagen oder nicht, ändert daran auch keinen Deut mehr! Jetzt heißt es, entweder sie oder wir!« Ich wusste sehr genau, worauf ich mich einließ. Zwar waren viele Anhänger der Salvatrucha-Clique in Palencia nicht mehr am Leben oder saßen im Knast, andere aber trieben weiter ihr Unwesen oder waren nur untergetaucht. Und selbst aus dem Gefängnis heraus zog Gato weiterhin seine Fäden. Für mich gab es kein Zurück mehr. Zu lange hatte ich geschwiegen, viel zu lange. Ich war es meiner Mutter schuldig, ihr und ihrem Andenken. Und auch jenem von Joel, Juan Luis und Patricia.

Tino hatte mich bisher alleine gelassen mit meiner Trauer und Verzweiflung. Erst nach zwei Wochen bequemte er sich anzurufen. Voller Verachtung lauschte ich dem, was er zu sagen hatte. »Sorry, aber ich hatte verdammt viel Arbeit, das mit deiner Alten ist wirklich schade. Sag mir, wie geht es dir und den Kindern?« Ich hatte Mühe, meine Erbitterung zu zügeln. »Tino, wenn es dir ehrlich leid täte, dann würdest du dich nicht erst jetzt bei mir melden! Und weißt du, es würde mich auch gar nicht überraschen, wenn du etwas mit Mamas Tod zu tun hättest. Jemandem wie dir kann ich nichts mehr glauben!« Angewidert legte ich auf.

José Meléndez gab mir unseren Zufluchtsort bekannt, ein im Südosten des Landes gelegenes Städtchen mit dem Namen Chiquimulilla. Gleich Anfang Januar würde man uns dorthin verfrachten. Er wies mich an, niemandem unseren zukünftigen Aufenthaltsort zu verraten, selbst unseren Großeltern nicht. Dann sagte er noch, man beabsichtige, Rolando wegen Fahrlässigkeit im Dienst anzuklagen. Ich befand, dies sei nicht fair, da er immerhin einen der Angreifer hatte töten und den anderen verletzen können, selbst wenn diese Aktionen für Mutter zu spät gekommen waren. Die Behörden suchten doch nur nach einem Sündenbock, um die Öffentlichkeit zu besänftigen. In diesem Fall würde José Meléndez nicht auf unsere Mithilfe bauen können, legte ich ihm unverhohlen dar. Im Großen und Ganzen hatte ich aber Vertrauen zu ihm. Wie mir einer seiner Assistenten anvertraute, war Meléndez vor Jahren bei einem Attentat schwer verwundet worden, weil er gegen Mitglieder der organisierten Kriminalität im Grenzgebiet zu Mexiko vorgegangen war. Nach seiner Genesung hatte man ihn zurück in die Hauptstadt versetzt. Fast jeder andere hätte wohl den Beruf gewechselt.

Ein zweites Jahr in Folge erwarteten uns schrecklich traurige Festtage. Die Zahl unserer Leibwächter wurde für diese Tage verdoppelt, die Behörden wollten auf Nummer sicher gehen. Auch ich hatte nun immer einen bewaffneten Polizisten hinter oder neben mir, wenn ich auf die Straße ging. Es war ein beruhigendes und bedrückendes Gefühl zugleich. Unempfindlich allen Freuden gegenüber, ließen wir die Festlichkeiten an uns vorübergehen. Großmama stellte weder Tamales noch Ponche her, unsere Häuser wurden nicht dekoriert, und es gab auch keine Geschenke, selbst für die Kinder nicht. Wenn ich mich nicht mit Hausarbeiten beschäftigte, so hockte ich selbst wie eine Tote herum, immerzu mit Herzweh, Ohnmacht und Furcht kämpfend. Ich hatte ihn gesehen und gespürt, den Schatten des Teufels! Ein Schleier des Grauens lag über uns allen.

2007
CHIQUIMULILLA

Zwei Tage nach Neujahr fuhr ein Pick-up der Polizei bei uns vor, auf den wir eilends unsere Habe luden. Gaskocher, Tisch, Stühle, Kommoden, einen Fernseher, etliche Betten und verschiedener Kleinkram. Insgesamt waren wir neun Personen: Ich und meine drei Kinder, meine Geschwister María-José und Salvador, Cousine Guadalupe sowie zwei Polizisten in Zivil. In der Fahrerkabine war kein Platz, wir mussten hinten auf der Ladefläche mitfahren, eingezwängt zwischen unseren Möbeln. Aber auch so war es ein Aufatmen sondergleichen, aus Palencia wegzukommen. Stück für Stück löste sich meine innere Spannung, während ich diverse Landschaften vorbeihuschen sah. Wie herrlich schön mein Land doch war! Eigentlich sollte es ein Paradies sein, in dem all seine Einwohner glücklich leben konnten. Warum nur war dem nicht so? Das Klima und die Vegetation wurden immer subtropischer. Nach über zwei Stunden erreichten wir Chiquimulilla, einen zwischen grünen Hügeln eingebetteten kleinen Ort, mit engen Gassen voller kommerzieller Tätigkeit. Viele der meist eingeschossigen Häuser wurden von traditionellen, schrägen Ziegeldächern bedeckt. Das Klima erwärmte nicht nur unsere Körper, sondern auch unsere Gemüter. Hier gab es keine Maras, so hatte man mir jedenfalls versichert. Wir wurden zu einem der wenigen zweistöckigen Häuser geführt, nur wenige Straßen vom Stadtpark entfernt. Unsere neue Wohnung lag im Erdgeschoss, hatte zwei geräumige Schlafzimmer, ein Wohnzimmer und sogar eine kleine Küche, die allerdings nicht eingerichtet war. Sorge bereitete mir unser knappes Budget: Monatlich würden wir zweitausend Quetzales zur Verfügung haben. Ich rechnete alles im Geiste durch. Allein schon für die Miete gingen neunhundert drauf, plus hundertfünfzig für Elektrizität und Wasser. Blieben also noch neunhundertfünfzig für den Unterhalt all dieser Personen. Ein Pfund Rindfleisch kostete siebzehn Quetzales, ein Kilo Äpfel fünfzehn, die Tube Zahnpasta dreizehn, der Liter Milch elf, ein Liter Cola neun und eine Avocado ganze fünf Quetzales. Wöchentlich würde ich also mindestens dreihundert Quetzales benötigen, um neun hungrige Mäuler satt zu kriegen. Und um die Verbindung zur Außenwelt aufrecht zu erhalten, benötigte ich dann und wann eine neue Prepaid-Karte für mein Handy. Das waren also noch einmal fünfzig

Quetzales mehr. Auch die Beerdigungskosten musste ich ja noch abstottern. Das waren weitere siebzig. Und was war, wenn jemand von uns krank wurde oder neue Schuhe brauchte? Diese Rechnung konnte einfach nicht aufgehen! Gleichwohl schrieb ich María-José und Anthony in einer nahen öffentlichen Schule ein, auch wenn damit noch mehr Ausgaben auf mich zukamen. »Jetzt nur nicht an Geldprobleme denken«, redete ich mir ein. Die Hauptsache war doch, dass wir noch am Leben und erst einmal in Sicherheit waren. Alles andere würde sich dann schon irgendwie ergeben.

Unsere Nachbarn, die im Appartement über uns wohnten, nahmen uns voller Herzlichkeit auf. Ihre Kinder spielten Fremdenführer für uns. Wir lebten richtig auf in dieser friedlichen Umgebung. Endlich konnten wir bedenkenlos durch die Straßen schlendern, ohne uns achtsam nach allen Seiten umsehen zu müssen. Aber unser enges Budget ließ keine großen Sprünge zu. Beim Spaziergang zum Park waren selbst billige Eiscremes nicht drin. Also blieben wir meist in unserer Wohnung, schwatzten, kochten, aßen und schauten fern. Nicht so Salvador. Der Fünfzehnjährige hatte bald Kontakte zu anderen Jungs geknüpft, mit denen er sich oft in einem nahen Lokal voller blinkender Spielautomaten herumtrieb. Wie er es anstellte, an Geld fürs Spielen zu kommen, wusste ich nicht. Tadeln meinerseits war nutzlos, er respektierte mich nur bedingt als Autoritätsperson.

Die ständige Anwesenheit zweier Männer an unserer Seite, die nach jeweils acht Tagen von zwei anderen abgelöst wurden, weckte bei unseren Nachbarn logischerweise ein gewisses Misstrauen. Etwas stimmte nicht ganz bei uns. Doch sie zogen es freundlicherweise vor, nicht nachzufragen. In einem Land wie Guatemala lernt man, dass es besser ist, sich nicht in fremde Angelegenheiten einzumischen. Und auch das enge Zusammenleben mit unseren Polizisten stellte eine delikate Gratwanderung dar. Man kam sich menschlich näher und musste eine Kameradschaft auf Zeit eingehen. Sebastian etwa, ein junger Mann mit kurzen Locken, unterhielt sich gerne mit mir. Er wurde geradezu von einer Obsession für sein Handy beherrscht, an dem er stundenlang herumdrückte. Vielleicht lag es an der Langweile, die ihn oft befiel, dass er sich manchmal anbot, für uns auf den Markt zu gehen, um die nötigen Lebensmittel einzukaufen. Sein Kollege Rafael war wesentlich verschwiegener und weniger kooperativ. Er nutzte das Vertrauensverhältnis zu mir sehr bald aus. Zu seinem eigenen Vorteil versteht sich. Er machte mir weis, in einem Dörfchen unweit von Chiquimulilla Verwandte zu haben, die er auch gleich besuchen gehen wollte, und dies während seiner Dienstzeit. Diesem Ersuchen konnte ich mich nur schlecht verschließen, denn im Grunde genommen waren wir auf sein Wohlwollen angewiesen. Leider missbrauchte er mein Entgegenkommen schamlos und kehrte alkoholisiert von seinem Abstecher zurück.

Nach knapp drei Wochen standen wir vor dem finanziellen Aus und lebten von der Hand in den Mund. Auf dem Küchengestell lagen noch klägliche Reste, bestehend aus Reis, Zucker und etwas Vanille. Ich kochte also Milchreis, von dem wir den ganzen Tag über zehren mussten. Die Kinder freuten sich anfangs über diese süße Kost, aber schon bald konnten auch sie den Brei nicht mehr riechen. Unsere Familie in Palencia um Hilfe anzugehen, widerstrebte mir. Zwar telefonierte ich hin und wieder mit Großmutter, aber die Stimmung zwischen uns war immer noch getrübt. Ich dachte daran, mir in Chiquimulilla eine Arbeit zu suchen, aber als was? Tino rief dann und wann an. Auch er wusste nicht, wo genau wir uns befanden. Kaum zu glauben, doch seine Einstellung zu mir hatte sich gewandelt, erneut hatte er seine Liebe für mich ausgegraben, was sicherlich damit zusammenhing, dass er nun wieder Single war. Das Liebesabenteuer mit seiner christlichen Schwester war also vorbei, und nun war ich auf einmal wieder gut genug. Seinem erneuten Werben begegnete ich mit kalter Gleichgültigkeit.

Trotz eines Haftbefehls war es der Polizei bisher nicht gelungen, des kleinen Mecho habhaft zu werden. Rompemuros saß im Jugendknast, La China im Frauengefängnis, Gato und Makumba in der Hochsicherheits-Haftanstalt El Boquerón. Guadalupe hatte sich nun doch dazu durchgerungen, vor Gericht gegen die Mörder ihrer Mutter auszusagen. Da sie noch minderjährig war, erklärte sich der Richter mit einer vorgezogenen Aussage einverstanden, bei der sie den Angeklagten nicht direkt gegenübertreten musste.

Ende Januar holten zwei Krawatten tragende Männer der Staatsanwaltschaft sie und mich in Chiquimulilla ab und chauffierten uns nach Guatemala-Stadt, wo wir im dritten Stock eines kleinen, diskreten Hotels einquartiert wurden. Sie ermahnten uns, im Zimmer zu bleiben. Ich bat sie um etwas Essbares, da wir seit Tagen nichts Richtiges mehr im Magen gehabt hatten. Einer von ihnen besorgte uns in einem nahen Fast-Food-Restaurant Cheeseburger mit Pommes. Damit machten wir es uns auf den zwei breiten Betten bequem. Über einer schicken Kommode direkt vor uns thronte ein Farbfernseher mit Fernbedienung. So gediegen hatten wir noch nie übernachtet. Und fast noch nie hatte ich ein ganzes Bett für mich alleine gehabt, schon gar nicht ein so weiches. Wir machten uns gleich daran, durch die vielen Kanäle zu zappen. Wie sollte man sich da für einen entscheiden? In Chiquimulilla, aber auch in Palencia, konnte man nur vier oder fünf lokale Fernsehstationen empfangen, und der Empfang war ziemlich schlecht. Nachdem wir uns satt gegessen und satt gesehen hatten, löschten wir die Lichter, konnten aber noch lange nicht einschlafen. Guadalupe war verständlicherweise sehr nervös. Von ihrer Aussage würde viel abhängen. Ich lenkte das Gespräch auf banalere Themen, etwa ihren Freund Eduardo, mit dem sie oft telefonierte. Dieser habe sie um einen »Liebesbeweis« gebeten, vertraute sie mir an. Wenn ein Junge schon zu Beginn einer Beziehung nur daran denke, wie er mit einem in die Kiste steigen könne, dann müsse es sich um einen wurmigen Apfel handeln, gab ich ihr zu bedenken. Sie wollte wissen, wie lange wir voraussichtlich in Chiquimulilla würden bleiben müssen, aber darauf konnte ich ihr keine klare Antwort geben.

Wir schlummerten noch tief, als man uns um sieben Uhr weckte. Rasch kleideten wir uns an. Nach einer kurzen Fahrt tauchte das Auto in eine Tiefgarage ab. Vor zwei schmalen Fahrstühlen wartete eine Schar formal gekleideter Personen auf Einlass. Im dreizehnten Stock trafen wir auf Staatsanwalt Meléndez, der uns zu blauen Plastiksesseln lotste, die vor einer Wand in einem verwinkelten Korridor standen. Hier sollten wir warten. Guadalupe hielt ihre Arme verschränkt, ihr rechtes Bein zuckte nervös. Büroangestellte mit Aktenordnern unter den Armen hasteten umher und verloren sich hinter einer der zahllosen Türen. Ich hielt es nicht mehr aus, stand auf und schlenderte durch den Gang. Aus einer halb offenen Tür drangen Stimmen. Vorwitzig steckte ich meinen Kopf durch den Türspalt und blickte auf drei Personen, die auf Stühlen saßen. Eine wandte mir plötzlich ihr Gesicht zu – da blickte ich in die Augen von Makumba. Erschrocken wandte ich mich ab. »Stimmt etwas nicht?«, fragte meine Cousine, als ich mich wieder neben sie setzte. »Och nichts, mir geht nur diese verdammte Warterei auf den Geist«, log ich ihr vor, war innerlich aber wie betäubt. Nun wussten diese Kerle also ein für alle Mal, dass wir dabei waren, sie zu verpfeifen! Ein Teil von mir wollte immer noch nicht akzeptieren, dass auch Makumba etwas mit dem Mord an meiner Tante zu tun gehabt hatte, obwohl Guadalupe ebendies bezeugte. Welch schmerzliche Feststellung.

Endlich führte man uns in einen beengten Saal, in dem zwei Männer und eine Frau hinter einem grauen Metallpult saßen. Guadalupe musste sich auf einen Hocker direkt davor setzen. »Keine Angst, die Angeklagten werden dich nicht sehen, dafür haben wir gesorgt«, sagte der Mann in der Mitte. »Haha«, entglitt mir ein sarkastischer Lachlaut. »Diese Kerle wissen leider schon, dass wir hier sind, Herr Richter!« Alle gafften mich an. Wie das denn möglich sei, stotterte der Mann – allgemeines Schulterzucken. Nach einem formellen

Vorgeplänkel startete er mit der Befragung. Ungewohnt für unsere Ohren, wurden alle Angeklagten bei ihren richtigen Namen genannt, nicht mit den uns geläufigeren Bandennamen. »Kannst du uns sagen, wer dem Täter, Elmer Giovanni Agüirre Cano, das Zeichen zum Töten deiner Mutter gegeben hat?« »Äh ... das war Carlos René », nuschelte Guadalupe. »Kannst du bitte lauter sprechen!« »Carlos René!» «Meinst du Carlos René López Corona?« »Ach nein ... ich wollte Juan Alberto sagen«, stockte sie. »Juan Alberto González Arevalo, bist du dir da auch ganz sicher?«, hakte der Richter nach. Nun hatte sie sich vollends verheddert und schielte Hilfe suchend zu mir herüber. »Wenn du dich nicht an die vollen Namen erinnern kannst, dann nenn doch einfach ihre Bandennamen!«, sagte ich in die Runde. Wieder guckten mich alle an, als hätte ich soeben eine Untat begangen. Die Pflichtverteidigerin der Beschuldigten sprang von ihrem Stuhl. »Einspruch, Herr Vorsitzender! Ich beantrage, dass diese Person hier sofort schweigt, sie ist nicht als Zeugin geladen.« Es war sowieso zu spät. Guadalupe verstrickte sich auch gegenüber der Pflichtverteidigerin noch mehr in Widersprüche. Aber das Gravierendste von alldem war, dass sie die Namen von Gato und Makumba verwechselt hatte. Ersterer hieß Juan Alberto González Arevalo und der zweite Carlos René López Corona.

»Ich habe alles vermasselt«, klagte sie, nachdem der Richter die Vernehmung beendet hatte. Niemand hatte sie auf ihre Aussage vorbereitet, es war nicht ihr alleiniges Verschulden. Auch Norma Cruz, die tatkräftige Direktorin der Stiftung Sobrevivientes, war anwesend und sparte nicht mit ermunternden Worten. »Es ist noch nicht alles verloren, man wird dich zu einem späteren Zeitpunkt noch einmal als Zeugin aufrufen, gegen Rompemuros. Für euch ist es jetzt sehr wichtig, nicht zu kapitulieren!« Sie wiederholte ihre Einladung an mich, zu einem Gespräch in ihre Stiftung zu kommen, was ich versprach, bald möglichst nachzuholen.

Ich nutzte die Gelegenheit, um Señor Meléndez nach unserem überfälligen Scheck zu fragen. Ich solle in zwei oder drei Tagen noch einmal in die Hauptstadt kommen, riet er mir, um persönlich im Büro für Zeugenschutz seiner Behörde nachzufragen. Das tat ich dann auch. Dazu kratzte ich unsere allerletzten Quetzales zusammen und kletterte in einen Bus. Um einen unserer Polizisten mitzunehmen, reichte das Geld nicht mehr aus. In einem älteren, fünfstöckigen Gebäude in der Altstadt wurde ich nach kurzer Wartezeit vorgelassen. »Ich bin Sandra López und komme wegen unseres Schecks.« Hinter dem Schreibtisch saß ein Mann mit einer beginnenden Stirnglatze. Er schaute mich an, als ob er das Geld aus seiner eigenen Tasche berappen müsse. Dann tauchte er seine knochigen Finger in eine flache Holzkiste neben ihm und wühlte in den darin liegenden Papieren. »Ihr Scheck ist noch nicht fertig, kommen Sie doch morgen noch einmal vorbei«, sagte er trocken. Mir verschlug es einige Sekunden lang die Sprache, bevor ich vehement Protest einlegte: »Was? Das ist doch nicht möglich, wir brauchen dieses Geld dringend! Zudem wohne ich nicht hier in der Stadt, sondern weit weg!« »Tut mir leid, Señorita, da gibt es nichts, was ich für Sie tun könnte«, sprach er teilnahmslos. Wütend stürmte ich hinunter auf die Straße. Was nun? Vielleicht konnte mir José Meléndez doch noch weiterhelfen? Da ich kein Guthaben auf meinem Handy hatte, suchte ich ein Münztelefon. Endlich nahm er ab, aber mehr als trostreiche Worte und das Versprechen, bei seinen Kollegen nachzuhaken, konnte auch er mir nicht geben. Entmutigt und mit leeren Taschen fuhr ich zurück nach Chiquimulilla.

Am folgenden Morgen lieh mir Sebastian sein Handy. Ich wählte die Nummer, die mir der Beamte vom Vortag mitgegeben hatte. »Leider hat der Anwalt den Scheck noch nicht unterschrieben, Señorita. Und ich kann Ihnen auch nicht sagen, ob er heute noch in sein Büro kommt oder nicht«, erläuterte er mir trocken. »Rufen Sie doch am besten morgen noch einmal an.« Diese Idioten! Wenige Stunden später kam ein Anruf von José Meléndez. Der Scheck sei nun abholbereit, er habe gerade noch einmal nachgefragt, entschuldigte er sich. »Ist schon gut, Sie können ja nichts dafür«, sagte ich schon reichlich apathisch. Wieder war es Sebastian, der mir aushalf, indem er mir Geld für die Fahrtkosten lieh. Dann endlich hielt ich dieses unscheinbare Papier in meinen Händen. Nachdem ich auch das Schlangestehen in einer Bankfiliale hinter mich gebracht hatte, verbarg ich die zwanzig Einhunderter-Noten in meinem Büstenhalter. Sicher war sicher, man konnte ja nie wissen, ob der Bus auf der Rückfahrt überfallen werden würde. Diese magere Finanzspritze verschaffte uns eine weitere Verschnaufpause.

Von Chiquimulilla bis zum Pazifischen Ozean sind es etwa fünfundzwanzig Kilometer. Unsere Nachbarn wollten uns für den schwarzen Sandstrand von Las Lisas begeistern. Dort kann man – wenn man Glück hat und zur richtigen Jahreszeit dort ist – Schildkröten bei der Eiablage im Sand beobachten. Ein künstlicher Kanal lädt zudem zu Bootsausflügen ein. »Was haltet ihr von einem Ausflug dorthin, nächsten Sonntag? Mein Onkel besitzt ein Auto, ihr braucht also nur etwas zu essen für euch einzupacken.« Wie gerne wäre ich darauf eingegangen, doch nicht einmal das konnten wir uns leisten. Am Strand würden wir zumindest kalte Getränke kaufen müssen, und bei neun

Personen machte schon allein dies einen horrenden Betrag aus. Mir war es äußerst unangenehm, ihnen irgendwelche Vorwände aufzutischen.

Rafael hingegen nahm sich weiter fleißig seine Freiheiten heraus. Alle paar Tage besuchte er seine Verwandten, von denen ich vermutete, dass sie gar nicht existierten. Danach kam er immer deutlich angesäuselt zurück. Bis zu jenem Tag, als ein Polizist in Uniform bei uns anklopfte. Sebastian und ich mussten ihn auf den örtlichen Posten begleiten, wo uns der leitende Beamte verkündete, sie hätten gerade Rafael verhaftet, weil dieser in angetrunkenem Zustand die Gäste einer Bar mit seiner Dienstwaffe bedroht habe. Ich wollte noch ein gutes Wort für unseren unzuverlässigen Leibwächter einlegen, da wies mich der Polizeichef scharf zurecht: »Señorita, dieser Beamte ist eine Schande für die gesamte Polizei! Wie können Sie ihn auch noch rechtfertigen? Gehen Sie getrost nach Hause, hier in Chiquimulilla sind Sie sicher.« Rafael wurde vom Dienst suspendiert. Von da an verfügten wir jeweils nur noch über einen einzigen Begleitpolizisten.

Knapp einen Monat nach ihrem nicht sehr überzeugenden Auftritt vor Gericht wurde Guadalupe erneut vorgeladen. Nun stand ihre Aussage gegen Rompemuros auf dem Plan. Da dieser noch nicht volljährig war, wurde sein Prozess separat vor einem Jugendgericht verhandelt. Wieder fuhr man uns frühmorgens von einem Hotel ins Gerichtsgebäude. »Guadalupe, dieses Mal wirst du dem Angeklagten direkt gegenübersitzen müssen, es geht leider nicht anders, der Richter besteht darauf«, eröffnete ihr José Meléndez unvorbereitet. Damit wollte man sicherstellen, dass sie diesen Marero auch zweifelsfrei identifizierte. »Sind Sie verrückt, das kommt überhaupt nicht in Frage, das ist gegen unsere Abmachungen!«, protestierte ich. Der Staatsanwalt bekundete Verständnis, meinte aber, dies sei der einzige Weg, doch noch eine Verurteilung dieses Mareros durchzudrücken. Guadalupe schwieg betreten, ich aber blieb bei meiner strikten Ablehnung. All dies kotzte mich an. Wir sollten unsere Leben riskieren, während die Behörden nicht einmal fähig waren, uns rechtzeitig den monatlichen Geldbetrag auszubezahlen! Andere Entwicklungen nahmen uns die Entscheidung ab. Der Gerichtstermin sei auf einen unbestimmten Zeitpunkt verschoben worden, hieß es plötzlich.

Wieder zurück in Chiquimulilla, wurden die Umstände beim Betrachten der Spätnachrichten im Fernsehen etwas klarer. Im Boquerón-Gefängnis war es im Verlauf des Tages zu einem blutigen Vorfall gekommen, bei dem inhaftierte Polizeioffiziere bestialisch umgebracht worden waren, angeblich von Anhängern der Mara Salvatrucha. Zwar saß Rompemuros in einem anderen Gefängnis ein, aber diese dramatischen Geschehnisse hatten sehr wahrscheinlich seinen Transport zum Gerichtsgebäude vereitelt. Der Beginn des Dramas lag schon zwei Tage zurück, als die betroffenen Polizisten drei salvadorianische Abgeordnete des Mittelamerikanischen Parlaments – welches seinen Sitz in Guatemala-Stadt hat – entführt, erschossen und dann in einem Auto verbrannt hatten. Man war ihnen auf die Spur gekommen, weil seit dem Jahr 2005 in allen Polizeiautos Guatemalas ein satellitengesteuertes Ortungssystem installiert ist. Damit hatte man die Bewegungen der beteiligten Polizeiautos exakt zurückverfolgen können. Die beschuldigten Beamten, allesamt Mitglieder des DIC, waren unter strengsten Sicherheitsvorkehrungen ins Boquerón-Gefängnis überführt worden, wo man sie von den übrigen Insassen getrennt in einen Raum gesperrt hatte. Und nun waren sie tot. Die Regierung beschuldigte die Mara Salvatrucha, unabhängige Berichte hingegen sprachen von einem vermummten Todesschwadron, der ins Gefängnis eingedrungen war und die Tat verübt hatte. Es sah also so aus, als habe hier jemand Mitwisser zum Schweigen gebracht. Wollte man dadurch die Verwicklung höchster Polizeikreise in gewisse kriminelle Aktivitäten vertuschen? Ersten Spekulationen zu Folge war es um ein fehlgeschlagenes Drogengeschäft gegangen. Für die Regierung des damaligen Präsidenten Oscar Berger Perdomo war es jedenfalls ein ungeheuerlicher Skandal, der weit über die Landesgrenzen hinaus Beachtung fand. Der Innenminister, Carlos Vielmann, sowie der Polizeidirektor, Johan Sperissen, mussten ihren Hut nehmen. Erst im Jahr 2009 sollte sich dann herausstellen, dass die getöteten Polizisten im Auftrag eines salvadorianischen Politikers gehandelt hatten, der seine Parteikollegen aus persönlichen Rachemotiven hatte eliminieren lassen. Und als Killer hatte er ausgerechnet hohe guatemaltekische Polizeioffiziere angeheuert! Wenn mir dieser Fall eines bewies, dann, wie sehr selbst die Sicherheitskräfte meines Landes vom Verbrechen unterwandert waren. Die Grenzen zwischen Gut und Böse waren verschwommener denn je. An wen konnte man sich da überhaupt noch vertrauensvoll wenden?

Unsere Lage in Chiquimulilla wurde mit jedem Tag unhaltbarer. Das Warten auf die uns zustehenden Schecks zerrte an meinen Nerven. Um nicht wieder akut Hunger zu leiden, hatte ich die dritte Monatsmiete nicht bezahlt. Aber selbst so reichte es nicht. »Lasst uns doch wieder nach Palencia gehen«, drängelte Salvador. Etwas musste geschehen. Ich bat Sebastian, mir etwas Geld zu borgen. Er, der als einfacher Polizeibeamter selber nicht viel hatte, gab mir einhundert Quetzales. Damit fuhren wir alle nach Guatemala-Stadt und von dort weiter nach Palencia. Es war eine Verzweiflungstat, ohne zu wissen, was folgen würde. Die Wiedersehensfreude war entsprechend gedämpft. Was nun? Bei Großeltern, Tanten und Freunden gelang es mir, ganze fünfhundert Quetzales aufzutreiben. Schon vierundzwanzig Stunden später kehrten wir zurück nach Chiquimulilla. Es sollte nur ein kurzer Aufschub bleiben. Vor die Wahl gestellt, weiter am Hungertuch zu nagen oder den Kugeln unserer Feinde ausgesetzt zu sein, wählten wir nach drei weiteren Wochen Letzteres. Wenige Tage vor Ostern verabschiedeten wir uns endgültig von diesem idyllischen Ort, den wir lieb gewonnen hatten. Unser Hab und Gut blieb vorerst zurück. Den Wohnungsschlüssel übergab ich unseren Nachbarn. Sobald ich den nächsten Scheck erhalten hatte, ließ ich alles mit einem Lastwagen abholen. Da waren wir also, zurück in Palencia, und damit nahm uns auch die Angst wieder in Beschlag.

2007

CINDY

Die Osterfeierlichkeiten der Karwoche waren nur noch ein Schatten, verglichen mit früher. In meiner Kindheit hatte die gesamte Bevölkerung daran teilgenommen und sich Wochen im Voraus darauf gefreut. Jetzt aber standen verloren einzelne Verkaufsbuden beim Basketball-Platz, um die nur wenige Leute herumgeisterten. Selbst ein Riesenrad suchte man vergeblich. Das zerstörerische Klima der Gewalt strangulierte langsam unsere Traditionen. Nachts glich Palencia nun einer Geistersiedlung, weil sich nach achtzehn Uhr kaum noch jemand auf die Straße traute. Um unserem Alltag einen Anstrich von Normalität zurückzugeben, schickte ich María-José und Anthony wieder auf die staatliche Schule beim Park, damit sie das in Chiquimulilla begonnene Schuljahr beenden konnten. Der jeweils Dienst habende Polizist begleitete sie jeden Morgen zum Schulgebäude.

Bis zum Prozessbeginn gegen Strong seien es nur noch wenige Wochen, informierte mich José Meléndez. Mit unserer Rückkehr nach Palencia hatte ich ihn vor vollendete Tatsachen gestellt. Ich malte ihm unsere ernüchternden Erfahrungen in Chiquimulilla aus, welche wir vor allem dem unzulänglichen Beistand seitens seiner Behörde zu verdanken hatten. Er hörte zu, sprach mir sein Bedauern aus und meinte, das Zeugenschutzprogramm funktioniere leider noch nicht ganz so, wie es eigentlich sollte. Nun musste ich keine Miete mehr bezahlen und hatte für weniger Leute aufzukommen (da Guadalupe wieder bei den Großeltern wohnte), aber das Geld blieb knapp. Gerne wäre ich daher einer bezahlten Arbeit nachgegangen. Niemand in Palencia wäre aber lebensmüde genug gewesen, mir eine solche anzubieten. Viele Bekannte, die früher wie selbstverständlich auf der Straße auf mich zugekommen waren, um ein wenig zu plaudern, mieden mich nun. Ich war zu einem Sicherheitsrisiko geworden für jeden, der sich öffentlich mit mir zeigte.

Erstmals seit vielen Monaten sahen wir auch Tino wieder. Sein christlicher Eifer schien etwas nachgelassen zu haben. Zwar ging er immer noch in die Maranata-Kirche, allerdings nicht mehr jeden Abend. Er legte seine alte Platte auf, quasselte etwas von Liebe, Reue und Neuanfang. All dies konnte mich nicht mehr berühren, mit diesem Kapitel hatte ich abgeschlossen. »Tino, ich hege keinen Groll mehr gegen dich, aber ich will nichts mehr mit dir haben, bitte sieh das doch ein«, sagte ich ihm klar heraus. »Du bist der Vater meiner Kinder und dafür respektiere ich dich, mehr kannst du nicht von mir verlangen.«

Großmama, die selber ganz panisch war, untersagte Guadalupe, auch nur einen einzigen Fuß vors Gelände zu setzen. Wäre es nach ihr gegangen, hätte ich es meiner Cousine gleichtun müssen. Doch ich konnte und wollte nicht mehr als Gefangene leben.

Wir waren noch keine fünf Tage wieder in Palencia, da schneite Cindy bei uns ins Haus und überrumpelte mich mit einer überschwänglichen Umarmung. Sie tat so, als hätten wir uns nie aus den Augen verloren. Seit unserer letzten Begegnung vor fast einem halben Jahr war sie noch einmal um einige Zentimeter gewachsen. Und noch hübscher kam sie mir vor. Mit ihren vierzehn Jahren zwar noch fast ein Kind, besaß sie schon den Körper einer anziehenden jungen Frau. »Seit wann seid ihr wieder hier?«, fragte sie. »Wo genau wart ihr denn, hat es euch dort gefallen?« Man hätte meinen können, sie befrage mich über eine Urlaubsreise in die Karibik. »In einem Städtchen im Osten«, sagte ich, ohne weitere Details zu nennen. Sie lachte und wechselte das Thema, indem sie etwas von ihrer Mutter Evangelica plapperte. Nach zwei Stunden ging sie, nicht ohne vorher ihren Besuch für den nächsten Tag anzukündigen.

Und sie hielt Wort. Wieder war sie ausgesprochen nett, ja half mir sogar beim Wäscheschrubben und Saubermachen im Haus. Und noch immer hatte ich keinen blassen Dunst von dem, was sie eigentlich von uns wollte. Früher hatte ich fast eine zweite Schwester in ihr gesehen, so sehr hatte ich sie gemocht. Aber die Morde an Patricia und Mama hatten eine blutige Trennwand zwischen uns errichtet. Sie war die Geliebte jenes Mannes, der bei beiden Gräueltaten seine Hand mit im Spiel gehabt hatte. Und nun stand sie vor mir, so als ob keine dunklen oder ungeklärten Stellen zwischen uns existieren würden. Wie ich von Tino wusste, fuhr sie allwöchentlich zu Gato in den Knast. Umso unerklärlicher war mir ihr plötzliches Interesse an uns. Was zum Teufel wollte sie? Zum Tod meiner Mutter war bisher noch kein einziges Wort über ihrer knallroten Lippen gekommen, und auch den Namen ihres Geliebten hatte sie bisher noch nicht in den Mund genommen. Dennoch war mir klar, dass sie mit großer Wahrscheinlichkeit jeden wichtigen Satz von mir an ihn weiterleitete. Also überlegte ich mir jedes Wort zweimal. Unsere Dialoge beschränkten sich deshalb auf lauter Belanglosigkeiten. Sie mit Jennifer herumalbern zu sehen, zu der sie eine ganz besondere Affinität hatte, erzeugte zudem tiefstes Unwohlsein in mir. Zugleich wollte ich sie nicht brüskieren und machte gute Miene zum undurchsichtigen Spiel. Eher beiläufig offenbarte sie mir, wieder schwanger zu sein. Ich zog es vor, nicht nach dem Vater zu fragen.

Eine Woche nachdem ihre rätselhaften Visiten begonnen hatten, überfiel sie mich mit einer überaus befremdlichen Frage. »Glaubst du, Gato wird bald wieder rauskommen aus dem Knast?« »Wie soll ich das denn wissen?«, bemühte ich mich, unverbindlich zu bleiben. Es war völlig absurd! Wie konnte sie mich nur so etwas fragen? Was genau war es, das sie von mir hören wollte? Ich musste aus ihr schlau werden, Einblicke in ihre Seelenwelt gewinnen. Aber da traf ich vorerst nur auf viel Verwirrung und wenig Klarheit. »Sandra, oft höre ich Schritte, es ist furchtbar. Jeder Tag kann mein letzter sein, glaub mir«, war einer ihrer merkwürdigen Kommentare. Als ich wissen wollte, wer oder was sie denn bedrohe, kam keine klare Auskunft. Ein anderes Mal begleitete sie mich zu einer Metzgerei im Zentrum. Mehr oder weniger diskret folgte uns mein Polizist. Wir schlenderten durch die Hauptgasse, da fuhr ein Auto mit verdunkelten Scheiben an uns vorbei, wurde langsamer und kam einige Meter vor uns zum Stehen. Cindy stoppte abrupt.

»Was hast du?«, fragte ich verwundert, sie aber stierte nur entgeistert auf das Fahrzeug. Erst als es wieder anfuhr, entspannte sie sich und lief weiter.

Meine Privatsphäre wurde nun vollständig durch dieses Mädchen in Beschlag genommen. Selbst an den Abenden hatte ich keine Ruhe vor ihr. Ständig behelligte sie mich mit ihren Anrufen – sie muss ein wahres Vermögen für Telefonkarten aufgewendet haben. Immer wollte sie wissen, was ich gerade mache, wo ich mich aufhalte oder wann sie sich mit mir treffen könne. Den abweisenden Unterton in meiner Stimme überhörte sie geflissentlich. Bei María-José, aber auch bei Großmutter und Guadalupe, löste ihr tägliches Aufkreuzen steigendes Unbehagen, ja sogar Angst aus. Schließlich wandte ich mich verzweifelt und entnervt an Tino. »Du, wir halten das einfach nicht mehr aus. Was zum Teufel will diese Kuh von uns?« Er versprach mir, seiner Nichte auf den Zahn zu fühlen. »Aber sei bitte sehr zurückhaltend mit dem, was du ihr sagst, sie darf nicht merken, dass ich dich geschickt habe«, trug ich ihm auf.

Am nächsten Tag, wieder war Cindy bei uns, kam meine Schwester humpelnd und weinend aus der Schule zurück. Sie hatte sich im Turnunterricht den linken Fuß verstaucht. Emilia verarztete ihn notdürftig. María-José klagte bitterlich, so als würde man ihr den Fuß amputieren. »Wenn es ihr bis morgen nicht besser geht, dann bringe ich sie zum IGGS-Krankenhaus in Guatemala-Stadt«, kündigte ich an und spielte Cindy damit ungewollt einen

Ball zu. »Das triffst sich ja bestens, ich muss auch dorthin, denn ich brauche dringend neue Klamotten wegen meiner Schwangerschaft«, frohlockte sie. »Erwartest du denn wirklich ein Kind?«, fragte ich skeptisch. »Ja, na klar, das sieht man doch«, sagte sie und zog mit den Fingerspitzen den Stoff ihres kurzen T-Shirts auf der Höhe der Taille etwas nach hinten. Doch auch so konnte ich beim besten Willen nicht mehr als eine schwache Wölbung erkennen. Die Dringlichkeit, sich neu einzukleiden, wollte mir jedenfalls nicht einleuchten. Ich beschloss, sie auf die Probe zu stellen. »Na gut, wenn du willst. Vielleicht kann ich dir helfen, ein passendes Kleid auszusuchen. Und weißt du was? Ich werde ohne den Polizisten fahren! Shit, ich hab es einfach satt, ewig diesen Bullen im Rücken zu haben!« Da schien ich einen Nerv bei ihr getroffen zu haben. »Ja, geil, Sandra«, pflichtete sie mir bei, »und am besten nehmen wir auch Jennifer mit, ich möchte der Kleinen etwas Hübsches kaufen!« Diese Reaktion kam mir etwas komisch vor, ich konnte sie aber nicht recht einordnen.

Am folgenden Morgen, der Fuß meiner Schwester war noch weiter angeschwollen, wurde ein Krankenhausbesuch unabwendbar. Vorher wollte ich noch der Beerdigung einer Nachbarin beiwohnen. Ich solle nur gehen, sie passe solange auf meine Kinder auf, bot mir Großmutter an. Also zog ich los. Einer meiner Launen folgend, ließ ich den Polizisten zurück und nahm ein Tuc-Tuc zur katholischen Kirche, in der für die Tote eine Messe zelebriert wurde. Ich ging gerade die Treppen hinauf, als mein Handy klingelte. »Hallo, guten Tag, Sandra! Wie steht's, fahren wir heute in die Hauptstadt oder nicht?«, erkundigte sich Cindy. »Ja, aber erst so gegen eins, ich bin hier noch beim Gottesdienst für Doña Ruiz.« »Warte doch bitte auf mich, ich komme auch gleich!« Zögernd stimmte ich zu. Als sie endlich, nach mehr als einer halben Stunde, schweißtriefend angehetzt kam, war der Trauerzug schon zum Friedhof aufgebrochen. »Mann, ich hab dir was Sauwichtiges zu erzählen«, sagte sie bedeutungsschwanger. »Stell dir vor, Tino hat mich gestern Abend ganz blöd angequatscht und wollte irgendeinen Scheißdreck von mir wissen.« »Ja, was denn?«, gab ich mich ahnungslos. »Ach, das sag ich dir lieber später, komm, beeilen wir uns«, änderte sie plötzlich ihre Meinung. Die Trauergäste standen vor dem bereits versiegelten Grab. Nachdem ich den Angehörigen mein Beileid ausgesprochen hatte, blieben wir etwas abseits stehen. »Lass uns doch kurz zu deiner Mutter hinübergehen«, schlug Cindy vor. Ich war schockiert. Sie, die intime Freundin des vermeintlichen Auftraggebers ihres Mörders, wollte sich ihr Grab anschauen? Ohne etwas zu erwidern, ging ich voran. Der Durchgang vor der Grabnische war menschenleer, unter der Gedenktafel lag ein verwelkter Blumenstrauß, den ich in der Woche zuvor dort hingelegt hatte. Sekundenlang blickte sie auf die gemeißelte Steinplatte. Innerlich verfluchte ich dieses Mädchen neben mir. »Komm, wir gehen«, sagte sie. Bevor wir uns beim Park trennten, verabredeten wir uns, um gemeinsam nach Guatemala-Stadt zu fahren. Ob ich Jennifer auch mitnehmen werde, fragte sie noch und ich bejahte.

Zuhause zog ich mich um, bevor ich zu den Großeltern hinaufging, wo meine Kleinen sorglos beim Spielen waren. Pedro saß am Tisch und stocherte in einem Teller Spaghetti herum, Großmutter beugte sich über den Tisch, auf dem sie sorgfältig frisch gebügelte Kleider faltete. Als ich erwähnte, mit Cindy in die Hauptstadt fahren zu wollen, explodierte sie förmlich. »Wie kannst du nur so dumm sein, Sandra? Dieses Luder will dir doch bestimmt eine Falle stellen, begreifst du das denn nicht? Und wie konntest du heute Morgen so leichtsinnig sein und ohne Esvin zum Friedhof gehen?« Esvin war ein neuer Polizist, der uns kürzlich zugeteilt worden war. Pedro haute mit der Gabel gegen den Holztisch. »Oma hat ganz recht«, sagte er, »wie kannst du nur so haarsträubend ignorant sein, bist du denn noch zu retten? Diesem Flittchen kannst du doch nicht vertrauen, damit riskierst du nicht nur dein eigenes Leben, sondern auch das von Jennifer! Hast du denn nicht mitbekommen, was erst kürzlich mit Guapo passiert ist?« Dieser Guapo war der Verlobte von La China, die wegen ihrer Rolle bei der Ermordung Patricias im Gefängnis saß. »Ich habe nur gehört, dass sie ihn getötet haben, aber nichts Genaues«, sagte ich defensiv. »Dann weißt du also nicht, dass es Cindy war, die neben ihm im Bus saß, als sie ihn umgelegt haben?« Nein, das hatte ich nicht gewusst. »Es waren zwei Jungs, die zustiegen, direkt auf Guapo zusteuerten und ihm eine Kugel in den Kopf jagten«, sprach mein Bruder weiter. »Aber noch bevor er starb, mit seinem letzten Atemzug, verwünschte er Cindy und nannte sie eine dreckige Hure. Sie hatte ihn in eine Falle gelockt, und das gleiche hat sie nun auch mit dir vor! Schnallst du das denn nicht? Bei Gott, wach doch endlich auf!«

Wie Schuppen fiel es mir von den Augen. So gesehen ergab plötzlich auch Cindys verdrehtes Verhalten einen Sinn, etwa ihre Freude über meine Ansage, heute ohne Polizeibegleitung in die Stadt fahren zu wollen. María-José hatte starke Schmerzen, und kaum hatte ich mich vom ersten Schrecken erholt, bestand ich darauf, sie trotz allem ins Krankenhaus zu bringen. »Dann geht gleich jetzt! Aber Salvador und Esvin fahren mit euch!«, bestimmte Großmutter.

Ohne Zwischenfälle erreichten wir die Klinik in der Zone 6 von Guatemala-Stadt. Bei der Notaufnahme reihten wir uns in die Warteschlange ein. Mein Handy vibrierte, ich sah Cindys Nummer auf der Anzeige. Nach einigem Zaudern drückte ich den grünen Knopf. »Ich bin hier an der Bushaltestelle, es ist schon viertel nach eins. Wo bist du, Sandra?« Sie klang etwas ärgerlich. »Sorry, Cindy, aber meine Schwester hatte starke Beschwerden wegen ihres Fußes, deshalb sind wir halt früher losgefahren. Wir sind schon hier beim IGGS in der Hauptstadt.« »Das ist aber superfies von dir«, meckerte sie, »warum hast du mir nicht rechtzeitig Bescheid gegeben?« Es war höchste Zeit, sie ein wenig entschiedener zu testen. »Und übrigens, rate mal, mit welchem Bus wir eben gefahren sind? Mit genau demselben, in dem Guapo getötet wurde. Da warst du doch mit dabei, nicht wahr?« Am anderen Ende der Leitung hörte ich einen kurzen Aufschrei und dann: »Rede nicht darüber! Wenn ich schon daran denke, überkommt mich eine Gänsehaut!« »Der Kerl hatte es doch sicherlich verdient«, provozierte ich noch ein wenig mehr. »Ach, reden wir nicht mehr davon, ich ruf dich besser später an«, brach sie das Gespräch abrupt ab.

Der Fuß meiner Schwester wies nur eine leichte Zerrung auf und konnte mit einem einfachen Stützverband verarztet werden. Die Heimfahrt zog sich in die Länge, Erweiterungsarbeiten an der Hauptstraße bewirkten kilometerlange Staus. Wieder ein Anruf, nun von Großmutter. Cindy sei gerade bei ihr gewesen und hätte nach mir gefragt, teilte sie mir mit. Merkwürdig. Hatte mir dieses Mädchen nicht geglaubt, als ich ihr sagte, wir seien noch in Guatemala-Stadt? Erst um halb sieben waren wir zurück in Palencia. Ich bereitete das Abendessen zu, da tauchte Tino auf. Er trug noch seine mit Motoröl besudelte Arbeitskleidung. Am Abend zuvor habe er mit Cindy gesprochen, sagte er. Die habe zuerst so getan, als gäbe es da nichts Böses an ihren Besuchen bei uns. Doch dann, von einem Augenblick auf den anderen, habe sie angefangen zu flennen und behauptet, Gato zwinge sie dazu. »Verdammt, was genau will sie denn von uns?«, fragte ich erregt. »Das hat sie mir nicht sagen wollen, aber bei Gott, ihr müsst äußerst wachsam sein«, meinte er. »Du kennst doch Gato, der ist zu allem fähig.« Mit dieser deutlichen Warnung verließ er uns wieder. Mein Misstrauen war also doch berechtigt gewesen. Dieser Teufelsbraten von einem Mädchen! Wie war so etwas nur möglich? Früher, im Ojo de Agua und im Dorf Paraiso, hatte Cindy mir oft Gesellschaft geleistet. Ich hatte sie aufwachsen sehen, wir waren echte Freundinnen gewesen, mein Vertrauen in sie hatte kaum Grenzen gekannt. Und nun das. Die Abgründe der menschlichen Natur erschreckten mich immer mehr!

Ein Hupkonzert störte die abendliche Stille. Evangelica wollte dringend mit mir sprechen. Ein Auto hatte sie hergebracht, mit einem fremden Mann als Fahrer. Wo ihre Tochter sei, verlangte sie zu wissen. Ich hätte sie heute nur kurz gesehen, auf der Beerdigung von Doña Ruiz, aber danach nicht mehr, erklärte ich ihr. Sie glaubte mir nicht. Das sei sehr eigenartig, sagte sie, denn am Nachmittag habe Cindy sie angerufen und ihr erzählt, immer noch mit mir zusammen zu sein. Das könne nicht stimmen, versicherte ich ihr, zückte mein Handy und zeigte ihr die Liste aller ein- und ausgegangenen Anrufe. Darin war auch jener Anruf aufgezeichnet, den ich kurz nach ein Uhr von Cindy erhalten hatte. Aber auch das konnte sie nicht überzeugen. »Verdammt, Sandra«, wurde ihr Ton schärfer, »du musst doch wissen, wo meine Tochter ist! Sie ist ein braves Mädchen, sie lügt mich doch nicht an!« »Wenn du mir nicht glaubst, nun daran kann ich auch nichts ändern«, entgegnete ich schon etwas gereizt. »Ich habe wirklich nichts zu verbergen, aber ich kann doch nicht auch noch die Kinder anderer Leute beaufsichtigen – mehr als genug hab ich mit meinen eigenen zu tun!« Ohne noch etwas zu erwidern, stieg Evangelica ins Auto, dann fuhren sie davon. Was für ein Tag! Doch auch wenn Cindy nichts Gutes mit mir vorgehabt hatte, so hoffte ich doch aufs Innigste, sie möge sich schnellstens bei ihrer Familie melden.

Dem war leider nicht so, wie mir Tino am folgenden Nachmittag telefonisch mitteilte. Und er ließ durchblicken, seine Familie glaube, ich hätte etwas mit dem Verschwinden seiner Nichte zu tun. Nun reichte es mir. Ob er das auch glaube, fragte ich wütend. Nein, natürlich nicht, beteuerte er. Derartige Verdächtigungen konnte ich doch nicht auf mir sitzen lassen! »Kommen Sie, wir gehen in den Ojo de Agua!«, befahl ich Esvin. »In den Ojo de Agua?« »Ja, in den Ojo de Agua.« Ein Tuc-Tuc beförderte uns in ungefähr zehn Minuten dorthin. Der Empfang durch Doña Dolores war betont feindselig. Im Beisein Tinos und Rosas wollte ich ihr meine Sicht der Dinge darlegen, sie aber ließ mich gar nicht erst zu Wort kommen. »Hab ich dich nicht immer wie meine eigene Tochter behandelt, Sandra? Wie kannst du uns nun sowas antun?«, tat sie so, als wäre meine Schuld eine ausgemachte Sache. »Cindy ist ein gutes, redliches Mädchen, das niemandem etwas zuleide tut.« »Señora, ich verstehe und teile Ihre Besorgtheit um Ihre Enkelin, doch sollten Sie sie jetzt nicht zur Heiligen machen, die sie ganz bestimmt nicht ist!« Das hätte ich vielleicht besser nicht gesagt. »Schweig, du verdorbene Hurentochter«, keifte sie, »du bist doch genauso wie deine Alte, und du wirst ebenso enden wie sie, falls Cindy nicht wieder gesund zurückkommen sollte!« »Im Namen Gottes, Mama, versündige dich nicht!«, intervenierte Tino. Es war höchste

Zeit für den Rückzug, wie mir auch Esvin, der sich einige Meter hinter mir positioniert hatte, mit einem Handzeichen andeutete.

Zurück bei den Großeltern erzählte ich, was ich gerade erlebt hatte. Ich war noch nicht fertig damit, da ließ das Klingeln meines Handys alle im Zimmer den Atem anhalten. Die Nummer auf dem Display war mir unbekannt. Vielleicht endlich etwas Neues von Cindy? »Hallo, was geht ab?«, fragte eine männliche Stimme. »Hier alles cool und bei dir?«, antwortete ich und aktivierte geistesgegenwärtig die Lautsprechertaste, damit alle mithören konnten. Es war Gato. Wie immer sprach er ruhig und gefühllos. »Du, Alte, ich habe da ne Frage an dich. Du weißt doch gewiss, wo meine Braut, die Cindy, abgeblieben ist? Man hat mir gesagt, sie sei bei dir gewesen, gestern Nachmittag.« Ich erzählte ihm dasselbe wie auch schon Cindys Familie. »Okay, Alte, wie du meinst«, wurde er aggressiver, »aber falls die Kleine nicht im Nu wieder anrückt, kann ich für nichts garantieren, okay? Du weißt ja, ich spaße nie!« »Ich lüge dich nicht an, Gato, aber das ist alles, was ich weiß.« »Okay, wie du meinst, dann gute Nacht und sorry«, verabschiedete er sich düster. Dieser Saukerl habe mich bedroht, ich solle es der Polizei melden, ereiferte sich Großvater. Aber was würde das schon bringen? Dass Gefängnisinsassen Zugang zu Handys hatten, war schon damals nichts Außergewöhnliches. Die Korruption unter dem Wachpersonal war weit verbreitet, und so gelangten neben Handys und Drogen selbst Waffen, DVD-Player oder Plasma-Fernseher in die Haftanstalten. Am meisten Kopfzerbrechen bereitete mir der Gedanke, Gato könne schon bald wieder frei herumlaufen. Guadalupes Aussage gegen ihn war misslungen, und die Staatsanwaltschaft hatte nicht genug Beweise zusammentragen können, um ihn auch wegen der Anstiftung zum Mord an meiner Mutter anzuklagen.

Tage kamen, Tage gingen. Cindy blieb verschollen. Bei mir setzte sich die Gewissheit durch, dass ihr etwas wirklich Schauderhaftes zugestoßen war. Ein Glaube, der noch verstärkt wurde durch eine Bekannte aus dem Ojo de Agua, die mich auf der Straße ansprach. »Sandra, du solltest Gott danken, dafür, dass diese Göre nicht mehr unter uns weilt.« »Was meinst du damit?«, fragte ich. Bevor sie antwortete, schaute sie sich ängstlich nach allen Seiten um. »Diese Teufelsbraut wollte dich doch in eine Falle locken! Hast du das nicht gewusst? Sie wollte dich tot sehen, um dir deine Jennifer wegzunehmen.« »Mir Jennifer wegnehmen? Wie kommst du denn auf so was?« »Aber Sandra, Cindy hat doch gar keinen Hehl daraus gemacht, ich habe es mit meinen eigenen Ohren gehört, ich schwöre es! Und eins kannst du mir glauben: viele Leute sind froh darüber, dass diese verdammte Marera nicht mehr unter uns ist. Sie war es doch auch, die in den Geschäften die Schutzgelder für die Mareros einkassierte.« Ich musste ihr versprechen, niemandem zu erzählen, von wem ich diese Informationen hatte. Sie bestätigten meine allerschlimmsten Vermutungen über Cindy. Sie war es wohl auch gewesen, die Gato verraten hatte, dass meine Mutter Zeitungsausschnitte über ihn sammelte. Und nun wurden mir auch ihre oft befremdlichen Reaktionen klarer, wie ihre panische Angst vor schwarzen Autos mit verdunkelten Scheiben. War sie von einer jener Todesschwadronen beseitigt worden, die Guatemala vom Bandenunwesen »säubern« wollten? Natürlich war es nur eine Hypothese, doch was ihr auch immer im Einzelnen widerfahren sein sollte, auch sie war vor allem ein Opfer, das sich in den diabolischen Machenschaften verfangen hatte, die uns alle unheilvoll umgaben.

2007

EIN WENIG GERECHTIGKEIT

Nagende Sorgen um unser Leben, der bevorstehende Prozess gegen Strong und nicht enden wollende Geldprobleme waren dabei, mich seelisch zu erdrücken. Ich griff nach dem einzigen Strohhalm, den ich noch sah: Norma Cruz und ihre Stiftung Sobrevivientes. Den Sitz dieser Organisation fanden wir in einem eingeschossigen Haus im historischen Teil der Hauptstadt. Kein Schild, keine Anschrift, nur eine massive Metalltür, die zusätzlich durch ein dickes Eisengitter geschützt wurde. Hier musste es sein. Auf der rechten Seite entdeckte ich eine vergitterte Lautsprechanlage mit einem dicken Knopf, den ich betätigte. Jemand fragte nach dem Grund unseres Kommens, dann sprang die Tür auf. Mein Beschützer Esvin und ich wurden von einem privaten Wachmann abgetastet, der auch nicht vergaß, mein Handtäschchen zu durchwühlen. Eine freundliche Sekretärin bat uns in einen Wartesaal mit fünf Sitzreihen, in dem schon ein halbes Dutzend Frauen wartete. Wir setzten uns hinter eine elegant gekleidete ältere Dame mit kurzen, dunkelblonden Haaren, die ihrer Sitznachbarin gerade ihre Leidensgeschichte kundtat. Alle Anwesenden hörten betroffen mit. Es ging um ihren Mann, einen Armeeoffizier, der sie nach über zwanzig Ehejahren auf die Straße geworfen hatte, wegen einer Jüngeren. Und nun drohte er ihr damit, sie umzubringen, falls sie es wagen sollte, ihn wegen Unterhaltszahlungen für sich und die Kinder anzuklagen. Die etwa fünfzigjährige Frau schluchzte bitterlich und beteuerte, diesem Mann ihre Jugend, ihre besten Jahre geschenkt zu haben. Und nun stand sie mittellos auf der Strasse. Nach einer Weile betrat eine junge Indio-Frau den Raum. Ihre zwei schwarzen Zöpfe baumelten über einer kunterbunten, handbestickten Huipil-Bluse. In eine ebenso bunte Decke eingewickelt war ihr Neugeborenes, das sie auf dem Rücken trug. Bevor sie sich zu uns setzte, zog sie dieses Bündel schwungvoll nach vorne. Dann öffnete sie es, und zum Vorschein kam das winzige, tiefbraune Köpfchen eines friedlich schlafenden Babys. Ungeachtet der sozialen und ethnischen Unterschiede überwog hier ein Gefühl der Verbundenheit. Alle hatten wir Schlimmes durchgemacht und erhofften uns nun Hilfe, sei es materielle oder juristische. Nach einer guten Dreiviertelstunde schleuste man mich durch eine weitere gepanzerte Tür ins Büro von Doña Norma Cruz.

Noch einmal äußerte sie ihre Bewunderung für meine Mutter, dann gingen wir kurz das Prozedere im kommenden Gerichtsverfahren gegen Strong durch, bei dem ihre Stiftung als Nebenklägerin auftreten würde. Sie skizzierte mir dessen voraussichtlichen Ablauf und drängte mich, schnellstmöglich aus Palencia fortzuziehen. Ausführlich malte ich ihr unsere schwierige gegenwärtige Situation aus, ebenso unsere frustrierenden Erlebnisse in Chiquimulilla. Nach einigem Überlegen sprach sie davon, mir eventuell einen Kleinkredit zu bewilligen, sozusagen als Startkapital, um damit in einer anderen Gegend Guatemalas ein kleines Geschäft starten zu können, welches uns als neue Lebensgrundlage dienen würde. Vielleicht einen Kramladen? Oder ein Esslokal? Das war genau das, was ich hören wollte. Endlich eine Person, die uns und unsere Probleme wirklich ernst nahm. Mit frischem Elan und neuem Lebensmut verließ ich die Stiftung.

Die Anklage gegen Gato war nun endgültig fallengelassen worden. Seine Entlassung aus dem Gefängnis war damit nur noch eine Frage der Zeit. Mitte Juni begann der Prozess gegen Makumba und La China. Niemand von unserer Familie nahm daran teil, und damit stand das Urteil – Freispruch – in gewissem Sinne schon fest, da auch der Staatsanwalt keine Berufung einlegen würde. Und auch Rompemuros konnte auf seine baldige Freilassung hoffen. Guadalupe war nicht mehr bereit gewesen, gegen ihn auszusagen. Sie hatte Angst und wollte mit dem Ganzen nichts mehr zu tun haben. Bestärkt wurde sie in dieser Haltung von den Großeltern. Und ich, was hätte ich schon tun können, um daran etwas zu ändern? Ich hatte ja kaum genug Mut für meine eigene Aussage. Bald würden alle Angeklagten im Fall meiner Tante wieder in Freiheit sein.

Mein gesamtes Augenmerk lag nun auf der herannahenden Gerichtsverhandlung gegen Strong. Eine zermürbende Spannung lag auf uns allen. Würden die Mareros noch in letzter Minute etwas gegen uns unternehmen? Tino warnte mich zum wiederholten Male, doch bei Gott extrem auf der Hut zu sein. Durch die Besuche seiner Mutter und Schwestern bei Gato wusste er genau, wovon er sprach. Dieser hatte auch ihn aufgefordert, zu ihm ins Gefängnis zu kommen, er aber war nicht darauf eingegangen, aus Angst, es könne sich um eine Falle handeln. Zwei Wochen später, ich lief gerade durchs Zentrum Palencias, rief mich José Meléndez an. Da neben mir geräuschvoll Busse und Autos vorbeischepperten, konnte ich kaum eines seiner Worte verstehen. Ob er nicht später noch einmal anrufen könne, brüllte ich ins Telefon. Aber das tat er nicht, sondern erst kurz vor acht Uhr des folgenden Tages. »Sandra, wo seid ihr? Wir warten hier schon alle auf euch! Gestern hatte ich dich doch gebeten, auch ja pünktlich beim Gericht zu sein mit deiner Schwester!« Welch ein Missverständnis, wir hatten doch glatt unseren Gerichtstermin verpasst! Der Richter willigte ein, unsere Aussagen auf ein späteres Datum zu verschieben. An unserer Stelle wurde Rolando verhört, Mutters ehemaliger Leibwächter. Die Staatsanwaltschaft hatte nun doch davon abgesehen, ihn anzuklagen. Insgesamt zweiundzwanzig Belastungszeugen waren aufgeboten worden, darunter etliche Polizisten und der Eigentümer der Pistole, mit der Mutter getötet worden war. Strong hatte sie ihm einige Wochen vor der Mordtat bei einem Raubüberfall entrissen.

Um weiteren Komplikationen vorzubeugen, quartierte man María-José und mich in der Nacht auf den 1. Juli in einem Hotel in der Hauptstadt ein. Die letzten Monate hatten uns noch enger zusammengeschweißt. Uns ging es nicht um Rache, sondern darum, unserer Mutter ihre Würde zurückzugeben, indem man ihren Mörder gerecht bestrafte. Als Hauptzeugin fiel meiner Schwester die schwerere Aufgabe zu. Strong würde auch im Gerichtssaal anwesend sein. Vor dem Einschlafen machte ich ihr noch Mut. »Schau diesen Dreckskerl nicht an, sondern konzentriere dich einfach auf deine Geschichte, und lass dich durch nichts aus der Ruhe bringen. Es wird alles gut gehen, du wirst schon sehen.« Noch gut war mir das Debakel mit Guadalupe im Gedächtnis, als diese völlig durcheinander geraten war.

Dann war der große Tag da. Im Gerichtsgebäude warteten Norma Cruz, einige ihrer Mitarbeiter und Staatsanwalt Meléndez auf uns. Niemand aus unserer Familie war gekommen, um uns beizustehen, selbst meine Brüder nicht. Eine Psychologin bereitete María-José kurz auf ihre Aussage vor, bevor man sie in den Verhandlungssaal führte. Ich musste draußen warten. Strong hatte man im hintersten Teil des Saales auf einen Plastikstuhl gesetzt, mit dem Gesicht zur Wand. Links und rechts von ihm war je ein Polizist postiert. Nach Beantwortung der Fragen zu ihrer Identität schilderte meine Schwester, was sie in jener Nacht des 29. November hatte erleben müssen. Durch die geschlossene Tür hindurch konnte ich ihre emotionsgeladene Mädchenstimme deutlich hören. Alle Fragen von Staatsanwalt Meléndez beantwortete sie selbstsicher, auch die wichtigste: »Kannst du uns sagen, welche Person in diesem Raum deine Mutter getötet hat?« Dem Angeklagten wurde erlaubt, sich kurz umzudrehen. »Ja, dieser Mann dort hinten, Juan Carlos Tucuru, der hat meine Mami getötet«, sprach sie laut und zeigte in Strongs Richtung. Auch bei der Befragung durch den Verteidiger gab sie sich keine Blöße. »Die beiden Männer, die in euer Haus eingedrungen sind, die waren doch vermummt, nicht wahr?«, fragte der. »Wie kannst du dir also sicher sein, ob einer von ihnen Juan Carlos Tucuru war?« »Weil ich ihn nach seiner Festnahme, als sie ihn zum Polizeiauto schafften, genau an seinem grün gemusterten Hemd und den schwarzen Stiefeln wiedererkannt habe«, antwortete sie souverän. Sie hatte es vollbracht! Der Richter bedankte sich bei ihr und gab dem Gerichtsdiener ein Zeichen, sie hinauszuführen. Dann ordnete er eine Pause an. »Das hast du fantastisch gemacht, Mädchen«, wurde María-José von Señor Meléndez und Doña Cruz gelobt. »Was deine Cousine Guadalupe nicht zustande brachte, das hast du nun super hingekriegt.«

Wenige Minuten später war ich an der Reihe. Strong durfte sich nun wieder vorne hinsetzen – keine fünf Meter von mir entfernt. Er hatte dicke Backen und war sichtlich gut genährt. Mit gespreizten Beinen hockte er da, ganz lässig, als befände er sich in einem billigen Kino. Er trug strahlend weiße Turnschuhe, weite schwarze Hosen, eine grünblaue Stoffjacke mit weißem Kragen und darunter ein eisblaues T-Shirt, über dem eine dicke goldene Halskette mit einem Amulett in Kreuzform hing. Seine Hände steckten in Handschellen. Man machte mir klar, welche Strafen auf Falschaussagen stünden. Ich erhob meine linke Hand, legte die rechte auf eine Bibel und leistete den Eid, nur die Wahrheit und nichts als die Wahrheit zu sagen. José Meléndez in seinem eleganten grauen Anzug stellte mir Frage um Frage. Besonderen Wert legte er auf jene Episode, bei der Strong nach seiner Verhaftung die Tat sogar noch frech gestanden hatte. Ich betonte, diese sei keineswegs das Werk von zwei Einzeltätern gewesen, sondern dahinter stünde Juan Alberto González Arevalo, alias Gato. »Kennen Sie diesen Mann dort?«, fragte der Staatsanwalt und deutete auf den Angeklagten. »Ja klar, wie sollte ich den Mörder meiner eigenen Mutter nicht wiedererkennen, es war der schrecklichste Tag meines Lebens, ewig werde ich daran denken!« Strongs seelenlose Augen wanderten zu mir herüber. Auch mir hatte man nahe gelegt, ihn nicht zu beachten, doch dies war unmöglich. Mit all der Verachtung, die ich in mir hatte, erwiderte ich seine Blicke. Darin war nicht einmal der Hauch eines Schuldbewusstseins auszumachen – dieses Individuum schien mit sich selber im Reinen zu sein. Nachdem mir auch der Verteidiger einige Fragen gestellt hatte, wollte der Richter wissen, ob ich noch etwas hinzufügen wolle. »Ja, ich verlange einzig und allein Gerechtigkeit… mehr nicht«, sagte ich mit emotionsgeladener Stimme. »Ich will nicht, dass dieses Verbrechen auch so endet, wie fast alle anderen in diesem Land, nämlich ohne einen Schuldigen! Es war doch kein Hund, den man getötet hat, sondern ein Mensch, unsere Mutter! Ich kann und will nicht mehr schweigen, selbst wenn es mich das Leben kosten sollte!« Für einige Momente war nur leises Räuspern vernehmbar. Ich durfte den Zeugenstand wieder verlassen.

Für den letzten Teil der Verhandlung blieb ich im Raum. Fast alle Zeugenaussagen stimmten überein, die Beweislast war erdrückend. Strong bestritt seine Schuld und nach eventuellen Komplizen oder Hintermännern gefragt, schwieg er beharrlich. Überhaupt war Schweigen seine Lieblingsantwort. Dabei grinste er zynisch, so als finde er das Ganze auch noch erheiternd. Für mich war es nahezu unerträglich, mir dies mitansehen zu müssen. Am liebsten wäre ich aufgestanden und gegangen, doch ich hielt bis zum Schluss durch. Mit einem Gefühl der Genugtuung fuhren wir zurück nach Palencia. Aber mich erfüllte weiterhin ein dumpfes Grausen vor dem, was noch auf uns zukommen könnte. Nun hatte ich unwiderruflich mit der Salvatrucha-Clique gebrochen und mich öffentlich gegen sie gestellt.

Wieder schickte man uns einen neuen Beschützer. In den letzten anderthalb Jahren hatten wir schon unzählige Schutzpolizisten bei uns auf dem Gelände gehabt. Einige für nur wenige Tage, andere für viele Monate. Manche hatten sich pflichtbewusst bemüht, ihre Mission so gut wie möglich zu erfüllen, trotz der widrigen Arbeitsumstände. Nicht wenige aber waren unverantwortliche Nieten gewesen, was vielleicht auch daran lag, dass die Leibwächter-Tätigkeit unter den Polizisten eher als Abstellgleis oder sogar als Bestrafung angesehen wurde, welche kaum Möglichkeiten für zusätzliche, nicht immer ganz legale Verdienstmöglichkeiten bot. Streifenpolizisten hatten es da besser, die konnten ihr Gehalt aufbessern, indem sie zum Beispiel wehrlose Autofahrer zu gewissen »Abgaben« anhielten. Wie auch immer, selbst der fähigste Beamte wäre nicht in der Lage gewesen, uns einen hundertprozentigen Schutz zu gewährleisten, da er ja auf drei Personen gleichzeitig aufpassen musste, was nahezu unmöglich war. Fuhr ich in die Hauptstadt und nahm unseren Polizisten mit, so blieben María-José und Guadalupe ungeschützt zurück. Und machte ich mich alleine auf den Weg, dann war ich es, die schutzlos war. Es war ein ständiges Abwägen der möglichen Gefahren. Eigentlich hätte man jedem von uns dreien einen Polizisten zur Seite stellen müssen, aber das war natürlich nicht realistisch. Wir mussten dankbar sein, dass man uns überhaupt ein Minimum an Schutz angedeihen ließ. Viele andere in einer ähnlichen Situation hatten dieses Glück nicht.

Unser neuester Bodyguard Fernando hatte noch Tage zuvor dieselbe Funktion bei seinem Kollegen Rolando ausgeübt, der als Zeuge selber auch Personenschutz erhalten hatte. Gleich an seinem ersten Abend bei uns erzählte mir Fernando von einem Erlebnis, welches er während der Zeugenaussage seines Schutzbefohlenen vor Gericht gehabt hatte, an jenem Tag, als ich den Termin verpasst hatte. Er hatte in Zivilkleidung im Publikum gesessen, genau neben drei schwer tätowierten Mareros, die gekommen waren, um Strong zu unterstützen. In einer Pause war es diesem gelungen, sich kurz dem Grüppchen seiner Homies zu nähern. »Jungs, ihr wisst genau, was zu tun ist. Kümmert euch um Sandra, diese infame Hure«, soll er ihnen unverblümt aufgetragen haben, wenn man Fernando glauben durfte. Dieser junge Mann war ein Neuling bei der Polizei und hatte erst kürzlich die sechsmonatige Polizeiakademie absolviert. Mit der Monotonie seiner neuen Aufgabe kam er nur schlecht zurecht. Anstatt sich um unsere Sicherheit zu kümmern, suchte er sich in der Nachbarschaft eine minderjährige Freundin, mit der er viele angenehme Stunden zubrachte. Immerhin holte er vorher immer mein Einverständnis ein. Jede Einzelheit seiner Romanze durfte ich mir im Anschluss daran anhören und ihm mit Rat beistehen. Obwohl kaum jünger als ich, kam er mir vor wie ein dummer Schuljunge.

»Señorita Sandra, wie kann ich herausfinden, ob sie mich wirklich liebt?«, fragte er mich etwa. Ich beriet ihn, so gut ich konnte.

Unbeschreiblich wurde es aber, wenn sein Kollege, der dickliche und wortkarge Amílcar, Dienst hatte, den dieser nicht selten mit einem ganzen Tag Verspätung antrat. Und selbst wenn er dann endlich eintrudelte, dauerte es meistens nicht lange, bis er sich wieder stundenlang davonmachte. Nur zu den Mahlzeiten war er immer pünktlich da. Ich redete ihm ins Gewissen, aber hatte er überhaupt eines? Stoisch hörte er sich meine Ermahnungen an. »Kein Problem, Señorita, kein Problem, es ist ja gut, nun regen Sie sich doch nicht gleich so auf«, meinte er fast spöttisch. Meine Worte perlten an ihm ab wie Wassertropfen auf einer öligen Oberfläche. Ausgerechnet jetzt, wo wir besonders gefährdet waren, spielte man mit unseren Leben, indem man uns solch verantwortungslose Männer zuteilte. Es reichte mir, so konnte das nicht weitergehen!

Alleine suchte ich die Polizeistation in Palencia auf. Hinter einem alten Metallschreibtisch blätterte ein schnauzbärtiger Beamter in der Tageszeitung, vor ihm stand eine uralte Schreibmaschine der Marke Remington. Er kannte mich. »Hallo, Sandra, wie geht es Ihnen, ist alles in Ordnung?«, tat er so, als interessiere ihn mein Schicksal wirklich. »Es geht so, denn leider haben wir wieder Probleme mit unseren Schutzbeamten.« »Setzen Sie sich doch.« Während er sich mein langes Beschwerderegister anhörte, kratzte er sich am fleischigen Hals. »Ich werde das weiterleiten, machen Sie sich also keine Sorgen«, sagte er. »Weiterleiten? Und was heißt hier, ich soll mir keine Sorgen machen? Hinter Ihnen sind sie ja nicht her, da hat man leicht reden!« »Ja, Sandra, ich verstehe Sie, doch leider unterstehen diese Beamten, die bei Ihnen im

Dienst sind, nicht mir. Da kann ich nichts machen. Über deren Ablösung oder Versetzung kann allein das zuständige Büro der Polizeigeneraldirektion in Guatemala-Stadt entscheiden. Leider sind die momentan etwas überlastet, wie ich gehört habe. Sobald ich etwas Neues weiß, werde ich Ihnen Bescheid geben, verlassen Sie sich darauf.« »Ist schon gut, einen schönen Tag noch«, sagte ich und marschierte zur Tür hinaus.

Es war die reinste Zeitverschwendung. Diese Spielchen, bei denen jeder Beamte die Verantwortung an einen anderen weiterschob, kannte ich schon. Nicht nur das mit unserem Schutz funktionierte nicht, auch an unseren monatlichen Scheck zu kommen, war immer noch der reinste Hindernislauf. Wieder einmal war ich deswegen nach Guatemala-Stadt gefahren und hatte das Büro für Zeugenschutz aufgesucht, nur um frustriert und mit leeren Händen wieder herauszukommen. Da die Stiftung Sobrevivientes nur wenige Straßenzüge weiter lag, ging ich kurz entschlossen dorthin. Norma Cruz versprach mir, bei der verantwortlichen Behörde zu intervenieren. Dann fragte sie mich, ob ich nicht mit jemandem sprechen wolle, der gerade im Wartesaal säße. Er komme aus Europa, aus der Schweiz, und würde sich für meine und die Geschichte meiner Mutter interessieren. Mir kam das etwas seltsam vor. Ein Mann mit blauen Augen und halblangen blonden Haaren betrat das Büro. Doña Cruz ließ uns kurz alleine. Er würde gerne meine Erinnerungen aufschreiben, meinte er, nachdem er mir einige Fragen gestellt hatte. Mein Leben sei doch langweilig, da gäbe es nicht viel Interessantes zu erzählen, sagte ich und erntete ein Lächeln. Er könnte mich ja in Palencia besuchen kommen, nächste Woche, schlug ich ihm vor. Andreas, so sein Name, war einverstanden.

Meine Familie und ich setzten weiterhin alles daran, in unserem Leben ein Mindestmaß an Normalität zu bewahren. Salvador stellte mir seine neue Freundin vor. Vierzehn Jahre alt war sie und fürwahr nicht seine erste. Was ich von der hielt, fragte er mich später. »Nun, ich kenne sie ja kaum, aber wenn sie dir gefällt, dann lern sie einfach ein wenig besser kennen, dann wirst du schon merken, ob ihr zusammenpasst oder nicht«, riet ich ihm. »Okay, das ist eine coole Idee … aber da gibt es noch eine andere, die ich auch geil finde«, sagte er schelmisch. »Sie heißt María und ist die Tochter von Doña Elvira.« »Ach du meine Güte, du solltest es dir gut überlegen und nicht mit den Gefühlen dieser Mädchen spielen, so wie das Jungs oft tun«, ermahnte ich ihn. Er kicherte nur amüsiert. Salvadors Problem war aber nicht, dass er seine Freundinnen oft wechselte, sondern seine Blindheit für die Gefahren, die auf der Straße auf ihn warten konnten. Vor nicht allzu langer Zeit war ich ja selbst genauso blind gewesen. Vor allem, wenn er einige Quetzales in der Tasche hatte, glaubte er tun und lassen zu können, was er wollte. Dieses mit Gelegenheitsjobs schwer verdiente Geld verpulverte er mit irgendwelchen Freunden. Oft wussten wir nicht, wo er sich aufhielt. Dann durfte ich mir Großmutters bittere Klagelieder anhören. Aber was konnte ich schon tun, wenn er mir nicht gehorchen wollte? Schläge waren keine Option mehr, dazu war er schon viel zu kräftig. Mir blieb nur, ihm vernünftig zuzureden, in der Hoffnung, etwas möge hängen bleiben. Meine beiden ältesten Brüder waren nun eigenständige Männer, die wie gehabt als Bäckergehilfen arbeiteten. Nach Mutters Tod hatte sich Marlons Alkoholproblem wieder verschlimmert. Zuvor hatte es einige Monate lang so ausgesehen, als bekäme er es in den Griff – brav war er in eine evangelische Kirche gegangen. Nun aber trank der Neunzehnjährige wieder viel und regelmäßig. Einzig Pedro schlug nie über die Stränge. Genehmigte er sich etwas Bier, so höchstens einen halben Liter. Und er war mit einer festen Freundin liiert, die er im nächsten Frühjahr zu heiraten gedachte. Wie eilig er es doch hatte mit seinen einundzwanzig Jahren. Oder erging es ihm ähnlich wie mir? Glaubte auch er, das Leben könne ihm jeden Augenblick entschlüpfen und er müsse sich beeilen?

Das Traurige war, dass ich meinen Brüdern, was den Alkoholkonsum betraf, rein gar nichts vorwerfen konnte. Ich selber trank nun, wann immer sich mir die Möglichkeit dazu bot, manchmal sogar gemeinsam mit ihnen. Es gab Tage, da fühlte ich mich wie ein verdorrter Baum in der Wüste. Öffnete jemand in meiner Nähe eine Pulle Schnaps oder eine Flasche Bier, so stürzten meine guten Vorsätze wie ein Kartenhaus in sich zusammen. Und es gab jene Momente, in denen ich, so wie es auch Mutter getan hatte, ohne Polizisten durch die Gassen Palencias flanierte. Es war, als wollte ich damit sagen: »Oh Gott, was hast du noch für mich geplant? Zeig es mir, ich kann nicht mehr, diese ewige Anspannung, diese nie enden wollende Angst! Wenn ich schon sterben muss, warum nicht gleich hier und jetzt?« Warum nur durfte ich kein normales Leben führen, wie andere Menschen auch? Eines mit einem liebenden, ruhigen Ehemann, als Hausfrau, oder noch besser mit einem interessanten Beruf? Mutters Tod hatte mir endgültig die Augen gegenüber der Realität geöffnet. Ja, das abgründig Bösartige existierte wirklich, und es konnte sich selbst in jenen Personen verbergen, die wir liebten oder denen wir voll vertrauten. Moralische Schwächen steckten in uns allen – in manchen mehr als in anderen –, man musste nur früh genug lernen, sie zu beherrschen. Dies verlangte einen eisernen Willen und einen tiefen Glauben an das Gute. Für mich war es nicht einfach, diesen Glauben jeden Tag von neuem aufzubringen. Ohne Gottes Hilfe, ohne meine Kinder hätte ich es nicht geschafft.

José Meléndez zitierte mich zu einer Unterredung in sein Büro. In einer Woche sei die Urteilsverkündung gegen Strong, sagte er und erwähnte auch Cindy. Zwar hätten sie nur wenig Zeit in diesen Fall investieren können, aber dennoch einige höchst interessante Details ermittelt. So scheine dieses Mädchen zum Zeitpunkt ihres Verschwindens schwanger gewesen zu sein. Und sie vermuteten, beim Erzeuger könne es sich um Rompemuros gehandelt haben. »Rompemuros, nicht Gato?«, frage ich erstaunt. Ja, das sei ja gerade der springende Punkt, erwiderte Señor Meléndez. Vielleicht habe Gato Cindy genau aus diesem Grund liquidieren lassen. Allerdings seien die Beweise für diese Annahme nicht eindeutig. Und es gebe noch andere Ungereimtheiten, beispielsweise bei dem Mord an Guapo im Bus. In der Hosentasche des Toten hätten sie einen Mädchen-Slip gefunden, der möglicherweise Cindy gehört habe. Das seien aber nur Spekulationen, und leider hätten sie weder die Ressourcen noch die Zeit, um diesen Anhaltspunkten nachzugehen. Das alles wurde immer verwirrender. Die Gedanken an Cindy belasteten mich schwer. Ich hoffte immer noch, sie möge eines Tages wieder unversehrt auftauchen. Doch je mehr Zeit verstrich, desto unwahrscheinlicher wurde dies.

Der 23. August war der Tag der Urteilsverkündung. María-José und ich beschlossen, uns nicht noch einmal diesem Rummel auszusetzen, und blieben dem Gericht fern. Den gesamten Morgen über konnte ich mich vor lauter Ruhelosigkeit auf nichts konzentrieren. Endlich erhielt ich den ersehnten Anruf von José Meléndez. Von der ersten Silbe an war ihm anzuhören, dass es sich um gute Neuigkeiten handelte. »Sandra, das Urteil lautet auf fünfzig Jahre Haft und eine Geldstrafe von 40.000 Quetzales!« »Gut«, sagte ich. Auch Norma Cruz rief mich kurz an. Sie war noch ergriffen von dem, was sie gerade erlebt hatte. »Stell dir vor, als das Urteil verlesen wurde, grinste dieser Strong nur blöd! Und als sie ihn wegführten, sagte er laut, ich würde noch teuer für alles bezahlen müssen. Er hat mich doch tatsächlich vor all diesen Leuten im Gerichtssaal bedroht, kannst du das glauben?« Mich überraschte die Reaktion dieses Mareros nicht im Geringsten. Wir hatten eine Schlacht gewonnen, aber nicht den Krieg, der als solcher auch gar nicht zu gewinnen war. Und was die Geldstrafe anbetraf, zu der man Strong verurteilt hatte, so war mir klar, dass wir nie auch nur einen einzigen Quetzal von diesem Betrag erhalten würden.

Dass unser Albtraum noch lange nicht zu Ende war, bewies mir auch ein Anruf zu später Stunde desselben Tages. »Bist du nun zufrieden mit dem, was du erreicht hast, Sandra?«, wollte eine mir bekannt klingende Männerstimme wissen. »Wenn du glaubst, damit dem Verbrechen in Palencia ein Ende bereitet zu haben, so irrst du dich gewaltig, du dreckige Hure!« Ende der Mitteilung. War es die Stimme von Strong gewesen? Oder vielleicht von Gato? Ich war mir nicht sicher.

2007 – 2008

DER KREIS SCHLIESST SICH

Bisher hatten all meine Beschwerden bezüglich unseres pflichtvergessenen Schutzpersonals nichts gefruchtet. Mutter hatte viele Jahre lang eine Freundschaft zu einem aus Palencia stammenden Polizeioffizier unterhalten. Sein Name war Jesús Isabel Mendoza. Wie der Zufall es so wollte, hatte man ihn nach dem Skandal um die Exekution der salvadorianischen Parlamentsabgeordneten zum neuen Generaldirektor der Zivilen Nationalpolizei Guatemalas ernannt. Sollte ich mich direkt an ihn wenden? Mutter hatte früher oft mit ihm telefoniert, und einige Male war er auch bei uns zuhause gewesen. Er kannte mich also. Aber würde er mich überhaupt empfangen? Einen Versuch war es auf alle Fälle wert. Und so fuhr ich ohne Begleitung nach Guatemala-Stadt. Das wie eine arabische Festung anmutende fünfstöckige Hauptquartier der Polizei betrat ich durch ein birnenförmiges Eingangstor. Drinnen wimmelte es von Uniformierten. Ich fragte einfach den Erstbesten nach dem Büro des Direktors, und der schickte mich nach einigem Zögern hinauf in den vierten Stock. Ich lief durch eine mit Säulen gesäumte Halle bis zu einem spiralförmigen Treppenaufgang, von dem aus man auf einen öden Patio hinabsehen konnte. In der vierten Etage, neben einer geschlossenen Flügeltür, warteten mehrere Personen auf Sitzbänken. Eine junge Polizistin fragte nach meinem Begehren und wies mir einen freien Platz zu. Das konnte dauern, wenn ich überhaupt drankam, dachte ich mir. »Sie können jetzt hineingehen, klopfen Sie nur kurz an«, forderte sie mich zu meiner Verwunderung nach kaum fünf Minuten auf. Das tat ich, öffnete die Tür und betrat einen großen Raum, in den Tageslicht durch zwei oben abgerundete Fenster drang. Ganz hinten erblickte ich einen dicken Mann hinter einem breiten Schreibtisch, auf dem sich Papierhaufen und Mappen stapelten. »Hallo, Sandra, wie geht's dir?«, begrüßte mich Isabel Mendoza wie ein liebenswürdiger Onkel. Auf seiner blitzblanken Uniform glänzten mehrere goldene Rangabzeichen, ein Schnurrbart zierte sein ballonförmiges Gesicht. »Komm nur, setz dich!« Ich nahm auf einem vornehmen, dunkelbraunen Holzstuhl Platz, der verschiedene dekorative Schnitzereien aufwies. »Deine Mama war eine außergewöhnliche Frau, die ich sehr bewundert und geschätzt habe«, wurde er ernst. »Eine Schande, was da mit ihr geschehen ist.

Und an dich kann ich mich noch gut erinnern. Aber sag doch, Mädchen, wie kann ich dir behilflich sein?« Mit gerunzelter Stirn hörte er sich meine Klagen über seine Untergebenen an, dann kritzelte er etwas auf ein Stück Papier. Er werde sich darum kümmern, sagte er. Und solange er auf diesem Posten sei, könne ich mich immer an ihn wenden. Zum Abschied gab er mir eine Karte mit seiner privaten Handynummer. Auf einmal hatte auch ich etwas Glück. Wie viele der dreizehn Millionen Einwohner dieses Landes hatten schon einen direkten Draht zum obersten Chef der Polizei?

Mein kesses Vorsprechen lieferte schnell erste Resultate. Amílcar wurde abberufen, dafür sahen wir eine spindeldürre Gestalt bei uns ankommen. »Guten Tag, Señorita, ich bin Alejandro, Ihr neuer Polizist. Zu Ihren Diensten, es freut mich sehr, Sie kennenzulernen«, sprach diese höflich, verbeugte sich leicht und streckte mir eine große Hand entgegen. Man hätte diesen schlaksigen Mann für alles Mögliche halten können, nur nicht für einen Polizisten. Lange dünne Arme und Beine hatte er und einen ergrauten Lockenkopf mit melancholisch, aber freundlich dreinschauenden Augen. Den kraterartigen Falten in seinem Gesicht nach zu urteilen, hätte er über sechzig Jahre alt sein können, doch er war erst siebenundvierzig. Auch wenn seine Zivilkleidung zerknittert und nicht ganz sauber war, sagte mir Alejandro zu. Er hatte etwas Vertrauenswürdiges an sich.

Von Tino hatte ich seit unserer Trennung keinen einzigen Quetzal mehr erhalten, was ihn nicht daran hinderte, die Bibel nach Zitaten zu durchforsten, mit denen er mich erneut umgarnen oder mir ein schlechtes Gewissen einreden wollte. »Sandra, ich weiß, dass ich viel Mist gebaut habe. Aber bei Jesus, wir sind doch eine Familie, und es gibt keinen Tag, an dem ich nicht an dich und die Kleinen denke. Du fehlst mir, Schatz, glaub mir doch. Und bitte lies die Heilige Schrift. Dort steht geschrieben: ›Also sind sie nicht mehr zwei, sondern sie sind ein Fleisch. Was Gott zusammengefügt hat, das soll der Mensch nie mehr scheiden.‹ Du und ich, wir gehören zusammen. Warum kannst du mir nicht noch eine Chance geben? Bitte, Sandra, in Gottes Namen!« Ich konnte es mir nicht verkneifen, ihn auf die Kluft zwischen seinen hehren Verkündigungen und der Realität hinzuweisen. »Wenn du es ehrlich meintest mit dem, was du da sagst, dann würdest du mir doch helfen mit unseren Kindern und nicht…« »Was quatschst du da?«, unterbrach er mich missmutig. »Jesus weiß, dass ich immer für sie da bin! Du brauchst mir doch nur zu sagen, wenn die Kleinen etwas brauchen.« Dieses leere Gefasel hatte ich wirklich satt. »Du weißt haargenau, was sie benötigen: Nahrungsmittel, Kleider, Schuhe, Schulsachen und noch vieles mehr. Aber sie sind keine Bettler! Ach, lass nur gut sein, wir werden auch so zurechtkommen.« Eigentlich wusste ich ja, wie unsinnig es war, mich über Tinos Verhalten aufzuregen. Und es kostete mich immer wertvolle Energie, es nicht zu tun. Ich wusste zur Genüge, dass ich nicht auf ihn zählen konnte, dass ich mein Leben alleine in die Hand nehmen musste, für mich, meine Kinder und María-José.

An jedem 15. September begeht Guatemala seinen Nationalfeiertag. An diesem Datum des Jahres 1821 hatte es seine Unabhängigkeit von der spanischen Krone proklamiert. In der Hauptstadt marschieren die Schüler vieler Privatschulen aus diesem Anlass in teuren Uniformen als militärische Formationen durch die Straßen der Altstadt, begleitet von martialischen Klängen. Die Schüler der meisten öffentlichen Schulen, deren Eltern sich einen solchen Aufwand nicht leisten können, beschränken sich notgedrungen aufs Zeichnen oder Malen der verschiedenen Nationalsymbole des Landes. Etwa den Nationalhelden Tecun Uman, einen grimmigen Krieger der Quiche-Mayas, der gegen den spanischen Eroberer Pedro de Alvarado den Kürzeren zog. Oder den magischen Quetzal-Vogel mit seinem auffälligen roten Häubchen und den überlangen, grünen Schwanzfedern, die die Freiheit Guatemalas symbolisieren. Dann sind da noch die Nationalblume Monja Blanca, eine weiße Orchideenart, und nicht zu vergessen der imposante Ceiba-Baum, der von den alten Mayas als heiliger Baum und Sitz der Götter angesehen wurde. Auch an María-Josés Schule war den Schülern aufgetragen worden, Zeichnungen anzufertigen. Und da mein Talent fürs Malen kein Geheimnis war, baten mich verschiedene Eltern, ihren Kindern diese lästige, alljährlich wiederkehrende Arbeit abzunehmen. Gegen ein angemessenes Entgelt versteht sich. Da die Zeit schon knapp war, arbeitete ich bis tief in die Nächte hinein, assistiert von meiner Schwester. Ich zeichnete alles vor, sie übernahm das Ausmalen. Fast siebenhundert Quetzales spülte diese Anstrengung in unsere leeren Kassen. Dringliche Ausgabenposten gab es zuhauf. Etwa einen teuren Hustensirup für Jennifer, die an einer Erkältung litt, oder eine Prepaid-Karte für mein Handy.

Was mir Jorge Meléndez an einem kalten Novembermorgen mitteilte, nahm mir für einige Sekunden die Luft zum Atmen. »Sandra, Gato ist heute freigelassen worden.« Zum wiederholten Male legte er mir nahe, nicht länger in Palencia zu bleiben. Der Herr Staatsanwalt hatte gut reden, dabei schuldete uns das Büro für Zeugenschutz immer noch das Geld für die Monate August und September. Und als ich dort nachfragte, erklärte man mir lakonisch, das Budget für dieses Jahr sei leider schon aufgebraucht. Man werde mich zu gegebener Zeit wissen lassen, wann – wenn überhaupt – die Unterstützung für uns weiterlaufe. Sollte ich da lachen oder weinen? Die Anwälte der Stiftung Sobrevivientes reichten in meinem Namen bei der guatemaltekischen Ombudsstelle für Menschenrechte eine Klage gegen die verantwortliche Behörde ein. Würde das etwas nützen?

Etwa eine Woche später bestellte mich Doña Cruz nach Guatemala-Stadt. Ich war voller positiver Erwartungen. Hatte sie gute Nachrichten für mich? Würde mir ihre Stiftung endlich etwas Geld leihen, mit dem wir uns in einem anderen Teil Guatemalas eine neue Existenz aufbauen konnten? »In den letzten Monaten sind wir richtiggehend überrannt worden mit neuen Fällen«, begann sie das Gespräch. »Vielleicht hast du es ja schon gehört oder gelesen, alleine in diesem Jahr sind in Guatemala bisher über vierhundertsiebzig Frauen und Mädchen ermordet worden.« Ihre sowieso schon winzigen Äuglein hinter der Brille verengten sich beim Sprechen fast zu einem Strich. »Und daneben haben wir auch viele andere Fälle von Gewalt gegen Frauen zu bearbeiten. Dabei ist unser Budget leider sehr beschränkt. Mit anderen Worten: momentan kann ich dir kein Darlehen bewilligen, es tut mir leid.« Wie erschlagen saß ich im gepolsterten Stuhl. Wie konnte sie jetzt einen Rückzieher machen? Sie war meine letzte Hoffnung gewesen. Wie sollten wir nun aus Palencia wegkommen? »Ich habe gehört, dass du gut zeichnen kannst«, sprach sie weiter, »wenn du willst, bringst du ein paar deiner Werke zu uns in die Stiftung. Hierher kommen viele Leute, auch Ausländer, und wer weiß, vielleicht kauft dir jemand etwas ab.« Ich stimmte zu. Was blieb mir auch anderes übrig? Unsicher darüber, was ich zeichnen sollte, entwarf ich in den folgenden Tagen einfältige, karikaturenhafte Figuren. Einige hatten spitze Schnäbel und große Ohren, andere glichen eher Teddybären und trugen rote Herzen. Eine nicht sehr glückliche Auswahl. Ich hätte besser etwas Realistisches entworfen, aber darauf kam ich erst viel später. Salvador zog die fertigen Arbeiten auf Karton auf und versah sie mit billigen Holzrahmen. Danach lieferte ich sie in der Stiftung ab.

Von jedem Mitglied meiner Familie, meines Freundes- oder Bekanntenkreises wurde ich immer sofort informiert, wenn sie irgendwo einen uns bekannten Marero gesichtet hatten. So erfuhr ich, dass sich Gato seit seiner Freilassung schon mehrfach unserem Grundstück genähert hatte. Er würde nicht sofort etwas gegen uns unternehmen, dafür war er viel zu gerissen. Nein, zuvor würde er uns ausspionieren lassen, so wie er es in den Wochen vor Mutters Ermordung getan hatte, um dann auf eine günstige Gelegenheit zu warten. Auch Makumba, Rompemuros und La China genossen nun wieder ihre unverdiente Freiheit. Einzig vom kleinen Mecho fehlte immer noch jede Spur. Lebte dieser

Junge überhaupt noch? Das Schlimmste war diese Unsicherheit, nicht zu wissen, welche unerfreulichen Überraschungen die Zukunft noch für uns parat hielt. Die einzigen Antriebsfedern und Lichtblicke in meinem Leben waren meine Kinder. Ohne sie hätte ich schon längst aufgegeben.

»Es ist schon wieder November«, sagte Pedro, und ich wusste nur zu gut, was er damit ausdrücken wollte. Er glaubte fest daran, dass die Mareros ihre speziellen Monate und Tage hatten, an denen sie ihre Drohungen wahr machten. Mama, Patricia aber auch Joel hatten an einem Mittwoch sterben müssen. Alles nur Zufall? Daran glaubten auch ich und Großmutter nicht. Diese tat in den Nächten kaum noch ein Auge zu. Ihre Unruhe erklomm ständig neue Höhen. Auch sie war der Meinung, ich solle mit María-José und meinen Kindern aus Palencia fortziehen. Sie war überzeugt, dass es die Mareros vor allem auf uns beide abgesehen hatten. »Oh, Sandra, die Mareros können jeden Moment kommen, um dich und María-José zu holen! Oh, möge uns Gott behüten!«, befeuerte sie meinen Angstzustand noch weiter. Wenig erstaunlich also, dass auch mich jedes noch so kleine verdächtige Geräusch auffahren ließ, speziell in den Abend- und Nachtstunden.

Meine Kinder waren meine Antriebsfedern. Für sie zwang ich mich jeden Morgen aufzustehen, in ihnen fand ich Trost und Lebensfreude. Jacqueline war schon sechs Jahre alt, ein pflegeleichtes Mädchen, das stundenlang mit einer Puppe, etwas Geschirr oder anderen einfachen Dingen spielen konnte, ganz für sich alleine. Ihr zurückgezogenes Naturell hatte aber auch negative Seiten. So war es sehr anstrengend, sie irgendwohin mitzunehmen. Denn kaum hatten wir einige Meter zurückgelegt, zog sie an meiner Bluse und verlangte streng: »Mami, Mami, ich will wieder nach Hause!« Selbst Geburtstagsfeste anderer Kinder fand sie langweilig: »Mami, das gefällt mir nicht, komm, wir gehen!« Ganz anders war die zweijährige Jennifer, die es liebte, fremde Menschen und Umgebungen kennenzulernen. Erstaunt sah ich, wie sie sogar ihre älteren Geschwister herumkommandierte. Welch starkes Temperament! Sie verblüffte mich mit immer neuen Kapriolen. Etwa, als ich sie fragte, ob sie mir einkaufen gehen wolle.

»Ja, Mami, aber nur, wenn du mir was kaufst«, ließ sie mich keck wissen. Ich ging noch schnell duschen. Danach bot sich mir ein zirkusreifes Bild: Neben ihr auf dem Bett lag eine Dose mit Nivea-Creme, deren gesamten Inhalt sie sich in die Haare geschmiert hatte, die nun büschelweise zu Berg standen. Ich schimpfte, konnte aber ein Lachen nicht unterdrücken.

Einmal hielt sich der Polizist Alejandro nach dem Abendessen noch bei uns auf, nippte an einer Tasse heißem Kaffee und unterhielt sich mit mir, was er oft und gerne tat. Hörte man seine traurige Lebensgeschichte, musste man tiefstes Mitleid mit diesem Mann empfinden. Niedergedrückt sprach er von der Mutter seiner Kinder, die ihn vor vielen Jahren für einen anderen verlassen hatte. Daraufhin war er zu einem lebensmüden Alkoholiker geworden. Dennoch hatte er einige Stufen der Karriereleiter bei der Polizei erklimmen können, war dann aber unvorsichtig genug gewesen, bei einem Streik um eine Gehaltserhöhung mitzumachen. Als Quittung hatte man ihn wieder zum einfachen Beamten degradiert. Nun wartete er nur noch auf seine Pensionierung in einem halben Jahr, nach genau dreißig Dienstjahren. Bei uns trug er nie eine Uniform, wohl aber seine Polizeistiefel, deren Sohlen sich an einigen Stellen schon bedenklich gelöst hatten. »Señorita, pro Jahr stehen uns zwei Paar neue Stiefel und zwei Uniformen zu. Aber Sie wissen ja, wie das ist, unsere Vorgesetzten verkaufen sie an uns weiter und behalten die Kohle für sich«, klagte er. Seine gesamte Bewaffnung bestand aus einer alten Pistole, Kaliber 28mm. Für diese hatte er erst ein einziges Mal Munition erhalten, genau fünfzig Kugeln, damals, als er Polizist geworden war. Seither hatte er jede weitere Kugel aus seiner eigenen Tasche berappen müssen.

Das laute Knacken von Ästen ließ uns verstummen. Sofort war Alejandro auf den Beinen, mit gezogener Waffe. Wieder knackte es, gefolgt von Rascheln. »Das kommt von den Büschen dort drüben«, flüsterte er, öffnete die Haustür einen Spalt und spähte in die Finsternis. Dann feuerte er drei Schüsse gegen den Nachthimmel und verriegelte hastig die Tür. Wir zogen uns in den hintersten Teil der Behausung zurück und warteten. Nichts als Stille. War es nur ein wildes Tier gewesen oder einer unserer Hunde? Sicherheitshalber blieb Alejandro die Nacht über bei uns. Im Vorzimmer auf dem Boden improvisierte ich ihm eine Schlafstelle. Bevor ich endlich eindösen konnte, musste ich an die modernen Waffen unserer Feinde denken. Sie hatten sogar Maschinenpistolen und Granaten. An tiefen und erholsamen Schlaf war nun keine einzige Nacht mehr zu denken. Ich war permanent in Alarmbereitschaft. Und auch Tino wurde nicht müde, mich zur Vorsicht anzuhalten. »Sandra, bei Gott, es ist wieder etwas Schlimmes im Gang, du bist in riesengroßer Gefahr! Am besten machst du nachts kein Auge zu, das gilt auch für deinen Polizisten, sag ihm das!« Wenn Tino so redete, musste er etwas in Erfahrung gebracht haben.

Erheblich weniger zuversichtlich suchte ich wieder die Stiftung Sobrevivientes auf. Kein einziges meiner Bilder hatte sich verkauft. Da waren sie noch alle, ausgestellt im Eingangsbereich, mit ihren jeweiligen Preisschildern: siebzig Quetzales die kleineren, hundertzwanzig die größeren. War das zu teuer?

Doña Cruz beorderte mich in ihr Büro. Wir müssten so oder so schnellstens aus Palencia wegziehen, allein schon meiner Kinder und María-Josés wegen, insistierte sie. Und sie sei bereit, die Transportkosten für unseren Umzug zu finanzieren. Ich schüttelte ratlos den Kopf. »Aber wohin sollen wir denn gehen, so ganz ohne Geld?«, jammerte ich. Sie überlegte einige Sekunden lang. Aus der kleinen Schreibtisch-Schublade vor ihr zog sie eine farbige Broschüre hervor und legte mir diese unter die Nase. Eine Gruppe fideler Kinder in einem paradiesischen Garten voller Blumen war darauf zu sehen. »Das ist ein christliches Kinderheim«, erklärte sie. »Deine Kleinen und deine Schwester wären gut dort aufgehoben, es würde ihnen an nichts fehlen, und sie würden eine anständige Ausbildung erhalten. Und vor allem wären sie nicht länger der Gefahr ausgesetzt. Bitte überleg es dir gut.« »Und wie lange würden sie dort bleiben?«, fragte ich. »Solange, bis sie erwachsen sind und für sich selber sorgen können.« Mir fehlten endgültig die Worte. Norma Cruz aber schob noch nach: »Ich verstehe, dies ist keine einfache Entscheidung für dich, doch hier geht es um die Sicherheit und das Wohlergehen dieser Kinder. Wenn du nicht bald etwas unternimmst, könnten wir uns gezwungen sehen zu veranlassen, dass man sie dir wegnimmt.« Ihre Drohung empfand ich als eklatanten Vertrauensbruch. Vielleicht hatte sie ja recht, doch wie konnte sie mir nur so in den Rücken fallen?

»Señorita, was haben Sie denn?«, fragte Alejandro besorgt, als er meine nassen Wangen sah. Während der Rückfahrt stierte ich nur aus dem Fenster und überlegte intensiv. Setzte ich meine Kinder wirklich verantwortungslos der Gefahr aus? Allein der Gedanke daran, sie weggeben zu müssen, brachte mein Inneres zum Bluten. Hatten sie nicht schon genug durchmachen müssen? Anthony war ein für sein Alter durchschnittlicher Junge, der sich für Fußball, Fernsehen und seine Freunde interessierte. Nicht selten aber erlebte ich ihn traurig und geistesabwesend. Die schweren Jahre an Tinos Seite hatten auch bei ihm Spuren hinterlassen. »Mami, weißt du noch, wie Papi dich immer gehauen hat?«, erinnerte er sich gelegentlich an diese Zeiten. »Ach, das ist doch nicht mehr wichtig, mein Schatz, das ist schon lange her. Komm, wir gehen lieber Schokolade kaufen«, bemühte ich mich dann, ihn von diesen negativen Gedanken abzubringen. Auch María-Josés oberflächliche Gemütsruhe ruhte auf dunklen Abgründen. Früher hatte sie nie Mühe in der Schule gehabt, nun war sie an den Abschlussprüfungen zur fünften Klasse gescheitert.

Tino vertraute ich mich auch in dieser schwierigen Lage nicht an. Wozu denn auch? Hilfe war keine zu erwarten. Trotzdem hätte er es niemals akzeptiert, unsere Kinder wegzugeben. Wann immer ich mit ihm telefonierte, wollte er mit ihnen reden, was sich oft nicht einfach gestaltete. Sagte ich zu Jacqueline: »Mein Schatz, Papi will mit dir sprechen!«, so erhielt ich fast ausnahmslos die Antwort: »Nein, ich mag nicht.« Einzig Anthony freute sich jedes Mal ehrlich, wenn er mit ihm reden durfte. Doch auch hier war es keine unverkrampfte Vater-Sohn-Beziehung. Er liebte und fürchtete Tino in gleichem Maße, auch wenn der nun den besorgten Vater herauskehrte und sogar nach den schulischen Leistungen seines Sohnes fragte. Und dieser ließ sich manchmal dazu hinreißen, seinen Vater um etwas zu bitten. »Papi, die Lehrerin verlangt ein teures Lesebuch von uns, aber Mami sagt, sie hat kein Geld.« Tino machte dem Jungen dann weis, er werde ihm das Buch schon kaufen, und dieser glaubte es ihm in seiner infantilen Treuherzigkeit. Mich machte das maßlos wütend. »Verdammt, Anthony! Hab ich dir nicht schon tausend Mal gesagt, du sollst deinen Vater um nichts mehr bitten? Der hält ja doch nichts von dem, was er verspricht. Ich werd dir dieses verfluchte Buch schon irgendwie besorgen.«

Es war ein sonniger Morgen wie im Bilderbuch, doch schon beim Aufstehen war mir zum Heulen zumute. Etwas Schweres lastete auf mir, meine schmerzerfüllten Gedanken vermengten sich zu einem selbstzerstörerischen Gemisch. Genau heute vor einem Jahr hatten sie unsere Mutter ermordet. Wie es der Brauch erforderte, hatte ich eine Gedenkfeier für sie organisiert, mit 1.500 Quetzales von einem privaten Geldverleiher – zu einem monatlichen Wucherzins von zehn Prozent. Es mag dumm klingen, und vielleicht war es auch dumm, aber was hatte ich noch zu verlieren? Jeder Tag konnte mein Letzter sein, doch für das Andenken meiner Mutter war ich bereit, mein letztes Kleidungsstück herzugeben. Meine Brüder hatten keinen einzigen Quetzal beigesteuert. Großmama, Emilia, Lincy und Erika halfen mir, ein Essen für die zu erwartenden Gäste zu kochen. Diskret hatte ich mir auch einige Flaschen Rum besorgt. Mutter hatte oft viel getrunken, und komischerweise bildete ich mir nun ein, ihr damit ein wenig näher sein zu können. Ich würgte eine Tortilla mit etwas Rindfleisch hinunter. Nach dem Essen wanderten wir alle zum Friedhof. Gekommen waren auch viele Bekannte und Nachbarn. Manche trugen frische Blumen oder Kerzen, und es wurden katholische Kirchenlieder angestimmt. Vor Mutters Nischengrab ließ ich mich auf einem Mauervorsprung nieder. Mit einem Teil des geliehenen Geldes hatte ich eine Gruppe von sechs Mariachi-Musikern engagiert, die nun ein Lied von Vicente Fernandez intonierten, Mamas Lieblingssänger. Das Echo dieser Klänge hallte weit durch die nahen Schluchten. Lincy und

Erika wichen mir nicht von der Seite. Einige der Versammelten murmelten und meinten, diese Sorte Musik sei pietätlos auf einem Friedhof. Sollten sie doch reden. Ich zog eine Flasche Rum aus einer Papiertüte. Wir hatten auch eine Flasche Cola dabei, doch der Fusel landete unverdünnt in meiner Kehle. In meinem Mund vermischte er sich mit den Tränen, die mir übers Gesicht rollten. Der Trieb, mich vollaufen zu lassen, war nicht mehr zu stoppen. Bald trank ich direkt aus der Flasche, alles um mich herum drehte sich. Ich kann mich noch erinnern, wie mich meine Cousinen und Alejandro zur Mäßigung bewegen wollten. Hätte ich mich ins Grab saufen können, so hätte ich es getan. Irgendwie gelangte ich aber doch wieder nach Hause. Tags darauf lebte ich immer noch, mir war speiübel, mein Magen rumorte, und der Schädel fühlte sich an wie eine Kirchenglocke, die jemand andauernd mit einem Hammer bearbeitete.

Als Schichtablösung für Alejandro wurde Adán zu uns abkommandiert. Dieser verschwiegene Mann mittleren Alters stammte aus irgendeinem Dorf im indianischen Hochland. Nach wenigen Tagen bei uns begleitete er mich ins Zentrum, wo ich Gemüse besorgen wollte. Wie immer vertraute ich auf den Service eines bekannten Tuc-Tuc-Fahrers, der uns nach dem Einkaufen auch wieder in den Rincón de la Piedra zurückkutschierte. Mit den vollen Einkaufstaschen stiegen wir vor unserem Grundstück aus. Ich bezahlte den vereinbarten Fahrpreis und drehte mich um, da gefror mir das Blut in den Adern. Keine fünf Meter mehr entfernt kam Gato auf uns zugeschritten – ein Stechen durchzog meinen erstarrten Körper. Die Hand seines leicht angewinkelten linken Armes berührte die Hosentasche, seine hasserfüllten Blicke spießten mich förmlich auf. Für eine Sekunde oder zwei erwartete ich, er würde eine Waffe ziehen und auf mich feuern, doch dann lief er einfach stumm an uns vorbei. Mit offenem Mund starrte ich ihm hinterher. Mir war, als sei mir soeben der leibhaftige Teufel erschienen. Adán schaute mich erstaunt an und fragte: »Ist etwas nicht in Ordnung, Señorita?« »Das ist Gato, das ist Gato!«, zischte ich ihm zu. Erst jetzt griff er zu seiner Pistole. Für Gato wäre es ein Leichtes gewesen, uns über den Haufen zu schießen. Etwas später, es war schon Abend, kam Marlon in den Wohnraum der Großeltern gerannt. »Draußen steht ein Auto mit getönten Scheiben«, sagte er aufgeregt. In diese abgelegene Gegend verirrten sich äußerst selten fremde Autos, schon gar nicht zu dieser vorgerückten Stunde. Während wir alle gespannt drinnen warteten, bewegte sich Adán vorsichtig zum Zaun, den Großvater mithilfe meiner Brüder aus alten, verrosteten Wellblechstücken und Holzlatten beim Eingangsbereich zum Gelände errichtet hatte. Adán knipste die am

Torpfosten befestigte Glühbirne an. Sekundenbruchteile später hörten wir Stimmen, das Zuknallen von Autotüren und das Brummen eines sich in Bewegung setzenden Wagens. Salvador, der dem Polizisten gefolgt war, konnte noch sehen, wie einer der Männer hinfiel, sich aber wieder aufrappelte, bevor er hastig einstieg. Adán benachrichtigte seine Kollegen auf der Station, die einen Streifenwagen vorbeischickten, der ergebnislos ein paar Runden drehte und wieder abzog.

Um dieser erstickenden Anspannung zu entfliehen, zog es mich an den Wochenenden zu Tante Anita und Erika. Zu Großmutters Leidwesen waren auch sie zu wiedergeborenen Christen geworden. In ihrem Häuschen leitete ein Laienprediger zweimal pro Woche Betstunden, an denen jedermann teilnehmen konnte. Von Benedikt von Palermo, dem meine Tante so sehr zugetan gewesen war, gab es keine Spur mehr. Die Ecke, in der jahrelang seine Figur gestanden hatte, war leer. Anita hatte den Heiligen in Stücke gehauen und weggeschmissen. Er hatte es nicht vermocht, ihre Söhne und Schwestern zu beschützten, und war daher bei ihr in Ungnade gefallen. Ich selber wusste nicht mehr, woran genau ich glauben sollte. In eine Kirche ging ich nur noch sporadisch. Soviel aber wusste ich: Es gab einen Gott. Es musste ihn einfach geben, und er musste gut sein!

Neben der permanenten Lebensgefahr schwebte nun auch der Vorschlag von Norma Cruz wie ein Damoklesschwert über jeder Minute meiner Tage. Die Entscheidung schob ich von Woche zu Woche auf. Meine Kinder voller Ahnungslosigkeit spielen zu sehen, war die reinste Folter für mich. Ich hoffte auf einen anderen Ausweg, spürte aber, wie sich die Schlinge um meinen Hals enger und enger zog. Eigentlich hätte ich mich mit Andreas, dem Schweizer, treffen sollen. Er hatte mich schon etliche Male in Palencia besucht. Doch meine Gedanken waren einfach ganz woanders.

Einige Tage vor Weihnachten, wir lagen schon alle im Bett, ließ uns gegen Mitternacht ein heftiges Krachen auf dem Blechdach aufzucken. Es hörte sich an, als werfe jemand mit großen Steinen. Ich griff mein Handy und wählte Alejandros Nummer. Der hatte das Getöse schon gehört. »Ich komme gleich runter, Señorita. Bleiben Sie nur ja im Haus!«, wies er mich an. Erst als er sich bei uns durch die Tür schlich, atmete ich etwas auf. Er habe draußen nichts Ungewöhnliches gesehen, sagte er keuchend. Wollte uns da jemand verrückt machen? Dazu fehlte wirklich nicht mehr viel. Überhaupt war es schwer zu wissen, wem ich noch vertrauen konnte und wem nicht. Eine Nachbarin wollte Gato gesehen haben, und zwar im Fahrzeug meines vertrauten Tuc-Tuc-Fahrers. Ab sofort ging ich nur noch zu Fuß. Von einem anderen hörte ich, Gato habe sich ein minderjähriges Mädchen aus dem Dorf Los Tecomates geraubt, mit der er nun zusammenlebe. Wieder musste ich an Cindy denken. Ihr Verschwinden lag ein halbes Jahr zurück.

Ein drittes Mal in Folge standen für uns freudlose Festtage bevor. Zwar bereitete Großmama wieder ihre schmackhaften Weihnachtstamales, Ponche und heiße Schokolade zu, doch selbstverständlich war nichts mehr wie früher: Das Essen war fader, die Farben blasser und die Freuden gedämpfter. Ja selbst mein Einfühlungsvermögen hatte sich erschöpft. So viel Horror um mich herum hatte mich gegenüber dem Leid fremder Menschen gleichgültig werden lassen. Meine Seele fühlte sich an wie ein verkümmertes Blümchen. Einen Tag vor Heiligabend sagte mir Tino, seine Mutter habe für unsere Kinder einige Geschenke eingekauft, die sie ihnen gerne vorbeibringen wollte. »Du weißt doch genau, dass sie sogar damit gedroht hat, mir etwas anzutun. Doch nun gut, soll sie kommen, ich bin nicht nachtragend«, gab ich mich apathisch. Doña Dolores rückte dann wirklich an und übergab María-José einige bunte Päckchen. Idealerweise war ich gerade nicht zuhause und konnte so ein Zusammentreffen mit ihr vermeiden.

Endlich hatte man mir die ausstehenden Schecks ausbezahlt, für insgesamt drei Monate. Die Klage bei der Ombudsstelle für Menschenrechte hatte also doch etwas bewirkt. Aber es seien die letzten Zahlungen, wurde ich unterrichtet. Die Behörden hielten es nicht mehr für nötig, uns weiter zu unterstützen. Fast der gesamte Betrag ging für die Begleichung meiner Schulden drauf, mit dem Rest kaufte ich Kleider für die Kinder und einige Flaschen Rum. Meine Gelüste nach diesem Gift hatte ich endgültig nicht mehr unter Kontrolle. Ich wollte diesem Hier und Jetzt entrinnen. Fast die gesamte letzte Dezemberwoche verlebte ich denn auch in einem alkoholisierten Dauerzustand. Großmutter und ihren Rügen ging ich so gut wie nur möglich aus dem Weg. In den wenigen nüchternen Momenten funktionierte ich wie ein Roboter und erledigte ein Mindestmaß an Haushalts- und Mutterpflichten. Erdrückend bewegte sich Neujahr auf mich zu, und damit auch die Notwendigkeit, eine Entscheidung zu treffen.

Irgendwann entschied ich mich, das Angebot von Norma Cruz anzunehmen. Gleich am ersten Montag des neuen Jahres teilte ich ihr meinen Entschluss mit. Sie würde alles in die Wege leiten, aber dies würde einige Zeit erfordern, sagte sie. Nach dem Telefongespräch konnte ich nicht mehr aufhören zu heulen. Nun musste ich auch María-José in meinen Plan einweihen. »Nein, Mami, das darfst du nicht tun, ich bleib bei dir! Wenn du willst, höre ich mit der Schule auf und gehe arbeiten, aber gib uns nicht weg!« »Dort werdet ihr es doch viel besser haben als hier, und ich werde euch oft besuchen kommen, ich verspreche es«, wollte ich sie überzeugen. Erfolglos. Meine Großeltern nahmen meine Entscheidung mit traurigem Schweigen und Resignation zur Kenntnis. Bevor es aber soweit war, nahmen sie alle mit auf eine Pilgerfahrt zum Schwarzen Christus von Esquipulas, einer Kleinstadt nahe der Grenze zu Honduras. Nur Alejandro, meine zwei Töchter und ich blieben zurück. Großvater und Großmutter setzten einen enormen Glauben in diese Jesusfigur, die über die Jahrhunderte durch den Ruß tausender von Kerzen fast schwarz geworden war und für die man eine riesige weiße Basilika gebaut hatte, zu der Menschen aus ganz Mittelamerika, ja selbst aus Mexiko pilgern. Als Kind hatte auch ich einige Male mitfahren dürfen.

Früher als gedacht gab mir Norma Cruz die Adresse des Kinderheims bekannt. Ich bedankte mich und versank in einem emotionalen Ausnahmezustand. Benommen zog ich früh am nächsten Morgen Jennifer und Jacqueline an. Ihnen schwindelte ich vor, wir würden nur einen kleinen Tagesausflug machen. Sie und Anthony merkten aber genau, dass etwas nicht stimmen konnte, weil María-José unaufhörlich weinte und ich eine schwere blaue Nylontasche mit mir schleppte, in die ich am Abend zuvor einige ihrer Kleider gepackt hatte. Nach mehrmaligem Umsteigen befanden wir uns in einem schickeren Außenbezirk von Guatemala-Stadt. Ich schaute auf den Zettel mit der Adresse in meiner Hand. Hier irgendwo musste es sein. Die Mittagssonne stand in ihrem Zenit. Einen kleinen weißen Wagen vor sich her stoßend, auf dem farbige Abbildungen von verschiedenen Eiscreme-Sorten aufgemalt waren, kam uns ein Eisverkäufer entgegen. Sein sonnenverbranntes Gesicht war bis zur Nase unter einem ausgefransten Strohhut verborgen. Unablässig betätigte er ein Glöckchen, um auf seine Anwesenheit aufmerksam zu machen. »Mami, ich will ein Eis, Mami, ein Eis!«, forderte Jennifer. Da ich nicht darauf einging, wurde aus ihrem Bitten ein lautes Plärren. Ich hatte mit meinen eigenen Tränen zu kämpfen, dabei verspürte ich einen Schmerz fast wie bei Mutters Tod. Nun würde ich also auch noch meine Kinder verlieren. Welchen Sinn würde meine Existenz ohne sie noch haben, ohne die Möglichkeit, sie aufwachsen zu sehen? Vor uns erstreckte sich ein großes Anwesen, das von einer hohen, weißlichen Mauer umschlossen wurde. Dahinter war Kindergelächter zu hören. Neben einem schwarzen Tor war die Gegensprechanlage angebracht. Ich blickte noch einmal in die nichts ahnenden Engelsaugen meiner Lieblinge und in die anklagenden meiner Schwester. Etwas baute sich in mir auf. Ruckartig machte ich kehrt. Im Bruchteil einer Sekunde war es mir, als würde ein schwerer Felsbrocken von meinem Herz fallen. Nein, ich konnte es einfach nicht! Es musste noch einen anderen Ausweg geben! »Kommt, wir gehen nach Hause«, sagte ich befreit. »Aber vorher kaufen wir uns noch ein Eis. Da drüben ist der Verkäufer, schnell, beeilen wir uns!«

Natürlich änderte sich durch diesen Rückzieher nichts an unserer prekären Situation, doch ich hatte mich fest entschlossen, mein Leben wieder in meine eigenen Hände zu nehmen. Das war ich meinen Kindern, María-José, aber auch meiner verstorbenen Mutter schuldig. Das folgende Wochenende verbrachten wir bei Tante Juana und Beba. Alejandro eskortierte uns dorthin. Ich brauchte frische Luft, weg von unserer deprimierenden Hütte, weg von Großmutter und ihrer ewigen Meckerei. Ich brauchte Zeit, um meine wild durcheinander trudelnden Gedanken neu ordnen zu können. Vor allem aber musste ich die Kontrolle über mich selber zurückgewinnen. Dazu gehörte auch, dass ich mir schwor, von nun an keinen Tropfen Alkohol mehr anzurühren. Bis spät in die Nacht plauderte ich mit Beba, die mir gut zuredete. Die letzten Jahre hatten uns beiden einen Schnellkurs im Erwachsenwerden beschert. Unsere früheren pubertären Schwärmereien waren unsanft auf dem harten Boden der Tatsachen gelandet. Wir hatten mit Feuer gespielt und uns dabei gewaltig die Finger verbrannt. Doch wir lebten noch. War das nicht schon Grund genug, dankbar zu sein? Beba war gedämpft optimistisch. Sie sprach von Pelón, der sich im Gefängnis von der Mara Salvatrucha distanziert hatte und Christ geworden war. In der Pavon-Haftanstalt, wo nur verurteilte Sträflinge einsitzen, betrieb er sogar einen kleinen Verkaufsstand für Zigaretten und Süßigkeiten. Am Sonntagmorgen liefen wir hinüber zur kleinen Markthalle beim Park, um die Zutaten für das Mittagessen zu kaufen. Danach fehlte nur noch etwas Rindfleisch aus dem Fleischerladen gleich nebenan. Noch bevor wir ihn betreten hatten, ließ das Knallen mehrerer Schüsse alle Passanten zusammenzucken. Sekunden später preschten zwei Polizeiwagen in Richtung Hauptgasse an uns vorbei. Hörte das denn nie auf? Wir mussten herausfinden, was passiert war. Hatte es vielleicht jemanden getroffen, den wir kannten? Schon von weitem konnten wir einen Menschenauflauf sehen, der sich genau an jener Stelle gebildet hatte, wo immer die Busse kurz anhielten, um weitere Passagiere aufzunehmen, bevor sie in die Straße nach Guatemala-Stadt abbogen. Beunruhigt näherten wir uns den Neugierigen, unter denen viele Kinder und Jugendliche waren. Wir drängten uns nach vorne. Ich erkannte ihn augenblicklich. Auf dem Bauch liegend, das Gesicht zur Seite gedreht und mit halb offenem Mund lag er da: Gato. In seiner rechten, schlaffen Hand lag eine Pistole. Eine Blutlache breitete sich neben seinem Kopf aus. Seine Augen waren weit geöffnet, in seinem erlöschenden Blick glaubte ich so etwas wie Angst ausmachen zu können. Im Publikum zirkulierten erste Versionen über den Tathergang. »Ich hab's genau gesehen, es war ein Auto mit abgedunkelten Scheiben«, flüsterte jemand. »Die haben nicht einmal angehalten, sondern im Fahren durchs Fenster auf den Kerl gefeuert. Der rannte noch einige Meter, aber weiter kam er nicht.« Im ersten Moment fühlte ich rein gar nichts, nicht einmal ein Gefühl der Genugtuung beim Gedanken an das, was Gato meiner Familie angetan und mit mir noch vorgehabt hatte.

Bevor wir am nächsten Morgen in unser Häuschen zurückkehrten, kaufte ich mir beim Park die Prensa Libre und einen Nuestro Diario, die zwei wichtigsten Tageszeitungen Guatemalas. So wie jeden Tag waren die Seiten gefüllt mit Berichten über Mord und Totschlag, doch über das Hinscheiden dieses Mareros, dessen kurzer Streifzug durch diese Welt ein Feuerwerk an Blut und Grausamkeiten gewesen war, konnte ich nicht einmal eine klitzekleine Meldung entdecken. Sollte mich das überraschen? In Guatemala gab es leider allzu viele Gatos und viel zu viel Gewalt. Daher war es für die Presse praktisch unmöglich, sich jedem einzelnen Fall zu widmen. Dieser Gato hatte nun den Preis für seine Machenschaften bezahlt, womit sich der logische Zyklus eines Salvatrucha erfüllt hatte, an dessen Ende fast unausweichlich der gewaltsame Tod stand. Endlich überkam mich ein Gefühl der Erleichterung, gepaart mit der Hoffnung, durch diesen Tod würde uns eine Verschnaufpause gegönnt werden. Oder war es sogar denkbar, dass uns seine Homies nun in Ruhe lassen würden? Ich musste es hoffen.

AUGUST 2010

Meine letzte Begegnung mit Sandra liegt etwas über ein Jahr zurück. Sie empfängt mich nicht, wie gewohnt, draußen beim rostigen Blechzaun. Es ist ihr Bruder Salvador, der mir das Tor öffnet und mich übers Grundstück führt, als Vorsichtsmaßnahme vor der beißwütigen Hundemeute, die meinetwegen schon laut kläfft. Wie es seiner Familie gehe, will ich von ihm wissen. »Es geht so«, nuschelt er. Ein Geruch nach Feuchtigkeit und Abwässern liegt in der Luft, der Himmel ist mit bleigrauen Wolken verhangen, es nieselt nur leicht, nachdem es tagelang fast ununterbrochen in Strömen geregnet hat. Es sei der regenreichste August seit Menschengedenken, versichern guatemaltekische Meteorologen. Jedenfalls berichten die Tageszeitungen von zahlreichen weggeschwemmten Brücken im ganzen Land. Es herrscht der Notstand. Sandras Hütte erscheint mir noch trostloser als sonst. Die Eingangstür ist halb geöffnet, drinnen ist es gewohnt düster. Sie begrüßt mich mit sichtlicher Freude, doch an ihren glasigen Augen und an der müden Stimme erkenne ich sofort, dass es ihr überhaupt nicht gut geht. Es wird wohl ein kurzer Besuch werden. »Ich habe Dengue-Fieber, meine Pechsträhne ist noch nicht zu Ende«, sagt sie mit einem verzweifelten Lächeln. Diese Gegend hier, in der fast jede Familie ihren Wasservorrat in offenen Tonnen oder anderen Behältern speichert, ist eine ideale Brutstätte für die Mücken, die diese Tropenkrankheit übertragen. Mir liegt die Feuchtigkeit förmlich in der Nase, die unverputzten Wände der Hütte haben sich mit Wasser vollgesogen. »In diesem Zimmer da stand das Wasser vor einigen Tagen sogar knöcheltief, alles war voller Schlamm«, kommentiert Sandra müde.

Ihre letzten Jahre haben die Bezeichnung Pechsträhne wirklich mehr als verdient. Als seien die Morddrohungen durch Mitglieder der Mara Salvatrucha nicht schon genug, erlitt sie Mitte 2008 auch noch einen schweren Autounfall. Der Wagen war vom Weg abgekommen und hatte sich mehrfach überschlagen. Obwohl die Feuerwehr sie recht zügig ins weit entfernte San Juan de Dios-Krankenhaus in Guatemala-Stadt verfrachtet hatte, hatte man sie dort eine ganze Nacht halbtot im Gang liegen lassen, ohne sie medizinisch zu versorgen. Ich hielt mich damals zufälligerweise in Guatemala auf, erfuhr aber erst nach drei Wochen von ihrem Unfall. Natürlich ging ich sie sofort besuchen. Das San Juan de Dios-Krankenhaus, das größte des Landes, ist ein bräunlicher, mehrstöckiger Betonklotz, vor dessen Eingang sich zu Besuchszeiten zwei lange Menschenschlangen um Einlass bemühen – getrennt nach Frauen und

Männern. Über dem Eingang steht: Waffen verboten. Gleichwohl winkte mich der Polizist nur vorbei und durchsuchte nicht einmal den Plastikbeutel, den ich mitführte. Fahrstühle gibt es keine, jedenfalls nicht für die Besucher, die sich in langen Kolonnen durch die lichtarmen Gänge bewegen, hin zu lang gezogenen, zickzackförmig angeordneten Rampen. Ich hatte das Gefühl, in einer veralteten Metro-Station gelandet zu sein. Es wurde sogar gebettelt. Patienten, mit bodenlangen Krankenhaushemden drapiert, standen in einigen Ecken, darum bemüht, so viel Mitleid wie nur möglich auf sich zu ziehen. Einer stützte sich mit dem rechten Arm auf eine Krücke, mit dem linken streckte er den Vorbeieilenden einen roten Plastikbecher entgegen. Sandra fand ich auf der Notfallstation für Frauen im 4. Stock. Auch wenn ihr Kopf völlig bandagiert war, erkannte ich sie auf Anhieb. Ich setzte mich auf den Rand ihres Bettes, eines von über zehn in einer Reihe. Das Sprechen bereitete ihr Schmerzen. Sie hatte schwere Kopfverletzungen erlitten, darunter eine Schädelfraktur mit einem Hirntrauma. Ihre gesamte rechte Gesichtshälfte war aufgerissen worden und hatte genäht werden müssen. Um ein Haar hätte sie dabei ihr rechtes Auge verloren. Ganze sechs Wochen musste sie im Krankenhaus bleiben. In dieser Zeit besuchte ich sie oft. Dabei beredeten wir viele Dinge. So befassten wir uns mit der Frage, ob es wohl so etwas wie ein Schicksal gibt. Ich tendierte zu einem differenzierten Nein, sie zu einem klaren Ja. So zu denken war wohl ihre Art, sich etwas Last von der Seele zu nehmen. Denn wenn alles im Leben schon vorbestimmt ist, so muss man sich auch weniger den Kopf zermartern über Dinge, die einem völlig unerklärlich erscheinen. Warum lässt Gott das Böse zu? Warum lässt Er unschuldige Kinder verhungern, während viele Bösewichte zufrieden steinalt werden? Warum hat Er das Böse denn überhaupt erschaffen? Nur Er weiß es. Falls es Ihn denn überhaupt gibt. Und natürlich beschäftigten sie ihre schweren Wunden am Kopf und im Gesicht. Würde sie je wieder so aussehen wie früher? Beim Unfall hatte sie ihre gesamten Vorderzähne verloren. Ich half ihr, eine Zahnprothese anfertigen zu lassen.

Auch Tino wurde ab und zu zum Gesprächsthema, obwohl sie nicht gerne über ihn sprach. Dabei konnte sie eine tiefe Bitterkeit nicht verbergen. Liebte sie ihn etwa immer noch, nach alldem, was er ihr angetan hatte? Sie verneinte immer vehement, wenn ich sie spielerisch mit dieser Frage provozierte. Tino hatte sich schon zu Beginn des Jahres in die USA abgesetzt, als Mojado. Aber noch zuvor, in Guatemala, war er dem christlichen Gott wieder untreu geworden. So hatte Sandra miterleben können, wie er eigenhändig jemanden mit einer Waffe bedroht hatte. In den USA scheint er dann eine Arbeit gefunden zu haben. Den Kontakt zu seiner Familie hält er einzig über seine Mutter aufrecht. Seinen

Kindern hat er bisher, seiner schlechten Gewohnheit folgend, noch keinen Cent zukommen lassen.

Später reise ich erneut nach Palencia. Die Sonne steht goldig in ihrem Zenit, vor einem tiefblauen Himmel. Die Regenzeit macht endlich eine Pause. Sandra treffe ich draußen vor dem Gelände, bei der Wegkreuzung, hinter einem kleinen Holztisch sitzend. Sie hat sich offensichtlich gut von ihrer Dengue-Erkrankung erholt und widmet sich, zusammen mit María-José, dem Verkauf selbstgemachter Eiscremes in viereckigen, geschlossenen Plastikbechern. Es sind ihre eigenen Kreationen. Fünf Geschmacksrichtungen hat sie im Angebot: Nance (das ist eine kleine, gelbe Beerenfrucht), Ananas, Zitrone und Bohnen. Bohnen-Eis? »Ja, das schmeckt ganz toll, probier doch mal«, ermuntert sie mich und reicht mir einen kleinen Becher mitsamt einem Löffelchen. Und wirklich, der Geschmack dieser bräunlich-schwarzen, süßlich-bohnigen Kombination ist zwar etwas fremd für meine Zunge, aber dennoch ganz angenehm. Mit diesen und anderen Verkaufsideen hat Sandra sich und ihre Schutzbefohlenen während der letzten zwei Jahre über Wasser gehalten. Manchmal geht sie auch mit Olga, Tinos Schwester, zum Arbeiten auf den Terminal-Markt in Guatemala-Stadt. Ich setze mich neben die beiden auf den Boden und genieße mein Eis. Die Atmosphäre scheint entspannt und friedlich; wir lachen und spaßen. María-José plaudert von der Schule und ihrem ersten Freund. Ab und zu kommt jemand vorbei und kauft ein Eis. Mich erstaunt es, wie furchtlos Sandra sich hier am Straßenrand aufhält. Der Gedanke lässt mich nicht los, jeden Augenblick könne ein Marero vorbeirennen und auf uns schießen.

»Wo steckt eigentlich euer Polizist«, frage ich schließlich. Sie senkt den Blick und antwortet, ohne mich anzuschauen: »Stell dir vor, der ist vorgestern abgezogen worden. Wir haben keinen Personenschutz mehr, es ist Schluss damit.« Mir verschlägt es kurz die Sprache. Ich hatte angenommen, der Polizist halte sich wie üblich irgendwo in der Nähe auf. »Aber was nun, hast du denn keine Angst?«, will ich wissen. Was für eine dumme Frage, natürlich hat sie Angst. Und es kommt noch schlimmer. Ausgerechnet gestern habe sie eine Botschaft aus dem Gefängnis erhalten, vom Mörder ihrer Mutter, sagt sie. Dieser verlange 5.000 Quetzales von ihr, die sie seinem Vater überbringen solle. Und komme sie diesem Erpressungsversuch nicht bald nach, so wolle Strong sie eliminieren lassen. Mir entweicht ein Schimpfwort. Guatemala ist eine völlig verkehrte Welt. Hier sind Gewaltopfer selbst den Drohungen und Erpressungen bereits verurteilter Täter schutzlos ausgeliefert. Im Büro der Staatsanwaltschaft sei sie auch schon gewesen, erzählt Sandra weiter. Die Beamten dort hätten sie aufgefordert, zuerst eine entsprechende Anzeige beim Polizeiposten in Palencia aufzugeben.

Aber dazu sei sie nicht bereit, denn sie vertraue den Polizisten nicht, die dort Dienst hätten. Wieder bin ich einige Momente lang sprachlos. Erstmals kann ich dieses Gefühl der Hilflosigkeit, des Ausgeliefertseins nachfühlen, das Sandra und ihre Familie zur Genüge kennen. Auch an den befreundeten Polizeichef kann sie sich nicht mehr wenden. Der ist schon längst nicht mehr im Amt. In einigen Tagen fliege ich zurück nach Europa.

Als wolle sie unsere Begegnung mit einer positiven Note enden lassen, erwähnt sie ihre Tante Anita, die jetzt in einem kleinen Städtchen im Osten des Landes wohnt. Sie überlege sich ernsthaft, mit ihren Kindern und María-José dorthin zu ziehen. »Wenn ich du wäre, würde ich nicht lange überlegen«, gebe ich meine Meinung zum Besten. Sie nickt. Dann frage ich noch nach dem Fazit ihres bisherigen Lebens. »Andreas, weißt du, wenn ich etwas gelernt habe, dann ist es die Erkenntnis, dass man die kleinen, positiven und einfachen Dinge im Leben viel mehr schätzen sollte. Meistens tut man dies erst, wenn man sie nicht mehr hat. Für mich ist jeder neue Tag ein herrliches Geschenk, den es so gut wie möglich zu nutzen gilt, weil es der letzte sein kann.« Dem habe ich nichts hinzuzufügen. Ich wünsche ihr alles Gute und bitte sie, immer gut auf sich und ihre Familie aufzupassen. Wir bleiben ja in Kontakt, ich habe ihre Handy-Nummer. Insgeheim aber frage ich mich, ob wir uns je wiedersehen werden.

Sandra und ihre Tante Anita

Sandra

Sandra (Mitte) bei der Schulparade

Sandra und Jacqueline

Sandra und Lincy

Sandras Mutter und Tanten

Tino

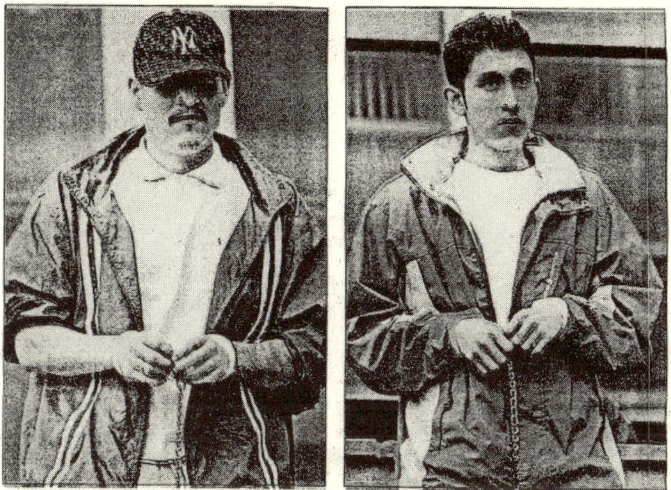

Foto Prensa Libre: MYNOR DE LEÓN

Edwin Muralles y William Aguirre, al salir del tribunal, donde los sentenciaron a 20 años de prisión por asesinato en grado de tentativa; la víctima quedó parapléjica.

Los condenan a 20 años de prisión

POR CORALIA ORANTES

Edwin Muralles y William Aguirre Torres fueron sentenciados a 20 años de prisión inconmutables por intentar asesinar en 2004, en Palencia, a un joven, quien quedó parapléjico, producto de los disparos que le asestaron.

Para el Tribunal Tercero de Sentencia, hubo suficientes elementos que indicaron la participación de los sentenciados; por ello decidieron imponer una pena de 30 años, rebajada en una tercera parte, por lo que al final deberán estar en prisión 20.

Se les condenó al pago de costas procesales y no se les incluyó en responsabilidades civiles, pues no se solicitaron.

El Ministerio Público presentó elementos que detallan que Ramiro Mijangos Fajardo recibió 10 impactos de bala por parte de los sentenciados.

Debido al ataque, Mijangos quedó parapléjico, y el tribunal tuvo que tomarle la declaración en su vivienda. La víctima no titubeó en explicar y reconocer ante el tribunal a sus agresores.

El resto de testigos explicó a los jueces que los jóvenes tenían rencillas entre ellos, y que incluso hubo amenazas.

"Ramiro Mijangos estuvo a punto de perder la vida por los proyectiles que ingresaron en su humanidad, y se pudo demostrar científica y testimonialmente la forma de participación de los imputados", señala la resolución.

Los jueces consideraron que Mijangos hubiese muerto si no se defiende el día de los hechos, cuando colocó su antebrazo izquierdo frente a su cuerpo.

El hecho ocurrió el 22 de agosto de 2004, en el cantón Agua Tibia, Palencia.

Artikel zur Verurteilung von Sleepy und Palillo

El "Strong" fue sentenciado a prisión por la muerte de una testigo de crimen.

Cometió crimen

50 años de cárcel a marero

Estuardo Pinto
★ *Nuestro Diario*

Juan Carlos Cabrera Ticurú, apodado "Strong", fue condenado ayer a 50 años de cárcel por asesinato, y al pago de Q48 mil en responsabilidades civiles.

El Tribunal Segundo de Sentencia lo encontró responsable de haber dado muerte a tiros a María Bernarda López Osorio, en el municipio de Palencia, el 29 de noviembre de 2006.

El fiscal de delitos contra la vida, José Meléndez, indicó que la víctima era testigo protegido por el asesinato de su hermana, ocurrido en el mismo municipio.

Su cómplice, David Aquino Yax, murió al enfrentarse a un policía asignado a la seguridad de la víctima.

Niña afectada

Una hija de la asesinada fue testigo del crimen y el tribunal resolvió que el reo pague Q48 mil para su tratamiento sicológico.

Artikel zur Verurteilung von Strong

El cuerpo tatuado del marero fue encontrado cerca de un río en una aldea de Palencia.

Cabecilla de una pandilla

Encuentran cadáver con un mensaje

Estuardo Pinto
★ *Nuestro Diario*

Faustino Alexander Hernández Gómez, de 20 años, presunto cabecilla de la "Mara Salvatrucha" en Palencia, fue encontrado muerto la madrugada de ayer en la aldea El Paraíso con el tiro de gracia en la cabeza.

Tenía una pita atada al cuello y las manos atadas. En el cuerpo le dejaron un papel con este mensaje: "Hoy Palencia está de fiesta".

Tenía tatuado otro, "este perdón está dedicado a mis padres".

Más buscado

Según la Policía Nacional Civil (PNC) Henández era buscado por encabezar una banda dedicada a extorsionar personas.

Su grupo le exigía 70 quetzales semanales a los pilotos de tuc tuc y Q150 a los comerciantes y pilotos de buses", informó el oficial Godoy jefe de la estación policial de Palencia.

Faustino Hernández tenía antecedentes penales.

Este es el mensaje que tenía pegado el cabecilla de la "Mara Salvatrucha" en Palencia.

NUESTRO DIARIO - *Guatemala, 18 de marzo de 2006*

Pandillero capturado

Era cabecilla de la "MS" en Palencia

Alex Maldonado
★ *Nuestro Diario*

El cabecilla de la mara "Salvatrucha" que opera en el municipio de Palencia fue capturado ayer en la 7a. avenida y 5a. calle del cantón Ojo de Agua, por la Brigada de Patrullaje Policial (BPP).

Juan Alberto González Arévalo, de 22 años, alias el "Gato", tenía en su poder dos escopetas hechizas, un revólver y 60 sobres con crack y marihuana. Sus antecedentes son por los delitos de riña y homicidio.

Dinero para reos

"Esta persona es acusada de extorsionar a los pilotos de buses, mototaxis y comerciantes del pueblo", aseguró el comisario Alex Gómez.

Parte de lo que cobra de "impuesto" lo lleva a otros pandilleros encarcelados en el Preventivo, zona 18, citó.

El "Salvatrucha" es trasladado por agentes.

Juan Alberto González cobraba el "impuesto", para darle el dinero a mareros presos.

Artikel zum Tod von Flash und der Verhaftung von Gato

Grabstein von Maria Bernarda

EIN VOLK IM WÜRGEGRIFF DER GEWALT

In der chaotischen Drei-Millionen-Metropole Guatemala-Stadt stellt selbst eine einfache Busfahrt eine Mutprobe dar, seit es in diesen fahrenden Schrottkisten fast täglich zu Schießereien kommt. Meistens trifft es Passagiere, die sich einem der unzähligen Raubüberfälle widersetzen oder die dem Räuber nicht schnell genug die Geldbörse aushändigen. Oft sind es auch die Fahrer und Bushelfer, die den üblichen Schutzgeldzahlungen nicht nachgekommen sind. Und selbst im eigenen Auto kann man sich schon lange nicht mehr sicher fühlen. Ganze Banden auf Motorrädern haben sich darauf spezialisiert, ihre Opfer vor roten Ampeln einzukreisen, den Fahrer durch die Scheiben mit Pistolen zu bedrohen und die Herausgabe von Geld und Handy zu fordern. Fußgänger bewegen sich wie in einem Kriegsgebiet, stets darauf bedacht, wer hinter ihnen läuft oder wer ihnen entgegenkommt. Die Kriminalitätsrate in dieser Stadt ist höher als in Bagdad oder Kabul. Zusammen mit El Salvador, Honduras, Venezuela, Südafrika und Kolumbien führt Guatemala die Liste der gewalttätigsten Länder der Welt an. Nach offiziellen Statistiken kamen allein im Jahr 2010 über 6.400 Menschen durch Kapitalverbrechen ums Leben, darunter fast 800 Frauen und Mädchen. Bei einer Einwohnerzahl von über dreizehn Millionen kommen somit etwa 49 Morde auf 100.000 Einwohner. In den meisten Staaten Europas liegt dieser Wert unter eins. Für einen weiteren Negativrekord sorgt das chronisch korrupte Justizwesen, welches in weniger als zwei Prozent aller Fälle fähig ist, die oder den Täter zu ermitteln oder gar einer Verurteilung zuzuführen. Bei den weiblichen Opfern liegt dieser Prozentsatz sogar noch niedriger. Philip Alston, Sonderberichterstatter der UNO für außergerichtliche Hinrichtungen, bezeichnete Guatemala in einem Bericht als »ein ideales Land, um einen Mord zu begehen«. Es überrascht daher auch wenig, dass Lynchjustiz ein zunehmendes Problem darstellt, speziell in ländlichen Gebieten. Dutzende von vermeintlichen Übeltätern werden jedes Jahr von wütenden Mobs mit Benzin übergossen und angezündet. Oft genügt ein Bagatelldelikt, etwa der Diebstahl einer Kuh, um so zu enden.

Um den Ursachen dieser Zustände auf den Grund zu gehen, hilft ein analytischer Blick auf die von tiefsten sozialen, kulturellen und ethnischen Gegensätzen charakterisierte Geschichte dieses Landes, in dem über Jahrhunderte ein Apartheid-Regime funktionierte. An dessen Spitze stand eine überwiegend spanischstämmige Oberschicht, die mit eiserner Faust über eine Mehrheit aus Maya-Volksgruppen herrschte, denen aus machtpolitischem Kalkül jegliche eigenständige Entwicklung verwehrt blieb. Zur Fundierung und Aufrechterhaltung ihres Herrschaftsanspruches praktizierte diese Elite eine Politik des offenen Rassismus, gepaart mit brutaler Gewaltanwendung. Über lange Zeit wurden die »Indios« als nicht zivilisierbar angesehen und mussten als Ursache für die Rückständigkeit des Landes herhalten. Präsident Justo Rufino Barrios wollte gegen Ende des 19. Jahrhunderts die Einwanderung von Europäern fördern, um so eine vermeintliche »rassische Aufbesserung« zu erreichen. Noch 1944, unter dem Diktator und Nazibewunderer General Jorge Ubico, wurde die indianische Bevölkerung per Gesetz verpflichtet, praktisch unentgeltlich auf den Zuckerrohr- und Kaffeeplantagen weißer Großgrundbesitzer zu schuften. Wer nicht parierte oder aufbegehrte, riskierte, standrechtlich erschossen zu werden.

»Sei doch kein Indio!« ist ein noch heute gern gebrauchter Ausdruck vieler mestizischer Eltern, mit dem sie ihre Kinder maßregeln. Immer noch kontrollieren zwei Prozent der Bevölkerung fast 70 Prozent des kultivierten Bodens. Guatemala ist überwiegend landwirtschaftlich geprägt, doch 96 Prozent der Bauern müssen sich mit nur 20 Prozent der bebauten Fläche begnügen, wobei es sich zumeist um weit abgelegene, beinahe unfruchtbare oder gebirgige Schollen handelt. Wie das guatemaltekische Sekretariat für Ernährungssicherheit (SESAN) 2009 in einer Studie feststellte, weisen 45 Prozent aller Kinder zwischen sieben und neun Jahren einen leichten bis schweren Grad der Unterernährung auf. Bei Mädchen und Maya-Kindern liegt dieser Wert noch höher.

Aber können diese tristen Realitäten und ihre geschichtlichen Wurzeln allein als Erklärungsmuster für das aktuelle, eklatante Gewaltniveau herhalten? Ähnlich geschichtete Länder wie etwa Bolivien sind wesentlich friedlicher. Wie ist das möglich? Einen entscheidenden Teil der Antwort finden wir im Bürgerkrieg, der von 1960 bis 1996 ausgetragenen wurde und Guatemala entscheidend geprägt hat. In diesem bekämpften marxistische Guerillagruppen den meist von autoritären Armee-Generälen geführten Staat mit Waffengewalt. Nach verschiedenen Schätzungen sollen dabei an die 150.000 Menschen ihr Leben verloren haben. Auf dem Höhepunkt dieser Auseinandersetzungen, zwischen 1980 und 1983, zerstörte die Armee über 200 indianische Dörfer und massakrierte systematisch Zehntausende von Maya. Aber auch die linksgerichteten Aufständischen trugen zu den eklatanten Menschenrechtsverletzungen bei. All dies führte zu einer weiteren Schwächung der staatlichen Institutionen und förderte eine allgemeine Brutalisierung der Gesellschaftsformen. Die Demokratisierung durch relativ freie Wahlen im Jahr 1985 diente als Sprungbrett für eine korrupte und populistische Politikerklasse, die bisher eher daran interessiert war, sich zu bereichern, als sich um die Lösung der dringenden sozialen Probleme zu bemühen. Ein Beispiel dafür ist der ehemalige Präsident Alfonso Portillo (2000–2004). Seine prall gefüllten Konten auf den Bahamas, bei panamaischen und schweizerischen Banken, die erst kürzlich eingefroren wurden, sind Zeugnis für diese schamlose Plünderung des Staatshaushalts. Während des »bewaffneten Konflikts«, wie der Bürgerkrieg in Guatemala euphemistisch genannt wird, waren sowohl der Regierungsapparat als auch das Justizsystem auf den Kampf gegen die so genannte »linke Subversion« ausgerichtet. Dabei ging es auch darum, den Mitgliedern der Polizei und Armee Straffreiheit für ihre Verbrechen zu garantieren. Spätestens 1996, nach dem formellen Friedensschluss zwischen der Guerilla-Organisation URNG und der Regierung von Präsident Alvaro Arzú, verselbständigten sich viele dieser Gefüge. Polizeiangehörige, Richter und Staatsanwälte gingen dazu über, sich in den Dienst der organisierten Kriminalität zu stellen oder doch zumindest mit ihr zu kooperieren. So entstand ein Staatswesen, das Amnesty International schon 2002 in einem Report als »korporativen Mafiastaat« bezeichnet hat. Und die Situation hat sich seither nur noch verschlimmert.

Gleichzeitig schlossen sich in den Elendsvierteln von Guatemala-Stadt immer mehr desillusionierte Kinder und Jugendliche kriminellen Maras an. Viele fühlten sich von den herrschenden Gesellschaftsschichten diskriminiert, verachtet und ausgeschlossen. Dabei spielte das ethnische Element eine nicht unwichtige Rolle, denn bei den meisten Bandenmitgliedern handelt es sich um Maya oder Mestizen. Zuverlässige Angaben über Mitgliederzahlen gibt es nicht, aber Schätzungen zufolge gibt es heute zwischen 14.000 und 35.000 Mareros. Die meisten gehören der Mara Salvatrucha oder der Mara 18 an.

Eine weit größere Gefahr geht aber von der Zersetzung der staatlichen Institutionen aus. Allein im Jahr 2008 wurden über eintausend Polizisten entlassen, darunter hohe Offiziere, weil man sie des Mordes, Raubes, der Entführung oder anderer schwerer Delikte beschuldigte. Aber kaum einer von ihnen befindet sich bisher hinter Gittern. Zu den Nutznießern dieser Entwicklung gehören auch die immer mächtiger werdenden Drogenkartelle, die Guatemala zu einer der wichtigsten Zwischenstationen für den Transport südamerikanischen Kokains in die USA gemacht haben. Schon macht das Wort von der »Kolumbianisierung« des Landes die Runde. Die

Verbrechersyndikate verfügen über enorme finanzielle Ressourcen, mit denen sie sich die Gefälligkeit höchster Stellen im Sicherheits- und Justizapparat erkaufen. Und untereinander tragen sie blutige Fehden aus. So versucht das mexikanische Cartel del Golfo Fuß zu fassen und die lokale Konkurrenz gefügig zu machen, etwa durch den Einsatz ihrer berüchtigten Kampftruppe, den *Zetas*. Hunderte von Toten jährlich gehen auf das Konto solcher Konfrontationen, bei denen modernste Waffen zum Einsatz kommen, die denen der Sicherheitskräfte weit überlegen sind.

Dieser tödlichen Mischung aus Gewalt und Straflosigkeit auf allen Ebenen sind vor allem die Frauen hilflos ausgeliefert. Seit 2006 setzt sich daher die Fundación Sobrevivientes für weibliche Opfer von Gewaltverbrechen aller Art ein. Schon die Bedeutung des Namens sagt alles: »Stiftung der Überlebenden«. Gegründet wurde sie von Norma Cruz, einer ehemaligen linksradikalen Aktivistin. Der Auslöser ihrer Bemühungen war eine persönliche Erfahrung, bei der ihr ehemaliger Lebensgefährte die gemeinsame Tochter sexuell missbraucht hatte. Frustriert und ohnmächtig angesichts des behördlichen Desinteresses an ihrem Fall, entschloss sich Norma Cruz, eine Stiftung ins Leben zu rufen, an die sich Frauen und Mädchen wenden können, um rechtlichen, moralischen, psychologischen und manchmal auch materiellen Beistand zu erhalten. Die Hoffnung vieler Guatemalteken liegt derzeit aber vor allem auf der Internationalen Kommission gegen Straflosigkeit (CICIG), die 2007 ihre Tätigkeit aufgenommen hat. Diese unter einem UNO-Mandat operierende und von verschiedenen westlichen Ländern finanzierte Behörde ist ein weltweites Novum. Der guatemaltekische Staat hat damit faktisch zugegeben, unfähig zu sein, alleine gegen die Spirale der Gewalt ankämpfen zu können, und ist die internationale Gemeinschaft um Hilfe angegangen. Zu den Aufgaben der CICIG, die momentan, im Jahr 2011, vom ehemaligen costaricanischen Generalstaatsanwalt Francisco Dall'Anese geleitet wird, gehört die Untersuchung der verschiedenen kriminellen Strukturen im Lande. Zwar verfügt die CICIG nicht über die Kompetenz zur Einleitung von Strafverfahren, begleitet aber beratend die zuständigen Behörden und tritt in wichtigen Fällen als Nebenklägerin auf. Erste konkrete Erfolge zeichnen sich ab. Es gibt also Lichtblicke, die auf eine Besserung der Lage hoffen lassen.

Neben all den vielen negativen Aspekten sollte nicht vergessen werden, dass Guatemala nach wie vor eines der faszinierendsten Reiseziele dieser Welt ist, welches jährlich Hunderttausende von Touristen anzieht. Unberührte, mit Ruinen der mysteriösen Maya-Hochkultur durchsetzte Urwälder, ein imposantes Hochland mit Vulkanen, Seen und pittoresken Dörfern, in denen die ursprüngliche Maya-Kultur mit ihren farbenprächtigen Kostümen noch lebendiger Alltag ist, Gastfreundschaft und vieles mehr. Allerdings ist bei jeder Reise höchste Vorsicht geboten, man sollte sich vorher gut über die momentane Sicherheitslage informieren.

Und auch für die Guatemalteken gilt: Ein besseres Land wird einem nicht geschenkt, man muss täglich daran arbeiten. Sie werden lernen müssen, sich nicht mehr von einer korrupten Politikerklasse manipulieren zu lassen, sondern Apathie und Angst zu überwinden, um sich aktiv für ihr Land einzusetzen. María-Bernarda López Osorio ist ein eindrückliches, wenn auch widersprüchliches Beispiel dafür. Sie hat ihr couragiertes Eintreten für Gerechtigkeit mit dem Leben bezahlen müssen. Ihr Tod hat ihrer Tochter Sandra den Mut gegeben, nicht länger zu schweigen über jene Dinge, vor denen sie allzu lange die Augen verschlossen hatte. Oder, wie sie es vor Gericht so trefflich formulierte: »Es war doch kein Hund, der hier getötet wurde, es war meine Mama!«

Andreas Böhm wurde 1965 in Bern in der Schweiz geboren. Heute lebt er als freier Autor und Journalist überwiegend in Guatemala.

Fordern Sie unser aktuelles Gesamtverzeichnis an

info@horlemann-verlag.de
www.horlemann.info
Telefon 030 857 40 582 | Telefax 030 857 40 583